AF377587

Impressum:

Verlag und Druck:
tredition GmbH, Halenreie 40-44, 22359 Hamburg

2. unveränderte Auflage, Freiberg 2019

Herausgeber:
Freiberger Zeitzeugnis e.V.
Friedrich-Olbricht-Straße 4
09599 Freiberg
Mail: kontakt@freiberger-zeitzeugnis.de
Internet: www.freiberger-zeitzeugnis.de

Autor:
Dr. Michael Düsing, Freiberg,
(unter Mitwirkung von Christine Schmidt, Freiberg)

Layout:
Heike Liebsch
Erstveröffentlicht 2011 von Art.HOUR - Verlag und
Kunstprojekte, Dresden, Germany
Alle Rechte vorbehalten.

Freiberger Zeitzeugnis e.V.
Michael Düsing

„Mein Weg, Herr Oberbürgermeister, ist schon bestimmt."

Judenverfolgung in Freiberg 1933 – 1945

„Die Untaten, die in den Nazi-Jahren begangen
worden sind, können nicht ungeschehen
gemacht oder gesühnt werden.
Aber sie liegen in der Vergangenheit.
Der Großteil der heutigen deutschen
Bevölkerung war in der Nazizeit im Kindesalter
oder noch nicht auf der Welt,
und ich glaube nicht, dass man Schuld von einer
Generation auf die nächste übertragen soll."

Lutz Rosenthal
* 18. September 1923 Freiberg   † 11. März 2008 Rossmoor, NJ, USA

Inhalt

Geleitwort 1

Liebe Leserinnen und Leser,

unser Jubiläum „850 Jahre Freiberg" bietet nicht nur Anlass zum Feiern. Sondern es ist auch Gelegenheit zu einem vielschichtigen Rückblick auf die Geschichte unserer alten Bergstadt, die heute weithin den Ruf eines erfolgreichen Wirtschafts-, Wissenschafts- und Kulturstandortes genießt. Der Silberbergbau lieferte dafür die Grundlage und ein „Herz aus Silber" ist deshalb ein treffender Werbebotschafter für das bevorstehende Ereignis.

Dennoch glänzt nicht jedes historische Kapitel in der Geschichte unserer Stadt. So greift die vorliegende Publikation das tragische Schicksal Freiberger Juden zwischen den Jahren 1933 und 1945 auf. Sie widmet sich damit einem Forschungsgegenstand, der aus lokaler Perspektive bisher kaum reflektiert wurde, aus ideologischen Gründen auch zu DDR-Zeiten keine besondere Rolle spielte, und stellt damit einen wichtigen und insbesondere auch notwendigen Beitrag zur Aufarbeitung der Zeit des Nationalsozialismus dar.

Heute begegnet uns das Thema Holocaust in Geschichtsbüchern und an Gedenktagen oft in abstrakten Zahlen, die das unermessliche Leid der jüdischen Menschen kaum fassbar machen. Wie die Stolpersteine des Künstlers Demnig erinnert dieses Buch daran, dass auch hier vor Ort Menschen jüdischen Glaubens zu unserer Gesellschaft gehörten, dass sie hier gewohnt, gelebt, gearbeitet haben und schließlich vertrieben und ermordet wurden. Die Verfolgung und Ausrottung der jüdischen Bevölkerung bekommt im Maßstab und anhand der Ereignisse in einer sächsischen Stadt wie Freiberg konkrete Dimensionen.

Ich hoffe, dass damit möglichst viele Leserinnen und Leser zur Spurensuche wie auch zur gedanklichen Auseinandersetzung angeregt werden und danke Herrn Dr. Michael Düsing sowie allen weiteren Beteiligten, die im Zuge einer mehr als 20-jährigen Forschungsarbeit den Aspekt der jüdischen Geschichte in Freiberg aufgearbeitet haben.

Glück auf!

Bernd-Erwin Schramm
Oberbürgermeister der Universitätsstadt Freiberg

„Eine Chronik schreibt nur derjenige, dem die Gegenwart wichtig ist", formulierte einst Johann Wolfgang von Goethe.

Mit diesem Zitat könnte man die Arbeit von Dr. Michael Düsing beschreiben. Er hat es sich im Rahmen der fast 20-jährigen Projektarbeit des Christlichen Jugenddorfwerkes Deutschland e.V. in Freiberg zur Aufgabe gemacht, jüdische Regionalgeschichte aufzuarbeiten und auf verschiedene Weise zu veröffentlichen. Es entstanden Ausstellungen, Dokumentationen und Bücher, die die Spuren jüdischen Lebens in Freiberg wieder stärker in das Bewusstsein bringen.

Auch das vorliegende Buch beschreibt Geschichten und Schicksale jüdischer Menschen aus Freiberg. Herrn Dr. Düsing ist es gelungen, in mühevoller und jahrelanger Recherchearbeit und mit Hilfe von Zeitzeugen uns die Folgen und Auswirkungen des dunkelsten Kapitels Deutschlands – des nationalsozialistischen Menschheitsverbrechens – an Beispielen aus unserer Region zu schildern und uns nahe zu bringen.

Dieses Buch ist ein Engagement und ein Beitrag gegen das Vergessen. Denn nur mit dem Wissen der Vergangenheit wird bewusst, dass wir alle in gleicher Weise für unsere Zukunft Verantwortung tragen.

Volker Uhlig
Landrat des Landkreises Mittelsachsen

Vorwort

Von Arnold Dannenmann, dem schwäbischen Pfarrer und 1947 Gründer des Christlichen Jugenddorfwerks Deutschlands, wird überliefert, dass er sich nach dem Erlass der Polizeiverordnung zum Tragen des „Judensterns" im Herbst 1941 während einer Predigt in der Berliner Paul-Gerhard-Kirche einen Judenstern mit den Worten angesteckt habe: „Liebe Freunde, es wäre an der Zeit, dass wir alle den gelben Stern anlegen, denn wenn wir alle Juden sind, dann kann man die Juden nicht mehr verfolgen." [1]

Seit seiner Gründung vor mehr als 60 Jahren sucht das CJD nach immer neuen Wegen, Menschen bei der Gestaltung ihres Lebens zu unterstützen. Vor allem jungen Menschen werden so Chancen und Perspektiven eröffnet, damit sie aktiv in einer demokratischen Zivilgesellschaft beruflich, sozial, politisch und individuell bestehen können. Politische Bildung, in der besonders Jugendliche für die Achtung und Verteidigung der Unantastbarkeit der Würde jedes einzelnen Menschen – unabhängig von Herkunft, Kultur- und Religionszugehörigkeit – sensibilisiert werden, ist eine der Kernkompetenzen des CJD.

Zu den vielen unterschiedlichen Wegen, die dabei im CJD gegangen werden, gehört die Geschichtswerkstatt in Freiberg.

Die Konfrontation mit regionaler Geschichte ermöglicht, dass sich junge Menschen als Teil dieser Geschichte begreifen können und für Menschlichkeit sensibilisiert werden.
Dazu trägt auch der persönliche Kontakt mit Zeitzeugen und ihren Erinnerungen bei. Die Beschäftigung mit der Verfolgung von Juden in Freiberg und Umgebung öffnet ihnen den Blick auf eine bisher fast unbekannte Seite ihrer Heimat.
Erinnerungsarbeit wird auf diese Weise zum dialogischen Geschehen. Dies beweist die vorliegende Dokumentation als Ergebnis einer inzwischen fast 20-jährigen Beschäftigung mit der Thematik. Vergangenes bleibt nicht anonym, sondern erhält – durch die individuelle Benennung von Namen, Situationen, Orten, Hoffnungen und Ängsten – die Kontur und die Gesichter von konkreten Menschen. Dies erlaubt auch einen Zugang zur heutigen Lebenssituation von Jugendlichen. Vergangenheit kann sich in Fragen nach möglichem eigenem Verhalten, nach eigenen Hoffnungen und Ängsten in vergleichbarer Situation spiegeln. Fremdes wird in Eigenem erfahrbar.
Das ist vielleicht der größte Gewinn dieser vorliegenden Dokumentation.

---

[1] Hühnerbein, Hartmut; Möller Jörg: Keiner darf verloren gehen! Das Leben des CJD-Gründers Arnold Dannenmann; Gummersbach 2007, S. 62

Nicht selten begegnet uns heute der Einwand, man wolle nicht an Ereignisse erinnert werden, mit denen man persönlich nichts zu tun habe. Weil die heutige Generation nicht an der Schuld der Vorväter teilhat, würde sie sie auch nicht mitverantworten.
Sie wolle keine weiteren Belehrungen erfahren, sei hinreichend aufgeklärt, und verwahre sich dagegen, mit Schuld oder auch nur Erinnerung behelligt zu werden

„Wir alle, ob schuldig oder nicht, alt oder jung, müssen die Vergangenheit annehmen", betonte der damalige Bundespräsident Richard von Weizsäcker am 8. Mai 1985 in seiner unvergesslichen Rede vor dem Deutschen Bundestag. „Wir alle sind von ihren Folgen betroffen und für sie in Haftung genommen. Jüngere und Ältere müssen und können sich gegenseitig helfen zu verstehen, warum es lebenswichtig ist, die Erinnerung wach zu halten. Es geht nicht darum, Vergangenheit zu bewältigen. Das kann man gar nicht. Sie lässt sich ja nicht nachträglich ändern oder ungeschehen machen. Wer aber vor der Vergangenheit die Augen verschließt, wird blind für die Gegenwart. Wer sich der Unmenschlichkeit nicht erinnern will, der wird wieder anfällig für neue Ansteckungsgefahren."

Die vorliegende Arbeit beeindruckt durch die Gründlichkeit und Liebe zum Detail, die uns Menschen nahebringt, die fast ausnahmslos „einfache" Leute waren. Sie liebten ihre Familie, ihre Arbeit, ihre Stadt. Daran wird ermessbar, was ihnen angetan wurde und was wir verloren haben. Und es verdeutlicht auch, wie wichtig es ist, wenn wir uns an sie erinnern.

Dr. Thomas Zink
Jugenddorfleiter CJD Chemnitz

Große Bergparade 1936;
Foto: Alexander Köhler; Stadt- und Bergbaumuseum Freiberg, Fotothek, Inv.-Nr. F13707

„Es hat in Freiberg nur wenige Juden gegeben. Und die sind alle entkommen!" Judenverfolgung und deren Nachhall in Freiberg

Es muss ein schöner Sommertag gewesen sein. Offensichtlich herrschte prächtige Stimmung auf dem Freiberger Obermarkt. Dicht gedrängt hatten sich Hunderte Freiberger und ihre Gäste im August 1936 zum „Berg- und Hüttenfest" versammelt, um die aus diesem Anlass aufgeführte historische Bergparade zu verfolgen. Das Foto vom 16. August 1936 vermittelt noch heute etwas von der festlichen Atmosphäre jenes Tages und von der Begeisterung der Zuschauer, von denen viele ihren Arm zum Hitlergruß emporgerissen haben. Es war das Jahr der Olympischen Spiele in Berlin, wie die olympische Fahne am Rathaus verrät. Deutschland gab sich in diesem Jahr weltoffen, friedfertig, geradezu heiter. „Wir sind wieder wer", dürfte das Gefühl vieler in diesen Tagen gewesen sein – nach dem Trauma des verlorenen Weltkrieges.

Der I. Weltkrieg hatte 2 Millionen gefallene deutsche Soldaten und 700.000 Hungertote an der „Heimatfront" gefordert[1] und so auch in Freiberg unzählige Witwen und Familien in bitterer Not hinterlassen. Die Revolutions- und Nachkriegswirren gipfelten in den Schüssen der Reichswehr auf friedlich demonstrierende Freiberger mit 29 Toten am 27. Oktober 1923 am Postplatz.[2] Nach der Inflationszeit und der Massenarbeitslosigkeit zur Weltwirtschaftskrise am Anfang der 30er Jahre waren alle Ersparnisse verloren. Die Menschen erlebten die politischen Krisen am Ende der Weimarer Republik und danach die

vielen Straßen- und Saalschlachten zwischen Rechts und Links auch in Freiberg. Hitler hatte all diesen Krisen scheinbar ein Ende bereitet. Die Regierung der „nationalen Revolution" brachte Ordnung, brach den Parteienstreit und ersetzte ihn durch die „Volksgemeinschaft". Viele Freiberger mögen das so empfunden haben. Die Nationalsozialisten hatten Aufschwung und nationalen Aufbruch verkündet. Und sie waren augenscheinlich dabei, Arbeitsplätze und Wohnungen zu schaffen. Die Zeit der „kleinen Leute" schien angebrochen.

Oberbürgermeister Dr. W. Hartenstein bei der Grundsteinlegung für die SA-Siedlung „Am Sonnenrad" am 1. Mai 1934; Quelle: private Leihgabe

Auch in Freiberg gab es sichtbare Zeichen dafür. Am „Tag der nationalen Arbeit", dem 1. Mai 1934, hatte Oberbürgermeister Dr. Hartenstein den ersten Spatenstich für die Kameradensiedlung „Am Sonnenrad" im Seilerberggebiet gesetzt. Er symbolisierte die Linderung der katastrophalen Wohnungsnot durch den Neubau einfacher Siedlungshäuser und billiger „Volkswohnungen".[3] Die Arbeitslosigkeit war in Freiberg von 1933 bis 1935 bereits um die Hälfte zurückgegangen. Die 1936 beginnende Wiederauffahrung des Freiberger Erzbergbaus versprach weitere neue Arbeitsplätze.[4] Kaum ein Freiberger vermochte sich vermutlich in jenem Jahr vorzustellen, dass dies Teil der zielstrebigen Vorbereitung der NS-Führung auf einen neuen Krieg war.

Radikal hatten die Nationalsozialisten unmittelbar nach der Machtübernahme das „Weimarer System" zerschlagen – die verhasste Weimarer Republik mit ihrem Parlamentarismus, ihrer Vielparteienlandschaft und ihrer bürgerlichen Demokratie, die sie zutiefst ablehnten. Mit brutaler Entschlossenheit beseitigten die Nationalsozialisten sofort alles „Marxistische"[5]. Selbst jene, die der anfänglichen Gewaltorgie der Nazis in den ersten Monaten ihrer Machtergreifung kritisch gegenüberstanden, sahen darin wohl eher eine vorübergehende, wenn auch unvermeidliche Abrechnung mit allzu „sturen Marxisten".

Den „einfachen Leuten" jedenfalls schien es nach den Aufregungen der ersten Wochen und Monate im Nationalsozialismus besser zu gehen, vorausgesetzt freilich, sie eckten nicht an. Hitler hatte den „Aufbau des sozialen Volksstaates" versprochen. Die NS-Ideologen wurden nicht müde, die sozialen „Errungenschaften" in gigantischen Propagandaschlachten zu

„Festliche Stimmung in Freiberg. Erbischestraße"; Quelle: StadtA FG, BPK - Sammlung 1.9.1.

feiern. Und in der Tat war die neue, nationalsozialistische Sozialpolitik nicht zu übersehen. „Von Anfang an", so urteilt heute der Historiker Götz Aly in seiner Untersuchung zu „Hitlers Volksstaat", „förderte der NS-Staat die Familien,...schützte die Bauern vor den Unwägbarkeiten des Weltmarktes und des Wetters...Das Ehegattensplitting, die Straßenverkehrsordnung, die obligatorische Haftpflichtversicherung für Autos, das Kindergeld, die Steuerklassen oder auch die Grundlagen des Naturschutzes stammen aus jenen Jahren. Nationalsozialistische Sozialpolitiker entwickelten die Konturen des...Rentenkonzepts, in dem alt und arm nicht länger gleichbedeutend sein sollte".[6]

Die NS-Bewegung „Kraft durch Freude" (KdF), eine Unterorganisation der Deutschen Arbeitsfront (DAF), bot vielen Arbeitern erstmals kostengünstigen Urlaub. Die Urlaubstage wurden aufgestockt. Für die meisten einfachen Arbeiter und Angestellten war Urlaub bisher ein nahezu unbekannter Begriff gewesen. Eine Reise von 14 Tagen innerhalb Deutschlands kostete nun komplett zwischen 40 und 80 Reichsmark. Er wurde auch für „kleine Leute" erschwinglich.[7] Die Nazipartei verstand sich darauf, die modernsten, neuesten Techniken der Massenkommunikation, der neuen Verkehrsmittel und der Massenmobilität perfekt für ihre Propaganda zu nutzen.[8] Sie präsentierte sich damit umso mehr als Fortschrittspartei, jung und dynamisch, entschlossen und erfolgreich.

Die Olympischen Spiele 1936 waren dem NS-Regime ein willkommener Anlass, der ganzen Welt vorzuspiegeln, dass Deutschland unter Hitlers Führung ein friedliebendes, soziales und wirtschaftlich aufstrebendes Land sei. Wer es wahrhaben wollte, dem offenbarte sich allerdings die Zwiespältigkeit des Systems dennoch in der zynischen und skrupellosen Art, mit der die Nationalsozialisten vor den Gästen die wahren Zustände in Deutschland schönfärbten.

Mit flaggen- und girlandengeschmückten Häusern und Straßen wurde jene perfekte Fassade aufgebaut, die den Eindruck eines ordentlichen, sauberen, zivilen und sozialen Deutschlands vermittelte.

Hinter dem Glanzbild der herausragend inszenierten Olympiade begannen die Nazis im Olympiajahr mit der Errichtung des KZ Sachsenhausen (im Juli 1936). Es war das zweite große Konzentrationslager nach Dachau, welches schon am 22. März 1933 in Betrieb genommen worden war. Nur ein Jahr später, im Juli 1937, folgte das KZ Buchenwald auf dem Weimarer Ettersberg.

Während im Sommer 1936 für die Mehrheit der Freiberger Bürger die Welt in Ordnung schien, war sie es für einen kleinen Teil der Freiberger Bürgerschaft schon längst nicht mehr.

Nicht für jene, die wegen ihrer politischen Gesinnung bereits im April 1933 auf der Basis des „Gesetzes zur Wiederherstellung des Berufsbeamtentums" aus dem öffentlichen Dienst und vergleichbaren Anstellungen gefeuert worden waren. Nicht für die Kommunisten und Sozialdemokraten, die von SA-Schlägertrupps sofort nach der Machtergreifung drangsaliert und verprügelt worden waren. Nicht für die, die für Tage, Wochen oder gar Monate im Freibergerer Stadtgefängnis, der sog. „Fronfeste" auf der Waisenhausstraße oder im Gebäude des „NS-Arbeitslager" des Reichsarbeitsdienstes in der ehemaligen Zentralwäsche an der Himmelfahrtsgasse verschwanden und dort den Torturen der SA-Wachleute ausgesetzt waren.[9]

Freiberger Anzeiger vom 6. August 1933; Quelle: Archiv Düsing

N.S.-Arbeitslager Freiberg.

Durch Verfügung des Reichskommissars wurde das N.S.-Arbeitslager Freiberg neben 11 anderen Arbeitslagern Sachsens als Gruppenstammlager in den Deutschen Arbeitsdienst übernommen.

Das N.S.-Arbeitslager Freiberg besteht seit 1 Monat und ist in der ehem. Zentralwäsche untergebracht. Zur Zeit ist es mit zirka 100 Mann belegt.

An Arbeiten werden augenblicklich durchgeführt:

1. Hegerbeseitigung in der Mulde.
2. Wegeverbesserungen im Stadt- und Hospitalwald.

In den nächsten Wochen wird das Lager auf die Normalstärke gebracht werden.

Reichsarbeitsdienst. Abteilung 1/155 Freiberg, Ansicht ehem. „Erzwäsche", historische Postkarte, Poststempel 02.04.1936; Quelle: Archiv Düsing

Erst recht aber aus den Fugen geraten war die Welt für jene, die aus einem einzigen Grund zur Zielscheibe des Hasses der Nationalsozialisten geworden waren: wegen ihrer von den Nazis behaupteten „rassischen" Zugehörigkeit zum Judentum.

Alle, die das „Bergfest" 1936 genossen, wussten davon. Zu klar, zu deutlich, zu intensiv, nahezu täglich ließen die Nationalsozialisten keinen Zweifel an ihrer Judenfeindschaft und ihrem Ziel der „Entjudung Deutschlands". Daran änderte die propagandistische Atempause nichts, die sie ihrem Hauptfeind in den Monaten der Olympiade einräumten. Jedoch schöpfte manch einer, sogar betroffene Juden selbst, die Hoffnung, nun, nach den unvermeidlichen Stürmen der Anfangsjahre, kehre wieder so etwas wie zivile Kontinuität und Stabilität ein.

Diese Kontinuität und damit Hoffnung verkörperte beispielsweise der Freiberger Oberbürgermeister Dr. Werner Hartenstein.

Er übte sein Amt seit 1924 in ununterbrochener Folge aus. Er hatte in seinem Amtseid geschworen, „Gerechtigkeit zu üben gegen jedermann ohne Ansehen der Partei und Person" und sich dem „Blühen der Stadt Freiberg" verpflichtet.[10] Dass Hartenstein ohne erkennbare Gewissensnot sein Amt auch unter den Nationalsozialisten weiterführte und der NSDAP beitrat, sahen viele wohl als dessen Bemühen an, auch nach dem „Umbruch" unter den neuen Machtverhältnissen an seinem Amtseid zum Wohle der Stadt und seiner Bürger weiter festhalten zu können.

OB Dr. Werner Hartenstein;
Quelle: TU Bergakademie Freiberg

Schließlich hatte Hitler selbst signalisiert, dass Nationalsozialismus keinen Bruch mit den konservativen Traditionen des deutschen Bürgertums bedeute. Am „Tag von Potsdam", dem 21. März 1933, hatte er mit seiner Verbeugung vor dem Reichspräsidenten Paul von Hindenburg an der traditionsreichen Potsdamer Garnisonkirche den Eindruck zu erwecken gesucht, dass sich die Nationalsozialisten in die Tradition einer konservativ geprägten preußisch-deutschen Geschichte stellen würden, ihre „nationale Revolution" also Aufbruch, aber zugleich auch konservative Kontinuität verhieß.[11]

Schon kurz nach dem Sieg der „nationalen Erhebung" stürmten viele Freiberger die NSDAP-Ortsbüros mit dem Wunsch um baldmöglichen Parteieintritt, die zuvor aus ihrer eher konservativ-bürgerlichen politischen Gesinnung keinen Hehl gemacht hatten. Darunter waren nicht wenige Lehrer, Beamte und Professoren der altehrwürdigen Bergakademie Freiberg. Auf der anderen Seite des politischen Spektrums ließen sich manche Mitglieder und Funktionäre der linken Arbeiterbewegung von der revolutionären Phraseologie der Nazis anziehen. Deren „nationaler Sozialismus", die antikapitalistische Attitüde eines „Kampfes zur Brechung der Zinsknechtschaft" und gegen die „jüdisch-angloamerikanische Plutokratie", wahlweise auch gegen die „jüdisch-bolschewistischen Weltherrschaftspläne", lockten.[12] Zudem vermochten das jugendliche Ungestüm der Nazis und die Konsequenz, mit der sie alte Zöpfe radikal und entschlossen durchtrennten, zu beeindrucken.[13]

Für beide, traditionell weit auseinander liegende Lager, die sich nun auf die NSDAP zubewegten und sich, halb überzeugt, halb der Karriere wegen vereinnahmen ließen, gab es vor allem einen verbindenden Kleister: den tief sitzenden Argwohn gegen alles „Jüdische". Er begünstigte deren „schleichende Imprägnierung im Sinne weit verbreiteter Gleichgültigkeit gegenüber dem Schicksal der Juden".[14] Aly schreibt dazu: „Im Nachhinein wird die Rassenlehre des Nationalsozialismus als pure Anleitung zu Hass, Mord und Totschlag verstanden. Doch für Millionen Deutsche lag das Attraktive in dem an sie adressierten völkischen Gleichheitsversprechen."[15]

Eine lange Tradition

In Freiberg hatten antijüdische Abneigungen eine lange Tradition. Der Wohlstand Sachsens beruhte bis in die Mitte des 19. Jahrhunderts besonders auf dem Reichtum seiner Silberbergwerke. Wohlhabende Bergstädte wie Freiberg von Juden „frei" zu halten, war über Jahrhunderte politisches Credo der Landesherrschaft der Wettiner.

Das allerdings war in der Zeit der ersten Jahrzehnte und Jahrhunderte nach den Silberfunden in Christiansdorf und der überaus raschen Stadtwerdung Freibergs zunächst ganz anders. Juden siedelten sich vermutlich bald nach der Stadtgründung an, von den Markgrafen erwünscht und sehr bald mit Privilegien ausgestattet.[16] Dazu gehörten die Zusicherung einer nahezu ungestörten Religionsausübung, eigene Rechtsvertretung und klare Regeln des Verkehrs mit ihrer christlichen Umwelt. Wegen ihrer ausgedehnten Handelsbeziehungen und als Geldgeber für die wirtschaftlich-bergbauliche und urbane Entwicklung Freibergs waren Juden durchaus geschätzt. Davon kündete die 1265 von Markgraf Heinrich dem Erlauchten erlassene „Judenordnung" für die Mark Meißen. Sie regelte frühzeitig und für das 13. Jahrhundert sehr weitsichtig die Rechte und Pflichten der Juden und ihre religiöse wie urbane Stellung inmitten einer christlichen Sozialisation. Um die Wende zum 14. Jahrhundert bekräftigte kurz darauf das Freiberger Stadt- und Münzrecht die gefundene Balance zwischen Juden und Christen.[17] Vieles spricht dafür, dass sie im Meißnischen über lange Zeit gut funktionierte.

Jedoch geriet dieses Gleichgewicht zu Beginn des 15. Jahrhunderts mehr und mehr außer Kontrolle. Das „Zinsverbot" der Kirche, das bis dahin jeden Geldhandel auf Zins für Christen untersagt hatte, wurde löchrig. Unter den sich häufenden Anzeichen frühkapitalistischer Entwicklung geriet es mehr und mehr zum Hindernis für Kapitalbildung und notwendige Investitionen nicht zuletzt im Silberbergbau. Dieser ging in immer größere Tiefen und erforderte neue Technik.[18] Kapitalkräftige Investoren im sächsischen Silberbergbau und im erstarkenden städtischen Patriziat verdrängten die Juden. Sie wurden für ein funktionierendes christliches Gemeinwesen mehr und mehr überflüssig. So wurden viele Juden in die Armut des Pfand- und Hausierhandels gedrängt. Einige wenige hielten sich in den hoch riskant gewordenen Grau- und Randzonen des Kredithandels. Das Ergebnis waren atemberaubend hohe Zinssätze und engmaschige Schuldverschreibungen, mit denen im Geldhandel (selbstverständlich auch im „christlichen") die Risiken in Grenzen gehalten werden sollten. Verquickt mit absurden religiösen Anschuldigungen waren jedoch allein die jüdischen Geldhändler das bevorzugte Ziel von Hass und Verleumdung. Die Verlockung wuchs, sich der Zinsen und Schuldverschreibungen, aber auch der wachsenden jüdischen Massenarmut auf einfachste Art zu entledigen, nämlich durch Pogrome und Vertreibungen. Der Vorwurf des „jüdischen Schachers" paarte sich immer mit religiöser Ablehnung der Juden, die im Mittelalter besonders kräftige Blüten trieb.[19]

Schließlich entledigten sich die Wettiner der inzwischen höchst unerwünschten Juden und vertrieben sie um 1430 aus ihrem gesamten Herrschaftsgebiet. In Freiberg hatte die Vertreibung – nach Angaben des Freiberger Stadtchronisten Andreas Möller – schon um 1411 eingesetzt.[20] Nach ihrer Vertreibung durften Juden in Freiberg wie in den anderen sächsischen Bergstädten nicht mehr „geduldet noch gehauset werden", wie Bergordnungen der sächsischen Kurfürsten in gesonderten „Judenartikeln" seither immer wieder festhielten.[21]

Judenartikel aus der Bergordnung von Kurfürst Christian I., 1589; Quelle: StadtA FG, II Hb 62

Der LXXVI. Artickel.

Jüden sollen nicht geduldet noch gehauset werden.

Iel mehr wird erfahren / das solch Ertz vnd Silber den Jüden / so ihren vnterschleiff vnd practicken in vnsere Lande machen / sol vnterschoben / vnd von Ihnen auffgekaufft / vnd förder aus vnsern Landen vorschleifft werden / So wollen wir nun / das hinfürder kein Jüde auff vnsern Bergkstedten an einem ort vber nacht / von jemandes vnserer Vnderthanen sol beherbriget / Do ihn aber jemandes / es sey Wirth oder andere / herbergen würden / der sol ernstlich darumb gestrafft werden / Vnd sollen sich also alle die vnsern enthalten / bey leibes straff / die ihnen im fall der vbertrettung begegnen sol / irgendt mit einem Jüden disfals gemeinschafft zu haben / zu handeln / oder vber nacht zu hausen.

Würde aber ein Jüde darüber betroffen werden / so sol er den halben Theil alles des / so bey ihme befunden / vns / vnd den andern Theil deme / der ihn zu hafften bringen wird / vorfallen sein / Vnd so er mehr dann einmahl brüchig / sol er am Leib vnd Gutt gestrafft werden.

Von

Noch im April 1835 hatte eine sächsisch-ministerielle Verordnung angewiesen, es möge zwar die „polizeiliche Begleitung der in die Bergstädte kommenden Juden nicht mehr stattfinden", das „Verbot des dauernden Aufenthaltes der Juden in Bergstädten…aber (habe) fortzubestehen…".[22] Erst 1846 wurde auch für Freiberg das Niederlassungsverbot aufgehoben. Zögernd wagten es einige wenige jüdische Familien seit den Jahren um die deutsche Reichsgründung, hier auf Dauer eine neue Existenz zu gründen.[23] So nimmt es kaum Wunder, dass das über Jahrhunderte erprobte Fernhalten der Juden tiefe mentale und soziokulturelle Spuren bei Freibergs Bevölkerung hinterlassen haben dürfte. Die unverdrossen gepflegten Vorurteile gegen „jüdischen Wucher" und lästige jüdische Konkurrenz schwangen stets mit und bekamen nun wieder ein konkretes Gesicht. In ihrem Glauben und ihrer Sittlichkeit wussten sich die mehrheitlich protestantisch-lutherischen Freiberger ohnehin dem Judentum weit überlegen.[24] Kein Zufall, dass sich schon in den 80er Jahren des 19. Jahrhunderts – kaum waren erste jüdische Kaufleute, übrigens auch jüdische Studenten[25], nach Freiberg gekommen – missgünstige, geradezu eifernde Verfechter „deutscher" Gesinnung und „deutschen" Handels fanden: „Wenn sich ein jüdischer Händler rühmt, daß seine Waare doch auch von christlichen Arbeitern gefertigt würde, so thut man eben besser, direkt bei Christen und Deutschen zu kaufen, anstatt bei Hebräern…

Wenn ein jüdischer Händler aber gar die Sache so hinstellen thut, als hätten sich die soliden Geschäfte vor seiner Konkurrenz zu fürchten und als wäre

Freiberger Anzeiger und Tageblatt v. 05.02.1892; Archiv Düsing

Zur Entgegnung

der Reklame-Erklärung der hiesigen, jüdischen Kleiderhändlerin Anna Lipowski, in Firma A. Lipowski, in Nr. 23, 24, 25 des „Freiberger Anzeigers" erklären wir zunächst, daß Flugblätter weder von der hiesigen Schneider-Innung und nach eingezogener Erkundigung auch von den „Deutsch-Sozialen Verein" und „Handwerker-Verein" in den letzten Tagen nicht zur Vertheilung gelangten.

Die Phrase von der **„Massen-Produktion"**, der **guten** und **reellen Waare** und die **„billigen Preise"** sind die Lockmittel vieler zweifelhafter Geschäfte, auf welcher nur noch die hineinfallen, die nie alle werden!

Wenn sich ein jüdischer Händler **rühmt**, daß seine Waare doch auch von **christlichen** Arbeitern gefertigt würden, so thut man eben besser, direkt bei **Christen** und **Deutschen** zu kaufen, anstatt bei Hebräern; denn dieser will doch auch noch erst verdienen, kann also **nicht billiger** sein, als in christlichen Geschäften.

Wenn ein jüdischer Händler aber gar die Sache so hinstellen thut, als hätten sich die soliden Geschäfte vor seiner Concurrenz zu fürchten **und als wäre durch den jüdischen Schleuderhandel** das Gewerbe erst auf eine zeitgemäße Höhe gehoben worden, so müssen wir dies als eine dreiste Anmaßung zurückweisen.

Schließlich werden uns diese Juden noch vorrechnen, daß die ganze deutsche Nation elend zu Grunde gegangen wäre, wenn die schachernden Hebräer sich nicht über uns erbarmt hätten.

Die Schneider-Innung zu Freiberg.

durch den jüdischen Schleuderhandel das Gewerbe erst auf eine zeitgemäße Höhe gehoben worden, so müssen wir dies als eine dreiste Anmaßung zurückweisen. Schließlich werden uns diese Juden noch vorrechnen, daß die ganze deutsche Nation elend zu Grunde gegangen wäre, wenn die schachernden Hebräer sich nicht über uns erbarmt hätten".[26] Diese in schlechtem Deutsch gehaltene Neidtirade der Freiberger Schneider-Innung im „Freiberger Anzeiger und Tageblatt" 1892 zeigt recht eindrucksvoll, wie aus dem „klassischen" Antijudaismus im letzten Viertel des 19. Jahrhunderts handfester rassistischer Antisemitismus wurde.[27]

Einer, der sich diesem auflodernden Antisemitismus in Freiberg entschieden entgegenzustellen suchte, war der heute völlig vergessene Journalist und Literat Alphonse Levy (1838 – 1917). Er war zwischen 1884 und 1893 Redakteur am „Freiberger Anzeiger und Tageblatt", Mitglied des Freiberger Altertumsvereins[28] und zugleich ein äußerst engagiertes und höchst aktives Mitglied in der Freimaurerloge „Zu den drei Bergen" in Freiberg.[29]

Durch „sachliche Aufklärung und geduldige Überzeugung" suchte der überaus kaisertreue Publizist in unzähligen Zeitungsartikeln, aber auch in seiner 1900 erschienenen „Geschichte der Juden in Sachsen", die „vielfach auch unter der sächsischen Bevölkerung vorhandenen Vorurtheile gegen die dortigen Staatsbürger jüdischen Glaubens abzuschwächen".[30] Levy wurde 1894 erster Generalsekretär des in Berlin neu gegründeten „Centralvereins deutscher Staatsbürger jüdischen Glaubens" – ein Amt, das er bis zu seinem Tod 1917 ehrenvoll und streitbar ausfüllte. Er irrte freilich, als er die „Kulturstufe des sächsischen Volkes" als „beste Bürgschaft" für das allmähliche, aber sichere „Verschwinden der Vorurtheile, welche den Sachsen jüdischen Glaubens zur Zeit noch entgegenstehen", lobte.[31]

Titelseite A. Levy: Die Geschichte der Juden in Sachsen, Berlin 1900; Quelle: Archiv Düsing

Geschichte der Juden

in Sachsen

Von

Alphonse Levy

Berlin NW. 7
VERLAG VON S. CALVARY & CO.
1900.

„Wie Fliegen um das Aas"

Denn nur knapp vier Jahrzehnte später frohlockte der Vorsitzende des Freiberger Altertumsvereins in der Beilage „Heimatwarte" eben jener Freiberger Zeitung, in der sich Alphonse Levy dem wütenden Antisemitismus entgegengestemmt hatte: „Die verhängnisvolle Entwicklung der Judenfrage seit der französischen Revolution hat Adolf Hitler rückgängig gemacht." [32] Der Judenpogrom vom 9./10.November 1938 lag da ganze sieben Wochen zurück. Nichts ließ in diesem Artikel darauf schließen, dass gerade erst Freiberger Juden in Konzentrationslager eingeliefert, jüdische Läden zerstört und berufliche und menschliche Existenzen vernichtet worden waren.[33]

Keine Andeutung gab es angesichts jener, die Freiberg schon vor 1938 fluchtartig verlassen mussten, weil sie in ihrer Heimatstadt plötzlich als „Ungeziefer" beschimpft wurden.

Keine Zeile galt den Schulkindern, die ihre Schule hatten verlassen müssen, weil sie nun für unwürdig gehalten wurden, neben einem „arischen" Kind in der Schulbank zu sitzen. Jene Freiberger, die so schikaniert worden waren, dass sie keinen anderen Ausweg mehr gesehen hatten, als die Flucht in den Tod, wurden nicht erwähnt. Wie auch, sollte man meinen, angesichts der Tatsache, dass Antisemitismus zum Basisprogramm der braunen Machthaber gehörte, in einer gleichgeschalteten Presselandschaft kein Raum mehr für menschliche Signale gegenüber Juden war, vor allem aber nicht für realistische Blicke auf den Terror gegen Juden unter dem Hakenkreuz.

Niemand aber dürfte Dr. Walther Herrmann gezwungen haben, sich zu einem der geistigen Aktivisten antisemitischer Hetze in der Region aufzuschwingen. Vereinnahmung? Mitläufertum?

Die „Rolle der Juden in der deutschen Geschichte" solle nun auch im Ortsgeschichtsverein „völlig klargestellt" werden. Was der Vorsitzende des Altertumsvereins darunter verstand, entwarf er gleich selbst: Er skizzierte, wie „der Jude das Kreditgeschäft in der Hand …und es zum Wucher entwickelt" habe, wie Freiberg und auch Sayda „im 15. Jahrhundert verjudet" gewesen seien, bevor „die sächsischen Landesherren dafür gesorgt (hatten), daß man in Freiberg Juden nicht mehr zu sehen bekam". Die Juden, so ließ der Vorsitzende des Altertumsvereins wissen, sammeln sich in „Kriegs- und Krisenzeiten… wie die Fliegen um das Aas", um am Ende erleichtert feststellen zu können, wie der nach der französischen

„Zur Geschichte des Freiberger Judentums" in der Beilage „Heimatwarte" des Freiberger Anzeigers am 31.12.1938/01.01.1939; Quelle: StadtA FG

Dr. Walther Herrmann um 1938;
Quelle: Stadt-und Bergbaumuseum Freiberg,
Fotothek, Inv.- Nr. F5218

Revolution auch in Sachsen beschrittene „liberale Weg der Judenemanzipation" nun durch Adolf Hitler sein Ende gefunden habe.[34]

Sie alle – rührige Lehrer und Historiker wie Dr. Walther Herrmann, der Gymnasiallehrer Dr. Johannes Langer[35], der schon erwähnte Oberbürgermeister Dr. Werner Hartenstein, der Bibliothekar, Kulturamtsleiter, Leiter des Stadt- und Bergbaumuseums und des Stadtarchivs Freiberg in den Jahren 1938-1945, Walter Schellhas[36], oder auch eine so stadtbekannte Persönlichkeit wie Stadtbaurat Dr. Georg Salzmann (1891 – 1985)[37] – trugen eine gewichtige Vorbildfunktion im Gemeinwesen.

Für viele verkörperten sie das intakte, auch nach 1933 scheinbar ungebrochen aufrecht erhaltene Bild eines integren Bildungsbürgers. Aber sie trugen – gerade in ihrer Funktion, ihrer Stellung, mit ihren Äußerungen – meinungsbildend und daher aktiv dazu bei, Nazi-Ideologie und Politik mehrheitsfähig zu machen und gewissermaßen zum sozialisierenden Standard zu erheben. Dr. Walther Herrmann (1884 – 1979), der Autor des zwar faktenreichen, aber in seinem geifernden Antisemitismus unerträglichen Artikels, war bereits seit 1925 Vorsitzender des Freiberger Altertumsvereins. Als Geschichtslehrer und seit 1930 als Leiter der Höheren Mädchenschule hatte der Oberstudiendirektor vor 1933 Generationen seiner Schüler und Schülerinnen im Geiste bürgerlich-humaner Bildung erzogen und gemahnt, dass „wissenschaftliche Reife… nicht im Gedächtniswissen, nicht im formalen Wert der Bildungsgegenstände, sondern in der Fähigkeit zur Erkenntnis der Wahrheit (liege)" und „sittliche Reife… die Fähigkeit des Willens und der Liebe zur Wahrheit" sei.[38] Bei seinen Schülern war er als Lehrer beliebt. Seine profunden Kenntnisse der Stadtgeschichte und sein unermüdlicher Einsatz für die Bewahrung der Zeugnisse dieser Historie ließen ihn nicht nur bei den Freibergern hoch geachtet sein. Walter Herrmann trat am 1. Juli 1933 dem NS-Lehrerbund bei[39], ein halbes Jahr später, am 15. Februar 1934, der SA. Im April 1934 trug die neue Vereinssatzung des Freiberger Altertumsvereins seine Unterschrift, in deren Paragraf 4 es nunmehr hieß: „Juden sind von der Mitgliedschaft ausgeschlossen".[40] Zum „Tag der nationalen Arbeit" – am 1. Mai 1937 – wurde Dr. Herrmanns Bund mit den Nazis durch die NSDAP-Mitgliedsnummer 4295796 besiegelt.[41]

Folgerichtig wurde er 1945 als ehemaliges, aktives NSDAP-Mitglied aus dem Schuldienst entlassen. Werner Lauterbach stellte in seiner Sammlung „Berühmte Freiberger" noch 2003 recht nebulös dazu fest, dies sei „aus politischen Gründen ohne Pension" geschehen.[42] Unermüdlich blieb Walter Herrmann auch nach 1945 als Historiker, als wissenschaftlicher Forscher und Vertreter der Intelligenz, nun im Kulturbund der DDR, tätig. 1962 erhielt er dafür die Leibniz-Medaille der Akademie der Wissenschaften der DDR.[43] Eine Auseinandersetzung mit seiner braunen Vergangenheit fand nie statt. Erst die Vorbereitung der Feierlichkeiten zum 150jährigen Bestehen des Freiberger Altertumsvereins im Jahr 2010 scheint bewusst gemacht zu haben, dass „das mit Abstand dringlichste Desiderat der Geschichtsforschung des Vereins… dessen Rolle und der ihn maßgeblich prägenden Mitglieder in der Zeit des Nationalsozialismus" ist." [44]

Dr. Werner Hartenstein war in die NSDAP am 1. Mai 1933 mit Mitgliedsnummer 2415513 eingetreten. Ihm wurde vom NS-Reichsstatthalter in Sachsen noch nach 1943 bestätigt, dass „er seinen Aufgaben in vollem Maße gewachsen" sei. „Seine Haltung ist einwandfrei; seine politische Führung ist nicht zu beanstanden".[45] Seine NSDAP-Mitgliedschaft und seine politische Funktion im NS-Machtapparat bezahlte Dr. Hartenstein im Speziallager des sowjetischen Geheimdienstes NKWD in Jamlitz (ein vormaliges Außenlager des KZ Sachsenhausen) mit dem Leben.[46] In achtungsvoller Erinnerung bleibt unumstritten sein mutiger Einsatz für die friedliche Übergabe der Stadt Freiberg am 7. Mai 1945 an die vorrückenden sowjetischen Truppen. Eine öffentliche Würdigung wurde erst nach 1989/90 wieder möglich.[47] Aber auch seine Rolle in der NS-Zeit ist bis heute nicht aufgearbeitet. Von Walter Schellhas, seit 1. Mai 1933 NSDAP-Mitglied, ist wohl mit Recht davon auszugehen, dass er als der „wahrscheinlich… maßgebliche Kulturfunktionär der NSDAP in Freiberg gelten" kann, jedenfalls in seiner Zeit als kultureller Mul-

Begrüßung von Oberbürgermeister Hartenstein zur Eröffnung der Sonderausstellung „750 Jahre Deutscher Erzbergbau" vor dem Stadt- und Bergbaumuseum (hinten links Rudolph Walter Schellhas), Juni 1938, Quelle: Stadt- und Bergbaumuseums Freiberg, Fotothek, Inv.-Nr. F6404

tifunktionär ab März 1938.[48] Er büßte dafür zwischen 1945 und 1950 mit Haft in Bautzen, im Internierungslager Mühlberg und in Buchenwald. Folgt man dem Online-Lexikon „Sächsische Biografie", herausgegeben vom (1997 auf Beschluss des Sächsischen Landtags gegründeten) Institut für Sächsische Geschichte und Volkskunde e.V., geschah das lediglich „aus vorgeblich politischen Gründen".[49]

Dr. Georg Salzmann war seit 1926 Stadtbaurat in Freiberg und wurde nach Machtantritt der Nazis ebenfalls aktives NSDAP-Mitglied mit der Mitgliedsnummer 2415783.[50] Von 1945 bis 1949 in sowjetischer Kriegsgefangenschaft, setzte er ab 1951 seine Arbeit als Ortsbauplaner in Südwestdeutschland fort. Er starb 1985 in Tübingen. In Freiberg hat er bleibende städtebaulich-architektonische Erinnerungen hinterlassen: u.a. mit dem Kreiskrankenhaus, dem Hochhaus an der Bahnhofstraße, dem Entwurf des Rundhauses an der Chemnitzer Straße oder mit der von ihm nach 1933 entworfenen SA-Siedlungsanlage am Seilerberg, die inzwischen allerdings in großen Teilen abgerissen ist.[51]

Dr. Georg Salzmann;
Quelle: TU Bergakademie
Freiberg

Ansicht Bezirkskrankenhaus Freiberg, Postkarte, Verlag E. Neubert, Chemnitz, abgestempelt: 13.6.1933;
Quelle: Stadt- und Bergbaumuseum Freiberg, Fotothek, Inv.-Nr. PK81

Am bisherigen, oftmals eher verlegenen Umgang mit diesen öffentlichen Personen Freiberger und sächsischer Regionalgeschichte [52] wird ein übriges Mal drängend sichtbar, wie sehr eine gründliche und zugleich differenzierte Auseinandersetzung mit Geist und Werk der einst handelnden Personen nach wie vor fehlt.

Solche Formeln wie die von der „Polarität eines Lebens" oder der womöglich ungewollten „politischen Vereinnahmung", mit der im Nachhinein die NS-Karrieren Freiberger Lokalpolitiker, Ingenieure, Lehrer, Wissenschaftler beschrieben werden (wenn sie nicht gleich gänzlich in heutigen biografischen Würdigungen ausgespart bleiben), muten im besten Fall hilflos an. [53] Unbestreitbar fehlt immer noch, auch fast sieben Jahrzehnte nach dem Kriegsende, eine gründliche wissenschaftliche Untersuchung und zugleich glaubhafte Darstellung der Jahre 1933 bis 1945 in Freiberg. Für Sachsen liegen inzwischen erste wichtige Analysen vor. [54]

Bis heute ist die einzige geschlossene Sichtung dieses Zeitraums der Beitrag von Béla Bélafi in der zur 800-Jahr-Feier der Stadt Freiberg 1986 erschienenen „Geschichte der Bergstadt Freiberg". [55] In vielem ist sie als ortsgeschichtliches Kompendium jener Jahre durchaus nachschlagenswert und gefragt. Allerdings zeigen sich auch sehr deutlich die Grenzen der noch zu DDR-Zeiten verfassten Arbeit, die am drückendsten in den thematischen Auslassungen sichtbar werden. Ganze sieben Sätze werden der Verfolgung Freiberger Juden während der Nazi-Zeit gewidmet. [56] Es sind Allgemeinplätze, die mit deren konkretem Schicksal wenig zu tun haben. Und nur ebenso kurze Erwähnung findet die Zwangsarbeit jüdischer Frauen in einem Außenlager des KZ Flossenbürg, in der sog. „Freia GmbH", am Ende des Krieges, die zudem noch etliche Fehler und Halbwahrheiten enthält. [57]

„Das hat es bei uns nicht gegeben"
– Antisemitismus in der DDR? Das Freiberger Beispiel

Vor der Vergangenheit die Augen nicht zu verschließen, bedeutet nicht nur, die Erinnerung an die Verbrechen des Nationalsozialismus wach zu halten, sondern auch, die Gründe für den widersprüchlichen Umgang mit dem Thema Juden nach 1945 im Osten, ab 1949 in der DDR, zu klären. Das ist nicht Aufgabe und Anliegen der vorliegenden Arbeit. Sie kann allenfalls mit den hier untersuchten lokalen, regionalen Befunden zu einem klareren, aber auch differenzierteren Urteil beitragen. Diese Befunde aber ergeben durchaus einen höchst bemerkenswerten Kontrast. Auf der einen Seite ist eine sehr grundsätzliche, intensive Auseinandersetzung in der DDR mit Wesen, Ursachen und Folgen des deutschen Faschismus und – darin eingeschlossen – mit dem Stellenwert von Antisemitismus und Judenverfolgung im System des herrschenden Nationalsozialismus zwischen 1933 und 1945 nachweisbar. [58] Andererseits fehlt die regionale, empirische Vertiefung der Problematik mit wenigen Ausnahmen fast völlig. So viel in der DDR über Naziterror, Verfolgung und Widerstand zu lesen war: Die jüdischen Opfer blieben – wie die verfolgten Sinti und Roma, Homosexuellen oder Zeugen Jehovas – in aller Regel anonym, verborgen in der ebenso ungeheuerlichen wie unvorstellbaren Zahl von Millionen Verfolgter und Ermordeter. Wo lagen die Gründe dafür? Gab es einen nur „verordneten" Antifaschismus in der DDR, hinter dessen Fassade Antisemitismus weiter glimmen konnte, wie nach dem Zusammenbruch der DDR immer wieder, und keineswegs nur von westlicher Seite, behauptet wird?[59] Oder sind die Versuche, ein Weiterwabern von Antisemitismus in der DDR, gar durch Partei und Staat begünstigt, wenn nicht gar befördert, auszumachen, allesamt nur „Teil der anhaltenden Propagandakampagne, deren Ziel die Verteufelung der Deutschen Demokratischen Republik ist", wie Kurt Pätzold, Nestor der Faschismusforschung in der DDR, unlängst streitbar wissen ließ?[60]

Immerhin: Wer in der DDR aufgewachsen ist, konnte hören und lesen, welches Unheil der deutsche Faschismus über Deutschland und Europa gebracht hatte. Schulexkursionen in das ehemalige Konzentrationslager Buchenwald gehörten zum festen Programm fast jeder Klasse.

Jeder, der eine Schule in der DDR besuchte, lernte, wer zuerst und am längsten in den deutschen Konzentrationslagern gelitten hatte und wer am konsequentesten den Widerstand organisiert habe. Auschwitz und das Zyklon B der IG Farben symbolisierten begrifflich den industrialisierten Massenmord in den Vernichtungslagern im Osten – mehr noch: die Verflechtung von Finanz- und Wirtschaftskapital mit den Weltherrschaftsplänen, der Kriegs- und Ausrottungspolitik der Nationalsozialisten.[61] Der 8. Mai erinnerte als gesetzlicher Feiertag jährlich an den „Tag der Befreiung" und galt als Datum einer grundlegenden geschichtlichen Wende. Das Motto „Nie wieder Krieg und Faschismus" verhieß Neubeginn, den Bruch mit allem, was zu Rassenhass und Völkermord geführt hatte, und sollte die sozialistische Alternative im Osten Deutschlands, in der DDR, glaubhaft machen.

Zu dieser Selbstwahrnehmung gehörten die antifaschistischen Widerstandskämpfer, jedenfalls sofern sie die „richtigen" ideologischen Schlussfolgerungen zu ziehen bereit waren, und alle, die sich alsbald zur „Freundschaft mit der Sowjetunion" und zum Führungsanspruch der „Partei der Arbeiterklasse" bekannten.

Wer zu den „Siegern der Geschichte" zählen wollte, mochte kaum daran erinnert werden, dass eigene Schuld und Verantwortung nicht mit dem 8. Mai 1945 getilgt waren.[62] Die von den Alliierten bestimmte Teilung und der Kalte Krieg begünstigten das agitatorische Credo, dass alle Täter, sofern sie nicht im Osten vor Gericht gestellt worden waren, nun westlich der Elbe zu finden seien. War der Bruch mit den Nazihinterlassenschaften im Osten nicht viel konsequenter? Gelangten nicht im Westen Nazibeamte bald wieder in Amt und Würden, wenigstens aber zu Pensionen? Und regte sich nicht im Westen, nur wenige Jahre nach Kriegsende, wieder „brauner" Ungeist? Wurde nicht dort die „Auschwitz-Lüge" bald wieder präsent, die Leugnung der industrialisierten Ermordung der Juden, auf die im

Osten unnachsichtige Strafe stand? Seltsam nur, dass sich nicht nur die Täter und Mitläufer in den Westen „verflüchtigt" hatten. Auch die Opfer des Rassenterrors schienen offenbar nur an Rhein und Donau oder ganz fern in Polen oder in der Ukraine gelitten zu haben, jedenfalls nicht auf dem Gebiet, das nun DDR war, nicht in Leipzig und Dresden und schon gar nicht in den kleinen Städten und Gemeinden, in denen doch fast jeder jeden gekannt haben musste. Die Vertriebenen und Ermordeten wollte hier niemand mehr kennen. Lag es vielleicht daran, dass sie selbst nicht ins Bild der neuen sozialistischen Gesellschaft passten? Welchen Beitrag zur „Orientierung in den Klassenkämpfen unserer Zeit" vermochte schon die Erinnerung an Carl Lewin zu leisten, den langjährigen Geschäftsführer des Schocken-Kaufhauses in Freiberg, oder an den unpolitischen Tabakwarenhändler Isidor Sieradzki, der seinen Krämerladen auf der Burgstraße betrieben hatte und eines der ersten Opfer der „Arisierung" wurde?

Warum sollte die angesehene Bergakademie Freiberg einen ihrer bedeutendsten Absolventen ehren? Moritz Hochschild, Bergingenieur und Erzhändler, hatte nicht den „fortschrittlichen Weg" an die Seite der Arbeiterklasse gewählt, sondern war internationaler Großkapitalist, südamerikanischer „Kupfer- und Zinnbaron" geworden. Tschechische, slowakische, polnische oder deutsche Jüdinnen, die Ghettos, Vernichtungslager und Zwangsarbeit überlebt hatten, ließen sich nur schwer unter der Rubrik „klassenbewusste Widerstandskämpferinnen" fassen. Suspekt waren besonders jene, die der Überlebenskampf schließlich nach Israel geführt hatte – in jenen Staat, den die DDR als „imperialistisch-zionistisch" bekämpfte.

Die Kriegsgeneration verdrängte die Erinnerung schnell. Beschleunigt wurde dieser Prozess von der Angst, ihr Wegsehen und Nichtwahrhabenwollen, Versagen, vielleicht auch die eigene Mitschuld bekennen zu müssen. Ihre Kinder erfuhren wenig oder gar nichts über die jüdische Kultur, Tradition, Religion und Geschichte. In der DDR gehörte das – ebenso wie christliche Geschichte und Werte – nicht zur Allgemeinbildung einer „sozialistischen Persönlichkeit".

Als Anfang der achtziger Jahre die Passauer Abiturientin Anna Rosmus in einem Schulaufsatz über die Verfolgung der Juden in ihrer bayrischen Heimatstadt berichtete und daraufhin schlimmen Drohungen ausgesetzt war, schien sich zu bestätigen, was in der DDR ohnehin als erwiesen galt: Die Täter seien im Westen untergekrochen und bestrebt, jeden Versuch der Aufarbeitung der braunen Vergangenheit zunichte zu machen.[63] Wie aber war zu erklären, dass im antifaschistischen Freiberg gar nicht erst der Versuch unternommen wurde, nach Juden in der eigenen Stadt und dem Verhalten der Freiberger in der Nazizeit zu fragen? Stimmte, was leichthin entgegnet wurde, es habe in Freiberg kaum Juden gegeben, und die wenigen seien alle entkommen? Warum waren fast ein halbes Jahrhundert nach dem Ende des NS-Regimes zunächst kaum Spuren, Hinweise, Aufzeichnungen über die jüdischen Einwohner, ihr Leben, ihre Vertreibung zu finden? Warum wollte kaum jemand noch etwas von der „Freia GmbH" und den 1.000 jüdischen Sklavenarbeiterinnen wissen? Zwar hatte die „Neue Freiberger Wochenzeitung für Stadt und Land" 1965 in einer Serie den Besuch von Dr. Priska Lomová, einer Überlebenden des Lagers, gewürdigt, aber das blieb eine Ausnahme. Ihr Schicksal durfte einige Zeitungsausgaben dominieren, da die Geehrte ins erwünschte Bild passte, nicht als Jüdin, sondern als Mitglied der KPČ und marxistische Hochschulmitarbeiterin im slowakischen Prešov.[64]

Nach Jahrzehnten, in denen die DDR ihre antifaschistischen und antirassistischen Grundlagen wieder und wieder beschwor, örtliche historische Kommissionen fast minutiös jedes Zeichen des antifaschistischen Widerstandskampfes dokumentiert hatten[65], blieb eines der finstersten Kapitel des NS-Rassenwahns in Freiberg nahezu unbemerkt. 1985 veröffentlichte der Zschopauer Lehrer Hans Brenner Ergebnisse seiner Forschungen zu den Außenlagern des KZ Flossenbürg in den „Sächsischen Heimatblättern".[66] Diese Erkenntnisse blieben jedoch ohne Wirkung.

Es schien fast so, als habe es in Freiberg weder Juden noch Antisemitismus gegeben.

Der Versuch der Evangelischen Jungen Gemeinde im Jahr 1988, daran zu erinnern, dass der Judenpogrom vom November 1938, „Reichskristallnacht" genannt, auch in Freiberg stattgefunden hatte, war als „Störung der öffentlichen Ordnung" untersagt worden. Klebestreifen an den Schaufenstern des ehemaligen Schocken-Kaufhauses hätten die Zerstörung jüdischer Geschäfte symbolisieren sollen.[67]

Wer verstehen will, wie in der DDR ideologische Raster funktionierten – nämlich je nach „Klassenlage" wechselnd in Intensität und Schärfe – hat an diesem Beispiel ein geeignetes Lernobjekt: Es dominierte stets die Hierarchie der erwünschten und unerwünschten Themen, Orte und Initiatoren. Während die lokale Erinnerung an die Verfolgung der Juden bis zum Ende der DDR weitgehend tabu blieb, entfaltete sich ab etwa 1986/87 auf zentraler Ebene geradezu eine Kampagne „jüdischer" Themen. Jahrzehntelang vernachlässigte jüdische Friedhöfe kamen unter Pflegepatenschaften von FDJ-Gruppen. In einem Staatsakt wurde der Wiederaufbau der Neuen Synagoge in Berlin als Centrum Judaicum beschlossen. Kurzzeitig wurde möglich, was zuvor stets gescheitert war: Die kleinen jüdischen Gemeinden erhielten einen eigenen Rabbiner, Isaac Neuman aus den USA. Der hielt die Eigenwilligkeiten der DDR indes nicht lange aus und verließ – frisch vermählt mit Eva, der Tochter des stellvertretenden Innenministers Herbert Grünstein, einer früheren, eng befreundeten Kommilitonin des Autors – die ungastliche DDR bald wieder. Dokumentationen über jüdisches Leben in Görlitz, Chemnitz und Leipzig konnten endlich erscheinen.[68] In Dresden fand eine kirchliche Ausstellung zu jüdischer Geschichte in Sachsen größtes Interesse. In Leipzig gab es etwa zeitgleich die Ausstellung „Juden in Leipzig" im Kroch-Haus anlässlich des 50. Jahrestages der Pogromnacht vom November 1938.[69] Auch in einigen wenigen anderen Städten der DDR hatte seit 1986 zögerlich eine erste Bestandsaufnahme vor Ort begonnen.[70] Der Staatsratsvorsitzende Erich Honecker empfing Heinz Galinski, den damaligen Vorsitzenden des Zentralrats der Juden in Deutschland. Kurt Löffler, Staatssekretär für Kirchenfragen, lud Historiker in Israel, dem Staat, der bisher als „Speerspitze des Imperialismus im Nahen Osten" verunglimpft worden war, ein, die Archive der DDR zu nutzen – jene Archive, die den Historikern in der DDR kaum zur Verfügung standen. Das Thema „Juden" wurde plötzlich für kurze Zeit hoffähig.

Zweifellos trug die wachsende Sorge vieler über rechtsextreme und rassistische Haltungen und Aktionen auch in der DDR zum Gesinnungswandel bei. Nach wie vor war aber nicht die dringend notwendige öffentliche und offene Diskussion über die innere Situation der DDR beabsichtigt. Entscheidend mag vielmehr ein außenpolitisches Kalkül gewesen sein. Es galt, endlich eine vermeintlich letzte Hürde für die volle völkerrechtliche Anerkennung der DDR zu nehmen: den Zutritt zum Weißen Haus in Washington – ein unmöglicher Schritt, solange die DDR weiterhin in der Pose der Nichtzuständigkeit für Wiedergutmachungsansprüche der vertriebenen und ermordeten Juden verharrte. Bis zuletzt lehnte die DDR jegliche Entschädigungszahlungen an Holocaust-Opfer ab. Auch das erklärt, warum die Verschleppung von 1.000 jüdischen Frauen zur Zwangsarbeit nach Freiberg ausgeklammert bleiben musste.

Dabei hatte die nun endlich mögliche, längst überfällige Thematisierung von jüdischer Tradition, Kultur und Geschichte, von Verfolgung im eigenen regionalen Umfeld, von altem (gelegentlich auch neuem) Antisemitismus Hoffnung gegeben und manchem Mut zu Nachfragen gemacht. Das dies – wie so oft in der DDR – als Kampagne ablief, mochte manche schnell auf den Boden der Realität zurückgeholt haben. Das lag sicher nicht daran, dass – im Unterschied zu der nun neuen „Generallinie" der Partei – nur den örtlichen Funktionären noch eine schlüssige Parteiinformation gefehlt hätte, die auch „vor Ort" mehr regionales Engagement hätte einleiten können.

Denn „der Wind" hatte sich nicht wirklich „gedreht". Das Misstrauen blieb gegen „jüdischen Kosmopolitismus" und „Zionismus", die als „Bestandteile reaktionärer imperialistischer Ideologie und Politik" zu verurteilen waren. Nur wenigen fiel auf, dass darin Grundelemente des Antisemitismus weiter moderten. Noch immer galt die nie eingestandene, dennoch perfekt wirksame „Hierarchie der Opfer". Die DDR hatte stets ihre Verwurzelung im „klassenbewussten politischen Widerstand gegen den Faschismus" betont. Die jüdischen Opfer ließen sich dieser „Klassenlinie" nur selten zuordnen. Wohl wurden sie im Regelfall als „Verfolgte des Faschismus" anerkannt. Als Kronzeugen eines neuen, sozialistischen Staates auf deutschem Boden – später sogar einer sich vermeintlich herausbildenden eigenständigen „sozialistischen Nation DDR" [71] – taugten sie weniger, ausgenommen jene, die sich dem Klassenkampf verschrieben.

Die Wahrnehmung des Einzelnen ausschließlich durch das ideologische Prisma „geschichtlicher Klassenlinien" verhinderte, dessen individuelle Würde, dessen Leistungen und Leiden zu ermessen und ernst zu nehmen. So verschwanden Juden (zusammen mit anderen nicht politischen „Opfergruppen") aus der Optik realsozialistischer Wahrnehmung in die Anonymität von Opferstatistiken, bestenfalls als Beleg für „gesetzmäßige geschichtliche Zusammenhänge" taugend.[72]

Erinnern aber geschieht nicht anonym. Niemand kann anhand einer Zahl, und sei sie noch so monströs wie die von sechs Millionen ermordeter Juden, eine Vorstellung von dem entwickeln, was dem einzelnen Menschen, seinen Kindern, seiner Familie, seinen Freunden und Bekannten, geschah. Niemand kann wirklich erahnen, welches Erleben die Überlebenden bis heute verfolgt.

Als die einstigen Freiberger Nachbarn, Mitschüler, Geschäftsinhaber, Verkäufer, tauchten sie jedenfalls in der örtlichen Erinnerung nicht mehr auf. Auch nicht die jüdischen Mädchen, die täglich vom Hammerberg zur Frauensteiner Straße marschiert waren und die doch viele gesehen haben mussten.

„Es hat in Freiberg nur wenige Juden gegeben. Und die sind alle entkommen", lautete offenbar für nicht wenige Freiberger eine stillschweigende Übereinkunft, sich des unangenehmen Themas über Jahrzehnte nach Kriegsende nicht näher stellen zu müssen. Diese Auskunft jedenfalls begegnete dem Autor mehrfach, selbst bei „gestandenen" Freiberger Ortschronisten, als er Anfang der 90er Jahre ein Unterrichtsprojekt am Freiberg-Kolleg zur bis dahin verschwiegenen Geschichte der Juden in Freiberg starten wollte.

Luftaufnahme Freiberger Porzellanfabrik 1926 (ab 1943 „Freia GmbH"
mit Außenlager des KZ Flossenbürg);
Quelle: Stadt-und Bergbaumuseums Freiberg, Fotothek, Inv.-Nr. F4400

Dass keineswegs „alle entkommen" waren, dokumentieren seit Juli 2007 die Stolpersteine in Freiberg. Inzwischen gibt es 24 davon. Sie liegen vor den einstigen Wohnhäusern der Opfer des NS-Regimes. Sie tragen einen Messingkopf, in welchen die Namen, Geburtsjahr und Daten zum Tod, soweit bekannt, eingraviert sind. Sie rufen die Namen und Schicksale von Menschen in die Erinnerung zurück. „Ein Mensch ist erst vergessen, wenn sein Name vergessen ist", sagt dazu der Initiator der Aktion, der Kölner Künstler Gunter Demnig. Und: „Wer den Stein lesen will, muss sich vor ihm verbeugen."[73]

Dieses Buch erinnert an diese Menschen. Es zeigt, wo sie in Freiberg gelebt und gearbeitet haben. Und es erzählt deren Geschichte, soweit sie heute noch oder wieder erzählt werden kann. Es konzentriert sich auf die Opfer der Nazi-Verfolgungen, nicht auf die Täter.
Es will in Erinnerung rufen, was fast vergessen ist. Die verfolgten, vertriebenen oder ermordeten Juden hatten mitten unter uns gewohnt, gelernt oder gearbeitet.

Nach fast sieben Jahrzehnten ist es Zeit, nicht mehr wegzusehen.

Gunter Demnig verlegte am 15. Oktober 2008 Stolpersteine in Freiberg;
Foto: Flavia-Annabell Sabath

„Wer den Stein lesen will, muss sich vor ihm verbeugen", Foto: Flavia-Annabell Sabath

Sonnabend, den 1. April **1933**

Beginn der Boykottbewegung in Sachsen.

Die jüdischen Geschäfte in Freiberg geschlossen.

Seit heute, Freitag vormittag, sind auch in der Stadt Freiberg die jüdischen Geschäfte geschlossen. Im Auftrag des Vertrauensmannes bei der Stadt Freiberg, Stadtrat Wenzel, wurde dem Kaufhaus Schocken nahegelegt, seine Geschäftsräume zu schließen. Dieser Aufforderung kam das Unternehmen nach. Die anderen jüdischen Geschäfte haben dann freiwillig, ohne besondere Aufforderung, geschlossen.

Vor den einzelnen jüdischen Geschäften stehen SA-Leute zum Schutze.

Wie in zahlreichen anderen Orten hat sich auch in Freiberg ein Aktionskomitee zur Durchführung der Boykottbewegung gebildet. Das Komitee besteht aus vier Mann.

Heute vormittag kam es im Zusammenhang mit der Schließung der jüdischen Geschäfte zu Ansammlungen, die von der Polizei ohne Zwischenfälle zerstreut wurden.

*

Vor den Eingängen der jüdischen Geschäfte sind große Plakate aufgestellt mit der Aufschrift:

„Jüdisches Geschäft. Kauft nur bei deutschen Volksgenossen!"

*

Tietz und Schocken in Chemnitz geschlossen.

Chemnitz, 31. März. Die Warenhäuser Tietz und Schocken sind heute vormittag von Polizeibeamten und SA-Leuten geschlossen worden. Die Schließung der beiden Kaufhäuser steht nicht im Zusammenhang mit der erst morgen beginnenden Boykottbewegung.

Geschäftsschließungen und — Durchsuchungen in Zittau.

Zittau, 30. März. Aus Gründen der öffentlichen Sicherheit und mit Rücksicht auf die besonderen Verhältnisse im Grenzgebiet sind heute auf Anordnung des städtischen Kommissars sämtliche jüdischen Geschäftshäuser, 20 an der Zahl, geschlossen worden. Weiter nahm die Polizei eine Durchsuchung von Schrebergärten vor. Eine Anzahl Waffen, Werbematerial und verbotene Schriften wurden aufgefunden und beschlagnahmt. Die Durchsuchungen werden fortgesetzt.

Auch in Leipzig hat der Boykott bereits begonnen.

Leipzig, 31. März. Der Boykott gegen jüdische Warenhäuser und sonstige jüdische Geschäfte hat hier bereits in den späten Vormittagsstunden des Freitag begonnen. Eine Gruppe SA-Leute, begleitet von Nationalsozialisten in Zivil, durchzog die Straßen der Stadt und brachte an den jüdischen Geschäften Plakate an. Die aus den Häusern sich ent-

fernenden Käufer wurden photographiert. Verschiedene Warenhäuser haben bereits geschlossen.

♦

Boykottanordnungen.

Das Zentralkomitee zur Abwehr jüdischer Greuel- und Boykottpropaganda veröffentlicht eine Anordnung Julius Streichers, in der es u. a. heißt:

Die Aktionskomitees (deren Mitglieder keinerlei Bindung mit Juden haben dürfen) stellen sofort fest, welche Geschäfte, Warenhäuser, Kanzleien usw. sich in Judenhänden befinden.

Es handelt sich bei dieser Feststellung selbstverständlich um Geschäfte, die sich in den Händen von Angehörigen der jüdischen Rasse befinden. Die Religion spielt keine Rolle. Katholisch oder protestantisch getaufte Geschäftsleute oder Dissidenten jüdischer Rasse sind im Sinne dieser Anordnung ebenfalls Juden.

Firmen, bei denen Juden nur finanziell beteiligt sind, fallen unter eine noch zu treffende Regelung.

Ist der Ehegatte einer nichtjüdischen Geschäftsinhaberin Jude, so gilt das Geschäft als jüdisch. Das gleiche ist der Fall, wenn die Inhaberin Jüdin, der Ehegatte dagegen nicht Jude ist.

Einheitspreisgeschäfte, Warenhäuser, Großfilialbetriebe, die sich in deutschen Händen befinden, fallen nicht unter diese Boykottaktion. Ebenso fallen nicht darunter die „Woolworth"-Einheitspreisgeschäfte. Diese Firma ist amerikanisch und außerdem nicht jüdisch. Die sogenannten „Wohlwert"-Einheitspreisgeschäfte dagegen sind jüdisch und daher zu boykottieren.

Die Aktionskomitees übergeben das Verzeichnis der festgestellten jüdischen Geschäfte der SA und SS, damit diese am Sonnabend, den 1. April 1933, vormittags Punkt 10 Uhr die Wachen abstellen können.

Die Wachen haben die Aufgabe, dem Publikum bekanntzugeben, daß das von ihnen überwachte Geschäft jüdisch ist. Sie haben vor dem Einkauf in diesem Geschäft zu warnen. Tätlich vorzugehen, ist ihnen verboten. Verboten ist auch, die Geschäfte zu schließen, die Fensterscheibe zu zertrümmern oder sonstigen Sachschaden anzurichten.

Zur Kenntlichmachung jüdischer Geschäfte sind an deren Eingangstüren Plakate oder Tafeln mit gelbem Fleck auf schwarzem Grunde anzubringen.

Entlassungen von nichtjüdischen Angestellten und Arbeitern dürfen von den boykottierten jüdischen Geschäften nicht vorgenommen werden, Kündigungen nicht ausgesprochen werden. Sind solche schon erfolgt, so hat die NSBO im Zusammenwirken mit der SA für ihre Rückgängigmachung Sorge zu tragen.

Teil II

Verfolgt, verfemt, vertrieben, ermordet…

Schon zwei Monate nach ihrem Machtantritt inszenierten die Nationalsozialisten den ersten antisemitischen Generalangriff auf jüdische Geschäfte, Rechtsanwälte und Ärzte. Aufrufe der NSDAP zur Bildung von „Boykottausschüssen" gegen „jüdische Gräuelpropaganda" heizten die Stimmung auf.

Der „Judenboykott" vom 1. April 1933

Ab Sonnabend, dem 1.4.1933, wurden auch in Freiberg jüdische Geschäfte und Ärzte boykottiert. „Kein deutscher Mann, keine deutsche Frau kaufe mehr in jüdischen Geschäften oder nehme jüdische Ärzte und Rechtsanwälte in Anspruch. Weist jüdischen Vertretern die Tür", hieß es am 31.3.1933 im Zeitungsappell des Freiberger Kreisaktionsausschusses der NSDAP. Ein „Propagandamarsch" der SA durch die Innenstadt unterstrich die Drohungen am frühen Abend, bevor NSDAP-Ortsleiter Helmut Böhme auf einer „Massenversammlung" im „Schwarzen Roß" in der Petersstraße deutlich wurde: es müsse verhindert werden, dass Juden von deutschen Volksgenossen noch etwas verdienten. Der „Freiberger Anzeiger" gab wieder: „Wer…immer noch ins Kaufhaus laufen" werde, würde… „der allgemeinen Verachtung anheim fallen." Ein „Selbstmörder" sei, „der ins Kaufhaus gehe".[74] Besondere Wut galt den billigen „weißen Wochen", dem „geschickten Bedienungspersonal, der Art der Dekoration", dem „Angebot von tausenderlei Waren in einem Hause" und der „Preisdrückerei" des nebenan gelegenen Kaufhauses Schocken. „Kein Deutscher kauft noch bei einem Juden

Boykott jüdscher Geschäfte am 1. April 1933 in Berlin; Ähnlich sahen solche Aktionen auch in Freiberg aus. Die Kunden jüdischer Geschäfte wurden zur Einschüchterung fotografiert und beschimpft. Quelle: BuArch Bild 102_14468

oder lässt sich von ihm und seinen Hintermännern Waren anpreisen. Der Boykott muss ein allgemeiner sein. Er wird vom ganzen Volk getragen und muss das Judentum an seiner empfindlichsten Stelle treffen." [75]

Was schon 1892 in den Freiberger Zeitungsspalten an Neid und Hass gegen jüdische Konkurrenz genährt worden war, packten die Nazis nun entschlossen an. Offenbar waren sie sich aber keineswegs sicher, dass die „deutschen Volksgenossen" in Freiberg in ihrer Mehrheit den aggressiven Antisemitismus der NS-Bewegung teilten.

Denn sie sparten nicht mit handfesten Drohungen an Unentschlossene. Täglich, so war im „Freiberger Anzeiger" am Vorabend des „Judenboykotts" zu lesen, würde eine „Schandliste" derer veröffentlicht werden, die in jüdischen Geschäften kaufen sollten. Diese Leute würden „ferner auch fotografiert werden; die Lichtbilder sollten in den Freiberger Kinos auf der Kinowand erscheinen".[76] Es blieb nicht bei leeren Drohungen. Als SA-Trupps vor den jüdischen Geschäften aufzogen, beschimpften sie Angestellte und Kaufwillige. Gegenüber vom Kaufhaus Schocken postierten sich auf einem Balkon SA-Leute, die Kunden beim Betreten des Warenhauses fotografierten.

Die Stadtverwaltung empfahl der Direktion des Schocken-Kaufhauses, die Verkaufsräume zeitweilig zu schließen.[77] Auch alle anderen jüdischen Geschäfte Freibergs schlossen „freiwillig". An den Eingängen aller jüdischen Läden wurden Plakate mit der Aufschrift aufgestellt: „Jüdisches Geschäft. Kauft nur bei deutschen Volksgenossen!"

Boykottaufruf im Freiberger Anzeiger am 01.04.1933; Quelle: Archiv Düsing

Die „Entjudung" des öffentlichen Dienstes

Nur eine Woche nach dem ersten „Judenboykott" schuf das „Gesetz zur Wiederherstellung des Berufsbeamtentums" am 7. April 1933 die juristische Handhabe zur Entfernung aller Juden sowie politisch missliebiger Personen, vor allem Kommunisten, aus dem öffentlichen Dienst und allen ihm gleichgestellten Einrichtungen und Unternehmen. Dies galt auch für Rechtsanwälte.[78] Die Nationalsozialisten griffen der späteren „Arier"-Bestimmung der Nürnberger Rassengesetze vor. Als „nichtarisch" im Sinne dieses Gesetzes galt, „wer von nichtarischen, insbesondere jüdischen Eltern oder Großeltern abstammt.

Es genügt, wenn ein Elternteil oder Großelternteil nichtarisch ist. Dies ist insbesondere dann anzuwenden, wenn ein Elternteil oder ein Großelternteil der jüdischen Religion angehört hat." [79]

Ausnahmen gab es lediglich für Personen, die bereits seit dem 1. August 1914 Beamte waren, als „Frontkämpfer" im 1. Weltkrieg gedient hatten oder deren Väter oder Söhne im 1. Weltkrieg gefallen waren.[80] Die „Ariernachweise" wurden so als erstes im öffentlichen Dienst erprobt. Am 7. Juli 1933 wurde die „Entjudung" des öffentlichen Dienstes auf alle dort tätigen Angestellten und Arbeiter ausgedehnt.[81] Für den Nachweis der „rassischen" Zugehörigkeit griffen die Nazis auf einen Trick zurück.

Obwohl die „rassische Zugehörigkeit" nachgewiesen werden sollte, musste die „religiöse" Abstammung als Nachweis herhalten. Nahezu alle Juden in Deutschland waren bis zur beginnenden Emanzipation der Juden am Ende des 18./Anfang des 19. Jahrhunderts Angehörige der „israelitischen Religionsgemeinschaft" gewesen. Standesämter und vor allem Kirchenämter bekamen Arbeit, um Belege mehrerer Generationen zurückzuverfolgen. Sie dienten willig.

Eine Welle der Entlassungen aus politischen und „rassischen" Gründen setzte ein.

Da die meisten jüdischen Bürger Freibergs Geschäftsleute waren, konzentrierte sich die Entlassungswelle zunächst auf Kommunisten und Sozialdemokraten im öffentlichen Dienst.

Vor allem an der Bergakademie und in der Deutschen Gerberschule aber traf es auch Juden. Bis zum Herbst 1933 wurde auch der Freiberger Kulturbereich „gesäubert".

Ein „Bezirksschulrat" Clauß, Mitglied im „Förderausschuss der ‚Deutschen Bühne', Ortsgruppe Freiberg", feierte im Freiberger Anzeiger die „Wiederherstellung der deutschen Bühne" im Freiberger Theater als „Kunststätte deutschen Wesens".

Unter der Überschrift „Wer hat das deutsche Theater ruiniert?" dozierte er über den „jüdischen Einfluß in Literatur und Theater".

Er sei noch vor kurzem auch am Freiberger Theater z. B. in der Inszenierung des „von zwei Juden geschriebenen Bühnenstücks ‚Mahagonni'" (gemeint waren Bert Brecht und Curt Weill) gepflegt worden.

Diese „erbärmliche, niedrige materialistische Mentalität" überwunden zu haben, sei „auch ein Verdienst der nationalen Erhebung." Freiberg sei nach Hitlers Machtantritt eine „glückhafte Stadt" geworden, da sich „deutscher Geist" endlich wieder in den „altehrwürdigen Mauern der Stadt entfalten" könne.[82] Fatalerweise hatte der „Freiberger Anzeiger" noch am 2. April 1933 in einer Aufführungsrezension zur Operette „Wiener Blut" den später entlassenen jüdischen Schauspieler, Sänger und Tänzer Richard Freudmann als „zu den Besten des Abends" gehörend erwähnt.[83]

Die Nürnberger Rassengesetze von 1935, das „Reichsbürgergesetz" und das „Gesetz zum Schutze des deutschen Blutes und der deutschen Ehre", verschärften die Lebensbedingungen der in Freiberg verbliebenen Juden weiter.[84] Juden waren keine „Reichsbürger" mehr. Ehen zwischen Juden und „Staatsangehörigen deutschen oder artverwandten Blutes" wurden verboten; „außerehelicher Verkehr" zwischen ihnen unter Strafe gestellt; die Beschäftigung von „weiblichen Staatsangehörigen deutschen oder artverwandten Blutes unter 45 Jahren" im Haushalt von Juden untersagt.

All das hatte selbstverständlich Auswirkungen auf die noch in Freiberg wohnenden Juden, wie im Einzelnen noch gezeigt werden wird. Zu ihrer täglichen Erfahrung wurde nun, dass „Freunde – die meiner Eltern genauso wie meine – (…) die Straßenseite zu wechseln pflegten, wenn sie uns kommen sahen und nach einer Weile handelten wir genauso, um weder sie noch uns in Verlegenheit zu bringen." [85]

Nicht alle Freiberger freilich unterwarfen sich dem Rassenwahn der Nazis.

Immer wieder berichteten Überlebende später über manche Zeichen der Mitmenschlichkeit und Anteilnahme. So auch Rosi Springer, geborene Sieradzki, die seit ihrer Flucht aus Deutschland in Palästina/Israel lebte: *"Als mein Vater das letzte Geld von der städtischen Sparkasse abholte* (um die Auswanderung zu finanzieren – M.D.), *wollte man*

Richard Freudmann, Foto aus dem Spielzeitheft des Stadttheaters Freiberg 1932/33;
Quelle: StadtA FG, Sammlung Kulturbelege, 1932-1933, Nr. 446, S. 9

Rosi Springer, geb. Sieradzki, 1992 in Freiberg; Foto: Michael Düsing

Dennoch: Juden lebten nach 1933 in einem zunehmend angsterfüllten Klima voller Schikanen, Denunziationen, böswilliger Verleumdungen. Gelegentlich trafen solche Anschwärzungen auch zufällig „Staatsangehörige deutschen oder artverwandten Blutes". Als die Nazis ihre gleichgeschaltete „Reichstagswahl" für den 29. März 1936 mit großem propagandistischen Rummel vorbereiteten und Juden per Verordnung vom Wahlrecht ausschlossen, zeigte ein anonymer Brief einen in Freiberg wohnenden „stellungslosen" Kaufmann als „Volljuden" an. Gefordert wurde, ihn aus der Wahlliste zu streichen und ihn im Wahllokal zu verhaften. Dieses Schreiben mobilisierte das städtische Wahlamt. Nach zahlreichen behördlichen Erkundigungen über dessen „Abstammung" erwies sich die Haltlosigkeit der rassistischen Anschuldigungen. Inzwischen jedoch hatte der Kaufmann am Wahltag bereits demütigende öffentliche Beleidigungen im Wahllokal erfahren, über die er sich beim Oberbürgermeister beschwerte. Eine Entschuldigung ist aus den überlieferten Akten im Freiberger Stadtarchiv nicht ersichtlich. Wer das Pech hatte, einen jüdisch klingenden Namen zu haben oder durch andere Umstände in „Verdacht" geriet, Jude zu sein, erfuhr, wenn auch meist nur für begrenzte Zeit, was den jüdischen Bürgern Freibergs von Amts wegen täglich geschah.[87]

Nicht erst die „Reichstagswahlen" offenbarten die unzähligen gesetzlichen Fallen für Juden, die schließlich für alle Juden tödlich enden sollten. Wer z. B. „Halbjude" war, bestimmte das Gesetz. Ob er damit als „Mischling 1. oder 2. Grades" auf die Seite der letztlich zu Ermordenden oder jener fiel, denen die Nazis Ausnahmen zugestanden, war 1936 noch nicht auszumachen – vorerst schien es „nur" um ihr Recht auf ein Studium oder auf Wahlteilnahme zu gehen. Heinz Levi war 1936 vermutlich der letzte „nichtarische Hörer" an der Bergakademie. Als „Nichtarier" durfte er zwar „hören", aber nicht „studieren".[88] 1915 geboren, hatte er nach dem Abitur in Offenbach ein naturwissenschaftliches Studium in Frankfurt a. M. begonnen und es ab 1935 in Freiberg in der Fachrichtung Bergbau fortsetzen wollen. Unzählige Schreiben gingen zwischen den Behörden wegen seines Status hin und her. Selbst Bergakademie-Rektor Madel verwendete sich bei den zuständigen Reichsministerien für Levi. Als Levi einen Wahlschein für die Reichstagswahl 1936 beantragte, mahlten sämtliche Mühlen des bürokratischen Apparates, bis feststand, dass „Levi nach dem vorerwähnten Gesetz jüdischer Mischling I. Grades (ist) und deshalb vom Wahlrecht nicht ausgeschlossen" werden kann. Man spürt die Widerwilligkeit des Bescheids noch heute in der Akte.[89] Als „vorläufiger Reichsbürger" durfte Levi wählen. Die ebenso widerwillig im April 1937 erfolgende Genehmigung zum Studium durch den „Reichserziehungsminister" erledigte sich praktisch im November 1937, als er zur Wehrmacht eingezogen wurde. Er durfte noch sein Vordiplom als Bergingenieur an der Bergakademie ablegen.

Am 6. Dezember 1938 wurden alle Juden, auch „Halbjuden 1. Grades", vom Studium an deutschen Hochschulen und Universitäten ausgeschlossen. Als „Mischling 1. Grades" wurde er solange beim Militär geduldet, bis Deutschland seinen ersten Kriegsfeldzug nach Polen erfolgreich abgeschlossen hatte. 1940 dann wurde er wegen seiner „nicht reinrassigen" Herkunft schließlich doch nicht für „würdig" befunden, weiter Soldat zu sein. Rektor Madel setzte sich weiter für Levi ein. 1941 beschied ihm das Sächsische Ministerium für Volksbildung, dass „ein Mann mit dem Namen Levi, der auch noch nach seiner äußeren Erscheinung und seinem Wesen sofort als Jude erkennbar sei, für die Bergakademie untragbar" sei. Bis 1944 war Levi u.a. im Steinkohlenbergbau tätig. Aber – wie alle „übrig gebliebenen" Menschen, die die Nazis verächtlich zu „jüdisch Versippten" oder „Mischlingen" herabgewürdigt hatten – wurde auch er Ende 1944/Anfang 1945 noch in ein Zwangsarbeitslager eingewiesen.[90] Der Vorgang zeigt die Gründlichkeit, mit der auch die Freiberger Behörden Schritt für Schritt an einem bürokratisch lückenlosen Netz mitstrickten, aus dem schließlich ein Entweichen aussichtslos wurde. Übrigens hatte dieser „Fall" auch noch ein DDR-typisches Nachspiel. 1946 konnte Levi sein Studium an der Bergakademie Freiberg fortsetzen; 1947 erwarb er das Diplom an der Bergakademie Clausthal. Danach war er als wissenschaftlicher Assistent an der Bergakademie Freiberg tätig. Am 15. Februar 1955 erhielt er die fristlose Kündigung, natürlich nicht wegen seiner jüdischen Herkunft, sondern wegen „Verstoßes gegen die antifaschistisch-demokratische Ordnung". Auf das DDR-Gesetzblatt Nr. 5/55 betreffs „Durchführungsbestimmung zur Verordnung über den Geschenkpaket- und Päckchenverkehr" hatte Levi geschrieben: „pfui" und „verfassungswidrig". Es endete mit der „Republikflucht" Levis, über die der „Kaderleiter" der Bergakademie die Volkspolizei, Abteilung K, informierte.[91]

1936 war der Völkermord an den Juden noch längst keine beschlossene Sache. Die Olympiade in Berlin konnte, wie schon erwähnt, sogar die trügerische Hoffnung vermitteln, es bliebe bei Einschränkungen. Neu waren die Judengesetze allesamt ohnehin nicht, nur ihre Kompaktheit und Lückenlosigkeit beunruhigten. So sehr sicher nach 1945 viele aus den NS-Amtsstuben beteuerten, die Konsequenzen nicht abgesehen und wahrgenommen zu haben: vorbereiten halfen sie. Ohne die Gründlichkeit der deutschen Beamten in „treuer Pflichterfüllung" wäre – selbst bei gleichem mörderischem Schluss – mancher entkommen, der so von vornherein keine Chance hatte.

Beispielsweise erging im Zusammenhang mit den Nürnberger Rassengesetzen eine Durchführungsverordnung, die die „Beschäftigung deutsch-blütiger Hausgehilfinnen fremder Staatsangehörigkeit in jüdischen Haushalten" regelte. Auch hier ein Amtsvorgang, verbunden mit viel Papier, Anträgen, Ablehnungen, Genehmigungen. Ein Vorgang aber, der wiederum ein Stück tiefer in das Leben der betroffenen jüdischen Familien eingriff. Im Ratsarchiv finden sich ganze Aktenbündel, die die Wohnverhältnisse jüdischer Familien, die Grundrisse ihrer Wohnungen, die (kriminalpolizeilich untersuchten) Kompetenzen von

Dienstmädchen usw. festhalten, um dem Gesetz Genüge zu tun und zu verhindern, dass ein „deutsches" Dienstmädchen einem jüdischen Haushalt „ausgesetzt" sein könnte.[92] Am 7. Dezember 1937 setzte ein Schreiben des Amtshauptmanns die „Herren Bürgermeister im unteren Bezirk" davon in Kenntnis, dass „der Herr Reichsstatthalter in Sachsen… angeordnet (hat), daß den Juden der Besuch der gemeindlichen Freibäder und der geschlossenen Bäder zu untersagen ist. Denn wie in Bade- und Kurorten, so ist es auch in anderen Gemeinden verständlich, wenn dort deutsche Volksgenossen und namentlich die Mitglieder der NSDAP und der ihr angeschlossenen Verbände – SS, SA usw. – durch die gemeinsame Nutzung von öffentlichen Bädern aller Art mit Nichtariern sich verletzt fühlen. Das Auftreten von Nichtariern in den Bädern kann dann leicht zu Beunruhigungen und unliebsamen Störungen der öffentlichen Ordnung führen." [93]

Solche und ähnliche Gesetze, Verordnungen und Anordnungen schränkten den Lebensraum der Juden auch in Freiberg kontinuierlich ein. Schon 1933 waren sie aus Sport- und Turnvereinen, Chören, den Pfadfindern, örtlichen Wandervereinen, dem Erzgebirgsverein, dem Freiberger Altertumsverein und vielen anderen Vereinen ausgeschlossen worden. Dies geschah sehr häufig im vorauseilenden Gehorsam noch bevor diese Vereine offiziell „gleichgeschaltet" wurden. 1935 waren noch 56 „Voll- und Halbjuden" als in Freiberg lebend erfasst worden.[94] Inzwischen durften Juden nur noch auf gesondert gekennzeichneten Parkbänken sitzen (April 1935). Spaziergänge waren nur noch erlaubt, wenn nicht mehr als 20 Personen zusammen liefen (Juni 1935).

Schreiben zum Badeverbot; Quelle: StadtA FG

Der Amtshauptmann.   Freiberg, am 7. Dezember 1937.
P 2881
         An

     die Herren Bürgermeister

       im <u>unteren</u> Bezirk.

    Der Herr Reichsstatthalter in Sachsen - Landesregierung - Ministerium des Innern hat angeordnet, daß den Juden der Besuch der gemeindlichen Freibäder und der geschlossenen Bäder zu untersagen ist. Denn wie in Bade- und Kurorten, so ist es auch in anderen Gemeinden verständlich, wenn dort deutsche Volksgenossen und namentlich die Mitglieder der NSDAP und der ihr angeschlossenen Verbände - SS, SA usw. - durch die gemeinsame Benutzung von öffentlichen Bädern aller Art mit Nichtariern sich verletzt fühlen. Das Auftreten von Nichtariern in den Bädern kann dann leicht zu Beunruhigungen und unliebsamen Störungen der öffentlichen Ordnung führen.

    Ich bitte, die Badeteich-Eigentümer oder -Pächter aufzufordern, eine in die Augen fallende Verbotstafel am Teich anbringen zu lassen.

       I. A.
      gez. Dr. Naumann.

        Ausgefertigt:
      Freiberg, am 9. Dezember 1937.

Im Olympiajahr 1936 wurden Juden vom aktiven Wehrdienst (Einführung der Wehrpflicht im August 1935) ausgeschlossen; „Mischlinge" durften keine Vorgesetzten in der Wehrmacht sein. Bisher erfolgte Übertritte zum Christentum wurden als für die „Rassenfrage bedeutungslos" erklärt. Ab Juni 1938 durften Juden in Krankenanstalten nur noch getrennt von „arischen" Patienten untergebracht werden, um „der Gefahr einer Rassenschändung wirksam entgegenzutreten". Am 23. Juli 1938 wurde die „Judenkennkarte" mit einem großen, eingedruckten „J" eingeführt, die jeder Jude bei sich zu tragen hatte.

Zwei Tage später erhielten alle jüdischen Ärzte Berufsverbot. Einige wenige jüdische Mediziner durften danach als „Krankenbehandler" ausschließlich für jüdische Patienten praktizieren. Gleiches galt ab Ende Juli 1938 für jüdische Rechtsanwälte, die sich nun „Rechtskonsulenten" zu nennen hatten, vorausgesetzt, sie erhielten noch eine Genehmigung zur Ausübung eines Rechtsbeistandes für Juden. Am 17. August 1938 folgte eine Verordnung, die alle Juden verpflichtete, ab 1. Januar 1939 die Zwangsnamen „Israel" bzw. „Sara" direkt vor ihren Familiennamen zu tragen.[95]

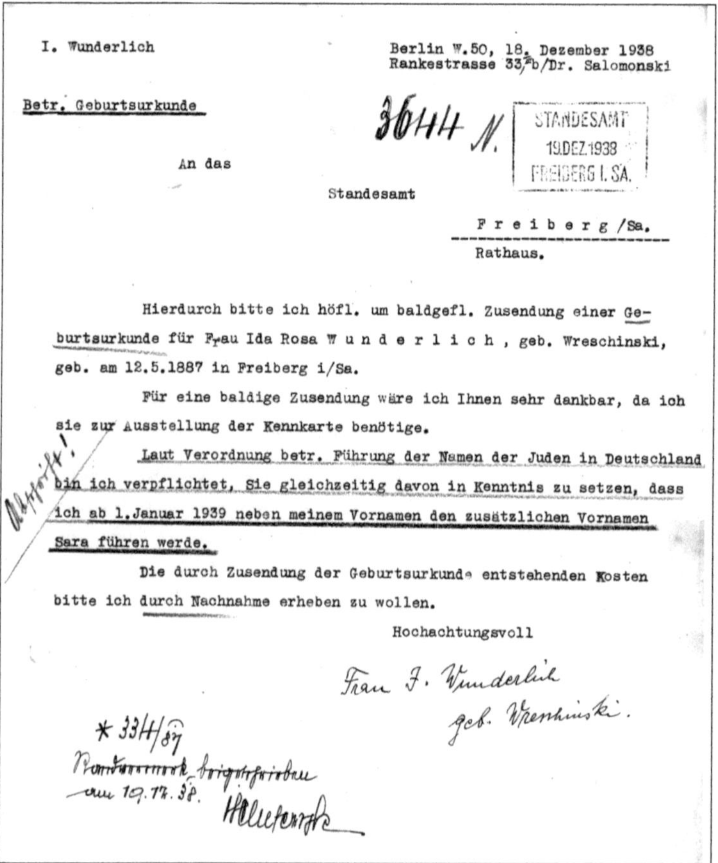

I. Wunderlich

Betr. Geburtsurkunde

An das

Standesamt

Berlin W.50, 18. Dezember 1938
Rankestrasse 33/b/Dr. Salomonski

STANDESAMT
19.DEZ.1938
FREIBERG I. SA.

F r e i b e r g /Sa.

Rathaus.

Hierdurch bitte ich höfl. um baldgefl. Zusendung einer Geburtsurkunde für Frau Ida Rosa W u n d e r l i c h , geb. Wreschinski, geb. am 12.5.1887 in Freiberg i/Sa.

Für eine baldige Zusendung wäre ich Ihnen sehr dankbar, da ich sie zur Ausstellung der Kennkarte benötige.

Laut Verordnung betr. Führung der Namen der Juden in Deutschland bin ich verpflichtet, Sie gleichzeitig davon in Kenntnis zu setzen, dass ich ab 1.Januar 1939 neben meinem Vornamen den zusätzlichen Vornamen Sara führen werde.

Die durch Zusendung der Geburtsurkunde entstehenden Kosten bitte ich durch Nachnahme erheben zu wollen.

Hochachtungsvoll

Frau J. Wunderlich
geb. Wreschinski.

Beantragung des Zusatznamens „Sara" durch Ida Rosa Wunderlich am 18. Dezember 1938; Quelle: StadtA FG, Standesamt, in Erschließung

Der Judenpogrom („Reichskristallnacht") im November 1938

Das von den Nazis verharmlosend „Reichskristallnacht" genannte Judenpogrom ab 9. November 1938 fegte letzte Hoffnungen und Illusionen hinweg, es könne nicht schlimmer werden. Eine einzige kleine Notiz findet sich darüber im „Freiberger Anzeiger" am 10. November 1938: es sei auch in Freiberg „zu antijüdischen Aktionen" gekommen, die „trotz der großen Erbitterung über die jüdischen Verbrechen und das durch sie neuerdings herauf beschworene Leid... ruhig verlaufen" seien. „Lediglich einige Fensterscheiben jüdischer Geschäfte wurden in Mitleidenschaft gezogen".[96]

Die Verzweiflungstat eines jungen Juden, der in Paris den deutschen Legationssekretär Ernst vom Rath erschossen hatte, bildete den Vorwand für die Nazis, den lange vorbereiteten Generalangriff zur „Lösung der Judenfrage" als „spontane Volkserhebung" erscheinen zu lassen.[97] In der Nacht vom 9. zum 10. November 1938 brannten in Deutschland über 1.400 Synagogen nieder. Überall wurden jüdische Geschäfte, Wohnungen und

> ## Antijüdische Aktionen in Freiberg
>
> Der Abscheu gegen die jüdische Mordtat, der in Paris Gesandtschaftsrat vom Rath zum Opfer fiel, machte sich auch in Freiberg Luft. Die Empörung und Entrüstung über das feige Verbrechen ist ungeheuer. In den frühen Vormittagsstunden des Donnerstag kam es zu antijüdischen Aktionen. Trotz der großen Erbitterung über die jüdischen Verbrechen und das durch sie neuerdings heraufbeschworene Leid verliefen die Aktionen ruhig. Lediglich einige Fensterscheiben jüdischer Geschäfte wurden in Mitleidenschaft gezogen.
>
> Auch in verschiedenen anderen Städten Sachsens ist es zu antijüdischen Aktionen gekommen.

Freiberger Anzeiger 10.11.1938; Quelle: Archiv Düsing

jüdische Friedhöfe geplündert und zerstört. Rund 30.000 männliche Juden wurden in den darauf folgenden Tagen von der Gestapo verhaftet. Viele von ihnen waren die erwachsenen Söhne wohlhabender Juden oder religiöse Autoritäten. Sie gerieten für Wochen und Monate in Konzentrationslager, wurden dort als „Sonderaktionsjuden" gequält und erst entlassen, wenn sie ihr noch vorhandenes Vermögen an den Nazi-Staat überschrieben und ihre Auswanderung nachweisen konnten. Etwa 400 Juden wurden in diesen Tagen ermordet oder in den Selbstmord getrieben. Die Verhaftung der Juden verlief umso reibungsloser, als die Gestapo schon drei Jahre vorher, ab August 1935, mit der Anlage einer „Judenkartei" begonnen hatte. Die Daten dafür lieferten in der Regel die Einwohnermeldeämter in

Abstimmung und Zusammenarbeit mit den örtlichen Gewerbeämtern.[98] Diese „Judenkartei" war die Voraussetzung für die schrittweise lückenlose Erfassung aller jüdischen Vermögenswerte in Deutschland. Eine Verordnung vom 28. April 1938 erzwang schließlich die Deklaration jedes jüdischen Vermögens, das mehr als 5.000 RM betrug, innerhalb von sechs Wochen an die deutschen Finanzämter. Sie wurde zum Wegbereiter der völligen und endgültigen „Entjudung" der deutschen Wirtschaft. Bis dahin hatte es zwar massenhafte Ausplünderungen, Enteignungen, Zwangsverkäufe gegeben, jedoch noch keine systematische, von Staats wegen vorangetriebene Enteignung jüdischen Vermögens. In den Jahren bis 1938 waren schon unzählige jüdische Unternehmen, mittlere und kleine Firmen in den Ruin getrieben worden. Regelmäßig erfolgte der Verkauf jüdischer Unternehmen, jüdischer Immobilien und privater Vermögenswerte zwangsweise zu weit unter dem ei-

Schreiben des NSDAP-Kreisamtsleiters an das Freiberger Gewerbeamt v. 3. August 1935
zur Erfassung jüdischer „Plattfüßler"; Quelle: StadtA FG, I, VII, 8

Nationalsozialistische Deutsche Arbeiterpartei
Kreis Freiberg Sa.

NS. HAGO
(Handwerks-, Handels- u. Gewerbe-Organisation)
Kreis Freiberg

Geschäftsstelle:
Haus der Deutschen Arbeitsfront
Freiberg, Buchstraße 25, III
Fernsprecher Nr. 3451/52
Bankkonto: Kreditbank Freiberg Nr. 2035

Tagebuch-Nr. 1087/35 Unser Zeichen Ba/Schm.
(Bei Antworten stets angeben)

Freiberg Sa., den 3. August 1935

Der Kreisamtsleiter:

Pg. Hofmann,

– Gewerbe – Amt, Freiberg/Sa.,

In Anlage erhalten Sie 2 Verzeichnisse der im Kreis Freiberg/Sa., ansässigen J u d e n . Gleichzeitig bitten wir Sie, ein Verzeichnis nach Möglichkeit zu vervollständigen und uns zurückzusenden. Ferner wären wir Ihnen dankbar, wenn Sie feststellen könnten, wer von diesen Plattfüsslern a r i s c h e Mädchen und Dienstpersonal beschäftigt. Angabe des Namen und Adresse wäre sehr erwünscht.

Für Ihre Bemühungen bestens dankend zeichnen wir mit

H e i l   H i t l e r !

gentlichen Wert liegenden Konditionen. Natürlich gab es auch Fälle, in denen Juden in den ersten Jahren nach 1933 versuchten, ihre Firmen, Labors, Wohnungseinrichtungen oder privaten Werte an „arische" Freunde zu übereignen. Das geschah meist in der Hoffnung auf reellere Konditionen. Nicht selten wurde auch stillschweigend vereinbart, es solle sich nur um eine zeitweise Überlassung handeln. Der Hintergrund aber war fast immer, die nötigen Mittel aufzubringen, um Deutschland verlassen zu können und damit weiteren Schaden von sich und der Familie abzuwenden. Von „Freiwilligkeit" konnte auch in diesen Fällen also keine Rede sein. Der NS-Staat beteiligte sich bis dahin an der Ausplünderung und Enteignung der Juden vorzugsweise durch die „Reichsfluchtsteuer". Sie war 1931, am Ende der Weimarer Republik und auf dem Höhepunkt der Weltwirtschaftskrise, eingeführt worden, um Kapitalflucht der reichen Oberschicht einzudämmen. In den Händen der Nationalsozialisten wurde daraus hauptsächlich ein mächtiges Instrument zur staatlichen Teilenteignung jüdischer Vermögen. Viele Zehntausende „arischer" Deutscher hatten seit 1933 schon ihre privaten Vorteile im großen oder kleinen Maßstab aus der erzwungenen Flucht ihrer Nachbarn gezogen. Mit der im April 1938 eingeführten Vermögensdeklaration an die Finanzämter erarbeiteten sich die Nazis schon vor der „Reichspogromnacht" eine fast lückenlose Übersicht über die jüdischen Vermögen, die sie nun möglichst vollständig an sich zu bringen suchten. Der erste Schritt dafür war die sog. „Judenbuße", die am 12. November 1938, drei Tage nach der „Reichspogromnacht", den deutschen Juden als „Sühne" für den Mord an E. vom Rath kollektiv auferlegt wurde. Die rund 1 Milliarde Reichsmark, die allein die „Judenbuße" erbrachte, erhöhte die laufenden Staatseinnahmen um reichlich 6 %. Außerdem flossen die Versicherungssummen für alle durch die „Kristallnacht" eingetretenen Versicherungsschäden nicht etwa an die geschädigten Juden, sondern an den Staat. Gleichzeitig mit der „Judenbuße" erging am gleichen Tag die „Verordnung zur Ausschaltung der Juden aus dem deutschen Wirtschaftsleben".[99] Mit ihr wurde den Juden der Betrieb von Einzelhandelsverkaufsstellen sowie die selbstständige Führung eines Handwerksbetriebs mit Wirkung zum Jahresende 1938 untersagt. Auch durften Juden nicht mehr als Betriebsführer tätig sein und konnten als leitende Angestellte ohne Abfindung entlassen werden. Nur wenige Tage später, am 3. Dezember 1938, erzwang die „Verordnung über den Einsatz des jüdischen Vermögens"[100] den Verkauf aller jüdischen Gewerbebetriebe, die Veräußerung jüdischen Grundbesitzes und die Hinterlegung aller Wertpapiere bei einer Devisenbank. Außerdem durften Juden Juwelen, Edelmetalle und Kunstgegenstände nicht mehr frei veräußern. Kurz darauf wurde ihnen unter Strafandrohung auferlegt, diese bis zum 31. März 1939 bei staatlichen Ankaufstellen abzuliefern. Erzwungen wurde die Umwandlung des gesamten Vermögens der deutschen Juden in Staatsanleihen.[101]

Hermann Göring, seit 1936 Leiter des „Vierjahresplanes", mit dem die Nazis entschlossen die Kriegsvorbereitung betrieben, ließ keinen Zweifel daran, dass die Ausschaltung der Juden nunmehr allein Sache des Staates sei und der finanzielle Nutzen ausschließlich dem Staat zustünde. Die gesetzlichen Grundlagen dazu seien geschaffen, um dem Gewinnstreben von Einzelpersonen oder Parteiorganisationen vorzubeugen.[102] Inzwischen ist hinreichend belegt, dass der Judenpogrom vom November 1938 nicht zuletzt deshalb in Szene gesetzt wurde, um mit der Aneignung des jüdischen Vermögens dem im Herbst 1938 drohenden Staatsbankrott vorzubeugen und weitere, dringend benötigte Finanzmittel zur Kriegsvorbereitung zu erschließen.[103]

Die Erfassung der jüdischen Vermögenswerte über 5.000 RM vom April 1938 hatte übrigens nebenbei ein Ergebnis, an dessen Veröffentlichung die Nazis keinerlei Interesse hatten. Allein für Hamburg, eine Stadt, in der zweifellos überproportional viele wohlhabende Juden gelebt hatten, machte ihr Anteil an der Gesamtzahl steuerpflichtiger Juden dennoch nur etwa 16 % aus. Deutschlandweit dürfte er kaum über 10-15 % hinausgegangen sein. Folglich konnte von einem generellen „Reichtum der Juden", den die Nazis zu behaupten nicht müde wurden, keine Rede sein.[104] Leider hält sich bis heute, auch in Freiberg, das Vorurteil: „Die meisten Juden waren doch reich" sehr zäh. Dieses „Argument" korrespondiert nicht selten immer noch mit der Behauptung: „Die meisten Juden hätten ja rechtzeitig gehen können".

Judenkennkarte Frieda Broziak, geb. Taubenschlag; Quelle: Archiv Düsing

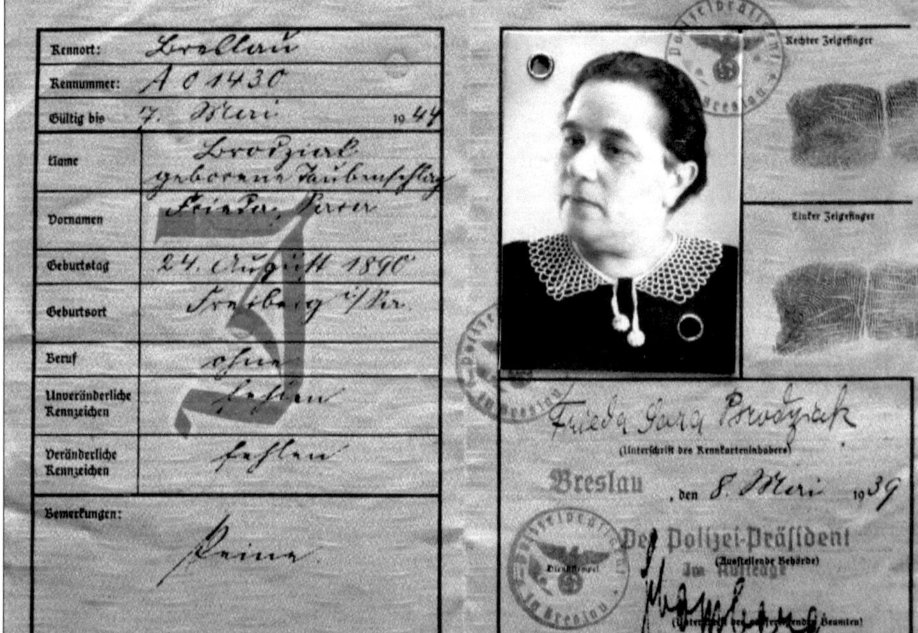

Die „Aktionsjuden"

In Freiberg brannte in der Nacht zum 10. November 1938 keine Synagoge. Es gab hier keine. Es wurden jedoch auch keineswegs „nur einige Fensterscheiben in Mitleidenschaft gezogen". Das peinlich genau geführte Tagebuch des Polizeireviers Freiberg lässt ahnen, was wirklich geschah. Es dokumentierte den Verlauf des Judenpogroms zur „Reichskristallnacht" in Freiberg ausführlich.[105] Unter Eintrag 1261 ist zu lesen, dass ein Bergarbeiter im Morgengrauen des 10. November 1938 angezeigt habe, dass „soeben die Schaufenster des Bekleidungshauses ‚Zur Zentrale', Rinnengasse Nr. 1 eingeschlagen worden seien. Die Täter seien nach der Poststraße zu geflüchtet. Ich habe", so setzte der Polizeibeamte seinen Eintrag fort, „hierauf festgestellt, dass bei sämtlichen jüdischen Geschäften fast sämtliche Schaufenster eingeschlagen waren". Die Täter waren drei Angehörige der SA. Später, so weiter im Tagebuch, sei im Grundstück Rinnengasse 1 Feuer ausgebrochen.

Noch am gleichen Abend wurde nicht etwa nach den Tätern gefahndet, sondern es erfolgten – auf Anordnung der Gestapo-Leitstelle Dresden – bei 16 Freiberger Juden, so auch bei Alfred Weinberg in der Burgstraße, Hausdurchsuchungen. „Ohne Erfolg", wie das Tagebuch festhielt.

Dennoch wurden drei Juden, Kurt Günzburger, Max Pinkus, Ladenbesitzer in der Poststraße, und Maximilian Benedict, ein Spitzenverleger vom Bertholdsweg, bei dem ein Militärseitengewehr aus dem 1.Weltkrieg gefunden worden sei, „vorläufig festgenommen". Lange bereit liegende Verhaftungslisten der Gestapo-Leitstelle Dresden wurden umgesetzt. Gleiches geschah in Dresden, wo viele Juden, unter ihnen Ludwig Weinberg und sein Sohn Rolf, verhaftet wurden. In der Nacht zum 11. November 1938 erstattete ein Freiberger Markthelfer Anzeige, ein Unbekannter habe eine Fensterscheibe des Kaufhauses Schocken eingeschlagen.

Die Polizei ermittelte zwei Freiberger Kaufleute als Täter! Schon diese Vermerke zeigen, dass sich kein „Volkszorn" entlud, sondern gezielte Provokationen organisiert worden waren, manch einer wohl auch sein Mütchen kühlte. Angestellte des Kaufhauses Schocken, die vor dem Warenhaus Wache hielten, wurden von SA-Leuten verprügelt.

Die Polizei empfahl ihnen, den Posten zu verlassen. Die „Überwachung" wurde nun von der SS übernommen.

Am Morgen des 12. November schließlich ordnete ein Funkspruch der Gestapo-Leitstelle Dresden die Verhaftung von weiteren jüdischen Männern in Freiberg an. Der Leitstelle Dresden wurden, neben dem bereits einsitzenden Max Pinkus nun auch Alois Schanzer, ein Frisör aus der Buchstraße, der Fabrikant Abraham Wolff und dessen Sohn Manfred, ein 18jähriger Schüler, „zugeführt". Das Schocken-Kaufhaus wurde geschlossen, „weil die vor dem Grundstück versammelte Menschenmenge eine drohende Haltung gegen die im Kaufhaus kaufenden Personen einnahm. Außerdem war die innere Petersstraße vollkommen verstopft und durch Fahrzeuge überhaupt nicht mehr erreichbar." Am gleichen Abend wurde ein in Freiberg übernachtender jüdischer Backwarenhändler aus Nürnberg „überprüft" und „durchsucht". Andererseits gab es den einen oder anderen beherzten Freiberger, der sich gegen das Wüten der Nazis richtete, wie eine denunziatorische Anzeige am Montag, dem 14.11.1938, erkennen lässt: eine „Metallarbeiterfrau" zeigte den „Gerichtsvollzieher a. D. Johannes Wittig" an, da er „die Judenaktion" mit den Worten kommentiert habe: „Die Lumpen – Nazi! Diese großen Lumpen!". Vernehmung und Anzeige seien erfolgt.

Fast alle verhafteten Männer wurden sofort als sogenannte „Sonderaktionsjuden" in Konzentrationslager verschleppt und dort furchtbar misshandelt. Belegt ist, dass der erst achtzehnjährige Rolf Weinberg noch am 10. November 1938 vom Polizeigefängnis Dresden aus in das KZ Buchenwald „überstellt" wurde. Der gleichaltrige Freiberger Gymnasiast Manfred Wolff kam zwei Tage später – ebenfalls über Dresden – nach Buchenwald.

So unglaublich es heute scheinen mag – die Einlieferung gerade junger Juden ins KZ, meist Söhne wohlhabender Eltern, hatte Methode. Rolf Weinberg war der 1920 in Freiberg geborene Sohn des gut situierten Dresdner Kaufmanns Ludwig Weinberg. Dieser besaß in Freiberg zwei angesehene große Herrenmodegeschäfte, die „Goldene 24" auf der Burgstraße (Geschäftsführer war hier der in der Burgstraße 24 lebende Bruder, Alfred Weinberg) und „Zur Zentrale" an der Ecke Petersstraße/Rinnengasse (von Ludwig Weinberg zwei bis drei-

Nach den Pogromen verhaftete Juden in Zivilkleidung sind zum Appell angetreten; KZ Buchenwald,
November 1938, Fotograf unbekannt; Quelle: Fotoarchiv Gedenkstätte KZ Buchenwald, Foto-Nr.: 293.001;
© American Jewish Joint Distribution Committee, New York

mal pro Woche selbst geleitet). Manfred Wolff, ebenfalls 1920 in Freiberg geboren, war der Sohn des Freiberger Unternehmers Abraham Georg Wolff. Mit der Verhaftung der beiden Söhne übte die Gestapo Druck auf die Eltern aus, Deutschland schnellstens – unter völliger Aufgabe noch verbliebener Vermögenswerte – zu verlassen.Die Entlassung von Rolf Weinberg erfolgte am 12. Dezember 1938, nachdem Ludwig Weinberg Auswanderungspapiere für seine Familie – Visum und Schiffspassage nach Kuba – vorweisen konnte. Abraham Wolff schaffte es, für seinen Sohn die Auswanderung nach England zu organisieren. Manfred Wolff wurde am 18. Januar 1939 aus dem KZ Buchenwald entlassen.[106]

Außer den beiden Jugendlichen kamen nachweisbar auch der Freiberger Büroleiter beim Kaufhaus Schocken, Kurt Günzburger, und der Frisör und Tabakwarenhändler Alois Schanzer für Wochen in das Konzentrationslager Buchenwald. Insgesamt verbrachte Alois Schanzer sieben Jahre in Lagerhaft. Der kaufmännische Angestellte Karl Oppenheimer wurde am 10. November 1938 in das KZ Dachau eingeliefert.

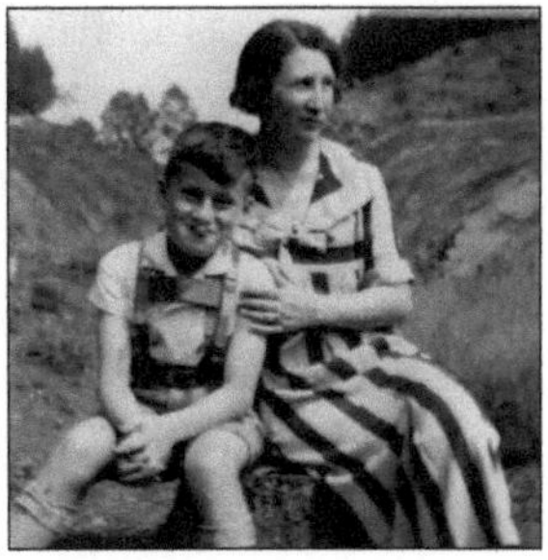

Werner Pinkus mit Mutter Grete im Sommer 1937;

Dorothea Wolff (links) mit Schulfreundin;
Quelle beide: Archiv Düsing

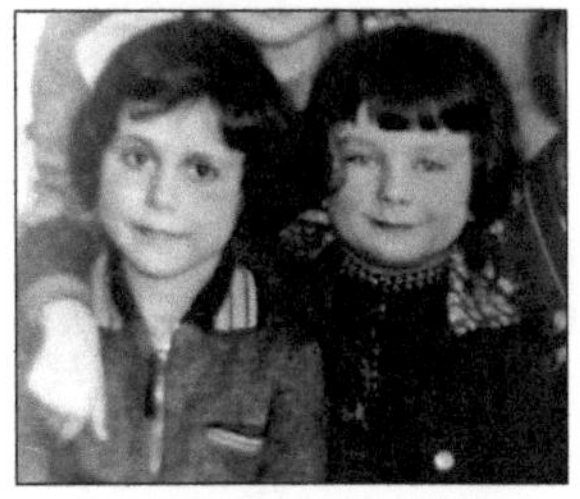

Entlassungsschein von Rolf Weinberg aus dem KZ Buchenwald; Quelle: Archiv Düsing

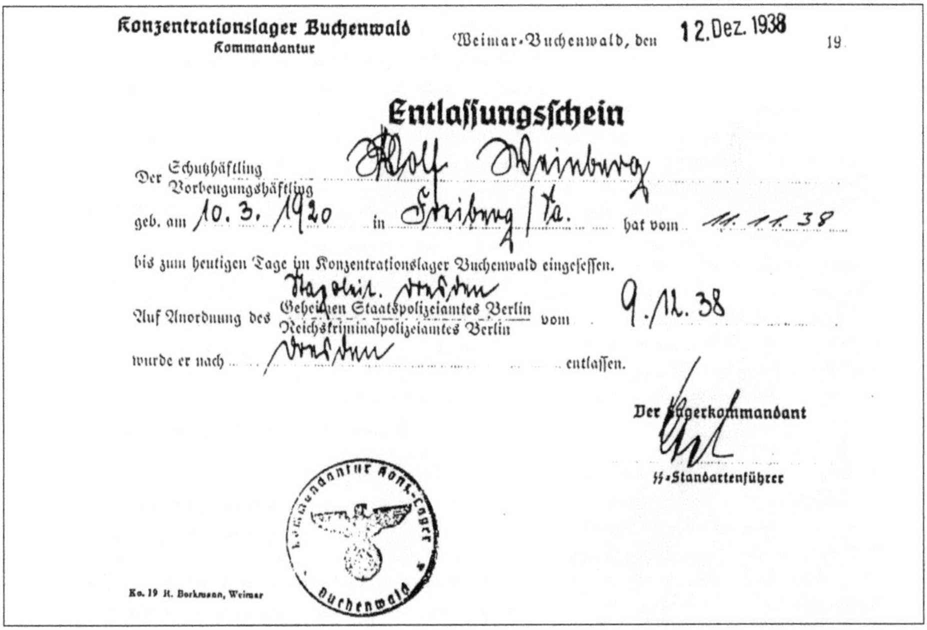

Konzentrationslager Buchenwald
Kommandantur

Weimar-Buchenwald, den 12.Dez. 1938 19

Entlassungsschein

Der Schutzhäftling / Vorbeugungshäftling Rolf Weinberg

geb. am 10.3.1920 in Freiberg/Sa. hat vom 11.11.38

bis zum heutigen Tage im Konzentrationslager Buchenwald eingesessen.

Auf Anordnung des Geheimen Staatspolizeiamtes Berlin / Reichskriminalpolizeiamtes Berlin Stapoleit. Dresden vom 9.12.38

wurde er nach Dresden entlassen.

Der Lagerkommandant

SS-Standartenführer

Kommandantur Konz.-Lager Buchenwald

Ko. 19 R. Borkmann, Weimar

Mit der Aktion „Kindertransport" wurden zwei jüdische Kinder bzw. Jugendliche Freibergs gerettet: Dorothea Wolff und Werner Pinkus. Werner, 1926 in Freiberg geboren, war der Sohn von Max und Grete Pinkus, die ein Weißwarengeschäft in der Poststraße betrieben. Unter dem entsetzlichen Eindruck der Pogromnacht in Deutschland hatten holländische und deutsche Quäker mit der britischen Regierung aber auch mit den Nazis verhandelt, um wenigstens jüdische Kinder aus Deutschland und dem inzwischen ins „Reich" eingegliederten Österreich sowie dem „Protektorat Böhmen und Mähren" zu retten.

Andere Länder, z.B. die USA, weigerten sich, über die sehr begrenzten Einwanderungsquoten hinaus Juden aufzunehmen. Dem entgegen entschloss sich die Regierung Großbritanniens mit großer Zustimmung der britischen Bevölkerung, rund 10.000 jüdische Kinder einreisen zu lassen. Unter strengen Auflagen durften diese Kinder und Jugendlichen zwischen Dezember 1938 und dem Kriegsbeginn am 1. September 1939 Deutschland verlassen. Sie wurden in englischen Pflegefamilien, aber auch in gesondert eingerichteten Kinderheimen und Lagern aufgenommen.

Die Nazis machten zur Bedingung, dass diese Kinder nur jeweils einen Koffer, eine Tasche, eine Fotografie sowie 10 Reichsmark mitführen durften. Spielzeug und Bücher waren verboten. Die geretteten Kinder sahen in fast allen Fällen ihre Eltern nie wieder.[107]

Noch war nicht wirklich erkennbar, dass nur drei Jahre nach dem Novemberpogrom von 1938 der exakt geplante, bürokratisch durchorganisierte Völkermord an den Juden folgen würde. Aber für alle markierten diese Novembertage 1938 unübersehbar den Umschlag von schikanöser Diskriminierung und Verfolgung zur völligen systematischen Enteignung und zur Vernichtung aller Lebens- und Existenzgrundlagen für Juden in Deutschland.

Die in Freiberg verbliebenen wenigen Juden stürzten endgültig in eine seelische Not, die heute kaum noch nachvollziehbar ist. Ester Golan hat ihre Erinnerungen daran in ihrem erschütternden Buch „Auf Wiedersehen in unserem Land" aufgeschrieben.[108] Sie wurde 1922 als Ursula Dobkowsky geboren.

Ihre Großeltern Sally und Franziska Dobkowsky waren 1901 nach Freiberg gezogen. Ursulas Tante Grete, Tochter der Dobkowskys, betrieb nach deren Tod mit Ehemann Max Pinkus den Laden der Eltern bzw. Schwiegereltern in der Poststraße. Ursula gehörte zu den geretteten Kindern. Im gleichen Kindertransport gelangten ihr Freiberger Cousin Werner Pinkus, etwas später auch ihre kleinere Schwester, nach England. Sie alle hofften vergeblich auf ein

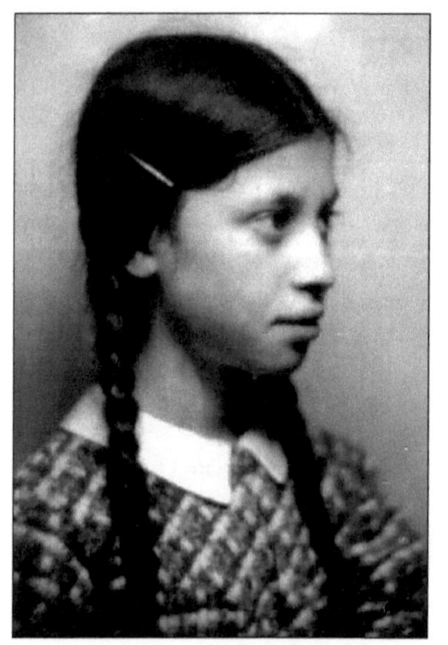

Ursula Dobkowsky; Quelle: Archiv Düsing

„baldiges Wiedersehen" mit den Eltern. Nach dem Novemberpogrom öffneten die Nazis alle Schleusen für weitere Verbote. Alle jüdischen Zeitungen und Zeitschriften wurden verboten. Am 15. November 1938 ordnete Reichserziehungsminister Bernhard Rust die sofortige Entlassung jüdischer Schüler aus staatlichen und ihnen gleichgestellten Schulen an. Ihre Teilnahme am Unterricht dort wurde verboten. In Freiberg traf dieses Verbot nur noch wenige Kinder. Der letzte 1938 noch am Freiberger Gymnasium Albertinum verbliebene Schüler, Manfred Wolff, wurde bereits am 21. Juni 1938 als „Abgang aus der Kl. 8b" mit dem Vermerk „ohne Reifezeugnis" im Schülerverzeichnis der damaligen „Markgraf-Otto-Schule" registriert.[109]

2538	,	,	Wolff, Wolfgang Manfred	Freiberg	28. Aug. 1920	Nostitzerschule Freiberg	Fabrikbesitzer Georg Wolff, Freiberg	Abgg. 21.6.38 aus Kl. 84 (ohne Reifg.)

Eintrag Schülerverzeichnis Gymnasium; Quelle: Archiv Scholl-Gymnasium Freiberg

Ob auch hier die Freiberger in vorauseilendem Gehorsam gehandelt hatten und Manfred Wolff schon vor dem offiziellen Erlass aus der Schule vertrieben worden war oder ob die Wolffs die Abmeldung selbst vorgenommen hatten, eventuell in der Hoffnung auf eine baldige Flucht, ist nicht mehr aufklärbar. In jedem Fall aber war es kein freiwilliger Vorgang gewesen. Im Dezember 1938 folgte der Ausschluss jüdischer Studenten aus deutschen Universitäten und Hochschulen. Im gleichen Monat wurde allen Juden der Besuch von Theatern, Kinos, Kabaretts, öffentlichen Konzert- und Vortragsräumen, Museen, Rummelplätzen, Sportplätzen, öffentlichen Badeanstalten und sonstigen Freizeiteinrichtungen untersagt. Noch 1938 mussten alle Juden ihre Führerscheine abgeben. Das Halten und Führen eines Kraftfahrzeuges wurde verboten.

Dr. Werner Hofmann;
Quelle: TU Bergakademie Freiberg

Deportation und Vernichtung

Nachdem sich schon im „Olympiajahr" 1936 der jüdische Freiberger Schneider Otto Fleischner aus Verzweiflung aus dem zweiten Stock des Wohnhauses Kreuzgasse 4 in den Tod gestürzt hatte, forderte nun der Judenpogrom weitere Opfer in Freiberg. Am 25. Dezember 1938 nahm sich der Schuhmacher Szolem Druck in seiner kleinen Werkstatt auf der Humboldtstraße das Leben. Obwohl niemand mehr die näheren Umstände seines Todes wird aufklären können, gehört nicht viel Fantasie dazu, sie zu erahnen.[110] Kurz darauf folgte ihm ein weiterer ehemaliger Freiberger: Dr. Werner Hofmann. Er nahm sich am 3. März 1939 in Dresden das Leben. Einst hatte er die Freiberger Porzellanwerke an der Frauensteiner Straße mitbegründet und war bis zu deren Schließung Anfang der 30er Jahre deren erfolgreicher Direktor. Er war Ehrensenator der Bergakademie gewesen (zwischen 1922 und 1928 hieß diese Ehrung „Ehrenbürger der Bergakademie Freiberg"), seit 1929 auch deren Ehrendoktor[111] und außerdem Schatzmeister der „Gesellschaft der Freunde der Bergakademie".

In der Reihe „Berühmte Freiberger", Teil 4, veröffentlicht in den Mitteilungen des Freiberger Altertumsvereins im Jahr 2003, verklausuliert dessen Autor den Tod von Hofmann als „Freitod" eines „jüdischen Bürgers", der sich „in die private Einsamkeit" zurückgezogen habe, da er „die Gefahr des Rassenhasses im faschistischen Deutschland wachsen" sah.[112]

Andere, wie der seit drei Jahrzehnten in Freiberg lebende Weinvertreter Max Freud, kämpften mit allerletzter Kraft um Reste einer Existenz in Würde. Er war bis in die Mitte der dreißiger Jahre alleiniger Ernährer einer großen, siebenköpfigen Familie. Freud verlor in nur wenigen Monaten seit Mitte des Jahres 1938 jegliche wirtschaftliche Existenzgrundlage. Seine Ehe wurde annulliert. Seine Versuche, in seine inzwischen kurzzeitig von Polen besetzte tschechische Heimat auszuwandern, scheiterten an unüberwindlichen bürokratischen Hürden. Als er im KZ Dachau ermordet wurde, war er erst 59 Jahre alt.

Am Ende des Jahres 1938 waren alle jüdischen Geschäfte und Unternehmen in Freiberg „arisiert". Die verbliebenen Freiberger Juden mussten ab Januar 1939 in allen Personaldokumenten und in ihrer Unterschrift die Vornamen „Israel" bzw. „Sara" führen.

Im April 1939 wurden sie von der Benutzung öffentlicher Bibliotheken ausgeschlossen. Die Freiberger Stadtbibliothek war 1876 durch die Freiberger Freimaurer der Loge „Zu den drei Bergen" als Stiftung einer „Volksbibliothek" ins Leben gerufen worden. An deren Zustandekommen hatte der Freiberger Redakteur Alphonse Levy aktiv mitgewirkt. Nun gab es für Juden in Freiberg nur noch die Möglichkeit, Bücher der Jüdischen Gemeindebibliothek Dresden bei der betagten Freibergerin Gitta Braun in deren Wohnung in der damaligen Burgstraße 24 (heute Nr. 22) auszuleihen.

Die Freiberger Presse hatte für sie alle nur Hohn übrig: „So sind die Juden – verlaust und verdreckt", hatte eine Schlagzeile im „Freiberger Anzeiger und Tageblatt" vom 3. März 1939 gelautet.

Schlagzeile im Freiberger Anzeiger vom 3. März 1939; Archiv Düsing

Sie traf exakt das Leitmotiv für die mit dem Überfall auf Polen am 1. September 1939 beginnende „Ausrottung" der Juden als „Volksschädlinge" und „Ungeziefer". SS-Einsatzkommandos, Polizei-Einsatzbrigaden, Gestapo und Wehrmachtsteile errichteten vorsorglich die Ghettos im „Generalgouvernement" und bliesen zur Judenhatz in den seit Jahrhunderten existierenden orthodoxen Gemeinden, den „Schtetl" Galiziens, Weißrusslands und

des Baltikums. Sofort nach dem Angriff auf die Sowjetunion am 21. Juni 1941 begannen sie großflächig und erbarmungslos mit der Erschießung Zehntausender Juden und schufen damit gleichzeitig Platz für die „Evakuierung" aller Juden aus dem „Großdeutschen Reich" und den von Deutschland besetzten europäischen Ländern – für die „Endlösung".[113]
Die Deportationen und Transporte in die Ghettos und Vernichtungslager begannen lange vor der sog. „Wannsee-Konferenz" vom 20. Januar 1942. Am 23. Oktober 1941 hatte Heinrich Himmler, Reichsführer SS, mit einem im Reichssicherheitshauptamt (RSHA) vorbereiteten Erlass ein allgemeines Auswanderungsverbot für Juden aus dem deutschen Machtbereich verhängt. Mit dem Überfall auf die Sowjetunion im Juni 1941 hatten sich nun die großen Räume im Osten für die vom Deutschen Reich weit genug entfernte „Endlösung der Judenfrage" ergeben.
Die ersten großen Transporte aus dem „Großdeutschen Reich" waren bereits am 15. Oktober 1941 aus Wien, am 16. Oktober aus Prag und Trier und am 18. Oktober aus Berlin mit jeweils ca. 1.000 Juden in das Ghetto Litzmannstadt (Lodz) abgegangen. Bis zum 3. November folgten dahin weitere Deportationen aus diesen Großstädten, nun auch aus Frankfurt am Main, Köln, Hamburg und Düsseldorf.[114]
Mit dem Transport vom 25. Oktober 1941, mit dem 1.034 Juden aus Hamburg nach Litzmannstadt deportiert wurden, geriet auch die erste in Freiberg geborene Jüdin, Erna Kisch, geb. Spiro, in die deutsche Vernichtungsmaschinerie. Das Leben der 1891 auf der Freiberger Burgstraße geborenen Frau endete im Mai 1942 in einem „Gaswagen" im Vernichtungslager Kulmhof (Chelmno).

Originaltitel des Fotos: „Ein Wagen zum Töten von Menschen durch Auspuffgase, in Chelmno", Gaswagen; Quelle: www.deathcamps.org/gas_chambers/pic/bigkulmhof.jpg

Im gleichen Monat wurde die 1876 in Freiberg geborenen Frieda Manasse, geb. Lewy, ebenfalls in einem solchen umgebauten Möbelwagen vergast. Auch sie war schon in den ersten Tagen der beginnenden Deportationswellen von Berlin aus in das Ghetto Litzmannstadt/Lodz deportiert worden. Frieda Manasse war die Tochter eines der ersten Juden, die sich schon Anfang der 1870er Jahre dauerhaft in Freiberg niedergelassen hatten.

Die Freiberger Familien Pinkus (Poststrasse) , Wolff (Weisbachstraße), Wunderlich (Thielestraße/Ecke Burgstraße), aber auch Fritz Baum, der Sohn der in Freiberg verstorbenen Geschäftsinhaber Hermann und Anna Baum (Kesselgasse/Ecke Burgstraße) versuchten nach 1939/40, sich in der Anonymität der Hauptstadt Berlin bei Berliner Verwandten und Freunden dem direkten Zugriff der Gestapo zu entziehen. Ohne Erfolg.

Die Freiberger Grete und Max Pinkus sowie Ida Wunderlich, geb. Wreschinski, wurden am 19. Januar 1942 von Berlin aus in das Ghetto Riga deportiert und vermutlich bald nach der Ankunft ermordet.

Das Freiberger Unternehmerehepaar Meta und Abraham Wolff erhielt wenige Tage später in Berlin den Deportationsbefehl für den 25. Januar 1942 nach Riga. In ihrer Verzweiflung nahmen sich Meta und Abraham Wolff vor Abgang des Transports das Leben.

Bereits am 21. Januar 1942 wurde Anna Fleischner, Witwe des Schneiders Otto Fleischner, der sich 1936 in Freiberg das Leben genommen hatte, von Freiberg aus über Dresden in das Ghetto Riga deportiert. Dort starb sie drei Tage später.

Am 2. April 1942 musste sich das Ehepaar Wilhelm und Hildegard Heymann mit den beiden in Freiberg geborenen Kindern Ursula und Norbert in Regensburg zum Abtransport „in den Osten" stellen. Wilhelm Heymann war von 1931 bis 1934 Direktor des Freiberger Schocken-Kaufhauses gewesen, bevor er in gleicher Funktion nach Regensburg berufen worden war. Für alle vier verloren sich im Ghetto Piaski die Lebensspuren.

Im Vernichtungslager Auschwitz wurde 1942 Paula Brück, in Freiberg geborene Taubenschlag, die Schwester von Meta Wolff, ermordet.

Am 1. Juli 1942 wurde Gitta Braun, geb. Weiß, zusammen mit ihrer Schwester Celestine Silberstein, geb. Weiß, von Dresden aus in das Ghetto Theresienstadt transportiert.

„Ghettogeld" aus dem Ghetto Theresienstadt; Quelle: private Leihgabe

Die Nazis hatten im November 1941 die einheimische Bevölkerung aus dieser ehemaligen k.u.k. Garnisonsstadt vertrieben, um hier ein „Vorzeigeghetto für prominente Juden", für solche, die durch ihre Weltkriegsteilnahme und Weltkriegsauszeichnungen „geschützt"

schienen, vor allem aber für betagte Juden zu schaffen – ein „Altersghetto" also, in das sich die dorthin verbrachten Juden auch noch einkaufen mussten. In Wirklichkeit starben von den rund 141.000 Menschen, darunter 70.000 Alten, die zwischen Ende 1941 und Mai 1945 in Theresienstadt waren, allein 33.000 an Hunger, Krankheiten und Entkräftung in Theresienstadt selbst. Etwa 88.000 Menschen wurden von Theresienstadt nach Auschwitz und in andere Vernichtungslager deportiert. Von denen überlebten nur etwa 4.000 den Krieg. Von den etwa 15.000 Kindern, die im Ghetto waren, überlebten 150!

Zu den Toten in Theresienstadt gehörten die Freibergerinnen Gitta Braun und ihre Schwester Celestine Silberstein, geb. Weiß.

Ebenfalls im „Altersghetto" Theresienstadt starben Anna und Max Lipowski hoch betagt im August 1942. Sie hatten bereits in den 80er Jahren des 19. Jahrhunderts im Haus der Freiberger Löwenapotheke in der Burgstraße ein Konfektionsgeschäft betrieben.

Am 3. Februar 1943 wurde Hans-Günter Wunderlich von Berlin aus nach Auschwitz deportiert und dort vergast. Er war der Sohn der 1942 im Ghetto Riga umgekommenen Ida Wunderlich.

Am 12. März 1943 war auch der in Freiberg geborene Fritz Baum von Berlin in das Vernichtungslager Auschwitz-Birkenau verschleppt und vergast worden.

Ihm folgte am 3. April 1943 Gerhard Winter von Berlin nach Auschwitz. Er war 1887 in Freiberg geboren worden. Seine Mutter entstammte der bekannten jüdischen Kaufmannsfamilie Steinberg, die im Stadthaus hinter dem Rathaus Wohnung und Geschäft besessen hatte.

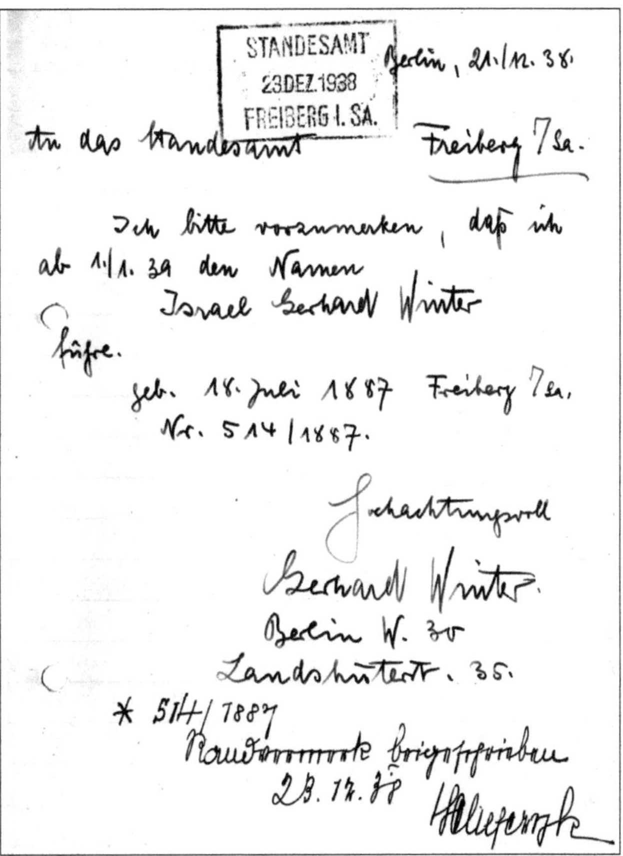

Beantragung des Zusatznamens „Israel" durch Gerhard Winter am 21. Dezember 1938; Quelle: StadtA FG, Standesamt, in Erschließung

Als Tag des Todes für die inzwischen 72jährige Freiberger Geschäftsfrau Ida Dux wird der 15. April 1943 angenommen. Sie war am 15. September 1942 aus ihrer Geburtsstadt Prag in das Ghetto Theresienstadt verschleppt worden und kam von dort in das Vernichtungslager Treblinka. Seither gilt sie als vermisst.

In nur knapp 18 Monaten, seit den ersten Deportationen Ende Oktober 1941 bis Mitte April 1943, endete damit das Leben von 21 Menschen, die entweder in Freiberg geboren worden waren, hier zeitweilig lebten oder hier sogar ihren Lebensmittelpunkt gehabt hatten. Mit jenen, die zwischen 1936 und 1939 keinen anderen Ausweg als die Flucht in den Tod sahen, erhöht sich die Zahl der unmittelbaren Opfer auf 24.

Jedoch war die Zahl der tatsächlichen Freiberger Opfer weitaus höher. Familien wurden ausgelöscht, andere für immer zerstört, etliche in alle Welt zerstreut. Kinder sahen ihre Eltern nie wieder.

Zwangsarbeit

„Übrig" blieben 1943/44 in Freiberg jene Menschen, die die Nazis als „Halbjuden" definiert hatten oder die noch unter einem vorläufigen „Schutz" standen, da sie mit Nicht-Juden in sog. „Mischehen" verheiratet waren bzw. als „jüdisch Versippte" galten.

Seit Mai 1939 hatten sich alle jüdischen Männer zwischen 18 und 55 Jahren und alle jüdischen Frauen zwischen 18 und 50 Jahren bei den örtlichen Arbeitsämtern für „Arbeitseinsätze" registrieren zu lassen.

Davon berichtete Anfang der 90er Jahre der Freiberger Arzt Dr. Hellmut Fischer. Er hatte im Dezember 1939 noch an der Universität Prag promovieren können, im Anschluss daran im „Protektorat" aber als „Halbjude" keine Arbeit gefunden. Durch Vermittlung der Ärztekammer gelang es ihm schließlich, am 15. April 1940 eine Stellung als Assistenzarzt im „Altreich" antreten zu können, an der Freiberger Privatklinik von Dr. Schelbach. Im Sommer 1944 erhielt er endgültig Arbeitsverbot als Arzt und wurde – wie alle anderen noch verbliebenen Juden – zur Zwangsarbeit „dienstverpflichtet".

Am 8. November 1944, fast auf den Tag genau fünf Jahre nach der „Reichspogromnacht", wurden alle männlichen Freiberger „Halbjuden", „Mischlinge" und „jüdisch Versippte" durch das Arbeitsamt Freiberg zum Transport in ein Zwangsarbeitslager nach Osterode im Harz befohlen.

Es war ein Lager der „Organisation Todt".[115] Die Zwangsarbeiter des DACHS IV genannten Außenlagers des KZ Mittelbau-Dora mussten unterirdische Stollen für ein Hydrier-Werk der Firma ESSO Hamburg-Fuhlsbüttel in den Kalksteinbergen bei Osterode graben.[116]

Die genaue Zahl der 10 bis 15 Freiberger Bürger und die Namen jener, die dort Zwangsarbeit leisten mussten, konnten bisher nicht vollständig ermittelt werden. Im „Osteroder Echo" erschien 1979 ein Erinnerungsbericht, in dem es hieß: „Die Zwangsarbeiter durften sogar ihre Zivilkleidung tragen…Seite an Seite mussten die Zwangsarbeiter mit den KZ-Insassen in den Gipsbergen arbeiten. Unterschiede beim Steinekarren gab es nicht… Es gab Einheitsverpflegung: viermal in der Woche Mohrrüben und dreimal Kohlrüben. Oder umgekehrt.

Bei der schweren Arbeit im Steinbruch war die Verpflegung nicht ausreichend. Es gab Zusammenbrüche…

Was waren die Männer, die als Zwangsarbeiter inhaftiert waren, früher gewesen? Sie waren Wissenschaftler, Rechtsanwälte, Kaufleute. Es waren Halbjuden, `Mischlinge I. Grades`, wie man sie verächtlich nannte, welche, die `jüdisch versippt` waren. Dazu gehörten Männer, die mit einer Halbjüdin verheiratet waren, obwohl die Familie durch und durch christlich eingestellt war. Mehrmals wurden den `vollarischen` Männern fertige Scheidungsurkunden vorgelegt, damit sie sich von ihren `jüdischen` Ehefrauen trennen sollten… Die Familienangehörigen aller Inhaftierten, soweit sie nicht selbst in Haft waren, standen unter ständiger Gestapoaufsicht… Im Stollen wurde versucht, Männer für den `Volkssturm` zu rekrutieren. Auch fand man hier Dokumente, dass mit den Häftlingen beim ´Herannahen der feindlichen Truppen wie üblich zu verfahren´ sei.“ [117] Im Klartext: die Häftlinge sollten ermordet werden. Dazu kam es nicht. Am 4. April 1945 marschierten US-Truppen in Osterode ein. Als Vertrauensmann der Häftlinge ging Dr. med. H. Fischer, gemeinsam mit

Arbeitsamt Freiberg, Roter Weg, Aufnahme um 1930,
Quelle: Stadt- und Bergbaumuseum Freiberg, Fotothek, Inv.-Nr. 3734

Chaim Don 1943 als „polnischer Landarbeiter" in Niederschöna; Quelle: Archiv Düsing

Chaim Don als „Felix Wieczorek" 1944 in Freiberg; Quelle: Archiv Düsing

dem Osteroder Bürgermeister und dem Besitzer des Osteroder Lokalblattes den Amerikanern entgegen und wirkte auf diese Weise an der kampflosen Übergabe Osterodes mit.[118]

Das Arbeitsamt Freiberg spielte, freilich völlig unfreiwillig und ungewollt, 1943 bis 1945 auch eine Rolle bei der Rettung des polnischen Juden Chaim Don. Als dreiundzwanzigjähriger Soldat des polnischen Heeres hatte der in Wyszków am Bug geborene Jude im September 1939 den Überfall Deutschlands auf Polen miterlebt. Der sofort einsetzenden Jagd auf Juden unter den Kriegsgefangenen entkam er mit viel Glück und einer gehörigen Portion Mut. Er verschaffte sich „arische" Papiere und wechselte in den folgenden Jahren immer wieder seine Identität. Unter falschem Namen zur Zwangsarbeit nach Deutschland geschickt, begleitete ihn ständig die Angst vor Entdeckung und Verrat. 1943 wurde er von der Gestapo verhaftet. Solidarität und Freundschaft von Mitgefangenen in der Gestapohaft in Gera retteten ihm das Leben. Er konnte fliehen.

Mit den Papieren des „weißrussisch-polnischen" Fremdarbeiters „Felix Wieczorek" meldete er sich kühn auf dem Arbeitsamt in Freiberg, das ihn auf ein Bauerngut in Niederschöna als Landarbeiter vermittelte.

Bis zuletzt zitterte er um sein Leben. Immer wieder aber begegnete er auch hilfsbereiten Menschen wie dem Bauern Max Fischer, dessen Familie ihn – trotz aufkommender Ahnungen – bis zur Befreiung durch die Rote Armee aufnahm und beschützte.

Sein außergewöhnlicher Bericht wurde im Jahr 2000 im Rahmen des Anti-Rassismus-Projektes „Shalom Sachsen-Böhmen" des Christlichen Jugenddorfwerks Deutschlands (CJD) in Freiberg von Jugendlichen und Mitarbeitern der Freiberger Geschichtswerkstatt des CJD aufbewahrt und unter dem Titel „Die Blutprobe" veröffentlicht.[119]

Das KZ Freiberg – Die „Freia GmbH", ein Außenlager des KZ Flossenbürg

Nachdem alle Freiberger Juden, „Halbjuden", „Mischlinge" und „jüdische Versippte" bis zum Herbst 1944 verjagt, deportiert, in den Tod getrieben oder zur Zwangsarbeit außerhalb Freibergs verpflichtet worden, erreichte die Judenverfolgung in Freiberg in den neun Monaten von August 1944 bis April 1945 einen letzten, furchtbaren Höhepunkt. Auch davon nahm die Freiberger Ortsgeschichtsschreibung und erst recht die Freiberger Öffentlichkeit fünf Jahrzehnte lang nach dem Krieg kaum Kenntnis.[120]

Erst am 8. Mai 1995 wurde am Freiberger Landratsamt an der Frauensteiner Straße wenigstens eine Gedenktafel zur Erinnerung und Ehrung jener 1.000 jüdischen Mädchen und Frauen angebracht, die zwischen August 1944 und April 1945 in der sog. „Freia GmbH" Zwangsarbeit für die deutsche Rüstungsindustrie leisten mussten. Einmal, 1965, hatte die „Freiberger Wochenzeitung für Stadt und Land" über dieses Lager in mehreren Ausgaben berichtet. Danach wurde das Lager schnell wieder vergessen. Anlass war der Besuch von Dr. Priska Lomová in der Stadt gewesen. Die marxistische Hochschuldozentin aus Prešov , die von der SED-Kreisleitung eingeladen worden war, gehörte zu den jüdischen Häftlingsfrauen am Ende des Krieges in Freiberg.[121] Die meisten von ihnen waren Jüdinnen aus Polen und der damaligen Tschechoslowakei, aber auch aus anderen von Deutschland besetzten Gebieten und aus Deutschland selbst. Sie waren über Ghettos in Theresienstadt, Lodz (Litzmannstadt), dem slowakischen Sered

Seit dem 8. Mai 1995 erinnern Gedenktafeln im Eingangsbereich des Landratsamtes Freiberg an die jüdischen Zwangsarbeiterinnen und an Dr. Werner Hofmann; Foto M. Düsing

Das Verwaltungsgebäude der ehemaligen Porzellanfabrik an der Frauensteiner Straße, ab 1943 „Freia GmbH", Aufnahme Mitte der 30er Jahre; Quelle: TU Bergakademie Freiberg

oder dem niederländischen Westerbork nach Auschwitz gekommen. Als junge Frauen erschienen sie der SS vorerst arbeitsfähig genug, um vor der auch für sie vorgesehenen Vernichtung noch für das Reich schuften zu können. Sie wurden für den Transport nach Freiberg zusammengestellt.

Währenddessen wurden fast alle ihre Familienangehörigen und Freunde, die mit ihnen Auschwitz erreicht hatten, sofort vergast. In drei Transporten, am 31. August 1944, am 22. September 1944 und am 12. Oktober 1944, erreichten die insgesamt 1.000 Zwangsarbeiterinnen Freiberg.

Sie wurden zunächst in Fabrikhallen der ehemaligen Porzellanfabrik Freiberg an der Frauensteiner Straße, hinter dem heutigen Landratsamt, das damals das Ver-

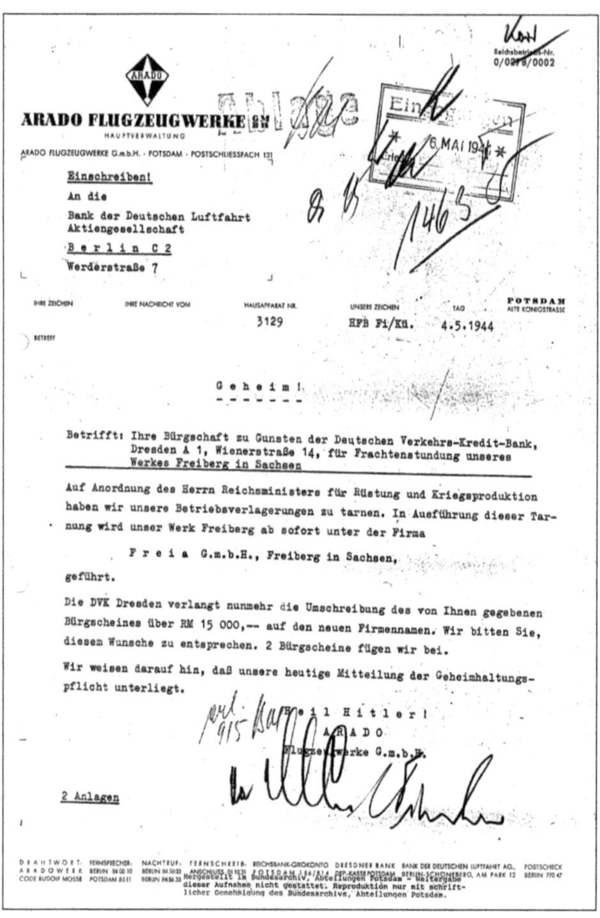

ARADO FLUGZEUGWERKE G.m.b.H.
HAUPTVERWALTUNG

ARADO FLUGZEUGWERKE G.m.b.H. · POTSDAM · POSTSCHLIESSFACH 131

Reichsbetriebs-Nr.
0/0218/0002

Einschreiben!
An die
Bank der Deutschen Luftfahrt
Aktiengesellschaft
B e r l i n C 2
Werderstraße 7

IHRE ZEICHEN   IHRE NACHRICHT VOM   HAUSAPPARAT NR.   UNSERE ZEICHEN   TAG   POTSDAM, ALTE KÖNIGSTRASSE

3129   HFB Fi/Kü.   4.5.1944

G e h e i m !

Betrifft: Ihre Bürgschaft zu Gunsten der Deutschen Verkehrs-Kredit-Bank, Dresden A 1, Wienerstraße 14, für Frachtenstundung unseres Werkes Freiberg in Sachsen

Auf Anordnung des Herrn Reichsministers für Rüstung und Kriegsproduktion haben wir unsere Betriebsverlagerungen zu tarnen. In Ausführung dieser Tarnung wird unser Werk Freiberg ab sofort unter der Firma

F r e i a G.m.b.H., Freiberg in Sachsen,

geführt.

Die DVK Dresden verlangt nunmehr die Umschreibung des von Ihnen gegebenen Bürgscheines über RM 15 000,-- auf den neuen Firmennamen. Wir bitten Sie, diesem Wunsche zu entsprechen. 2 Bürgscheine fügen wir bei.

Wir weisen darauf hin, daß unsere heutige Mitteilung der Geheimhaltungspflicht unterliegt.

Heil Hitler!
ARADO
Flugzeugwerke G.m.b.H.

2 Anlagen

Schreiben der Arado Flugzeugwerke v. 04.05.1944
zur Tarnbezeichnung „Freia GmbH";
Quelle: Bundesarchiv, Abt. Potsdam, Bank d. Deutschen Luftfahrt
80Ba6, Nr. 23

waltungsgebäude dieser Fabrik war, untergebracht. In die umgebauten Hallen waren seit 1943 schrittweise Teile der Arado-Flugzeugwerke Potsdam-Babelsberg ausgelagert worden. Mit dem sog. „Jägerprogramm" konzentrierte sich die Luftwaffenindustrie seit 1943 auf die Produktion von Jagdflugzeugen, um der zunehmenden Schlagkraft der alliierten Bomberverbände Herr zu werden und verlagerte gleichzeitig ihre Produktionsstätten in weniger bombengefährdete Gebiete. Der Einsatz von Kriegsgefangenen, Zwangsarbeitern und KZ-Häftlingen, schließlich auch von Juden, war Teil dieses Programms. Die Freiberger Betriebsverlagerung erhielt den Tarnnamen „Freia GmbH". Die jüdischen Zwangsarbeiterinnen wurden vom „Stammlager" KZ Flossenbürg aus verwaltet, das sie selbst nie zu Gesicht bekamen. Dem Zschopauer Historiker Hans Brenner ist zu verdanken, dass die Außenlager

des KZ Flossenbürg wenigstens in den 80er Jahren in der DDR näher erforscht wurden, auch wenn seine gründlichen Recherchen seinerzeit wenig öffentliche Beachtung fanden.[122] Bewacht von SS-Personal, teils aus „professionellen" SS-Wachmannschaften abgezogen, teils aber auch unter der hiesigen Bevölkerung eigens für diese SS-Wachmannschaft in kurzen Lehrgängen „qualifiziert",[123] arbeiteten die Mädchen und Frauen in 12-Stunden-Schichten.

Sie waren völlig entkräftet, mussten ständig hungern. Zudem drückte sie das Wissen, dass sie „zum Tode bestimmt" waren. 186 der Jüdinnen waren fast noch Kinder, zwischen 14 und 19 Jahren, als sie nach Freiberg gebracht wurden. Da das für sie schon ab Ende

Helga Weiß (heute Weissová-Hošková) als Jugendliche; Quelle: Archiv Düsing

Kinderzeichnung von Helga Weiß im Ghetto Theresienstadt; Quelle: Archiv Düsing

Gebäude der Freia GmbH, in dem die jüdischen Frauen arbeiteten und anfangs auch lebten; Foto Michael Düsing

1943 geplante Barackenlager am Hammerberg nicht rechtzeitig fertig wurde, blieben die Frauen bis zum Jahreswechsel in Schlafsälen über den Produktionshallen untergebracht. Obwohl sie das Ungeziefer dort fast auffraß, schilderten sie später diese Unterbringung wenigstens als warm. Da nur ein kleiner Teil der 1.000 Frauen in Außenkommandos, z. B. im Werk II der Optikfirma Max Hildebrand in der ehemaligen Zentralwäsche an der Himmelfahrtsgasse eingesetzt war, half das den Frauen, zu überleben. Im strengen Winter 1944/45 waren sie der Kälte völlig ungeschützt ausgesetzt, da sie meist nur dünne Fähnchen als Kleider, oft ohne Socken, in Auschwitz hingeworfen bekommen hatten. Medizin und Verbandszeug gab es nicht.

Die Freiberger Zeitzeugin Leopoldine Wagner, die im Lager „Hemmschuh" der Freia GmbH als Dolmetscherin für die italienischen Kriegsgefangenen dienstverpflichtet worden war, erinnert sich: *„Es brach einem das Herz, sie zu sehen: so dünn, kahl geschoren, bei 18 Grad Kälte ohne warme Kleidung, ohne Strümpfe, nur in Holzpantinen und mit blutig gescheuerten Füßen!"* [124]

Ansicht des ehemaligen Lagergeländes der „Freia GmbH, Aufnahme 50er Jahre, als es zum Polytechnischen Zentrum des Kombinats „Albert Funk" wurde. Es befand sich etwa dort, wo sich heute die Turnhalle des Berufsschulzentrums „Julius Weisbach" am Schachtweg befindet; Quelle: Archiv Düsing

Dienstausweis der Freia GmbH Freiberg (Sachsen) für Leopoldine Wagner,
ausgestellt am 21.06.1944; Quelle: Archiv Düsing,
als Kopie freundlich überlassen von Leopoldine Wagner

Leopoldine Wagner,
Foto: Claudia Schön, Leipzig

Die „Krankenstation" wurde notdürftig von Ärztinnen und ehemaligen Schwestern unter den Mithäftlingen betrieben. So blieb nicht aus, dass insgesamt acht Mädchen und Frauen den Strapazen der Arbeit, der Entkräftung und den Krankheiten im Lager zum Opfer fielen. Sie wurden im Krematorium des Donatsfriedhofs eingeäschert und dort auch bestattet. Nach der Befreiung erhielten sie am 22. September 1945 – zusammen mit drei weiteren Opfern der NS-Zeit, vermutlich von sog. „Todesmärschen" durch die Region – eine wür-

Ehren-Beisetzung von toten Häftlingsfrauen der Freia GmbH
auf dem Donatsfriedhof am 22. September 1945;
Quelle: Stadt-und Bergbaumuseum Freiberg, Fotothek, Inv.-Nr. F28077

Rabbiner Zweigenhaft am
Gedenkstein auf dem Donatsfriedhof;
Quelle: Archiv Düsing,
fr. überlassen von Rita Väterlein, Freiberg

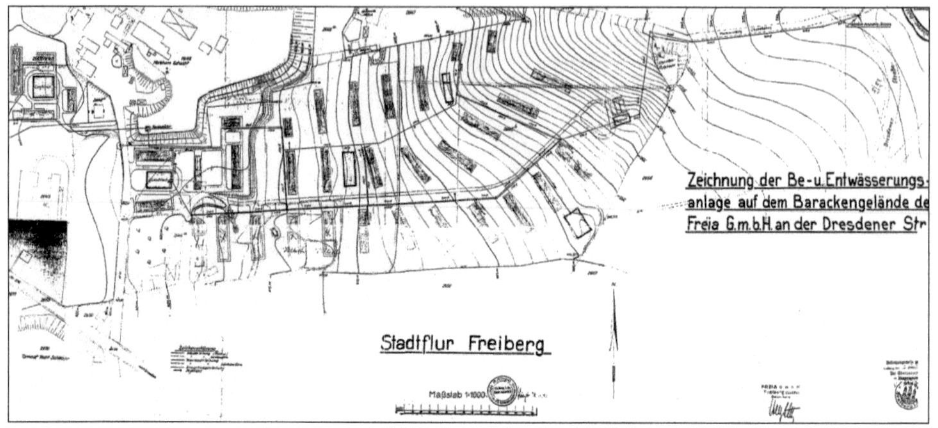

Bauzeichnung des Barackengeländes der Freia GmbH 1943;
Quelle: Bauaktenarchiv der Stadt Freiberg, Nr. 212

digere Begräbnisstätte unter einem Gedenkstein im Gelände des Donatsfriedhofes. 1953 wurden die acht Urnen der jüdischen Frauen an einen Rabbiner aus Hannover – vermutlich ein Verwandter eines der Opfer – übergeben, der sie auf dem Jüdischen Friedhof in Hannover beisetzen ließ. Die Gedenkstele befindet sich heute im Ehrenfriedhof für die gefallenen Sowjetsoldaten an der Himmelfahrtsgasse. Unter den fürchterlichen Umständen des Lagers gebaren einige Frauen dennoch Kinder.[125] „Ein noch größeres Wunder war, dass man diese Säuglinge nicht vernichtete, sondern am Leben ließ und ihnen sogar Milch verschaffte", erinnerte sich später eine der slowakischen Frauen.[126]

Im Januar 1945 wurden die Zwangsarbeiterinnen in das „Judenlager" der „Freia GmbH" am Hammerberg eingewiesen. Es war unbeheizt, an den Wänden floss das Wasser herunter oder gefror in der Kälte jenes Winters.

Die Waschplätze befanden sich im Freien. Am 31. März 1945 wurde die Arbeit eingestellt. Die Frauen im Barackenlager blieben sich selbst überlassen. Essenrationen wurden gekürzt, schließlich erhielten sie kaum noch irgendeine Versorgung.

Am 14. April 1945 wurden die Frauen unter dem Kommando von SS-Unterscharführer Richard Beck in der Nacht zum Bahnhof getrieben, trotz der nassen Kälte in offene Güterwaggons gepfercht und auf eine Irrfahrt geschickt, die 16 Tage andauerte. Ziel war zunächst offenbar das „Stamm-KZ" Flossenbürg gewesen, das freilich wegen des Vormarsches der Amerikaner nicht mehr erreichbar war. In Horni Bříza, in der Nähe von Plzeň, sorgten tschechische Eisenbahner dafür, dass die Frauen wenigstens in gedeckte Waggons kamen.

Unterwegs versuchten Tschechen immer wieder, den Frauen Lebensmittel zukommen zu lassen. Einigen Häftlingen gelang die Flucht. Am 29. April 1945 kam der Transport im KZ Mauthausen an. Die Zustände im KZ Mauthausen waren katastrophal. Nachdem die

Im September 2000 sind 33 Überlebende des KZ-Außenlagers Freiberg Gast des CJD und der Stadt Freiberg.
Foto: Michael Düsing

SS-Wachmannschaften am 3. Mai 1945 fluchtartig das Lager verlassen hatten, erreichten amerikanische Truppen das Lager am 5. Mai 1945 und befreiten die Häftlinge. Viele starben noch nach der Befreiung.

Über die Geschichte dieses Lagers gibt seit 2002 eine im Leipziger Forum Verlag erschienene Broschüre „'Wir waren zum Tode bestimmt' – Jüdische Zwangsarbeiterinnen erinnern sich" ausführlich Auskunft. Sie schildert den Verlauf und die Ergebnisse eines Jugendprojektes des CJD in Freiberg. 15 jugendliche Sozialhilfeempfänger trugen über zwei Jahre die Erinnerungen von Überlebenden des Freiberger Lagers zusammen.[127] Kurz nach dem Erscheinen dieser Broschüren lernten die Jugendlichen eine weitere Überlebende kennen – eine Hamburgerin, die seit 1946 in New York lebt.

Begegnung mit tschechischen Überlebenden des KZ-Außenlagers Freiberg im Juli 2004; Foto: Michael Düsing

Esther Bauer, geb. Jonas,
Häftlingsnummer 54161:
„Ich habe immer Glück gehabt"

Esther Leiner, eine in Hamburg geborene Jonas, die heute Bauer heißt und in New York wohnt, trug die Flossenbürger Transportnummer 54161, als sie am 12. Oktober 1944 mit rund 500 weiteren Frauen und Mädchen – aus Auschwitz kommend – in Freiberg eintraf. Über ihre Erinnerungen sprach sie im Juni 2003 mit Schülern des Geschwister-Scholl-Gymnasiums in Freiberg und im März 2006 mit Jugendlichen des „Shalom"-Projekts des CJD in Freiberg. Diese Erinnerungen sind inzwischen auch in zwei Theaterstücken aufgearbeitet, die die Hamburger Dramaturgin Christiane Richers als „Theater im Klassenzimmer" bzw. für eine von Schülern aufzuführende „Szenische Collage" geschrieben hat.[128]

Am 15. November 2007 lasen Christiane Richers und Esther Bauer in der Freiberger BiB (Bühne in der Borngasse) des Mittelsächsischen Theaters aus dem Stück „Das ist Esther". Hier ihr Bericht:

„Ich bin am 13. März 1924 in Hamburg geboren. Mein Vater war der Direktor und Geschichtslehrer der Israelitischen Töchterschule in der Hamburger Karolinenstraße von 1924 bis 1942. Sie hatte in ihren besten Zeiten 600 Mädchen. Meine Mutter war die Ärztin Marie Anna Jonas, geb. Lewinsohn. Sie war auch Schulärztin an der Schule, bis die Nazis ihr das verboten. Ich

Esther Bauer im März 2003 zu Besuch bei Jugendlichen des Shalom-Projekts des CJD in Freiberg;
Foto: Projekt Shalom

habe die Schule gehasst. Einen Beruf konnte ich nie erlernen und bin nur neun Jahre, von 1930 bis 1939, in die Vor- und Realschule gegangen. Ich sollte Ärztin werden wie meine Mutter, aber ich konnte nur bis zur Obertertia die Schule besuchen. An der Israelitischen Töchterschule gab es dieselben Lehrpläne wie an den staatlichen Schulen, nur jeden Tag zusätzlich noch eine Stunde Hebräisch oder jüdische Geschichte und ähnliches. Meine Kenntnisse der hebräischen Sprache haben mir in Auschwitz überhaupt NICHTS geholfen.

Mein Vater war sehr religiös und sehr streng. Er musste es wohl auch sein als Direktor der jüdischen Mädchenschule. Meine Mutter kam aus einem unreligiösen Haus. Sie hatte keine Ahnung vom Judentum, obwohl sie Lewinsohn hieß. So musste ihr mein Vater alles beibringen – wie man jüdische Feste feiert, wie man einen koscheren Haushalt führt, denn mein Vater war ein from-

Esther mit ihrer Mutter
Dr. Marie Jonas, geb. Lewinsohn;
Quelle: Archiv Düsing

Esther Bauer, geb. Jonas: Das waren meine Eltern. Aufnahme im Oktober 2010 in einer Ausstellung in der ehemaligen Israelitischen Töchterschule in der Hamburger Karolinenstraße; Foto Michael Düsing

mer Jude und das hat mir schon als Kind nicht gepasst. Ich habe gern Handarbeiten gemacht, Perlen aufgezogen, auch als ich erst fünf Jahre alt war. Freitags abends aber musste ich aufhören, da begann der Sabbat und mein Vater sagte ,Jetzt ist Schluss mit arbeiten!'. Wie streng und um Korrektheit bemüht er war, erfuhr ich immer wieder. So war ich das einzige Kind, das zur Schuleinführung keine Zuckertüte bekam. Mein Vater meinte, es könne Kinder geben, deren Eltern zu arm seien, ihren Kindern Zuckertüten zu kaufen und er wollte diese nicht beschämen. Zum Schluss war ich die einzige ohne! Wenn er mir in der Schule begegnete, tat er so, als kenne er mich nicht. Niemand sollte die Idee haben, nur weil ich die Tochter des Direktors war, würde ich bevorzugt!

Hitler kam 1933 an die Macht – damals war ich neun Jahre alt und verstand eigentlich gar nicht, was vor sich ging. Mein Vater machte zwar wegen der politischen Situation ein langes Gesicht, aber mir wurde nichts erklärt. Meine Eltern haben mich von politischen Ereignissen immer ferngehalten. Wenn sie miteinander darüber redeten, schickten sie mich vorher aus dem Zimmer oder sie sprachen französisch miteinander.

Ganz langsam fing unsere Situation an, schlechter zu werden. Zuerst gab es kein koscheres Fleisch mehr, das bei uns gekocht wurde. Dann wurden die jüdischen Geschäfte boykottiert. Schließlich durften keine jüdischen Zeitungen mehr öffentlich verkauft werden. Und dann wurden jüdische Beamte entlassen. Juden durften auch nicht mehr wählen.

1938 mussten die Juden das meiste von ihrem Geld und anderes Vermögen an den Staat abliefern. Juden mussten eine Kennkarte, die mit einem J versehen war, immer bei sich haben, so eine Art Personalausweis, aus dem gleich zu sehen war, dass der Besitzer Jude war. Jüdische Ärzte durften nur noch als ,Krankenbehandler' arbeiten. Meine Mutter durfte nicht mehr praktizieren. Stattdessen musste sie als Krankenschwester alte Leute pflegen. Aber sie durfte nur in der Nachtschicht arbeiten. Damals war ich 14. Dann wurden jüdische Straßennamen gegen sogenannte arische ausgetauscht. Und schließlich mussten alle Juden einen jüdischen Vornamen haben. Wenn sie keinen hatten, mussten Frauen den Namen Sara zusätzlich annehmen und Männer den Namen Israel. Und für die Namensänderung mussten sie auch noch Gebühren bezahlen.

Am 28. Oktober 1938 wurden ca. 15.000 Staatenlose und Juden polnischer Abstammung nach Polen transportiert. Aus den Hamburger Schulen verschwanden durch die Abschiebung nach Polen viele Schüler und Schülerinnen.

Im November 1938 war die sogenannte Kristallnacht, in der die Nazis alle Synagogen zerstört und abgebrannt haben und alle jüdischen Geschäfte geplündert und die Fensterscheiben eingeschlagen haben. Es waren unglaubliche Schäden, für die die jüdische Bevölkerung von der Regierung verantwortlich gemacht wurde und

Schadensersatz leisten musste. In dieser Nacht wurden Männer und auch ältere Jugendliche verhaftet und in Konzentrationslager gebracht. Viele Juden merkten jetzt, weil sie ganz persönlich getroffen wurden, dass ihr Leben nicht mehr sicher war. Deshalb wanderten nach der Kristallnacht viele aus. Trotzdem glaubte mein Vater, dass uns nichts passieren würde. Er war ja Schuldirektor und meine Mutter Ärztin, und sie hatten vielen Leuten geholfen. Schließlich hatte er ja nichts verbrochen! Mein Vater glaubte, ihm könnte nichts geschehen. Leider hat er sich sehr geirrt. Am Morgen nach der Kristallnacht klingelte das Telefon bei meinem Vater. Er ging ran und sagte dann nur zu mir: ‚Du musst heute nicht zur Schule.‘ Da habe ich mich gefreut. Ich ging nicht gern zur Schule. Mehr sagte er nicht. Er ging aus dem Haus und versteckte sich bei tschechischen Freunden. Die Gestapo kam und fragte meine Mutter nach ihm und sie sagte: ‚Er ist nicht da‘. Dann sind sie nicht wiedergekommen. Am nächsten Tag war mein Vater wieder da. Er war der Gestapo erstmal entkommen. Heute sage ich: leider. Vielleicht hätte er sonst nicht so lange geglaubt, dass uns nichts geschehen werde.

Weil viele Leute anders dachten und ihnen klar war, dass die Gefahr sehr bedrohlich war, gab es in dieser Zeit Kindertransporte. Kinder wurden nach England geschickt, wo man hoffte, dass sie in Sicherheit wären. Für viele jüdische Kinder war das die Rettung. Sie kamen zu englischen Pflegefamilien und nicht ins KZ. Aber mein Vater ließ mich nicht gehen, mit der Begründung, dass ich den Platz eines anderen, wirklich gefährdeten Kindes, wegnehmen würde. Mein Vater begleitete sogar einen Transport nach England im August 1939 und kam ein paar Tage vor Kriegsausbruch nach Hamburg zurück. Er war so fürchterlich korrekt, so richtig deutsch, mein Vater. So kam seine einzige Tochter ins KZ und nicht nach England in Sicherheit. Ich habe ihm das nie verziehen.

Nur sehr wenige Länder nahmen damals Juden als Flüchtlinge auf. Zum Beispiel Kuba. Meine Tante, die Schwester meiner Mutter, fuhr mit dem Schiff nach Kuba. Aber sie wurde dort nicht mehr reingelassen, weil schon so viele Flüchtlinge vor ihr gekommen waren. Kanada, die USA und andere Staaten weigerten sich gleichfalls, die Menschen der ‚St. Louis‘ aufzunehmen. Das Schiff wurde einfach zurückgeschickt.

Meine Tante kam nach Deutschland zurück, wo sie dann im Konzentrationslager ermordet wurde.[129]

Als der Krieg angefangen hatte, durften Juden nicht mehr ins Kino gehen. Wir durften auch keine Theater und Konzerte mehr besuchen. Musik war immer sehr wichtig für mich. Ich spielte Klavier und ich musizierte mit Freunden zu Hause.

Schließlich durften wir nicht mehr schwimmen gehen. Schwimmen war immer, und ist noch heute, mein Lieblingssport.

Wir durften auch keine Parks mehr betreten. Ich musste deshalb einen großen Umweg machen, um zur Hochbahnstation zu kommen. Durch den Park hinter unserem Haus war der Weg viel kürzer. Da wäre ich viel schneller bei der Bahn gewesen.

Nach der sogenannten Kristallnacht durften jüdische Kinder nicht mehr in öffentliche Schulen gehen. Die jüdischen Schulen in Hamburg wurden 1939 zu einer jüdischen Schule zusammengelegt. 1940 fand das letzte Abitur statt mit nur noch zwei Abiturienten. Ihr Aufsatzthema hieß: ‚Unglück selber taugt nicht viel, doch hat es drei gute Kinder: Kraft, Erfahrung, Mitgefühl.‘ Nur wenige Monate später wurden die beiden Abiturienten in den Tod geschickt.

1940 wurde die jüdische Schule in Lübeck aufgelöst. Die Kinder kamen nach Hamburg in die Schule meines Vaters. Sie wurden in den jüdischen Waisenhäusern für Jungen und Mädchen untergebracht, da das Geld für die tägliche Zugfahrt von Lübeck nach Hamburg fehlte. Zu diesem Zeitpunkt hatte ich die Schule schon verlassen müssen. Ich konnte nur neun Jahre in die Schule gehen und musste mit fünfzehn in einer Fabrik arbeiten. Dann eines Tages mussten wir alle den gelben Stern sichtbar an der Kleidung tragen, damit man uns sofort von den anderen Leuten unterscheiden konnte. In der Schule Karolinenstraße trugen alle Menschen den Stern, von den sechsjährigen ABC-Schützen bis zum Schulleiter, der Sekretärin und dem Hausmeister.

Es gab kein Entkommen mehr. Die Auswanderung wurde im Herbst 1941 verboten, dann begannen die Deportationen, mit denen die Schülerinnen und Schüler und auch die Lehrkräfte nach und nach aus der jüdischen Schule verschwanden: nach Lodz, nach Minsk, nach Riga. Die Schulsekretärin musste dann auch noch die Papiere der verschwundenen Kinder ordnen. Auf die Karteikarte jeder Schülerin und jedes Schülers, der nicht mehr in die Schule kam, musste sie das Datum schreiben und den Stempel ‚abgewandert' aufdrücken, so, als hätten die Kinder freiwillig die Schule verlassen. Und die Nazis konnten genau prüfen, wer noch da war.

Nur noch 76 Kinder waren in der Schule Karolinenstraße zu unterrichten, bis die Schule im Sommer 1942 schließen musste. Mein Vater war natürlich todunglücklich, denn die Schule war sein ganzes Leben. Er musste sich jede Woche bei der Gestapo melden.

Es klingt vielleicht merkwürdig, aber ich muss sagen, dass der SS-Mann, der zuständig war, leider immer sehr nett zu meinem Vater war. Er begrüßte ihn und sagte höflich: ‚Bitte nehmen Sie Platz, Herr Dr. Jonas'. Ich denke, wenn er ihn angepöbelt hätte, wie das die SS-Leute sonst mit uns taten, wären wir vielleicht doch ausgewandert. Natürlich war das auch nicht so einfach. Wir hatten nicht viel Vermögen und hätten im Ausland ganz von vorne anfangen müssen. Wenn man viel Geld hatte, konnte man irgendwie Leute bestechen, um einen Pass zu bekommen oder eine Fahrkarte für ein Schiff oder den Zug, um ins Ausland zu kommen. Wir hatten uns bei der amerikanischen Botschaft eine Wartenummer für die USA besorgt. Aber es war viel zu spät und die Warteliste war schon viel zu lang. Wir hatten eine Nummer, die uns einen Warteplatz nach über 11.000 anderen Auswanderern gegeben hat. Deshalb sind wir nie drangekommen. Außerdem sprach mein Vater kein Englisch. Er hatte eine klassische Ausbildung und sprach außer Deutsch, Griechisch und Latein auch Französisch und Hebräisch. Aber für Amerika hätte man doch Englisch können müssen, sonst war man am Anfang ganz hilflos und hatte Probleme, eine Arbeit zu finden. Wir hätten auch niemanden gehabt, der für uns hätte bürgen können. Nur der Bruder meines Vaters ist 1939 nach Amerika ausgewandert. Er hat sich kaum selbst ernähren können. Vielleicht hat mein Vater auch deswegen so lange gezögert, eine Auswanderungsnummer zu besorgen.

Eines Tages bekamen wir einen Brief, dass wir am 19. Juni 1942 nach Theresienstadt deportiert werden. Auf dem Bahnsteig kam dieser SS-Mann zu meinem Vater, der immer so nett gewesen war und sagte ihm, dass er sich nicht grämen solle, denn in Theresienstadt würde er wieder seine

Schule haben und er werde sehen, wie schön es dort sei. Die Wirklichkeit sah anders aus: Am nächsten Tag musste mein Vater Kohlen schaufeln! Er hatte früher nie Sport getrieben und konnte diese Arbeit kaum machen. Sie war viel zu anstrengend. Er bekam Hirnhautentzündung und starb im August.

Das Leben in Theresienstadt war sehr schwer. Wenn man Glück hatte, bekam man eine Matratze. Genauso viel Platz wie die Matratze brauchte, bekam man, das war alles. Es gab keine Schränke und keine Tische. Aber am schlimmsten waren die Latrinen.

Das waren nur Holzstangen und Männer und Frauen mussten da zusammen ihr ‚Geschäft‘ machen. Diese Erniedrigung war schwer zu ertragen. Ich habe es nur ausgehalten, weil ich achtzehn Jahre alt war und mich freute, noch am Leben zu sein. Am Anfang gab es ein Ausgehverbot. Man durfte nur zur Arbeit gehen und sein kärgliches Essen bei der Kantine abholen. Ich wurde auch sehr krank, weil ich eine Lungenentzündung bekam. Meine Mutter hatte kaum Medikamente, aber eine andere Ärztin gab mir eine Spritze und schließlich wurde ich wieder gesund.

Es gab fromme Juden in Theresienstadt, die nur koscher gegessen hatten. In Theresienstadt gab es natürlich nichts Koscheres. Und sie sind elendiglich verhungert. Mein Vater hatte schon in Hamburg zu meiner Mutter und mir, als es nichts Koscheres mehr zu kaufen gab, gesagt, dass wir auch nichtkoscheres Fleisch essen dürften. Aber er selbst hätte es nicht gegessen.

Meine Mutter war in der Jugendfürsorge tätig, was nur möglich war, weil sie es gelernt hatte, tschechisch zu sprechen. Dort hatte sie mit tschechischen Gefangenen zu tun, mit denen man als Deutsche sonst kaum in Berührung kam.

Einer davon, ein tschechischer Koch, verliebte sich prompt unsterblich in mich – und umgekehrt. Wir brachten es fertig zu heiraten. Diese Ehe war eine Lagerehe, und man sagte uns, dass wir nach dem Krieg nochmal offiziell heiraten müssten. Wir konnten nicht zusammen leben, denn Männer und Frauen lebten in getrennten Baracken. Die ‚Ehe‘ dauerte praktisch nur drei Tage. Nachdem ich drei Tage verheiratet war, bekam mein Mann den Befehl, dass er mit 500 anderen Männern nach Dresden geschickt werde, um ein neues KZ aufzubauen.

Diese Transporte waren auch eine Form von Terror. Alle paar Tage kamen Transporte aus Deutschland, der Tschechoslowakei, Holland und Dänemark und alle paar Tage gingen Transporte in den Osten.

Also, mein Mann war fort und dann wurde mir und den anderen Frauen von Männern, die im KZ geheiratet hatten, gesagt, dass sie freiwillig ihren Männern nachgehen könnten. Natürlich ging ich, obwohl meine Mutter mir sagte: ‚Geh’ nicht!‘.

Ich ging, allerdings landete ich in Auschwitz und nicht in Dresden, was uns vorher gesagt worden war. Meine Mutter wurde, als wir dort ankamen, vergast. Mein Mann, so habe ich noch erfahren, war in Wirklichkeit auch nicht nach Dresden, sondern ebenfalls nach Auschwitz gebracht worden. Ich habe ihn nie wieder gesehen. Auch er ist dort ermordet worden. Auschwitz war das schlimmste, was man sich vorstellen kann. Es ist unmöglich, dieses in ein paar Worten zu erklären. Zuerst wurden wir ausgesucht wie bei einer Musterung. Da wurde uns gesagt ‚Du gehst links

Von den jüdischen Zwangsarbeiterinnen in Freiberg gibt es keine
Bilder. Das nebenstehende Foto
wurde 1944 von einem SS-Mann
aufgenommen. Es zeigt ungarische Jüdinnen in Auschwitz
nach der ‚Entlausung' und ihrer
‚Registrierung'.
Allerdings sagte Lisa Miková,
eine Prager Überlebende des
Freiberger Lagers, zu diesem
Foto: „Wir haben noch viel
schlimmer ausgesehen als diese
Frauen. Wir waren zwar alle auch
kahl geschoren, aber wir hatten
keine gleiche ‚Häftlings'-Klei-
dung, keine festen Schuhe, keine
Kopftücher. Da wir gleich für
den Weitertransport nach Freiberg zusammengestellt worden
waren, bekamen wir gar nicht erst
eine Auschwitzer Registrierungs-
nummer und keine einheitliche
Häftlingskleidung. Wir hatten
nur die Fetzen am Leib, die uns
zugeworfen worden waren. Jede
hatte einen anderen Lumpen an,
ein dünnes Kleidchen, viele von
uns nichts darunter. Wir trugen
Holzschuhe, die meisten hatten
keine Strümpfe. Die Frauen auf
dem Foto sehen dagegen fast
‚ordentlich' aus."
Quelle: Lily Jacob; Das Auschwitz Album; Yad Vashem Photo
Archiv, Archiv Signatur 4522

*und du gehst rechts'. Eine der Reihen ging sofort in die Gaskam-
mer; glücklicherweise war ich in der anderen Reihe. Nachts hat
man die Menschen aus den Baracken geholt und in die Gaskammer transportiert. Wir hörten das Schreien die ganze Nacht.*

*Die Nazis hatten den Wahn, ständig alle wieder und wieder zu
zählen. Wir wurden jeden Tag stundenlang in Wind und Wetter
gezählt. Es war Oktober in Polen und es regnete und schneite und
wir standen draußen in der Kälte, damit sie uns zählen konnten.
Sie hatten uns aber alle Kleider abgenommen, die wir auf den
Transport mitgenommen hatten. Wir bekamen stattdessen nur
Sommersachen und froren natürlich. Außerdem hatte man uns die
Haare abgeschoren.*

*Nach zehn oder zwölf furchtbaren Tagen in Auschwitz hieß es
eines Tages, wir gehen in die Dusche. Aha, dachten wir, nun geht
es in die Gaskammer, das ist das Ende. Aber nein, es kam wirklich Wasser aus den Duschen und
wir bekamen ‚neue' gebrauchte Kleidung, aber auch nichts Warmes für den Winter. Wir trugen
Holzschuhe und keine Strümpfe oder Socken. Die brauchten uns nämlich noch als Arbeitskräfte
für ihre Rüstung.*

*Wir fuhren mehr als zwei Tage zurück nach Deutschland, nach Freiberg in Sachsen, wo wir neun
Monate lang Flugzeuge bauten in einer Flugzeugfabrik, die ‚Freia' hieß. Ich hatte noch nie etwas
von diesem Ort gehört, aber hier gab es wenigstens keine Gaskammern. Wir mussten sechs Tage
die Woche zwölf Stunden arbeiten – Nieten in Höhenruder einschlagen. Wir bekamen sehr wenig
zu essen und ein SS-Mann schlug uns mit seinem Ledergürtel. Wir haben uns täglich Rezepte erzählt und vom Essen gesprochen, weil wir kaum etwas zum Essen hatten. Wir haben vom Essen
geträumt und manchmal vor Hunger Gras gekaut. Hin und wieder steckte uns ein Vorarbeiter
etwas zum Essen zu, aber das war selten.*

*Zwangsarbeit: Das hieß zum Bei-
spiel: wenn wir auf's Klo wollten,
mussten wir stramm stehen vor
so 'nem SS-Weib und wenn das
Fräulein nicht wollte, dann durften wir den ganzen Tag nicht aufs
Klo!*

*Von Freiberg aus konnten wir
den Luftangriff auf Dresden
im Februar 1945 hören und den
glühenden Himmel sehen. Wir
freuten uns darüber. Der Krieg
ging zu Ende, nur, ob wir ihn
überleben würden, wussten wir
nicht. Die Nazis hatten unseren
Tod fest im Visier. Irgendwann
gab es kein Rohmaterial mehr,
aber wir mussten weiter zwölf
Stunden am Tag arbeiten, jedenfalls so tun als ob. Wir sägten
den ganzen Tag an irgendwel-
chen Aluminiumstücken herum.
Ich habe mir einen Kamm gefeilt.
Den habe ich heute noch. Er liegt
in meinem Safe, zusammen mit
einem silbernen Eislöffel, sonst
nichts. Der Eislöffel ist der einzige Gegenstand, den ich noch aus
meiner Kindheit habe.*

Dann hörten wir schon das Schie-

In solche offenen Waggons wurden die
Zwangsarbeiterinnen aus Freiberg
am 14. April 1945 zur „Evakuierung" gepfercht;
Quelle: Archiv Düsing

*ßen der Alliierten und eines Tages, im April 1945, wurden wir dann plötzlich in offene Kohlen-
waggons gepfercht. Nach Auschwitz zurück? Ins Gas? Man fuhr uns durch Deutschland und
die Tschechoslowakei nach Österreich. Wir waren 1.000 Frauen, aber kein KZ hatte noch Platz
für 1.000 Frauen oder war noch erreichbar. Die Nazis verloren den Krieg gerade endgültig.
Schließlich landeten wir in Mauthausen. Weil wir wussten, dass Mauthausen ein Männerver-
nichtungslager war, waren wir sicher, dass man uns dort umbringen würde. Mauthausen war
ein schreckliches, ein furchtbares Lager. Im Steinbruch brachte die SS tausende Männer um.
Überall lagen Leichen. Sie steckten uns in eine Baracke. Dort musste ich die Pritsche wieder mit*

einem anderen Mädchen teilen. Sie starb in derselben Nacht neben mir. Ungeziefer bleibt nicht auf einem toten Körper. Es geht auf lebendige. So bekam ich alle. Dann wurde ich so krank, dass ich die Amerikaner, die uns befreiten, nicht begrüßen konnte.

Der erste GI, den ich am Kriegsende bewusst wahrnahm, fragte mich: ‚Ach, Fräulein, wo kommen Sie denn her?'. ‚Aus Hamburg', war meine Antwort und er erwiderte: ‚Ich auch!'.

Er war 1938 aus Hamburg geflohen, nach Amerika gegangen, in die Army eingetreten, und war nun mein Befreier! Als ich vor kurzem in New York beim Friseur war, war dort ein Herr, mit dem ich über unsere Vergangenheit in Deutschland ins Gespräch kam. Schließlich stellte sich heraus, dass er 1945 als Soldat bei der Befreiung von Mauthausen dabei gewesen war! Alles war sehr chaotisch nach der Befreiung und ich konnte nicht gleich nach Hamburg zurück.

Aber ich hatte sowieso kein Zuhause mehr, weil meine Eltern umgebracht worden waren und mein Mann auch.

Esther mit ihrer Freundin Hannelore Cohn nach der Befreiung in Mauthausen.
Die Kleider hatten sie noch in Mauthausen, kurz nach der Befreiung, aus Stoffresten selbst genäht; Quelle: Archiv Düsing

Nach der Befreiung in Mauthausen hatte ich zwei Freundinnen, beide aus Berlin. Eine hieß Hannelore Cohn und die andere Sonja Messerschmidt. Messerschmidt ist auch ein jüdischer Name – sie waren eine große Familie in Berlin. Nach ein paar Wochen wurde Mauthausen von den Russen besetzt.

Wir wollten nicht bei den Russen bleiben und entschlossen uns nach Linz zu ziehen. Sonja sagte nein, sie wollte dort bleiben um zu sehen, ob sie jemanden findet, der sie nach Deutschland zurück fahren würde. Damals gab es noch keine Züge nach Deutschland. Also, Hannelore und ich (und noch mehrere Leute) gingen nach Linz und wir mieteten eine Wohnung.

Nach ein paar Tagen hörten wir, dass die Russen alle Frauen in Mauthausen vergewaltigt haben. Da sagte ich zu Hannelore: ‚Ich muss Sonja da rausholen.' Ich ‚lachte' mir einen Amerikaner mit einem Jeep an, und er fuhr mich nach Mauthausen. Wir fanden Sonja, die glücklich war uns zu sehen.

Die Russen hatten versucht, ihre Tür einzuschlagen, aber es gelang nicht und ihr war nichts passiert. Sie fragte mich: ‚Kannst du mich hier rausholen?' Ich sagte: ‚Ja, lege dich im Jeep hin und wir decken dich mit den grünen Decken zu.' Die Russen sahen sie gar nicht und wir kamen glücklich in Linz an. Wir gingen als erstes in ein Kino. Ich hatte nie ins Kino gedurft! Frankfurter Würstchen und Kino!

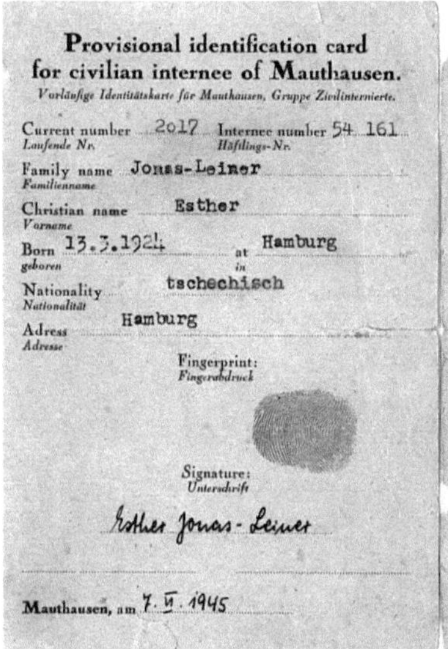

**Provisional identification card
for civilian internee of Mauthausen.**
Vorläufige Identitätskarte für Mauthausen, Gruppe Zivilinternierte.

Current number ... 2017 ... Internee number 54 161
Laufende Nr. ... *Häftlings-Nr.*

Family name   Jonas-Leiner
Familienname

Christian name   Esther
Vorname

Born   13.3.1924   at   Hamburg
geboren ... *in*

Nationality   tschechisch
Nationalität

Adress   Hamburg
Adresse

Fingerprint:
Fingerabdruck

Signature:
Unterschrift

Esther Jonas-Leiner

Mauthausen, am 7. V. 1945

Ausweis — Certification.

Frau
Mr. Esther Jonas-Leiner
Mister

geb. am 13.3.1924 in Hamburg
born ... *at*

zuletzt wohnhaft Hamburg 13
last domicile
Laufgraben 39

wurde vom 19.0.1942 bis 5.5.1945

in nationalsozialistischen Konzentrationslagern gefangen
gehalten und vom Konzentrationslager Mauthausen in
Freiheit gesetzt.

*was kept in captivity from 19.0.1942 to 5.5.1945
in Nazi-German concentration camps and was liberated from the concentration camp of Mauthausen.*

Unterschriften und Stempel
signatures and stamps:

Lagerkomitee
Camp Commitee

Lagerkommandant
camp commandant

Mauthausen, am 7. V. 1945

1786 45

Mauthausen ID Card
vom 07.06.1945 für
Esther Jonas-Leiner;
Quelle:
Archiv Düsing

*Einige Wochen später fand sie einen Mann, der sie nach Deutschland zurückfuhr und nach langer
Suche fand sie ihren Mann wieder und das letzte was ich hörte war, dass sie 1946 in München
ein Baby bekam. Ich kam nach New York, wo mir sofort die Tasche geklaut wurde. Damit war
mein Adressenbuch futsch und ich verlor Sonja.*

*Viele Jahre später arbeitete ich in der Werbung für ausländische Verlagshäuser und am Dienstag
nahm ich immer den ‚Spiegel' mit nach Hause für meinen Mann. Ich sitze in der Untergrund-
bahn und lese über ein Buch ‚Stella'. Stella war ein hübsches jüdisches Mädchen in Berlin, die im
‚Untergrund' gelebt hat – ein sogenanntes U-Boot. Die Nazis schnappten sie und sie versprach
ihnen, andere ‚U-Boote' auszuliefern. Ich hatte ein schreckliches Gefühl und fragte mich selber,
was hätte ich in dieser Situation gemacht? Man weiß es nicht. Wenn man gefoltert wird, tut man
vieles. Ich las weiter und sah ein Bild von zwei Leuten, die in meiner Nachbarschaft ein Geschäft
hatten. Sie waren fromme Juden aus Berlin, die auch von der Stella verraten wurden, aber es war
schon ziemlich am Ende des Krieges und sie waren ‚nur' in Haft, nicht im KZ.*

*Am Sonntag ging ich in ihr Geschäft and fragte, ob sie den Artikel im ‚Spiegel' gesehen hat.
‚Nein', sagte sie.*

*Also, den nächsten Sonntag ging ich mit meinem Mann wieder ins Geschäft und gab ihr den ‚Spie-
gel'. Sie war eine große ‚Schmuserin' und erzählte mir von ihrer Freundin, die sie gerade besucht
hatte, und die ihren Lehrer geheiratet hat. ‚Ach', sagte ich, ‚ich kenne auch jemand, die ihren
Lehrer geheiratet hat.' ‚Heißt Sie Kahn (Cohn)?' ‚Nein', sagte sie ‚Messerschmidt'! Ich stoß
meinen Mann an und sagte: ‚Pass mal auf: Ist ihr Name Sonja?' Die Inhaberin sah mich ganz
verduzt an und sagte: ‚Woher wissen sie das?' ‚Ach', antwortete ich, ‚die habe ich vor 40 Jahren
verloren'. Sie wohnte inzwischen im Staat Maine und natürlich rief ich sofort an. Zuerst hatte sie*

*keine Ahnung wer ich bin, aber dann sagte sie: ‚Esther,
du hast mir das Leben gerettet' und fing an zu weinen.
Ihr Mann kam und sie sagte ihm ‚Das sind glückliche
Tränen!'. Leider ist sie vor vier Wochen – im Oktober
2010 – im Alter von 85 gestorben.*

*Nach der Befreiung hatte ich versucht, all das Böse, was
geschehen war, zu vergessen und wollte nun leben und
genießen. Bis zum heutigen Tag freue ich mich jeden
Morgen, wenn ich aufwache, dass ich noch am Leben
bin und den Tag planen kann.*

*Wie es mit mir nach der Befreiung weitergegangen war?
Mein Jugendfreund Heinz schlug sich mit einem Klein-
laster aus Hamburg nach Österreich durch, um mich
herauszuholen. Da er hörte, dass Mauthausen von den
Russen besetzt war, fragte er sich, wo ich sein könne
– und kam auf die einleuchtende Idee, dass ich in der
ersten, nicht von Russen besetzten Stadt, in Linz sein
könne. Er irrte mit einem Foto von mir von Laden zu*

Esther Jonas-Leiner 1945/46;
Quelle: Archiv Düsing

Lesung von Esther Bauer mit Regisseurin Christiane Richers, Hamburg, im Stadttheater Freiberg am 15.11.2007;
Foto: Michael Düsing

Laden, bis tatsächlich eine Frau in einem Laden mich erkannte und auf eine Anhöhe wies, wo sich das DP-Lager (Lager für Displaced Persons) befand und wo ich sein könne. Ich war tatsächlich dort, denn dort gab es mehr zu essen.

Er fand mich. Mit Heinz fuhr ich nach Hamburg zurück. In unserer früheren Wohnung, aus der wir vertrieben worden waren, lebte ein Nazi, dahin konnte ich nicht zurück. Der lebte in derselben Wohnung übrigens noch bis 1986. Schließlich gingen wir nach Bremerhaven, von wo ich im Juli 1946 nach Amerika auswanderte. Heinz und ich trennten uns dort in Freundschaft. Wir wussten, dass wir nicht zusammengehörten. Er fuhr mit dem ersten Schiff von Bremerhaven nach Amerika. Ich mit dem zweiten. Leider habe ich nie mehr die Gelegenheit gehabt, einen Schulabschluss nachzuholen und eine Ausbildung zu machen, denn ich musste sofort arbeiten. Ich kam 1946 nach Amerika mit fünf Dollar in der Tasche. Eine Freundin holte mich vom Schiff ab. Ihre Eltern waren furchtbar nett und sagten mir, dass ich so lange bei ihnen wohnen könne, wie ich will. Nach dem Abendessen fragte mich meine Freundin: ‚Möchtest Du mal Eis essen?‘. Ich wollte sehr gern.

Seit ich Kind war, hatte ich kein Eis mehr gesehen. Was ich nicht wusste: sie hatte einen Freund, der selbst wiederum einen Freund hatte, dem sie sagte: ‚Meine Freundin kommt aus Deutschland. Bitte, geh mal mit ihr aus.‘ Er antwortete: ‚Ach, so ein Greenhorn, die kommt gerade aus Deutschland, die wird wohl Zöpfe haben.‘

Er wollte mich nicht treffen, kam dann aber doch. ‚Ach, Sie sind das Mädchen? Sie sprechen deutsch und haben gar keine Zöpfe‘, begrüßte er mich etwas verlegen und verwundert. Er hieß Werner Bauer.

Zwei Jahre später heirateten wir und blieben es 46 Jahre bis zu seinem Tod. Wir hatten ein Kleidergeschäft. Das war an sechs Tagen in der Woche zwölf Stunden auf. Die Leute haben mich immer gefragt: ‚Warum arbeitest Du so schwer?‘. Und ich antwortete immer: ‚Ich will vergessen, ich will gar nicht daran denken.‘ Wir haben einen Sohn und zwei Enkelkinder.

Die ersten Jahre habe ich immer Albträume gehabt. Viele Jahre habe ich nicht über die Jahre im KZ gesprochen. 1970 war ich in Israel, um eine meiner Freundinnen wiederzusehen. Wir waren in einem Kibbuz und da war eine große Ausstellung über Theresienstadt. Da habe ich angefangen zu weinen, als ich all das wiedergesehen habe. Inzwischen akzeptiere ich, was mir ein amerikanischer Psychiater einmal zu erklären versuchte. Ich habe damals, in den KZ, ‚in einer Schale gelebt‘, wie in einer Muschel. So ist es wohl gewesen. Ich habe das Allerschlimmste einfach nicht an mich heran gelassen.

Heute spreche ich in Schulen in New York, in Oregon, fast jedes Jahr in Hamburg, auch in Berlin. Und schon drei Mal war ich inzwischen wieder in Freiberg! Ich hätte nie gedacht, dass ich noch einmal hier her kommen werde. Ich erzähle jungen Menschen aus der Zeit, schließlich werden die Zeitzeugen bald aussterben."

Esther Bauer erhielt am 5. Dezember 2007 in der Deutschen Botschaft in New York das Bundesverdienstkreuz.

Ein Nachkriegsprozess

Zu den Gefangenenlagern der „Freia GmbH" gehörten neben dem „Judenlager" auch weitere Zwangsarbeiter- und Kriegsgefangenenlager im Gelände am Freiberger Schachtweg.[130]

Im Mai 1948 verhandelte die 2. Kleine Strafkammer des Landgerichts Dresden gegen zwei ehemalige Wachmänner des Gefangenenlagers der „Freia GmbH" wegen „Verbrechen gegen die Menschlichkeit". Ihnen wurde vorgeworfen, den Wachmann Erich Göpfert im September 1944 denunziert zu haben, der daraufhin verhaftet worden sei und sich in der Haft das Leben genommen habe.

Erich Göpfert, Freiberger Familienvater mit vier Kindern, war bis 1933 Mitglied der KPD gewesen und während der Weltwirtschaftskrise arbeitslos geworden. 1935 trat er der SA und NSDAP bei, wohl in der Hoffnung, durch diese Beitritte schneller wieder in Arbeit zu kommen.

Nur ein viertel Jahr später wurde er aus beiden wieder ausgeschlossen, weil, wie seine Frau 1948 vor Gericht aussagte, er „nunmehr erkannt (hatte), dass dieser Weg doch nicht der richtige" sei und er auch seinen „Beitragsverpflichtungen" nicht hätte nachkommen können.

1942 wurde Göpfert durch das Arbeitsamt Freiberg als Wachmann für das Gefangenenlager der „Freia GmbH" dienstverpflichtet. Am 20. September 1944 kam es dort zu einer für ihn folgenschweren Auseinandersetzung. Als einige der Wachleute über das schlechte Essen klagten, soll Göpfert geäußert haben: „Hättet ihr doch Hitler nicht gewählt. Ihr seid doch selbst dran schuld".

Diese „staatsfeindliche" Äußerung sei daraufhin von zwei „fanatischen Nationalsozialisten" unter seinen Kollegen gemeldet worden und Göpfert noch am gleichen Tag von der Gestapo verhaftet und in die sog. Fronfeste in der Freiberger Waisenhausstraße eingeliefert worden.

Jene zwei Denunzianten, so gaben ehemalige Kollegen in Vernehmungen nach dem Krieg an, hätten auch sonst aus ihrer Gesinnung keinen Hehl gemacht und beispielsweise Hunde auf ausländische Zwangsarbeiter gehetzt, wenn diese um Essen bettelten.

Aus der „Fronfeste" kehrte Erich Göpfert nicht lebend zurück.

Am 21. September 1944 wurde Erich Göpferts Ehefrau von der Polizei in Kenntnis gesetzt, dass sich ihr Mann „in den Morgenstunden dieses Tages in seiner Zelle in der Fronfeste… an einem Verdunklungsrollostrick aufgehängt" habe. Der hauptsächlich beschuldigte Denunziant wurde 1948 zu einem Jahr und neun Monaten Haft verurteilt.[131]

632/44

An   das S t a n d e s a m t

F r e i b e r g

Anzeige über die Aufhebung eines Toten.
(Verordnung vom 4. Januar 1937 [VBl. I S. 3])

1. Ort der Auffindung (mit Angabe des Gemeindebezirks):   Freiberg, Stadtgefängnis, Zelle im 1. Stock

2. Jahr, Tag und Stunde der Auffindung: (Angaben in Buchstaben)   Eintausendneunhundertvierundvierzig, am einundzwanzigsten September, sieben Uhr fünfunddreißig Minuten

3. Ort mit Angabe des Gemeindebezirks, wo sich der Unfall, Selbstmord oder der Sterbefall ereignet hat: Freiberg, Stadtgefängnis, Zelle im 1. Stock

4. Jahr, Tag und Stunde des Unglücksfalles, Selbstmordes oder Sterbefalles: 1944, 21. September, zwischen 6,30 und 7,30 Uhr

5. Ort des Ablebens: Freiberg, Stadtgefängnis, Zelle im 1. Stock

6. Jahr, Tag und Stunde: 1944, 21. September, zwischen 6,30 und 7,30 Uhr

7. **Des Toten**
   a) Vor- und Familienname: Kurt Erich G ö p f e r t

   b) Geburtstag und Geburtsjahr: (Ist weder Tag noch Jahr der Geburt bekannt, so ist das ungefähre Alter anzugeben.)   4. März 1905

   c) Geburtsort: Halsbach   Standesamt: Conradsdorf   Eintr.-Nr.: 14/1905

   d) Staatsangehörigkeit: D.R.   e) Religion: ev.-luth.

   f) Beruf: Wachmann   g) Wohnort: Freiberg, Elsässer Str. 1

   h) Familienstand, ledig, verheiratet, verwitwet, geschieden): verheiratet   i) Tag und Ort der Eheschließung: 25.9.1926   Standesamt: Freiberg   Eintr.-Nr.: 210/1926

   k) Reichsarbeitsdienstverhältnis: (Dazu gemustert? Wann und wo dem RAD. angehört?)   ./.

   l) Wehrpflichtverhältnis: (Truppenteil, Dienstort, Dienstzeit)   3./Bau-Ers.-Btl. 4 Oschatz und 1./Standort-Btl. z.b.V. Dresden vom 3.10.1941 bis 7.10.1942

   m) Mitgliedschaft der NSDAP.: (auch Gliederungen-Mitgl.-Nr., Tag des Eintritts)   bis 1927, angebl. wegen Beitragsrückständen ausgeschieden

14. Liegt unzweifelhaft Selbstmord vor?   Ja

15. Beweggründe des Selbstmordes: Vermutlich Furcht vor Strafe

Anzeige über die Aufhebung eines Toten vom 22. September 1944,
Selbstmord von Erich Göpfert am 21. September 1944;
Quelle: StadtA FG, Standesamt, in Erschließung,
Anzeigen über Unglücksfälle und Selbstmorde durch das Polizeiamt, Bd. 3, 1931-1944

„Todesmärsche" – ein Bericht von Christine Schmidt

Im Frühjahr 1945 führten sog. „Todesmärsche" in großer Zahl auch durch die Freiberger Region.[132] SS-Wachmannschaften räumten Konzentrationslager und die Vielzahl ihrer Außenlager vor den heranrückenden Truppen der Alliierten. Sie zwangen die Häftlinge zu tage- und wochenlang andauernden Märschen in vermeintlich weniger Front gefährdete Gebiete. Zahlreiche KZ-Häftlinge überlebten die chaotischen Märsche oder Transporte nicht. Sie erfroren, verhungerten oder brachen geschwächt zusammen und wurden dann von den SS-Wachmannschaften erschossen.

Es gab in der Vergangenheit immer wieder Versuche, die Routen der Räumungstransporte vom jeweiligen Lager aus zu untersuchen. Das blieb aber weitgehend Stückwerk, obwohl dazu einzelne wertvolle Arbeiten vorliegen.

Hier lag der Ansatz für die CJD-Geschichtswerkstatt in Freiberg. Ziel war es, die einzelnen Häftlingsgräber im Landkreis Freiberg und die Informationen in der Literatur, die sich auf diese Gedenkstätten beziehen, in eine sinnvolle Verbindung zu bringen. Gemeinsam mit Ortschronisten der betreffenden Gemeinden sollten darüber hinaus Zeitzeugenberichte gesammelt werden.

Ausgangspunkt waren die entsprechenden Angaben im Band II, „Gedenkstätten für die Opfer des Nationalsozialismus", herausgegeben von der Bundeszentrale für politische Bildung.[133] Die Eintragung der dort verzeichneten Gräber in eine Landkarte ergab eine erste Orientierung. Außerdem fanden sich Hinweise zu den Herkunftsorten und dem jeweiligen Außenlager. Allerdings konnte sich die Autorin auf Grund der mangelhaften und widersprüchlichen Quellenlage oftmals nicht festlegen und nannte teilweise mehrere mögliche Außenlager.

Christine Schmidt bei Arbeiten in der Geschichtswerkstatt im „Bunten Haus" in Freiberg; Quelle: Archiv Düsing

Schlesiersee I und II

Der erste bekannte Todesmarsch, der durch die Freiberger Region führte, hatte am 21. Januar 1945 in Schlesiersee I und II, Außenlagern des KZ Groß-Rosen, begonnen. In Schlesiersee (nahe Glogau) entstanden im Frühherbst 1944 zwei von fünf neuen Außenlagern des KZ Groß-Rosen. In jedem von ihnen mussten ca. 1.000 jüdische Frauen Zwangsarbeit für das sogenannte „Unternehmen Barthold" leisten. Sie waren eingesetzt zum Bau von Verteidigungsanlagen wie Schützen- oder Panzerabwehrgräben. Viele Frauen starben bei dieser Arbeit an Entkräftung.

Die „Evakuierung" sollte über 800 km in das KZ Bergen-Belsen nahe der niedersächsischen Kleinstadt Celle bzw. in Richtung Tschechoslowakei führen.[134] Schon zu Beginn des Marsches wurden Frauen, die den Strapazen des Marsches nicht gewachsen waren, gnadenlos erschossen. Allein bis zur Oder gab es über 100 Tote. In Grünberg wurde die Marschkolonne geteilt und mit jeweils der Hälfte der Frauen des Lagers Grünberg (ein weiteres Außenlager von Groß-Rosen, ebenfalls mit jüdischen Frauen) zusammen weitergeschickt. Die Frauen von Schlesiersee I marschierten bis Jüterbog und kamen von dort nach Bergen-Belsen. Die 900 Frauen von Schlesiersee II und ca. 400 Jüdinnen aus dem Lager Grünberg marschierten nach Süd-Westen. Am 16. und 17. Marschtag ging es über Muskau, Weißwasser nach Nochten, wo die Unterbringung in Scheunen erfolgte. Von Reichwald kamen die Frauen nach Oberprauske. Drei Frauen starben dort. Aber es gab auch eine Rettungstat, deren nachträgliche Aufklärung an Spannung fast einem Kriminalroman gleicht.

Der Zschopauer Historiker Hans Brenner, der zu diesem Marsch über viele Jahre recherchierte, hatte erfahren, dass eine Lisbeth Rentsch und ihre Eltern, Marie und Hermann Kloss aus Oberprauske, eine Jüdin aus Siebenbürgen versteckten. Hermann Kloss war am Ende des Krieges Bürgermeister von Oberprauske.[135] Im Sommer 2008 meldete sich ein Geschwisterpaar aus Israel und den USA, das die Retter seiner Mutter suchte, bei der Dresdnerin Cornelia Wittig, die sich zeitgleich mit den Todesmärschen durch die sächsische Region beschäftigte.[136]

Nun wurde klar, dass die Jüdin aus Siebenbürgen Maria Wiezel hieß. Da diese bereits verstorben war, konnten die Kinder nur aus Gesprächserinnerungen und wenigen Aufzeichnungen weitere Details benennen. Sie wiederum wussten nichts von Oberprauske, wohl aber davon, dass ihre Mutter im osterzgebirgischen Schellerhau bei einer Familie versteckt gewesen sei, die sie als Verwandte ausgab. Für Hans Brenner und Cornelia Wittig fügten sich nun nach und nach, auch nach Anfragen beim Internationalen Suchdienst in Bad Arolsen und immer neuen Versuchen, Zeitzeugen in Oberprauske, Schellerhau und Dresden zu finden, diese beiden Geschichten bis auf wenige noch ungeklärte Reste zusammen.[137] Tatsächlich war Maria Wiezel zuerst in Oberprauske bei der Familie Rentsch versteckt worden. Da es in dem kleinen Ort Oberprauske aber zu gefährlich war, eine Jüdin versteckt

Maria Wiezel, Aufnahme nach der Befreiung;
Sammlung Christine Schmidt, Freiberg (SCS)

zu halten, brachte eine andere Verwandte oder Bekannte Maria Wiezel kurz danach über Dresden nach Schellerhau. Hier wurde sie bei einer anderen Familie, der des Bürgermeisters Alfred Thümmel, der zugleich Gastwirt des „Oberen Gasthofs" war, versteckt. Von dort aus kam sie schließlich nach Dresden, wo sie die Befreiung erlebte. Die mutigen Retter sollen in der Holocaust-Gedenkstätte Yad Vashem in Jerusalem als „Gerechte unter den Völkern" geehrt werden.[138]

Auf dem Todesmarsch selbst kam es immer wieder zu Erschießungen. Die ausgehungerten und zerlumpten Frauen bekamen unterwegs von mitleidigen Menschen, oft Bauern, in deren Scheunen sie übernachteten, Lebensmittel zugesteckt, obwohl dies strikt verboten war.

Aber es gab auch entsetzliche Untaten. Über einen solchen Fall verhandelte kurz nach dem Krieg das Jugendgericht beim Landgericht Dresden am 6. September 1946 gegen drei Jugendliche. Aus den Unterlagen des Prozesses ist zu entnehmen: „In der Nacht vom 17. zum 18.2.45 hat in Herzogswalde ein KZ von jüdischen Häftlingen in der Scheune des Bauern Griesbach übernachtet. Bei der Ankunft ist ein Teil der Frauen von den Begleitmannschaften durch Schläge mit Haselruten und Fußtritte misshandelt worden, was großes Missfallen bei den ausländischen Arbeitskräften auf dem Rittergut hervorrief.

Es sollen vor allem Häftlinge misshandelt worden sein, die nicht mehr weiter konnten. Weiterhin wurden auch Frauen geschlagen, die sich Essen von den Einwohnern erbettelten… Nachdem die Bewacher mit den Frauen weitergezogen waren, fand man noch 25 marschunfähige in der Scheune. Diese wurden vom Bürgermeister, nach seiner eigenen Aussage, mit einem Pferdegespann über Mohorn nach Naundorf gebracht. Am 19.2., gegen 18.00 Uhr, hat Kurt K., damals 18 Jahre alt, in der Scheune des Erbgerichtes eine etwa 25jährige Jüdin aufgefunden.

Auf dem Weg zum Bürgermeister traf er die beiden 14jährigen Ottfried H. und Siegfried H. Auf seine Frage, was er mit dem Mädel machen solle, gab der Bürgermeister zur Antwort: *„Schafft sie bis auf Mohorner Flur und macht mit ihr, was ihr wollt. Alle drei luden das Mädel auf einen Leiterwagen und fuhren sie bis auf die Triebischwiese. Unterwegs beratschlagten sie, was sie mit ihr machen wollten. Erst wollten sie diese aufhängen, aber dann wollten sie selbige wieder die Triebischbrücke herunterschmeißen. Mittlerweile waren sie auf der Wiese angekommen. Dort zog sie K. im Genick an den*

*Kleidern vom Wagen. Er holte sich einen Stock und schlug
etwa vier- bis fünfmal auf den Kopf des Mädels, welche
nach deren Aussagen schon ohnmächtig war, was auch die
andern zwei noch machten. Mittlerweile war es schon dunkel
geworden. Da nahm einer seine Taschenlampe und stellte
fest, dass sie schon tot war. Darauf packte sie K. und warf
sie in die Triebisch, welche dort ungefähr 60-70 cm tief war.
Anschließend gingen die drei nach Hause."*

Die drei Hitlerjungen wurden im Prozess 1946
zu 9 bzw. je 5 Jahren Haft verurteilt, die sie in der
Strafvollzugsanstalt in Waldheim absitzen mussten.[139] Die Leiche der unbekannten jungen Frau ist
auf dem Friedhof in Mohorn beigesetzt worden.

Auch das Grab einer 15jährigen unbekannten Jüdin
in Niederschöna scheint mit diesem Marsch in Zusammenhang zu stehen.

Sie wurde vom Dorfpolizisten an der Landstraße in
Hutha gefunden und in die Gemeindezelle einge-
sperrt. Da ihr offensichtlich niemand zu Hilfe kam,
war sie am nächsten Morgen tot. Chaim Don, der
polnische Jude, der in Niederschöna unter falschem

Chaim Don am Grabstein eines unbekannten
jüdischen Mädchens in Niederschöna,
1988/89 initiierte Chaim Don
die Neugestaltung dieses Grabsteins
Quelle: Archiv Düsing

Namen als Landarbeiter überlebt hatte und über den bereits berichtet wurde, hat dieses
Grab bei einem Besuch 1988/89 entdeckt und dafür gesorgt, dass es einen würdigen Grabstein erhielt.

 In Freiberg gibt es nur ein schriftliches Zeugnis des Durchmarsches der Frauen, die Erinnerungen von Friedmar Brendel 1945: *„Unvergesslich wird all denen, die es erlebten, der Anblick
der Hunderte armer, gequälter Jüdinnen aus einem KZ sein, die am 21. Februar von den weiblichen SS-
Bestien mit Peitschen durch unsere Stadt getrieben wurden."* [140]

Das Datum passt nicht in den Zeitrahmen des bisher ermittelten Verlaufs, lässt sich aber
bisher nicht präzisieren. Auf dem weiteren Weg über Kleinschirma, Börnichen, Memmendorf, Niederwiesa, Chemnitz und Glauchau gab es immer wieder Tote.

Einige wenige konnten fliehen, wie etwa zwei jüdische Frauen, die von der Bäuerin Else
Lange in Memmendorf versteckt wurden und so überlebten.

Als die Kolonne am 6. März 1945 in Helmbrechts, einem Außenlager des KZ Flossenbürg,
ankam, waren es nur noch 621 Frauen. Der Marsch ging noch bis Ende April/Anfang Mai
weiter, ehe amerikanische Truppen dem Schrecken ein Ende setzten. Am Schluss hatten
von den rund 1.300 Frauen, die den Todesmarsch antreten mussten, etwa 660 ihr Leben
verloren. Nur etwa 60 Frauen war unterwegs die Flucht gelungen.

KZ Kittlitztreben

Ein weiterer „Todesmarsch" mit rd. 1.200 jüdischen Männern begann am 9. Februar 1945 im KZ Kittlitztreben, einem Außenlager des KZ Groß-Rosen.[141]

Fast 1800 Juden, vorwiegend polnische und ungarische jüdische Männer, hatten hier in der Rüstungsproduktion verschiedener Betriebe Zwangsarbeit leisten müssen. Einige hundert Kranke und Nichtmarschfähige wurden nach dem Befehl zur „Evakuierung" zurückgelassen. Sie konnten zwei Tage später, am 11. Februar, von Truppen der Roten Armee befreit werden.

Die Bewachung des Todesmarsches übernahmen Luftwaffensoldaten und SS. Der Marsch ging über Bunzlau, Görlitz, Bautzen, Dresden und erreichte Neukirchen im Kreis Freiberg schließlich am 1. März. Einer Aussage des Luftwaffen-Unteroffiziers Kämpfer zufolge wurden dort sechs Häftlinge erschossen.[142] Auch in Krummenhennersdorf, wo die Kolonne in den folgenden Tagen übernachtete, musste ein Häftlings-Beerdigungskommando sechszehn Mithäftlinge bestatten, die an Entkräftung gestorben waren. Um die allergrößte Not zu lindern, gab der Krummenhersdorfer Gutsinspektor Otto Kathmann aus eigenem Entschluss 600 – 800 Zentner Kartoffeln pro Tag an die ausgezehrten Menschen.[143]

Über Halsbrücke und Großschirma schleppten sich die ausgemergelten Häftlinge am 12. März nach Langhennersdorf. Unmittelbar nach dem 8. Mai 1945 wurde eine Anzeige erstattet, in der es hieß: *„Durch den kleinen Ort Langhennersdorf über Freiberg/Sa. wurden bei dem Rückzug der Deutschen aus Schlesien im März 1945 900 jüdische Gefangene gebracht. Fünf dieser Juden starben an Ort und Stelle durch völlige Entkräftung, vier wurden durch Genickschuss erledigt, weil sie sich Haferkörner aus der Scheune eines großen Gutsbesitzers holten, um ihren Hunger etwas zu stillen. Ein Gefangener hängte sich auf. Ein zur Bewachungsmannschaft gehörender Soldat erklärte zu ortsansässigen Bauern, dass er den Auftrag hätte, am Bestimmungsort Weimar keine Gefangenen mehr zu haben. Der damalige faschistische Bürgermeister, Paul W., erklärte am Telefon dem Bürgermeister eines benachbarten Dorfes, dass für diese Schweine die Kugel noch viel zu schade sei."*[144]

Ortspfarrer Streubel hingegen widersetzte sich dem unmenschlichen Ansinnen, die umgekommenen Häftlinge selbst noch im Tod zu schänden. Im Kirchenarchiv der Kirchgemeinde Langhennersdorf sind die Erinnerungen der Tochter nachzulesen. Pfarrer Streubel weigerte sich gegenüber der SS, die Toten außerhalb des Friedhofs zu verscharren. Die SS verzögerte die Bestattung, da in der Nacht „sicher noch Tote hinzu" kämen. Tatsächlich gab es noch Erschießungen in der Nacht. Die Häftlinge mussten für ihre toten Kameraden selbst auf dem Friedhof ein Loch schaufeln. Die Toten wurden nackt auf einer Karre angebracht. Der Pfarrer sprach ein Gebet. Das hatte er sich von der SS ausbedungen.[145]

Während des folgenden Marsches über Flöha, Gornau, Burkhardtsdorf, Lichtenstein, Zwickau und Gera gab es weitere Tote. Mit nur noch 746 Häftlingen erreichten sie das KZ Buchenwald. Einige Häftlinge wurden dort befreit, während für andere der Leidensweg erst in Dachau, Theresienstadt oder Flossenbürg zu Ende ging.

Außenlager Colditz

Am 14. April 1945 begann im Außenlager Colditz (bei Leipzig) des KZ Buchenwald ein weiterer „Todesmarsch", der ebenfalls durch die Freiberger Region führte.

In Colditz hatten seit November 1944 etwa 650 Häftlinge aus dem KZ Buchenwald in der Munitionsfabrik HASAG unter elendiglichen Bedingungen gearbeitet.

39 Häftlinge sind auf dem Friedhof der Stadt begraben.

Der tagelange Todesmarsch führte über Waldheim, Nossen und Freiberg in Richtung Theresienstadt. Der jüdische Häftling David Tovler sagte nach dem Krieg aus: *„In der Umgebung von Nossen hielten wir Rast. Vor unseren Augen hatten die SS-Wachmannschaften ihre SS-Bezeichnungen von den Uniformen abgetrennt, die Dokumente vernichtet. Sie hatten uns erklärt, wir wären frei und sollen ein jeder nach Hause gehen. Doch nach etwa einer Stunde – auf Eingreifen des Bürgermeisters von Nossen – hatten uns die Begleitmannschaften von neuem gruppiert und bis Theresienstadt begleitet."* [146]

Vom 16. zum 17. April wurde bei verschiedenen Gehöften in Conradsdorf bei Freiberg auf Viehweiden und in Scheunen übernachtet.

In der Nacht waren dort drei Gefangene verstorben, die vorerst auch dort beerdigt wurden. Später wurden diese drei und ein weiterer Gefangener, der noch vor Conradsdorf bei einem Fluchtversuch im St. Lorenz Gegentrum erschossen worden war, auf dem Conradsdorfer Friedhof beigesetzt. Die Grabstätte ist noch erhalten.

Der Conradsdorfer Bauer Schubert hatte auf seinem gummibereiften Ackerwagen 34 gehunfähige Häftlinge geladen, die er am nächsten Morgen bis Naundorf/Niederbobritzsch brachte. Auf seinem Rückweg, so erinnert er sich, habe er ca. 10 Tote am Straßenrand gezählt.

Nach dem Abmarsch fand ein polnischer Fremdarbeiter drei Häftlinge in einer Scheune. Diese wurden dem Volkssturmwachhabenden Uhlemann gemeldet und in die Gemeindezelle gesperrt.

Einer der Beteiligten gab zu Protokoll:

„Den Tag des Erschießens kann ich nicht angeben. Es war Ende April. Die Häftlinge wurden im Wäldchen des Grundstücks Göpfert, etwa 150 m von der Dorfstraße entfernt erschossen.

Die Häftlinge wurden einzeln an die Grube, die schon ausgehoben war, geführt, und von hinten aus zwei Meter Entfernung niedergeschossen. Am 28.9.45 wurden die Leichen ausgegraben und nach dem Friedhof in Niederbobritzsch gebracht. Wo getroffen wurde, weiß ich nicht, denn es war finster. Nachdem die drei Häftlinge in der Grube lagen, gab einer noch Lebenszeichen von sich. Daraufhin schoss ein Gendarm noch einige Male in die Grube hinein. Welche Nationalität die Gefangenen hatten, kann ich nicht sagen." [147]

Am 27. April erreichten noch 377 Häftlinge Terezin. [148]

Arbeitslager in Leipzig und Umgebung

Der vermutlich größte „Evakuierungsmarsch" durch die Region begann am 13. April 1945 in Leipzig. Es waren rund 10.200 Häftlinge; 8.200 Frauen und 2.000 Männer.

In Leipzig, Taucha und anderen Orten der Umgebung waren ab März 1943 bei verschiedenen Rüstungsbetrieben, so bei der Erla-Maschinenwerke GmbH, der Hugo-Schneider-Aktiengesellschaft (HASAG), der Christian Mansfeld GmbH und ATG Maschinenbau GmbH sowie bei der Junkers Flugzeug- und Motorenwerke AG Markleeberg, Häftlingslager errichtet worden.

Dazu waren bis Anfang April noch Frauen aus den Buchenwald-Außenlagern Lippstadt und Hessisch-Lichtenau, aus dem Außenlager Malchow des KZ Ravensbrück und Männer aus dem Groß-Rosener Außenlager Gassen gekommen.[149]

Sie alle wurden mit dem Ziel Theresienstadt in Marsch gesetzt. Über Engelsdorf, Wurzen, Oschatz erreichten sie am 17. April die Elbe.

Bei Glaubitz gerieten die Häftlingskolonnen in einen Beschuss der Alliierten, der eine Massenflucht zur Folge hatte. Die Entflohenen wurden durch Volkssturmeinheiten aus der Umgebung zusammengetrieben und sowohl von den Ortsansässigen als auch von der SS-Begleitmannschaft erschossen. Insgesamt 86 Tote liegen in einem Wald bei Glaubitz begraben. Eine Gedenkstätte erinnert dort an ihr Schicksal.

Nach dem 20. April kam es zu chaotischen Zersplitterungen der Marschkolonne in einzelne Gruppen. Dabei spielte auch die Nähe der Front eine große Rolle, da die Frontlinie zeitweise nur 15 km entfernt verlief. Einige Häftlinge wurden noch in der Region um Cavertitz, Oschatz und Wurzen befreit. Eine Frauenkolonne gelangte über Nossen, Großschirma und Seifersdorf am 30. April in den Wald bei Goßberg und in die Nähe der Heumühle bei Mobendorf.

Emil Störr aus dem Ortsteil Lichtenstein gab zu Protokoll: *„Es war um den 30. April herum, da kamen ungefähr 1.500 Häftlinge, meist Frauen. Sie waren von Nossen nach Freiberg unterwegs, keine Gemeinde wollte sie aufnehmen. In Großschirma wurde der Transport aufgehalten und nach hier gebracht. Sie stammten aus zwei Lagern, aus Taucha bei Leipzig und Leipzig. "*[150]

Gedenkstätte im Glaubitzer Wald; Sammlung Christine Schmidt, Freiberg (SCS)

Nach dem Einmarsch der Roten Armee wurden die Frauen, die sich in einem furchtbaren Zustand befanden, in den Gutshäusern und Scheunen von Goßberg untergebracht und es erfolgte eine erste Versorgung.

Die Frauen, die den Marsch nicht überlebt hatten und in Goßberg wenige Stunden vor ihrer Befreiung gestorben waren, hatte man an verschiedenen Stellen nahe dem Ort verscharrt.

Die Toten wurden später exhumiert und in Mittweida auf den alten Friedhof umgebettet.[151]

Unter der Leitung des SS-Hauptscharführers Blumenroth zogen die Männer aller Leipziger Lager ab 23. April weiter über Dahlen, Mügeln, Döbeln, Rosswein in Richtung Freiberg. Nach der Übernachtung auf einer Wiese am Rand des Zellwaldes am 28. April ging es über einen Feldweg nach Großschirma. In Reichenbach an der Hirschstraße wurden Tote gefunden und auf dem dortigen Friedhof beerdigt.

Zwei Häftlingen gelang die Flucht. Sie hielten sich in der Nähe von Großvoigtsberg auf. Hier entdeckte sie ein Oberleutnant Fink, der mit seinen zwei Feldwebeln in Kleinwaltersdorf stationiert war. Nach einer Nacht in der örtlichen Arrestzelle, wurden sie am Morgen des 29. April abgeholt und im Wald zwischen Großschirma und Freiberg erschossen. Die Toten wurden dem Revierförster des Forstamtes Loßnitz gemeldet. Der Loßnitzer Gemeindediener Otto Oehme grub sie an Ort und Stelle ein.

Später wurden sie auf den Friedhof in Tuttendorf umgebettet. Im dortigen Kirchenbuch findet sich eine kurze nachträgliche Eintragung. Das Grab selbst ist aber nicht mehr vorhanden.[152] Zeitzeugen sahen die Häftlingskolonne in Richtung Brückenstraße, stadteinwärts auf der Olbernhauer Straße, an der Tankstelle am „Brauhof" in Richtung Hornstraße gehen. Das ehemalige Barackenlager am Schachtweg, in dem bis zum 14. April 1945 die jüdischen Frauen der „Freia GmbH" untergebracht gewesen waren, diente wohl zur Sammlung der auseinandergezogenen Kolonne.

Am 28. April wurde dort ein unbekannter Häftling tot aufgefunden, der am 2. Mai 1945 eingeäschert und auf dem Donatsfriedhof als unbekannter Pole beerdigt wurde. Das Grab befindet sich noch dort.[153]

Beim Weitermarsch über Hilbersdorf, Nieder- und Oberbobritzsch, Reichenau, Sadisdorf, Schmiedeberg, Kipsdorf und Altenberg-Geising gab es mindestens weitere 260 Tote.

Allein 80 Kranke wurden in einer Kiesgrube erschossen. Im heute tschechischen Fojtovice (Voitsdorf) wurden die Häftlinge von der Roten Armee am 9. Mai 1945 befreit.[154]

Ehemalige Häftlingsbaracke in Freiberg; Foto: Heike Liebsch

Häftlingslager Nossen

Schließlich führte ab 14. April 1945 ein weiterer Todesmarsch vom nahe gelegenen Nossen in Richtung Theresienstadt. Das Häftlingslager Nossen entstand am 5. November 1944 als Außenkommando des KZ Flossenbürg. Mehr als die Hälfte der Häftlinge kam aus Polen und der Sowjetunion. Außerdem gab es Gefangene aus neun weiteren Nationen in Nossen. Ab Dezember 1944 auch einige ungarische Juden.

Die Häftlinge arbeiteten beim SS Führungsstab B5 in den Ebro-Werken, der Firma Broer in Rosswein und der Firma E. Warsitz/ NOWa-AG Nossen. Sie waren zuerst im Keller der Klostermühle und später im Barackenlager zwischen dem Pfarrberg und dem Talbad untergebracht. Das Häftlingslager bestand aus einer massiven Verwaltungsbaracke und fünf Holzbaracken für die Häftlinge. Es war mit Stacheldraht umzäunt und mit Wachtürmen umstellt.

Durch schlechte Ernährung, katastrophale Unterbringung, unzureichende medizinische Versorgung und Krankheiten starben 86 Häftlinge. Ein Bestattungskommando brachte sie in einem Leiterwagen in ein Massengrab im neuen Friedhof. Es gab einen kleinen Steig vom Lager direkt dorthin. Am 13. März 1945 bestellte die Lagerleitung des KZ-Flossenbürg Außenstelle Nossen (KZ Altzella) drei Güterwagen für kranke und marschunfähige Häftlinge vom Bahnhof Nossen über Freiberg nach Leitmeritz.[155]

Rekonstruktion der Routen der „Evakuierungsmärsche" mit Zeitzeugen; Foto: Heike Liebsch

Laut Aussage des Oberstraßenwartes, Max Oswin Friedrich, wurden die Häftlinge morgens 5.30 Uhr von ihm zum Bahnhof gebracht. Er erwähnte weiter, dass drei Kranke zurückblieben und zwei ausgebrochene Häftlinge wieder eingefangen und nach Freiberg gebracht wurden.[156]

In Berthelsdorf standen im April 1945 für einige Tage Waggons mit Häftlingen auf dem Bahnhof. Sie wurden von Ortsansässigen mit Kartoffeln und mit Wasser versorgt.

Dabei kann es sich um die Häftlinge aus Nossen gehandelt haben, deren Waggons an einen anderen Zug, der nach Tschechien fuhr, angehängt worden sein könnten. Nach der Weiterfahrt blieben vier Tote zurück, die vom Totengräber Otto Donath einzeln in Decken auf den Friedhof getragen wurden. Das Grab befindet sich noch auf dem Friedhof. Leider ist die Rekonstruktion des Marschweges der Häftlinge aus Nossen sehr schwierig, weil konkrete und überprüfbare Angaben fehlen. Durch Zeitzeugenberichte lässt sich aber ziemlich sicher belegen, dass die Häftlinge über das Zollhaus Bieberstein und die Altväterbrücke zwischen Rothenfurt und Halsbrücke in Richtung Freiberg liefen. In Tuttendorf versuchten Frauen den Männern wenigstens etwas Wasser zu geben, was ihnen aber nicht gestattet wurde.

Nach der Überquerung der Muldenbrücke beobachtete ein damals 13jähriger zusammen mit seinem Vater drei Gruppen zu je 50 – 60 Häftlingen, die durch das Dorf zogen. An einer Baumgruppe wurden zwei Männer erschossen. Ihre Leichen wurden im St. Lorenz Gegentrum verscharrt. Das Grab befindet sich heute noch dort unter einer Müllkippe.

Die Übernachtung erfolgte auf dem Sportplatz.[157]

Der weitere Weg kann nur vermutet werden, da durch das Bobritzschtal auch noch andere Kolonnen gezogen sind. Das Lager in Leitmeritz (Litměřice) erreichten bis zum 25. April 1945 etwa 39 Häftlinge und in Theresienstadt führten 10 Häftlinge Nossen als ihr Ausgangslager an.[158]

Ende der 90er Jahre entdeckte der damalige Oederaner Pfarrer Rainer Hageni (heut Pfr. i.R.) in Hohenfichte bei Oederan einen Waggonrest. Der Waggon hat dort als Geräteschuppen „überdauert". Er steht ganz in der Nähe der Gleisanlagen des Bahnhofs Hohenfichte (Bahnstrecke der sog. „Flöhatalbahn", die von Chemnitz/Flöha aus über Olbernhau – Marienberg einst bis ins Böhmische nach Komotau (Chomutov) führte. Dieser Waggontyp wurde von der Reichsbahn tatsächlich für „Evakuierungstransporte" der Häftlinge eingesetzt. Ein solcher Waggon steht auch in der Jerusalemer Gedenkstätte Yad Vashem über dem Abgrund. Ob es sich bei dem Waggon aus Hohenfichte tatsächlich um einen handelt, der für die Transporte im Einsatz war, kann heute niemand mehr sagen. Aber merkwürdigerweise wurde an der Stirnseite des Waggons mit Nägeln ein Davidstern eingehämmert.

Fotos: Michael Düsing

Alfred Schreyer: „Es schien mir,
als sei ich ein zweites Mal geboren"

Am 8. Mai hat Alfred Schreyer, Musiklehrer aus Drohobycz in der Ukraine, unweit von Lemberg, dem heutigen L'viv (Lwów), Geburtstag. Vor 64 Jahren, am 8. Mai 1945, feierte er ihn in Freiberg. Da wurde er 23.

„Es schien mir, als sei ich ein zweites Mal geboren", erinnert er sich. Denn dieser Tag in Freiberg war für ihn Geburtstag und Tag der Befreiung in einem.

Sein Albtraum hatte im September 1939 begonnen. Für kurze Zeit besetzten die Deutschen Drohobycz. Zeit genug, den Rabbiner an Rosch Haschanah, dem jüdischen Neujahrstag, die Straße fegen zu lassen. Dann rückte, gemäß dem Hitler-Stalin-Pakt, die Sowjetarmee ein. Schreyer, der noch zur Schule ging, musste mit ansehen, wie die Geheimpolizei, assistiert von zwei früheren Schulkameraden, den Direktor Kaniowski abholte. Der Schuldirektor war früher Senator der Republik Polen gewesen. „Für solche wie ihn, für Senatoren, war nur noch in Kasachstan Platz. Dort ist sein Grab." Als die Deutschen nach dem Angriff auf die Sowjetunion im Sommer/Herbst 1941 zurückkehrten, löschten sie in kürzester Zeit die

Alfred Schreyer berichtet in Leipzig-Taucha von seinen Erlebnissen, April 2009; Quelle: Archiv Düsing

jüdischen Gemeinden in Galizien und der Westukraine aus.[159] Alfred Schreyer entging mit viel Glück den ersten brutalen Massenmorden an den Juden in den Städten und Dörfern Ostpolens. Erst war Schreyer im Ghetto, dann in verschiedenen Arbeitslagern in der Stadt. Seine handwerklichen Fähigkeiten, sein musisches Talent und zweifellos auch seine Jugend retteten ihn für´s Erste. Alfreds Mutter sollte 1942 deportiert werden, vermutlich ins KZ Belzec, das nicht weit von Drohobycz lag, direkt hinter der heutigen polnischen Grenze. Sie wurde aus dem Transport gerettet. Später aber wurde auch sie wie zehntausende andere Juden in den galizischen Wäldern erschossen. Im April 1944 schließlich wurde Schreyer in das KZ Krakau-Plaszow verlegt. Danach KZ Groß-Rosen in Schlesien. Anschließend kam er nach Buchenwald, Block 59. Seine Eltern waren da schon längst ermordet worden. So wie auch die meisten seiner Freunde und sein Lehrer, der bekannte galizische Dichter und Maler Bruno Schulz. Immer wieder überstand Alfred Schreyer neue Selektionen. Immer wieder verschleppte man ihn an einen anderen Ort. Im KZ-Außenlager Taucha bei Leipzig musste er Panzerfäuste zusammensetzen.

Diese Zeit, erinnert er sich, sei die schrecklichste gewesen. *„Ich war aufgequollen vor Hunger. Am Ende hörten wir schon die amerikanische Artillerie, da wurden wir auf einen Todesmarsch getrieben, weil unsere Bewacher kein Essen mehr für uns hatten und unsere Rebellion fürchteten."*

Zweitausend Menschen zogen, getrieben von SS-Mannschaften und Volkssturmleuten, in Richtung tschechische Grenze – Juden, Warschauer Aufständische, Zigeunerinnen. Wer zu schwach war, wurde erschossen – nur wenige Tage vor Kriegsende!

„Ich war am Ende der Kolonne. Am sechsten Tag konnte ich nicht mehr."

Schreyer fiel hin. Ein Mithäftling, der früher Bankier in Berlin gewesen war, rettete ihm das Leben. Er rief dem Volkssturmmann, der die Kolonne auf seiner Höhe begleitete, zu: *„Dieser Mann ist ein berühmter Opernsänger, der etwas Schonung verdient hat."* Manchmal halfen die unwahrscheinlichsten Zufälle und entschieden über Leben und Tod.

War der Volkssturmmann vielleicht ein Opernfreund? Oder einfach nur menschlich? Jedenfalls durfte Schreyer einen Moment zurückbleiben, versteckte sich im Straßengraben, blieb dort liegen bis zum Abend.

Monate zuvor hatte er einem Mithäftling noch gesagt: *„Nur wenn der Krieg noch vor meinem Geburtstag endet, werde ich überleben".*

Nun lag er um den 28. April 1945 unweit von Freiberg in diesem Straßengraben und es blieben noch 10 Tage bis zu seinem Geburtstag. Die letzten Tage bis zu seiner Befreiung verliefen chaotisch. Manche halfen dem jungen Zwangsarbeiter, andere drohten, ihn erneut in einen Todesmarsch einzureihen. Schreyer wog nur noch 40 kg. *„Meine Beine waren unten dicker als oben."* Kaum noch gehfähig, krank und geschwächt, war er in eine jener Baracken am Rande Freibergs gebracht worden, in denen bis April die Häftlingsfrauen der „Freia" vegetiert hatten. Am 7. Mai 1945 war es soweit. Die Rote Armee marschierte in Freiberg ein. Er war frei. Am Tag darauf wurde er 23 Jahre alt. Als er nach Wochen wieder zu Kräften gekommen war, hörte er davon, dass die Rote Armee im Kaufhaus Petersstraße, dem ehemaligen Schocken-Kaufhaus, ein „Uniwermag", eine Handelseinrichtung für ihre Offiziere, eröffnet hatte. Dort bewarb er sich als Dolmetscher.

Bis Ende 1945 blieb er in Freiberg. Seine Wohnung hatte er auf dem Forstweg. Danach arbeitete er noch ein Jahr lang in der Zentralen Handelseinrichtung der Sowjetarmee für Sachsen in Dresden-Klotzsche, bevor er 1946/47 in seine Heimat zurückkehrte. Hier aber fand er niemanden mehr – keine Familie, keine Freunde, keine Bekannten.

Vom 6. bis 8. April 2009 besuchte Alfred Schreyer die Stadt wieder, in der er seine Befreiung erlebt hatte.

Christine Schmidt von der Freiberger CJD-Geschichtswerkstatt hatte den Kontakt zu ihm hergestellt und die Einladung ermöglicht. In der „Tonne" im Freiberger Haus der Freien Presse am Obermarkt erzählte Alfred Schreyer über sein bewegtes Leben.

Alfred Schreyer (rechts) als Dolmetscher vor dem „Uniwermag" in der Petersstraße 1945/46; Quelle: Sammlung Christine Schmidt, Freiberg (SCS)

Teil III

Jüdische Nachbarn – eine Spurensuche in Freiberger Straßen

Vor nunmehr fast acht Jahrzehnten nahm das „Tausendjährige Reich" seinen Anfang. Es hielt ganze zwölf Jahre. Aber diese kurze Zeitspanne genügte, um große Teile des europäischen Kontinents zu verheeren, Deutschland selbst in Trümmer zu legen und fast sechzig Millionen Tote zu hinterlassen.[160] Sechs Millionen europäische Juden wurden innerhalb von nur fünf Jahren verschleppt, erschossen, erschlagen, vergast. Fast alle überlebenden Juden verloren ihre Herkunft, Familie und Heimat.

Mit jedem seither vergangenen Jahrzehnt werden die Konturen dieses Geschehens immer matter und schwächer. Die Ereignisse sind Geschichte. Zwar sind sie in den letzten Jahrzehnten so häufig analysiert, erforscht und vermittelt worden wie wohl kein Ereignis vorher. Dennoch rücken sie in eine immer unpersönlichere, anonyme Ferne. Noch gibt es einige inzwischen hoch betagte Überlebende, einige Zeitzeugen.

Es ist absehbar, dass demnächst niemand mehr befragt werden kann, der diese Zeit bewusst erlebt hat. Namen, Gesichter und das individuelle Schicksal der Verjagten oder Ermordeten verblassen. An die meisten erinnert heute schon nichts mehr. Dabei waren sie einst enge, manchmal vertraute Nachbarn gewesen, bevor sie „verschwanden". Sie wohnten in der Wohnung nebenan, die auf einmal frei wurde. Sie hatten ihr Geschäft in stadtbekannter Lage, das plötzlich den Besitzer wechselte. Sie führten geachtete Firmen, die eines Tages nicht mehr existierten oder „arisiert" waren. Sie hatten Spielkameraden, die nicht mehr mit ihnen spielen durften. Sie verloren ihre Klassenkameraden, als ihnen der Schulbesuch in „deutschen" Schulen endgültig verwehrt wurde.

Im folgenden Teil wird versucht, diese einstige Nähe durch eine Spurensuche in jenen Freiberger Straßen in Erinnerung zu rufen, aus denen sie für immer verschwunden sind. Die Nennung der Namen jener, die hier einst lebten, ist vielleicht eine letzte Chance, etwas von ihrem Leben, von ihren Leistungen, aber auch von dem, was sie erleiden mussten, heute noch nachzuvollziehen.

Verlegung eines Stolpersteins in der Kesselgasse; Quelle: Archiv Michael Düsing

Petersstraße

Kaufhaus Schocken in
der Freiberger Petersstraße;
Quelle: Archiv Düsing

Die Angestellten des Kaufhauses
Schocken Freiberg auf der Frei-
treppe im König-Albert-Park;
vorn 1. Reihe Mitte: Simon (re.)
und Salman Schocken (li.),
Aufnahme nach 1920;
Quelle: Archiv Düsing,
Foto freundlich überlassen von
Dr. Klaus Zschoke, Freiberg

Am 23. März 1914 als zehntes Warenhaus der Brüder **Simon und Salman Schocken** eröffnet, war das **Kaufhaus Schocken** in der Freiberger **Petersstraße 3–5** über mehr als zwei Jahrzehnte eine der begehrtesten und attraktivsten Einkaufsstätten der Freiberger und des Umlands.[161]

Das 1901 in Zwickau begründete Handelsunternehmen wuchs damit noch vor dem I. Weltkrieg zum größten sächsischen Warenhauskonzern. In den zwanziger Jahren schließlich wurde es zum viertgrößten in Deutschland mit über 30 Filialen in Sachsen und anderen Städten Deutschlands und mehr als 6.000 Mitarbeitern. Die Schocken-Kaufhäuser standen für kundenorientierte Handelsgrundsätze, noch heute modern anmutende Einkaufs- und Verkaufsprinzipien, für eine hoch entwickelte Qualitätssicherung, kluge, ebenso wie redliche Werbe- und Beratungsstrategien, kurz: für eine umfassende Kultur des Handels und Handelns.

Den Nationalsozialisten war das jüdische Schocken-Unternehmen von Anfang an ein Dorn im Auge. Nach ihrer Machtergreifung begann die systematische Zerstörung des Konzerns, eingebettet in die schrittweise Vernichtung der Lebensgrundlagen aller Juden in Deutschland. Die „Arisierung" des sächsischen Schocken-Konzerns zerstörte das Lebenswerk der Gebrüder Schocken.

Als die Nazis am 30. Januar 1933 an die Macht kamen, befand sich **Salman Schocken** zur Kur in der Schweiz und war sich sicher, dass die „Krawallbrüder" angesichts der korrekten preußischen Bürokratie und deutscher Bildungsideale keine dauerhafte Chance hätten. Umso konsternierter kehrte er im Mai 1933 aus der Schweiz zurück, nachdem er von den massiven Übergriffen der Nazis auf jüdische Geschäfte und Angestellte auch seines Konzerns zum „Judenboykott" am 1. April 1933 erfahren musste. Schon im Geschäftsbericht der Schocken-Zentrale vom 15. März 1933 war davon die Rede, dass SA-Posten vor dem Eingang des Freiberger Schocken-Hauses aufmarschiert seien und mehrfach versucht hatten, Kunden am Betreten des Warenhauses zu hindern.[162] Über die Ereignisse am 1. April 1933 wurde bereits berichtet.[163]

Spätestens 1936 war Salman Schocken, der seit 1934 in Jerusalem lebte, klar geworden, dass es nur noch eine winzige Chance zum Fortbestand seines Unternehmens geben könne: sich dem immensen „Arisierungsdruck" der Nazis zu beugen und zu versuchen, nichtjüdische Anteilseigner und Geschäftsführer ins Boot zu holen, die bereit sein könnten, das Unternehmen loyal in seinem Sinne weiterzuführen. Mitte 1936 wurde so die Mehrheit der Gesellschaft in den Besitz einer englischen Gruppe (Sir Andrew Mc Fadyean) überführt und

Ausflug von Angestellten sächsischer Schocken-Warenhäuser, darunter auch des Freiberger Kaufhauses, im September 1936 nach Zwickau; Quelle: Archiv Düsing

Zeitzeugin Johanna Tränkner, 1937 Angestellte im Freiberger Schocken-Kaufhaus;
Quelle: Archiv Düsing

der Vorstand „arisiert". Obwohl der Konzern nun mit „arischer" Mehrheit gelenkt wurde, galt er der Nazi-Propaganda weiter als „jüdisch" und entsprechend handelten die Nazis. Wer das Glück hatte, eine Lehrstelle in dem Freiberger Kaufhaus zu finden, lief Gefahr, im Arbeitsamt als „Judenhure" beschimpft zu werden.[164]

Nicht nur Kunden und Angestellte des Freiberger Kaufhauses wurden weiterhin eingeschüchtert und gedemütigt. Auch auf Lieferanten vergrößerte sich der Druck immer mehr. Als Beispiel kann die amtliche Aufforderung vom 15. Februar 1938 an die Freiberger Bäckerei Köhler gelten, die Filiale der Schocken AG in Freiberg nicht mehr zu beliefern.[165] Die noch verbliebenen jüdischen Angestellten des Schocken-Kaufhauses in Freiberg wurden offenem Terror ausgesetzt.

So wurde Salman Schocken noch im Frühjahr 1938 gezwungen, einen nächsten „Arisierungsschritt" zu gehen. Im sogenannten „Amsterdamer Vertrag" vom 24. März 1938 verkaufte er die Anteile seines eigenen Unternehmens an das Bankhaus Rhodius Koenig und die Holländische Koopmannsbank.

Zugleich übereignete der bisherige britische Aktieneigner Mc Fadyean seine Anteile an das niederländische Bankenkonsortium. Der bis dahin als persönlich haftende Gesellschafter eingetragene Sohn Salman Schockens, Theodor, musste sich gegen Auszahlung seiner Kapitalanlage verpflichten, aus der Gesellschaft auszuscheiden.

Die Übertragung an das niederländische Bankenkonsortium war jedoch nur eine Zwischenlösung. Das Reichswirtschaftsministerium „regte an", nunmehr Verhandlungen mit einem deutschen Bankenkonsortium zu führen.

Nach einem Vorvertrag im Juli 1938 erfolgte die endgültige Liquidation der Firma I. Schocken Söhne und deren Löschung aus dem Handelsregister zum Jahresende 1938. Neuer Besitzer der Schocken-Unternehmen war ein Bankenkonsortium von Deutscher Bank und Reichskreditbank. Anstelle von Theodor Schocken wurde der Berliner Rechtsanwalt Dr. Steffani in das Handelregister eingetragen. Der Novemberpogrom am 9./10. November 1938 verstärkte den „Arisierungsdruck" endgültig. Angestellte des Freiberger Kaufhauses, die Plünderungen zu verhindern suchten, wurden geschlagen und von SA–Leuten bespuckt, Schaufenster zerstört und Kunden bedroht. Der letzte noch leitende jüdische Angestellte, Personalchef **Kurt Günzburger**, wurde verhaftet, geschlagen und in das KZ Buchenwald eingeliefert.

Die Freibergerin Irmgard Göpfert erinnert sich, dass Weihnachten 1938 kein jüdischer Angestellter mehr im Kaufhaus Schocken beschäftigt gewesen sei. Die Firma agierte ab Januar 1939 unter dem Titel MERKUR Aktiengesellschaft.

Die finanziellen Bedingungen, unter denen die „Arisierung" vollendet wurde, standen in keiner Relation zum Wert des Konzerns und den Anteilen seiner jüdischen Aktionäre. Weder der vertraglich zugesicherte Preis, noch weniger die den Schocken-Anteilseignern schließlich tatsächlich zugeflossene Summe des Verkaufspreises hatten einen realen Bezug auf den wirklichen Wert des Konzerns. Als ehemaliger Anteilseigner erhielt so z. B. **Carl Lewin**, Direktor des Freiberger Kaufhauses von seiner Gründung im März 1914 bis zu seinem Wechsel an das neu eröffnete Chemnitzer Kaufhaus 1930, nominell rd. 455.000 Mark.

Davon wurden sofort die sog. „Reichsfluchtsteuer" und die „Judenvermögensabgabe" in Höhe von zusammen 50 % des Vermögens abgezogen.

Bedenkt man, dass der ausgezahlte Vermögenswert zuvor schon weit unter dem tatsächlichen Wert lag und rechnet man die Kosten der Auswanderung, unzählige Gebühren, sog. „Vorzeigegelder" usw. hinzu, wird die unglaubliche Bereicherung der Deutschen an den vertriebenen und ermordeten Juden nachvollziehbar.[166]

Was verblieb, kam auf ein Sperrkonto, zu dem Lewin keinen Zugriff hatte.

Siegfried Jacobsohn, langjähriger leitender Angestellter im Schocken-Konzern, darunter in den Jahren 1934/35 Direktor des Freiberger Hauses, erhielt im Ganzen 269.000 Mark zuerkannt. Abzüglich der erwähnten Steuern und Abgaben kam auch hier die verbliebene Summe auf ein Sperrkonto.[167]
Immerhin konnten sie ihr Leben retten.

Carl Lewin in seinem
Freiberger Kaufhaus-Büro;
Quelle: Archiv Düsing

Wilhelm Heymann
um 1926 in Freiberg,
Quelle: Archiv Düsing

Andere, denen die Flucht nicht gelang, zählten schließlich zu den Millionen Opfern des Holocaust. Dazu gehört die Familie des Nachfolgers von Carl Lewin als Direktor des Freiberger Schocken-Kaufhauses in den Jahren 1930/31 bis 1934, **Wilhelm Heymann**.

1931 und 1932 waren seine zwei Kinder in Freiberg zur Welt gekommen. 1934 hatte der junge Familienvater eine Berufung als Direktor des Schocken-Kaufhauses in Regensburg angenommen. 1938 zwangen die Nazis auch ihn zum Ausscheiden aus der Firma.

Am 2. April 1942 zählten er, seine Frau Hildegard sowie die inzwischen 9 und 10 Jahre alten Kinder Norbert und Ursula, zum ersten Transport von Juden aus Regensburg, die in das im sog. „Generalgouvernement" gelegene Ghetto Piaski deportiert wurden. Sie kehrten nie zurück

Aber auch die Familie Schocken selbst hatte Ermordete zu beklagen.

Jeanette Schocken, geb. Pinthus, Ehefrau von Julius Schocken in Bremerhaven, hatte nach dem Tod ihres Mannes 1934 die Geschäftsleitung der beiden Schocken-Kaufhäuser in Bremerhaven und Geestemünde gemeinsam mit ihrem Schwiegersohn Dr. Walter Elkeles übernommen.

Organisatorisch waren die beiden vermögensrechtlich selbstständigen Häuser (sog. „Anschlussgeschäfte") mit der Konzernzentrale in Zwickau verbunden und mussten mit der „Arisierung" des Konzerns an die neue Betreibergruppe Merkur verkauft werden. Zwei der drei Kinder der Schockens in Bremerhaven flüchteten nach der Pogromnacht 1938 in die USA. Der Schwiegersohn, Dr. Elkeles, war ins KZ Sachsenhausen verschleppt worden. Nach seiner Entlassung aus dem KZ flüchtete er mit seinen Kindern über England nach Palästina. Jeanette Schocken selbst blieb bei ihrer erkrankten Tochter, der Ehefrau von Dr. Elkeles. Sie hatte die Hoffnung, nach der Gesundung der Tochter nachfolgen zu können. Daraus wurde nichts mehr. Mit weiteren 570 Juden aus Bremen und dem Regierungsbezirk Stade wurde Jeanette Schocken mit ihrer Tochter, deren Bruder, dessen Frau und vierjährigem Sohn am 17. November 1941 unter dem Vorwand eines „Ar-

beitseinsatzes“ nach Minsk deportiert und ermordet.[168] Das
Freiberger Warenhaus wurde 1945, nach der Zerschlagung
des Nazi-Terrorregimes durch die Alliierten Truppen, für
drei Jahre zum sowjetischen Armeekaufhaus „Uniwermag“.
Vorausgegangen war am 30. Juni 1945 die Enteignung der in
der sowjetischen Besatzungszone gelegenen Teile der Merkur
AG mit der Begründung, es handele sich hier um eine Gesellschaft von „Kriegs- und Naziverbrechern“.
Nachträglich „legitimierte“ auch noch der Volksentscheid
vom 30. Juni 1946 diese Enteignung. Am 12. März 1947 erfolgte im Handelregister des Amtsgerichtes Zwickau der Eintrag, dass die Merkur AG „durch Volksentscheid vom 30. Juni
1946 zu Gunsten des Landes Sachsen enteignet“ sei.[169]
Die Behauptung, bei der Merkur AG habe es sich um einen
„Nazi- und Kriegsverbrecher-Konzern“ gehandelt, war ebenso willkürlich wie falsch. Salman Schocken selbst hatte während des ganzen Krieges über geheime Kanäle Kontakt zu einigen seiner ehemaligen „arischen“ Führungskräfte gehalten,
die nun die Geschicke der Merkur AG lenkten und zumindest
versuchten, einige der Grundsätze Schockens weiterzuführen. Der deutsche Direktor übermittelte ihm in der ganzen
Zeit über eine Schweizer Deckadresse die Bilanzen „seiner“
14 Kaufhäuser. Er wurde von Salman Schocken nach dem
Krieg dafür großzügig belohnt.[170]
Vieles sei nach der „Arisierung“ ab Januar 1939 ähnlich wie
unter Schocken weiter gelaufen, weiß auch die Zeitzeugin
Imgard Göpfert, die noch vor der endgültigen Enteignung
Schockens im April 1938 ihre Lehre im Freiberger Kaufhaus
angetreten hatte. Zwar hätten die Angestellten schon einen
Unterschied bei der nun nur noch deutschen Leitung bemerkt,
aber die Grundsätze seien durchaus gleich geblieben. Auf
der Grundlage des Befehls Nr. 176 zur „Wiederherstellung
der Konsum-Genossenschaften in der sowjetischen Besatzungszone“ der SMAD vom 18. Dezember 1945 schließlich
erfolgte 1947/48 die Übergabe des ehemaligen Kaufhauses
Schocken an die Konsumgenossenschaft Freiberg, die das
Kaufhaus unter dem Namen „Kontakt“-Kaufhaus über die
Wende bis 1992 betrieb.

Rinnengasse

Der Dresdner Kaufmann **Ludwig Weinberg** meldete am 26. Juli 1909 das Gewerbe für ein **Herren- und Knabenkonfektionsgeschäft „Zur Zentrale"** an, das er zunächst an der Ecke Erbische Straße/Hornstraße 1 (siehe dort) betrieb, ab Mitte der 20er Jahre dann aber in der **Rinnengasse 1** (Ecke Petersstraße).

Ältere Freiberger erinnerten sich noch in den 90er Jahren gut an den hervorragenden Kundenservice der Herrenbekleidungsgeschäfte der Familie Weinberg in Freiberg. „Zwischen dem Herrenbekleidungsgeschäft ´Goldene 24´ auf der Burgstraße und dem an der Ecke Rinnengasse/Petersstraße, ´Zur Zentrale´, lief oft ein Laufbursche hin und her, der aus dem einen Geschäft das heranbrachte, was im anderen gerade nicht in der richtigen Größe vorrätig war", berichtete ein Freiberger Zeitzeuge. Das Wachbuch des Polizeireviers Freiberg hielt unter dem 10. November 1938 („Reichskristallnacht") fest, dass „soeben die Schaufenster des Bekleidungshauses ‚Zur Zentrale', Rinnengasse Nr. 1 eingeschlagen worden seien. Die Täter seien nach der Poststraße zu geflüchtet". Später am Abend brach in dem Geschäft Feuer aus. Ob es gelegt war oder die Folge eines Kurzschlusses, wurde nicht geklärt.[171]

Rinnengasse 1 im Jahr 2011;
hier befand sich früher das
Geschäft „Zur Zentrale"
Foto: Michael Düsing

Fischerstraße

Fischerstraße 12 im Jahr 2011;
Foto: Michael Düsing

In der **Fischerstraße 10** wohnte in den 30er Jahren die Familie des Maurers Otto Kreuschner und seiner Ehefrau Clara, geb. Brettler. Der am 11. Juli 1920 geborene Sohn **Gerhard Otto Kreuschner** war 1935/36 Lehrling und besuchte die Expedientenklasse e3 der Berufsschule (Körnerstraße). Das Freiberger Schulamt versäumte nicht, ihn vorsorglich am 28. Mai 1936 als „Halbjude" zu melden. Im Herbst 1944 wurde er mit anderen Freiberger „Halbjuden", „Mischlingen" und „jüdisch Versippten" zur Zwangsarbeit in das Lager Dachs IV nach Osterode/Harz verschleppt.

In der gleichen Straße hatte im letzten Viertel des 19. Jahrhunderts der jüdische Journalist, Historiker und Publizist **Alphonse Levy** gewohnt. In Dresden 1838 geboren, war er in den 70er Jahren Redakteur bei den „Dresdner Nachrichten", bevor er von 1884 bis 1893 Redakteur am „Freiberger

Anzeiger und Tageblatt" wurde, seine journalistische Arbeit aber auch im Dresdner Raum aktiv fortführte. Für 1886 ist seine Wohnung im Adressbuch Freiberg unter **Fischerstraße 12** angegeben. Zwischen 1889 und 1891 verzeichnet das Adressbuch die Erbische Straße 3 (heute Nr. 22), bis er ab Ostern 1893 unter **Fischerstraße 35**, 1. Etage, vermerkt ist. 1894 verließ der streitbare Kämpfer gegen den Antisemitismus und für die Assimilation der deutschen Juden Freiberg. Er war zum ersten Generalsekretär des im gleichen Jahr gegründeten „Centralvereins deutscher Staatsbürger jüdischen Glaubens" gewählt worden. Diese Funktion übte er bis zu seinem Tod 1917 engagiert und in der jüdischen Gemeinschaft Deutschlands hoch anerkannt aus.

In seinen Freiberger Jahren war Alphonse Levy zugleich rühriges Mitglied der Freiberger Loge der Freimaurer „Zu den drei Bergen", die ihren Sitz in der Waisenhausstraße (dem späteren Naturkundemuseum) hatte. Von ihm stammen nicht nur unzählige Artikel in den „Dresdner Nachrichten", in der „Sächsischen Dorfzeitung" und schließlich im „Freiberger Anzeiger und Tageblatt". In ihnen focht er unermüdlich gegen die sich mehrenden Angriffe der Antisemiten in Sachsen und Freiberg. 1900 brachte er die viel beachtete Schrift „Geschichte der Juden in Sachsen" heraus. Hierin versuchte Levy die bürgerlich-politische, soziale und kulturelle Gleichstellung der „deutschen Staatsbürger jüdischen Glaubens" mit den nichtjüdischen Deutschen geschichtlich zu untermauern und den Antisemiten das argumentative Wasser abzugraben. Später schrieb er auch unter dem Pseudonym **Ernst Maurer**. Er verfasste zahlreiche kunsthistorische und historische Arbeiten, die er auch in der von ihm ab 1914 herausgegebenen Zeitschrift des Centralvereins, „Das deutsche Reich" veröffentlichte.

Als Mitglied der Freimaurerloge „Zu den drei Bergen" schrieb er wahre Elogen auf den deutschen Kaiser. So ist überliefert, dass „Bruder Alphonse Levy" am 21. März 1887 zur „Abendunterhaltung der Brüder und Schwestern in der Loge" ein Gedicht „in Rücksicht auf die 90. Geburtstagsfeier unseres greisen Kaisers und Bruders" als ein „große Begeiste-

Fischerstraße 35 im Jahr 2011;
Foto: Michael Düsing

Freiberger Obermarkt mit
Denkmal für Otto den Reichen;
Foto: Heike Liebsch

rung hervorrufenden Toast" vorgetragen habe, ein „schönes Zeugnis dieser Zeit". Am 21. Januar 1889 wiederum erfreute er die Loge mit einer „Huldigung zum Geburtstage des deutschen Kaisers Wilhelm II. den 27. Januar 1889".[172]

Alphonse Levy gehörte 1889 zu den aktivsten Initiatoren der Errichtung des Brunnendenkmals für Otto den Reichen auf dem Freiberger Obermarkt aus Anlass des 800jährigen Jubiläums des Wettiner Fürstenhauses und warb dafür im „Freiberger Anzeiger und Tageblatt" immer wieder um Unterstützung bei der Freiberger Bürgerschaft.[173]

Von Robert Matthees stammt eine gründliche Darlegung der Geschichte der Freiberger Freimaurerloge. Er zitiert diese Hymnen und verweist darauf, dass 1935 die Zwangsauflösung der Loge „Zu den drei Bergen" durch die Nationalsozialisten erfolgte. Hermann Göring habe deutlich zu erkennen gegeben, dass „kein Bedürfnis für die Erhaltung der Logen mehr bestehe." Die Freimaurerei wurde z. B. von General Erich Ludendorff, der den Nazis sehr nahe stand, als „Teil der jüdischen Weltverschwörung" betrachtet, die von den gefälschten „Papieren der Weisen von Zion" untermauert sein sollte. *„Im Logendomizil wurde eine Dienststelle der NSDAP eingerichtet, Teile der Logeneinrichtung wurden in das zu Propagandazwecken eingerichtete 'Logenmuseum Chemnitz' gebracht, wo man den Charakter der Freimaurerbruderschaft gänzlich verfälschte, und zwar im Sinne einer nach jüdisch-plutokratischer Weltherrschaft strebenden Gemeinschaft… Die Freiberger Brüder fanden sich noch bis 1936 getarnt als Verein 'Bergheimat' im Hotel Kronprinz zusammen"*, berichtet Matthes.[174]

Erbische Straße / Ecke Hornstraße

Salomon Braun aus Elbing in der Provinz Westpreußen kam mit 35 Jahren nach Freiberg. Am 5. Mai 1902 wird er im Meldeamt als Zuzug aus Berlin registriert. Bereits einen Tag später, am 6. Mai, meldet er das **„Kaufhaus Braun"** als Gewerbe der „Kurz-, Weiß,- Wollwaren-, Manufakturarbeit" beim Freiberger Gewerbeamt an. Er führte das Geschäft in der sehr repräsentativen Lage an der **Hornstraße 1/Ecke Erbische Straße**, gegenüber dem renommierten Freiberger Hotel de Saxe, aller Wahrscheinlichkeit nach nur anderthalb Jahre.[175]

Am 1. Oktober 1903 inserierte er im „Freiberger Anzeiger und Tageblatt" die „Aufgabe des jetzigen Ladens". Der Dresdner Kaufmann **Ludwig Weinberg** erwarb nunmehr das „Kaufhaus Braun" und führte es unter neuen Namen als Herren- und Knabenkonfektionsgeschäft „Zur Zentrale" vermutlich bis in die 20er Jahre.

Ursache für die Geschäftsaufgabe durch Salomon Braun war möglicherweise die Hochzeit mit **Gitta Weiß** aus der Burgstraße 24 (heute Nr. 20/22) im Mai 1903, die in Dresden vollzogen wurde.

Denn hier, in der Burgstraße 24, führte Salomon Braun nun sein „Woll- und Weißwarengeschäft" weiter. Vielleicht war die Miete hier günstiger. Zumal sich auch hier der Laden in einer guten Geschäftslage befand. Wahrscheinlicher aber ist, dass Salomon Braun nicht lange nach der Hochzeit erkrankte und die Geschäfte dadurch schlechter liefen.

Nachdem er im Oktober 1903 den Laden an der Ecke Hornstraße aufgegeben hatte, machte der neue in der Burgstraße nur ein Jahr später, am 13. Dezember 1904, Konkurs.

Jedenfalls geht das aus der neuen Gewerbeanmeldung vom 19. Juni 1905 durch seine Ehefrau Gitta Braun, geb. Weiß hervor.

Sie gab an, dass das Geschäft nun unter ihrem Namen geführt werde, da der Ehemann krank sei. Aber auch danach schien sich die Lage nicht gebessert zu haben.

Im Juni 1907 sah sich das Ehepaar Braun gezwungen, das Gewerbe erneut abzumelden. Am 24. Juli 1919 starb Ehemann Salomon Braun mit nur 56 Jahren.

Seine Grabstätte befindet sich auf dem Neuen Israelitischen Friedhof in der Dresdner Fiedlerstraße.

Die Witwe lebte weiter in der Burgstraße 24. Ihre drei Jahre jüngere Schwester **Celestine Silberstein, geb. Weiß, –** selbst verwitwet – zog zu ihr. Beide wurden am 1. Juli 1942 von Dresden aus in das Ghetto Theresienstadt deportiert. Gitta Braun starb dort 70jährig am 2. November 1942; ihre Schwester im März 1943.

Postplatz mit Blick in die Hornstraße auf das jüdische „Kaufhaus Braun", um 1900, Fotoautor: Otto Hertel (Bildausschnitt); Quelle: Stadt- und Bergbaumuseum Freiberg, Fotothek, Inv.-Nr. F8723

Grab von Salomon Braun auf dem Neuen Israelitischen Friedhof in Dresden, Grabnummer NTL 08/11 Foto: Projekt Shalom

Obermarkt

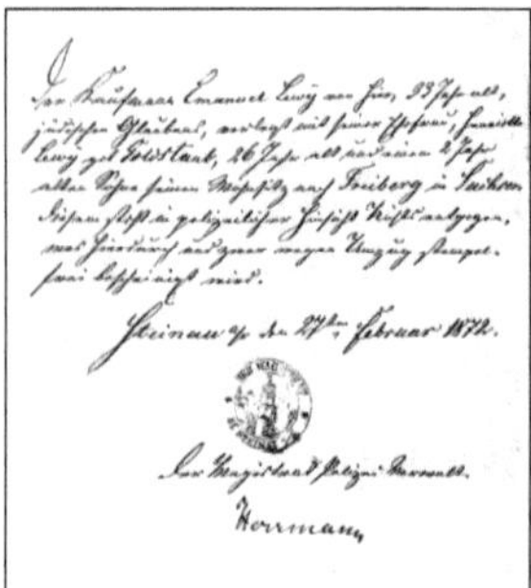

Heimatschein des Emanuel Lewy
vom 27. Februar 1872;
Quelle: StadtA FG

Obermarkt Nr. 5 im Jahr 2011;
Foto: Michael Düsing

Am 15. Mai 1925 meldete der aus dem ostpreußischen Memel stammende Kaufmann **Isaak Balkind** einen „Handel mit Schuh- und Filzwaren" in Freiberg an. Das **„Schuhhaus Balkind"** – Geschäftsadresse Petriplatz 10 mit Eingang Obermarkt 14a – wurde bald zu einem sehr beliebten Schuhgeschäft in Freiberg. Als Freiberger Geschäftsführer war ein Verwandter, Leo Balkind, eingetragen. Es war eine Filiale der Chemnitzer Balkind-Zentrale in der dortigen Friedrichstraße 5. Allein in Chemnitz gab es fünf Filialen.

Das Schuhhaus Balkind zählte im November 1938 zu jenen jüdischen Geschäften in Freiberg, die schwer beschädigt wurden. Bis Ende 1938 waren die Balkinds enteignet, ihre Geschäfte und Immobilien „arisiert" worden.[176]

Im Haus **Obermarkt 5** (heutige Nummerierung; seinerzeit, nach dem Brandkataster als Nr. 3 gezählt) wurde am 10. Januar 1876 **Frieda Lewy** als Tochter des Kaufmanns **Emanuel Lewy** und seiner Ehefrau **Henriette, geb. Goldstaub** aus Brüx (heute Most) geboren. Emanuel Lewy war – nach jetzigem Erkenntnisstand – zwar nicht der erste Jude, der sich nach Aufhebung des Ansiedlungsverbots für Freiberg im Jahr 1846 hier niederließ, wohl aber der erste, dessen Ansiedlung dauerhafter erfolgte.

Jedenfalls findet sich im Freiberger Adressbuch von 1873 erstmals unter Emanuel Lewy der Eintrag: „Theilhaber des unter der Fa. ´Mayer & Comp.´ bestehenden Herrengarderobengeschäfts Berthelsdorfer Str. 101 B; Geschäftslokal Erbische Str. 16" (die Berthelsdorfer Str. 101 B ist heute Nr. 14; Erbische Str 16 heute Nr. 7).

Für 1876 wurde die Wohnung Obermarkt 3 (heute 5 – s. o.) vermerkt, wo Tochter Frieda geboren worden war; 1879 dann eine Wohnung am Wernerplatz, bevor für 1881 schließlich der Eintrag „Kaufmann, Erbische Str. 21" (heute Nr. 4) nachzulesen ist. Ein Jahr später, 1882, verließ das Ehepaar Lewy mit der inzwischen 6-jährigen Tochter Frieda Freiberg und zog nach Dresden. Wie viele andere Juden suchte auch Frieda Lewy möglicherweise Ende der 30er oder zu Beginn der 40er Jahre Schutz in der Anonymität einer Großstadt wie Berlin. Ihre letzte Wohnadresse war der Prenzlauer Berg in Berlin.

Frieda Lewy hatte sich inzwischen mit einem Herrn Manasse verehelicht. Wann und wo sie geheiratet hat, ist unbekannt. Doch auch sie entkam der bürokratischen Akribie der Judenverfolgung der Nazis nicht. Am 27. oder 29. Oktober 1941 wurde sie – zusammen mit 1.008 anderen Menschen – vom Bahnhof Berlin-Grunewald aus in das völlig überfüllte Ghetto Łodz (Litzmannstadt) deportiert.

Sie kam bereits mit der ersten „Evakuierungs"-Welle der so genannten „deutschen Reichsjuden" in den Osten, die im Oktober 1941 mit Deportationen in das Ghetto Łodz (Litzmannstadt) begannen.

Von dem Ghetto Łodz gingen im Frühjahr 1942 immer wieder Transporte von Ghettoinsassen in das KZ Kulmhof (Chelmno). Hier experimentierte die SS seit dem 6. Dezember 1941 mit eigens zur Vergasung umgebauten Lastkraftwagen, um eine „effektive" Methoden des Massenmordes zu erproben.[177]

Ein SS-Untersturmführer Dr. Becker hatte mit solchen Gaswagen bereits „Erfahrungen" in der Einsatzgruppe D der SS in der Ukraine gesammelt. Er gab am 16. Mai 1942 in einem Schreiben an seinen Vorgesetzten im Reichssicherheitshauptamt, SS-Obersturmbannführer Walter Rauff, „Empfehlungen", die zweifellos auch für seine „Kollegen" in Kulmhof von Nutzen waren: „Die Vergasung wird durchweg nicht richtig vorgenommen. Um die Aktion möglichst schnell zu beenden, geben die Fahrer durchweg Vollgas. Durch diese Maßnahme erleiden die zu Exekutierenden den Erstickungstod und nicht wie vorgesehen, den Einschläferungstod. Meine Anleitungen haben nun ergeben, daß bei richtiger Einstellung der Hebel der Tod schneller eintritt und die Häftlinge friedlich einschlafen. Verzerrte Gesichter und Ausscheidungen wie sie seither gesehen wurden, konnten nicht mehr bemerkt werden."[178]

Sein Chef Walter Rauff gab nach dem Krieg, 1972, im Nachkriegsfluchtort Santiago de Chile bei einer Vernehmung in der Botschaft der Bundesrepublik Deutschland zu Protokoll: „Ob ich damals Bedenken gegen den Einsatz der Gaswagen hatte, kann ich nicht sagen. Für mich stand damals im Vordergrund, dass die Erschießungen für die Männer, die damit befasst wurden, eine erhebliche Belastung darstellten und dass diese Belastung durch den Einsatz der Gaswagen entfiel."[179]

Ein hausinternes RSHA-Dokument vom 15. Juni 1942 über „Technische Abänderungen an den im Betrieb eingesetzten und an den sich in Herstellung befindlichen Spezialwagen", besagtem SS-Mann Rauff vorgelegt, bescheinigte für die im Vernichtungslager Kulmhof eingesetzten Wagen:

„Seit Dezember 1941 wurden beispielsweise mit 3 eingesetzten Wagen 97.000 verarbeitet, ohne daß Mängel an den Fahrzeugen auftraten."[180]

Wann Frieda Manasse vom Ghetto Litzmannstadt (Lodz) nach Kulmhof (Chelmno) deportiert wurde, ist nicht bekannt. Sicher aber ist, dass sie am 4. Mai 1942 dort als „nicht arbeitsfähig" in einem solchen Gaswagen „verarbeitet" worden ist.

Kesselgasse

Erbische Straße,
Historische Postkarte, (Ausschnitt)
rechts Geschäft Hermann Baum,
Kesselgasse 1 a,
Hersteller: Hermann Seibt,
Meißen, 1906;
Quelle: Stadt- und Bergbau-
museum Freiberg, Fotothek,
Inv.-Nr. PK1263

Stolperstein für Fritz Baum;
Foto: Michael Düsing

Geschäftsanzeige im
„Freiberger Anzeiger"
im Juni 1910;
Quelle: Archiv Düsing

Die Familie Baum gehörte zu den jüdischen Kaufmanns-
dynastien, die schon relativ früh, in den 70er und 80er Jahren
des 19. Jahrhunderts, versuchten, im sächsischen Freiberg eine
neue Existenz zu begründen. Für 1881 ist ein Textilgeschäft
der Kaufleute **Isaak und Bernhard Baum** in der Burgstraße/
Ecke Obermarkt erstmals im Freiberger Adressbuch erwähnt.
In den 8oer Jahren meldete **Hermann Baum** ein „Herren-,
Damen- und Kinderkonfektionsgeschäft" als Gewerbe in
der Kesselgasse 1a/Ecke Burgstraße an.[181] Die Familie Baum
stammte aus der damals westpreußischen Provinz Posen, wo
Hermann Baum 1856 in Schrimm (heute: Śrem), südlich von
Posen, geboren wurde. In Posen heiratete er 1891 seine Ehefrau **Anna Baum** (geb. Basch 1869 in Posen). In Freiberg
kamen ihre drei Kinder zur Welt: 1891 Berthold, 1894 Elsa,
1898 Fritz. Hermann Baum verstarb 1910 in Freiberg. Seine
Witwe führte das bei den Freibergern beliebte Geschäft nach
seinem Tod noch bis 1931 weiter. Weitere Informationen sind
spärlich. Wann sie verstarb, ist unbekannt. Sohn Berthold und
Tochter Elsa, die schon in den frühen 20er Jahren Freiberg
verlassen hatten, überlebten den Massenmord der Nazis. Auch
Sohn Fritz lebte nicht mehr in Freiberg, als die Nazis an die
Macht kamen. Am 12. März 1943 wurde er von Berlin aus in
das Vernichtungslager Auschwitz deportiert und dort wahrscheinlich unmittelbar nach Ankunft des Transports vergast.[182]

Juni 1910 — Freiberger Anzeiger und Tageblatt

Bekanntmachung.

Einem hochgeehrten Publikum von Freiberg und Umgegend zur
gefl. Kenntnisnahme, daß ich das vor 28 Jahren gegründete

Herren-, Damen- und Kinderkonfektionsgeschäft

meines verstorbenen Mannes in unveränderter Weise fortzuführen gedenke.
Das Geschäftsprinzip des Verstorbenen „strengste Reellität" wird auch
mir als Richtschnur dienen und werde ich immer bemüht bleiben, das
uns bisher in so reichem Maße entgegengebrachte Wohlwollen mir auch
fernerhin zu erhalten.

Freiberg, den 6. Juni 1910.

Hochachtungsvoll und ergebenst

Frau Anna Baum.

In der **Kesselgasse 2** hatte der Rechtsanwalt und Notar **Fritz Speisebecher** Kanzlei und Wohnung. Er hatte mit seiner (nichtjüdischen) Frau Charlotte zwei in Freiberg geborene Töchter, Eva und Ilse. Die Familie Speisebecher gehörte bis in die zwanziger Jahre hinein zu den sehr angesehenen Freiberger Familien. Sie war eng mit der Familie des Oberingenieurs und Bauunternehmers **Albert Henochsberg** befreundet. Jener hatte in den Jahren vor dem I. Weltkrieg als Ingenieur und Betriebsleiter beim städtischen Wasserwerk Freiberg gearbeitet und war, noch vor dem I. Weltkrieg, Mitinhaber der Baufirma August Löffler GmbH geworden. Wie Albert Henochsberg war auch Fritz Speisebecher der jüdischen Tradition vollständig entfremdet. Beide verheiratet mit einer nichtjüdischen Ehefrau, lebten christlich–konservativ, waren hoch gebildet und bekannten sich zu deutscher Tradition, Kultur und Geschichte.

Kesselgasse 1a im Jahr 2011;
Foto: MIchael Düsing

„Ich weiß nicht, inwieweit ich Ihnen gesagt habe, wie meine Mutter ängstlich vermieden hat, im 3. Reich den Schatten eines Judentums auf unseren so jüdischen Namen Speisebecher fallen zu lassen und immer auf ihren christlich lebenden Mann hinwies, der Kirchenvorsteher war und leider – oder glücklicherweise – 1927 gestorben ist", schrieb Ilse Spiro, geb. Speisebecher, 1994 an den Autor. *„Eva hat im Krieg erlebt, was es hieß, mit einem Engländer in Berlin verheiratet zu sein. Von 41 – 45 ging's `nur` mit wöchentlichem Melden auf dem Polizei-*

750-Jahr-Feier: Blick in
die Erbische Straße, 1938,
Quelle: Stadt- und Bergbaumuseums Freiberg, Fotothek,
Inv.-Nr. F4698

revier, zeitweise Internierung des Mannes, Schwerstarbeit bei Siemens usw. Ende 44 verließ sie heimlich, nach einem Fliegerangriff, Berlin und kam nach Freiberg, wo sie zunächst erstmal die Wohnung nicht verließ, dann aber von jemandem dort angezeigt wurde, 10 Wohnungen im Haus, da konnte nicht alles verborgen bleiben, und dann Überstellung zur Gestapo in die Dresdner Schießgasse. Von dort kam sie am 11.2. zurück nach Freiberg, weil hier vor dem Sondergericht Verhandlung sein sollte. Der Termin hat ihr wahrscheinlich das Leben gerettet, in der Schießgasse sind beim 2. Angriff am 13.2.45 die meisten Häftlinge umgekommen. Der Grund der Inhaftierung war: Verweigerung einer Ausländerin, in der Rüstung zu arbeiten. Nach den Gesetzen der Genfer Konvention durften diese Personen nicht gezwungen werden. So stand es in den Gesetzen. Warum Eva so dickköpfig war, kann sie heute nicht mehr erklären. Aber sie sagt jetzt: `Wenn die gewusst hätten, dass unser verstorbener Vater jüdisch war, wäre ich auf den Transport gekommen`. Die Angst und die innerliche Befreiung durch das Ende des 3. Reiches sitzen bei ihr fest... Sie ist nicht der Typ, der es erträgt, dass mit dem Finger auf sie gedeutet wird. Im Gegensatz zu mir. Aber unsere Lebensgeschichten liefen sehr auseinander, eigentlich haben wir uns erst jetzt im Alter innerlich wieder gefunden. Eva befürchtet ein erneutes Aufkommen der Rechten. Ich auch, aber im Gegensatz zu ihr, habe ich keine Angst, ich versuche, mit meinen bescheidenen Kräften zu Diskussionen zu gehen und mit Jugendlichen Kontakt zu bekommen. Mehr als nur ein Hakenkreuz an die Tür gemalt zu bekommen, wird nicht passieren. Und ich bin bis zum Ende stolz, mit Spiro verheiratet gewesen zu sein, diesen Namen zu tragen...".

Beide Schwestern sind inzwischen verstorben.

Ausflug in die Sächsische Schweiz. Von links nach rechts: Ehepaar Rechtsanwalt Speisebecher, Fabrikant Richter (Fa. Thiele und Steinert) mit Ehefrau, Bauunternehmer Obering. A. Henochsberg mit Ehefrau; Quelle: Archiv Düsing

Nur wenige Jahre, vermutlich von Mitte der 80er Jahre bis 1893/94, lebte die **Kaufmannsfamilie Keßler** in Freiberg. **Robert Keßler**, geboren 1866 in Hamm/Westfalen, und seine Frau Lea, geb. Lachmann 1863 in der Provinz Posen, übernahmen den Textilladen von Sally Gutmann und führten ihn als „Herrenmodebazar" in der **Borngasse 2/Ecke Weingasse** weiter. Sie kamen in einer Atmosphäre nach Freiberg, die durch heftige antisemitische Attacken neidischer, alteingesessener Freiberger Schneider und Händler auf die zunehmende Zahl jüdischer Geschäfte aufgeladen war. Ihren Höhepunkt erreichten die Hasstiraden, als im Herbst 1890 Keßlers Geschäft in Flammen aufging und Unterstellungen und Gerüchte Nahrung fanden, der Jude Keßler habe seinen Laden selbst angezündet, um die Versicherung zu prellen.[183] In einem solchen Klima wurde im Februar 1893 Tochter Rosa in Freiberg geboren, im März 1894 Tochter Ilse. Da aber hatten die Keßlers bereits aufgegeben und beschlossen, Freiberg wieder zu verlassen. Nur drei Wochen nach der Geburt des zweiten Kindes verzog Familie Keßler ins fränkische Hof, in der Hoffnung, hier eine bessere Existenz begründen zu können.

Die Saat des antisemitischen Hasses erreichte Tochter **Rosa Beier, geb. Keßler**, fünf Jahrzehnte später. Inzwischen in Berlin-Friedrichshain wohnend, wurde sie am 1. März 1943 nach Auschwitz deportiert und am Tag der Ankunft im Vernichtungslager Auschwitz-Birkenau am 2. März sofort in der Gaskammer ermordet.[184]

Borngasse 2 / Ecke Weingasse, in der sich einst das Textilgeschäft von Robert Keßler befand; Foto: Michael Düsing (2011)

Geschäftsaufgabe, Anzeige von Lea Kessler (Keßler) im „Freiberger Anzeiger" 1893; Quelle: Archiv Düsing

Borngasse 6 mit heutigem Bebauungszustand im Jahr 2011; das historische Gebäude, in dem sich einst die Schneiderei Taubenschlag befand, existiert nicht mehr.
Foto: Michael Düsing

Einen Straßenzug weiter, in der **Borngasse 6/Ecke Enge Gasse**, befand sich im am Anfang des 20. Jahrhunderts eine kleine Damenschneiderei in dem der **Fabrikantenfamilie Taubenschlag** bis etwa 1921 gehörenden Gebäude. Die älteste Tochter des 1886 nach Freiberg gekommenen Ehepaars Meyer und Fanny Taubenschlag, die in eben jenem Jahr – noch in Johannisburg in Ostpreußen – geborene Paula, hatte dort zwischen 1906 und 1909 ein kleines Gewerbe als Damenschneiderin ausgeübt. 1910 heiratete sie den Kaufmann Max Brück aus Breslau und zog zu ihm. Vater Meyer Taubenschlag, dessen Familie ursprünglich aus Tarnów in Galizien stammte, hatte in diesem Gebäude eine **„Manufaktur für Kurz-, Weißwaren und Wirtschaftsartikel"** aufgebaut. In der benachbarten **Borngasse 11** war die Fabrikation von Holzartikeln unter dem Firmennamen **„Gardinenleistenfabrik M. S. Taubenschlag"** untergebracht. Noch vor dem I. Weltkrieg verlegte er sie in die Frauensteiner Straße 13, in das von der Schmiedestraße zugängliche hintere Gelände der in Freiberg bekannten Lederfirma Moritz Stecher. Die Familie Taubenschlag bewohnte seit 1897 bereits eine repräsentative Villa in der Weisbachstraße.

Burgstraße

In dem großen Gebäude hinter dem Rathaus, dem **Stadthaus**, und dem rechts benachbarten kleineren Gebäude (heute Nr. 5 und 3) hatten gleich mehrere jüdische Familien ihr Geschäft bzw. ihr Zuhause. Vielen Freibergern war der Laden für „Schneiderinnen und Hausbedarf" der **Geschwister Steinberg** im „Stadthaus" ein Begriff.

Erstmals fand er im Adressbuch 1886 Erwähnung. **Louisa Steinberg**, geboren 1856, führte das „Kurz- und Weißwarengeschäft" zusammen mit ihrer Schwester Flora (geboren 1865). Weitere Schwestern waren Rosalie, geb. 1860 in Pasewalk, Fanny, geb. 1861, Flora, geb. 1865, und Gertrud, geb. 1869.

Rosalie Steinberg heiratete 1886 den Kaufmann **Samuel Winter** (geb. 1856) aus dem galizisch-polnischen Żarki. Ein Jahr nach ihrer Hochzeit, am 18. Juli 1887, entband sie in Freiberg ihren Sohn **Gerhard Winter**. Das Ehepaar zog bereits 1897 nach Plauen. Gerhard Winter wurde am 3. März 1943 in Auschwitz ermordet.

Flora Steinberg heiratete den 1857 in Posen geborenen Textilkaufmann **Hermann Hirsch Spiro** am 19. Juni 1888 in Freiberg. Am 10. Mai 1891 wurde in Freiberg ihre Tochter Erna im Stadthaus hinter dem Rathaus geboren. Sie war erst neun Jahre alt, als ihre Eltern mit ihr im März 1900 nach Berlin-Charlottenburg verzogen. Am 2. Mai 1912 heiratete **Erna Spiro** in Prag den tschechischen Kaufmann Alfons Kisch. Das Ehepaar wohnte in Berlin. Ihre Mitgift, die sie mit in die Ehe brachte, betrug immerhin 70.000 Reichsmark, denn ihr Vater hatte es inzwischen als Wäschefabrikant zu einigem Wohlstand gebracht. 1913 kam ein Sohn zur Welt. Dennoch schien die Ehe von Anfang an unter keinem guten Stern zu stehen. Alfons Kisch, 1914 auf Geschäftsreise in Spanien, kehrte nie von dort zu seiner Familie zurück. Die Scheidung zog sich über sieben Jahre hin, wohl auch verzögert durch den I. Weltkrieg. Von ihrer Mitgift blieb Erna Kisch nur ein Viertel. 1925 holte der Vater seinen inzwischen zwölfjährigen Sohn nach Spanien. Der Sohn überlebte die Nazizeit im Exil in London.

Erna Kisch führte ein eher unstetes Leben. Als die Nazis an die Macht kamen, lebte sie schon einige Jahre in Hamburg, bei ihrer Freundin Martha Zacher und deren verwitweter Mutter. Ihr verbliebenes Vermögen gab sie für gemeinsame Anschaffungen und Kuraufenthalte mit ihrer Freundin, manchmal auch zusammen mit deren Mutter, aus. Ihre eigene Mutter schrieb ihr, besorgt über das – wie sie fand – leichtsinnige Leben der Tochter, aus Berlin: *„Weißt Du denn nicht, was hier vor sich geht mit den Juden, oder willst Du es nicht wissen?"* [185]
Tochter Erna vertraute indes weiter darauf, dass sie durch ihre tschechoslowakische Staatsangehörigkeit, die sie durch ihre Heirat erworben und nie aufgegeben hatte, und die Freundschaft mit ihrer nicht-jüdischen, evangelischen Freundin geschützt sei. Als die Nazis im Sommer 1939 Erna Kischs restliches Vermögen sperrten, focht Martha Zacher als Bevollmächtigte Erna Kischs in einem Schreiben an den Reichs-

Stadthaus I hinter dem Rathaus,
vor 1913,
Foto: Hertel;
Quelle: Stadt- und Bergbaumuseums Freiberg, Fotothek,
Inv.-Nr. F3276

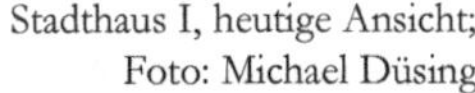

Stadthaus I, heutige Ansicht;
Foto: Michael Düsing

wirtschaftsminister diese Sicherungsanordnung an: *„Seit über 25 Jahren verkehrt Frau Kisch ausschließlich in evangelischen Kreisen und erfreut sich heute noch darin großer Beliebtheit, ebenso wegen ihres durchaus evangelischen Wesens."* [186] Leider habe sie sich ihre Eltern nicht aussuchen können. Um das zu untermauern, ließ sich Erna Kisch im Dezember 1939 in der evangelischen Dreifaltigkeitskirche in Hamburg-Hamm taufen und trat aus der jüdischen Gemeinde aus. Natürlich blieb eine Reaktion aus dem Reichswirtschaftsministerium aus. Aber da sich die Freundin Martha Zacher unvermindert für Erna Kisch einsetzte, geriet sie selbst ins Visier der Gestapo. Diese verlangte von ihr eine schriftliche Erklärung, sich von ihrer jüdischen Freundin zu trennen. Sie hielt sich freilich nicht daran. Als es am 12. September 1941 Pflicht wurde, den „Judenstern" zu tragen, verkannte Erna Kisch immer noch den Ernst der Situation. Martha Zacher und deren Mutter stellten sich wiederum schützend vor Erna Kisch, die den „Judenstern" nicht tragen wollte. Martha Zacher wurde in Untersuchungshaft genommen; Erna Kisch lieferte die Gestapo in „Schutzhaft" in das KZ Fuhlsbüttel bei Hamburg ein. Als Martha Zacher wieder entlassen wurde, fand sie ihre Freundin nicht mehr vor. Zwar war auch diese nach drei Wochen „Schutzhaft" entlassen worden, aber nur zehn Tage später, als Martha Zacher noch einsaß, am 25. Oktober 1941, in das Ghetto Lodz deportiert worden. Als „nicht arbeitsfähig" eingestuft, lebte sie dort noch erbärmlicher als die meisten arbeitsfähigen Ghettobewohner. Martha Zacher versuchte noch Anfang 1942, ihrer Freundin Geld und Lebensmittelpäckchen ins Ghetto zu schicken. Dafür denunziert, kam sie selbst wieder in Gestapo-Haft und anschließend, bis September 1944, ins Frauenkonzentrationslager Ravensbrück. Erna Kisch wurde am 10. Mai 1942 in das Vernichtungslager Kulmhof (Chelmno) deportiert und dort vermutlich noch am gleichen Tag, ihrem 51. Geburtstag (!), vergast.

Stolperstein für Erna Kisch, geb. Spiro;
Foto: Yves Hoffmann

Zur Jahrhundertwende, am 13. März 1900, meldete **Samuel Rosenthal** die „**Fa. S. Rosenthal, vormals Geschw. Steinberg**" im **Stadthaus, Burgstraße 3**, an. Er war 1871 in Löbau geboren worden und wohnte zunächst Enge Gasse 2, später in der Weingasse 8. In diesem Haus Weingasse 8 wohnte die Familie Nathan Wangenheim.

Erna Spiros Tante, **Rosalie Saphra, geb. Spiro**, die Schwester von Hermann Spiro, dem Vater von Erna, wohnte zunächst im Stadthaus, später dann ebenfalls in der Weingasse 8. Sie war 1851 geboren worden und früh verwitwet. 1928 verstarb sie in Freiberg. Ihr Grab befindet sich bis heute auf dem Neuen Israelitischen Friedhof in der Dresdner Fiedlerstraße. Die Ehefrau von Samuel Rosenthal, Martha, war eine geborene Saphra, 1877 in Wreschen geboren. **Samuel und Martha Rosenthal** hatten einen Sohn, Gerhard, geboren am 2. Oktober 1902 in Freiberg.

Noch 1936/37 ist das Geschäft unter S. Rosenthal im Freiberger Adressbuch zu finden, dessen Wohnung nunmehr unter „Silbermannstraße 3". Zum 31.12.1938 wurde die Firma „S. Rosenthal, vormals Geschwister Steinberg" im Gewerbeverzeichnis abgemeldet.

Lutz Rosenthal, Enkel von Nathan Wangenheim und nicht verwandt mit der Familie von Samuel Rosenthal, berichtete dem Autor in den 90er Jahren, dass diesen Rosenthals die Flucht aus Deutschland gelungen sei. Allerdings hält das Adressbuch von 1939/40 noch eine Martha Rosenthal in der Akademiestraße 3 fest. Näheres war bisher nicht zu klären.

Trinkglas „Zur Erinnerung an die Geschäftseröffnung von S. Rosenthal, vormals Geschw. Steinberg, Freiberg i.S." im Jahr 1900; Geschenk von Dr. Stefan Link, Freiberg
Foto: Heike Liebsch

Kaffeeplausch bei Samuel Rosenthal: von li: Rosalie Saphra, geb. Spiro, Martha Rosenthal, geb. Saphra, Samuel Rosenthal, Nathan Wangenheim, Julia Wangenheim; Quelle: Archiv Düsing

Löwenapotheke, Burgstraße,
aktuelle Ansicht;
Foto: Michael Düsing

Wenige Häuser weiter, in Richtung des Schlosses Freuden-stein, führten in den 90er Jahren des 19. Jahrhunderts **Max und Anna Lipowski** das „Herren- und Damenkonfekti-onsgeschäft" Burgstraße 9 im Haus der **„Löwenapotheke"** (heute Nr. 7).

Nach dem Weggang des Ehepaars Lipowski aus Freiberg wohl um die Jahrhundertwende, übernahm der Kaufmann **Julius Meyer** (geb. 1863 in Berlin) mit Ehefrau **Emilia, geb. Loewenhein** 1865 in Wittstock, das Geschäft „vorm. Max Lipowski, Burgstraße 9". Die Freiberger Schneiderinnung führte gegen das Geschäft der Lipowskis um 1892 einen ebenso hasserfüllten Feldzug wie zur gleichen Zeit gegen das „Herrenmodemagazin" von Robert Keßler in der Borngasse (siehe da). Die rassistischen Töne gegen die lästige Konkur-renz der „jüdischen Kleiderhändlerin Anna Lipowski" waren offensichtlich. Wie die Tochter von Robert und Lea Keßler, Rosa, verheiratete Beier, wurden auch Anna (geb. 1866 in Bu-blitz) und Max Lipowski (geb. 1863 in Stallupönen) in der Nazi-Zeit Opfer des Massenmords an den Juden.

Das greise Ehepaar wurde am 17. August 1942 von Berlin aus in das „Altersghetto" Theresienstadt eingeliefert. Für bei-de steht der 3. September 1942 als Todesdatum in den Ster-belisten Theresienstadts. Das war nicht einmal einen Monat nach ihrer Deportation.

Burgstraße 24/Zur Goldenen 24,
Aufnahme vor 1900;
Quelle: Stadt- und Bergbau-
museum Freiberg, Fotothek,
Inv.-Nr. B99

Auch Julius Meyer und sein Sohn Walter (geb. am 25. Januar 1896) wurden ermordet. Julius Meyer kam, fast 80-jährig, mit Transport vom 30. Juli 1942 aus Berlin nach Theresienstadt. Sein Leben endete am 26. September 1942 in Treblinka (andere Quellen nennen Minsk als Todesort). Walter Meyer wurde am 12. Januar 1943 von Berlin nach Auschwitz deportiert und vermutlich sofort vergast.[187]

Die in Freiberg – außer dem Kaufhaus Schocken in der Petersstraße – wohl bekannteste jüdische Wohn- und Einkaufsstätte war die sog. **„Goldene 24"** in der **Burgstraße (heute Haus-Nr. 22 und 20)**.

Der 1839 geborene **Leopold** (hebräisch: Jomtow) **Löwenthal** hatte dort 1886 das „Waarenhaus zur Goldenen 24" eröffnet. Seine Ehefrau war **Hulda**, eine 1853 in Preußen **geborenen Friedländer**. Sie hatten fünf – alle noch in Preußen geborene – Kinder: den 1865 geborenen Martin, der Freiberg 1888 verließ, die älteste Tochter Elisa (geb. 1867 – aus Freiberg 1893 weggezogen), die 1869 geborene Jenny (bis 1891 in Freiberg), Tochter Anna (geb. 1871; 1898 aus Freiberg verzogen) und den jüngsten Sohn Alexander (geb. 1873), der 1894 als letztes der Kinder Freiberg verließ.

Aus Altersgründen verkaufte Leopold Löwenthal die „Goldene 24" vor dem I. Weltkrieg an den Dresdner Kaufmann **Ludwig Weinberg**. Hulda Löwenthal starb im Mai 1914 in

Die „Goldene 24" im Jahr 2011; Foto: Michael Düsing

Ich bringe den Bewohnern von **Freiberg** und Umgegend die

besten Glückwünsche

zum neuen Jahr dar.

Leopold Löwenthal,
Waarenhaus zur goldenen 24,
Freiberg i. S., Burgstr. 24.

Freiberg, Ehemann Leopold im Mai 1923. Beide haben bis heute ihre Grabstellen auf dem Neuen Israelitischen Friedhof in Dresden.

Ludwig Weinberg stammte aus einer Kaufmannsfamilie in Oldenburg, wo er 1881 geboren wurde. Am 13. Oktober 1914 heiratete er die Schneiderin **Erna Stensch** aus Landsberg an der Warthe, geboren 1888.

In Freiberg begründeten sie ihre Existenz mit der „Goldenen 24", aber auch mit einem weiteren Modegeschäft, „Zur Zentrale" an der Erbischen Straße/Ecke Hornstraße (siehe da) bzw. später in der Rinnengasse 1 (ebenda).

Sohn Rolf wurde am 10. März 1920 in Freiberg in der Burgstraße 24 (heute 22) geboren. Er erinnert sich: „*Mein Vater sowie mein Onkel Alfred sind in Oldenburg geboren worden. Soviel ich weiß, auch mein Großvater und wahrscheinlich auch mein Urgroßvater. Leider habe ich nie meinen Großvater kennengelernt, weil er niemals nach Dresden kam, und meine Eltern sind auch nie nach Oldenburg gefahren. Ich glaube, mein Großvater ist früh gestorben und muss dort auf dem Friedhof begraben sein. Von meiner Großmutter weiß ich leider gar nichts…*

Mein Vater hatte eine Schwester, Frieda, die in Dortmund gelebt hat. Sie war mit einem Arier verheiratet; so ist sie während der Nazizeit nicht weiter belästigt worden. Eine andere Schwester war schon in den zwanziger Jahren nach Chicago ausgewandert … und ist dort kurz nach ihrer Ankunft ermordet worden!... Meine Mutter hatte eine Schwester und einen Bruder. Die Schwester war verheiratet, hatte einen Sohn und lebte in Berlin. Ich bin öfters mit ihnen zusammengekommen…Alle drei sind heraus gekommen; mein Onkel starb in Südamerika und meine

Grab von Leopold Löwenthal
auf dem Neuen Israelitischen
Friedhof in Dresden,
Grab-Nr. ATL 04/13
Foto: Projekt Shalom

Erna, Ludwig und
Rolf Weinberg, Passfotos
auf den US-Einwanderungs-
papieren 1941;
Quelle: Archiv Düsing

*Tante ist in die Schweiz zurückgekommen und dort verstorben...Der
Bruder meiner Mutter hatte auch in Berlin gelebt, war verheiratet und
sie hatten eine Tochter. Er war ein kleiner Beamter und sie waren sehr
arm. Meine Eltern haben oft Lebensmittelpakete und auch Geld an sie
geschickt. Meine Cousine Elvira war ein sehr liebes Mädel und ich hatte
sie sehr, sehr gern. Sie war jünger als ich und sie hatte mich als ihren
Bruder betrachtet, weil wir über alles sprechen konnten. Leider musste
ich nach Recherchen vom Roten Kreuz erfahren, dass sie geheiratet hatte, sehr jung, und nach Auschwitz gekommen ist und ermordet wurde.
Was aus den anderen Familienmitgliedern wurde, konnte ich leider nicht
erfahren, befürchte aber, dass alle umgekommen sind. Das ist alles, was
ich Ihnen über meine Familie berichten kann. Da mein einziger Bruder
1992 in New York verstorben ist, bin ich nun der letzte meiner Familie...".*

Rolfs Onkel, **Alfred Weinberg**, geboren am 24. Oktober
1893 in Oldenburg, hatte sich im April 1935 in Freiberg verheiratet. Er wohnte mit seiner Frau **Charlotte** in der Burgstraße 24 und leitete das Geschäft „Goldene 24".

Ludwig Weinberg führte von Dresden aus das Geschäft „Zur
Zentrale" und kam drei bis viermal wöchentlich nach Freiberg. In seiner Abwesenheit besorgte **Lucy Friedländer**,
geb. 1898 in Glauchau, die geschäftlichen Angelegenheiten.

Damen- und Herrenkleidung:
Modenhaus „Zur goldenen 24", Freiberg
Badekostüme, Wäsche und Strickbekleidung für Damen und Herren:
Modehaus Dressler, Dresden, Prager Straße
Hüte: **Gerlitz & Siegesmund, Freiberg**
Schirme und Stöcke: **Clemens Lindner, Freiberg**
Blumen: **Kessler, Freiberg**
Sämtliche Künstler tragen Kleidung von Modenhaus „Zur goldenen 24"
und Modehaus Dressler, Dresden

Werbung des Modehauses
„Zur Goldenen 24" in einem
Programmheft des Freiberger
Stadttheaters
Quelle: StadtA FG, Sammlung
Kulturbelege 1931, Nr. 416,
Innenseiten

Sie war die Nichte von Hulda Löwenthal und bereits sehr lange im „Warenhaus zur Goldenen 24" als Verkäuferin tätig. Die zweite Nichte, **Martha Friedländer**, geb. 1892 in Gommern bei Magdeburg, die körperbehindert war, führte den Haushalt und kochte für die Familie Alfred Weinberg. Ihr Onkel **Siegfried**, Bruder von Hulda Löwenthal, geb. **Friedländer**, hatte als Verkäufer in dem Laden von Salomon Braun „Zur Zentrale", Hornstraße 1, gearbeitet.

Den beiden Schwestern Martha und Lucie gelang 1937/38 noch die Auswanderung nach Schottland.

Rolf Weinberg wurde gerade 13, als die Nazis an die Macht kamen. Über seine Erinnerungen an die Nazizeit schreibt er: *„Wir hatten viele Freunde, jüdische und christliche. Bis 1938, also kurz vor der Kristallnacht, hat sich mein Vater vollkommen als Deutscher jüdischen Glaubens verstanden, ebenso wie meine Mutter, mein Bruder Erwin und ich. Meine ganze Familie war in Deutschland geboren. Mein Vater war Frontkämpfer im I. Weltkrieg, hatte das Eiserne Kreuz 2. Klasse und hatte wirklich geglaubt, dass all das ihm und uns helfen wird, durch die Nazizeit hindurchzukommen…Nachdem Hitler an die Macht gekommen war, hatten wir unsere christlichen Freunde verloren. Niemand wollte mit Juden gesehen werden. In meiner Schulzeit war es auch so. In meiner Klasse in der Realschule waren ca. 35 Jungen, und außer mir noch ein jüdischer. Oft hat man uns verhauen und beschimpft. Die Lehrer konnten oder wollten uns nicht beschützen. Es war eine schwierige Zeit… Das einzig Gute während dieser Epoche war meine Mechanikerausbildung. Ein sehr anständiger Autowerkstattbesitzer (in Freital – M. D.) hatte mich als Lehrling angestellt. Die Mitarbeiter*

Jüdische Jugendliche in Freiberg, von re: Guido Wangenheim, Else Dux, Else Baum, Julia Wangenheim, Gerhardt Rosenthal, Lucie Friedländer; Aufnahme um 1912; Quelle: Archiv Düsing

in dieser Werkstatt – ein Meister, ein Geselle und noch ein Lehrling – waren mir gegenüber sehr freundlich und waren keine Nazis, obwohl der Lehrling zur Hitlerjugend gehörte oder gehören musste. Der Besitzer versuchte, als ich nach Buchenwald kam, zweimal, mich dort herauszuholen, allerdings ohne Erfolg. Die Kristallnacht hat alles geändert. Mein Vater musste die Geschäfte an einen Arier abgeben. Ich bin nach Buchenwald geschleppt worden, Gott sei Dank, nur für vier Wochen. Mein Vater war für einige Tage in Dresden ins Gefängnis gesteckt worden. Mein Bruder Erwin war zu der Zeit schon weg aus Dresden und nach Palästina gegangen... Ja, Buchenwald! Es ist unmöglich für einen Menschen, der das nicht persönlich durchgemacht hat, diesen Terror vollkommen zu fassen. Und ich meine damit natürlich auch die anderen Lager: Auschwitz, Dachau usw. Ich war nur ca. vier Wochen in Buchenwald, aber was in dieser Zeit geschehen ist, ist unglaublich! Als die jüdischen Menschen in Weimar mit dem Zug ankamen, wurden wir am Bahnhof auf Lastwagen getrieben und nach Buchenwald gefahren. Dort angekommen, wurden wir von den Lastwagen herausgeschoben und sofort mit Gewehrkolben und Knüppeln schwer geschlagen. Dann mussten wir, ca. 10.000 Menschen, etwa acht Stunden auf dem Appellplatz stillstehen, ohne Nahrung, ohne austreten zu können, ohne sich rühren zu können. Dann wurden wir zu einer Baracke geleitet und uns wurden die Haare abgeschoren.

Auf dem Appellplatz noch schlugen und verletzten die SS-Schufte die Rabbiner und andere größere Persönlichkeiten so stark, dass es ein Wunder war, dass diese nicht gleich ermordet wurden. Diese Hunde hatten es besonders auf die Geistlichen abgesehen, und sie wussten ganz genau, wer diese waren. Nach dem Haareschneiden sind wir in fünf

Judenaktion, November 1938:
Nach den Pogromen verhaftete Juden in Zivilkleidung sind zum Appell angetreten.
Rechts im Bild SS-Männer.
Im Hintergrund rasieren Häftlinge des Friseur-Arbeitskommandos den neu eingelieferten Häftlingen die Köpfe;
Quelle: Fotoarchiv Gedenkstätte Buchenwald;
© United States Holocaust Memorial Museum, Washington

Baracken eingeteilt worden, die fünf oder sechs (ich weiß das nicht mehr ganz genau) Fächer übereinander hatten, wo wir wohnten, einer über dem anderen. Schlafen ohne Stroh und Decken und so eng übereinander, dass man nur den Kopf ein bisschen heben konnte. Abends gab es eine Art Suppe mit einem Stück Kommissbrot und einem Stückchen Wellfleisch drinnen. Während der Nacht durfte niemand aus der Baracke. Viele ältere Menschen mussten aber austreten gehen. So haben sie es eben in der Baracke tun müssen oder sie wagten sich doch heraus zur Latrine. Wenn die SS auf den Wachtürmen sie erblickt hatte, wurden sie meistens erschossen. Tagsüber wurden wir nicht zur Arbeit eingesetzt, weil wir Zehntausend eine Art Sonderaktions- (Kristallnachts-) Gefangene waren und nicht im Hauptlager, sondern in einem Nebenlager untergebracht waren, das sich aber innerhalb des Gesamtlagers befand. Die Latrine war in der Nähe des elektrischen Stacheldrahts. Vor dem elektrischen Zaun lagen etwa sechs bis acht Meter Stacheldrahtrollen, so dass eine Flucht ganz außer Frage stand. Öfters am Morgen haben wir Menschen gesehen, die bis zum Draht gekommen waren und dann erschossen wurden. Als Latrine war ein großes, viereckiges, tiefes Loch gegraben und darum herum waren zweie runde Holzstangen, eine zum drauf sitzen und die andere, etwas tiefer, für die Füße. Die Latrine war teilweise mit Lauge gefüllt, um die menschlichen Abfälle zu neutralisieren. Es war ein großes Vergnügen für die SS, jemanden, der nicht richtig aufgepasst hatte und die Schweine nicht kommen sah, mit ihren Gewehrkolben in die Latrine zu stoßen und sie einen schrecklichen Tod erleiden zu lassen. Ich weiß, dass all das nicht nach Wahrheit klingt und dass Menschen überhaupt gegen ihre Mitmenschen so etwas tun können, deren Schuld nur war, eine andere Religion zu besitzen. Aber es war wahr! Als Essen bekamen wir gewöhnlich immer dasselbe, was ich vorher schon erwähnte. Manchmal war ein kleines Stück Wurst dabei, das wahrscheinlich Pferdefleisch war. Jeden Morgen mussten wir abgezählt werden und alle mussten dabei sein, ob krank oder nicht. Viele erlitten verschiedene Krankheiten: Ruhr, Grippe und anderes. Es gab keine Medizin, und die Ärzte unter uns konnten nicht viel machen ohne irgendwelche Mittel. Gott sei Dank bin ich aus dieser Hölle herausgekommen.

Meinem Vater war es gelungen, nachdem er wieder frei war, für sich, meine Mutter und für mich Schiffskarten nach Kuba zu sichern. Aufgrund dieser Schiffskarte wurde ich aus Buchenwald entlassen und musste innerhalb einer Woche Deutschland verlassen, andernfalls wäre ich nach Buchenwald zurückgebracht worden. Meine Eltern hatten alles, was uns einmal gehört hatte, zurücklassen müssen. Wir durften jedoch jeder von uns 40,- RM mitnehmen, was damals etwa 2,5 Dollar entsprach. Meine Eltern durften ihre Eheringe anbehalten und jeder eine billige Uhr. Alle anderen Schmucksachen mussten vorher an die Gestapo abgegeben werden. Nie mehr haben wir etwas wiedergesehen… Trotzdem: ich kann mich nicht beklagen, weil wir mit dem Leben davongekommen sind. So viele andere hatten kein Glück, darunter einige meiner Verwandten – ein Onkel und eine Tante, eine Cousine aus Berlin und andere sind in Auschwitz umgekommen…
Als ich aus Buchenwald herauskam, sind wir mit dem deutschen Schiff ‚Orinoco‘ von Hamburg aus nach Kuba gefahren (das Schiff wurde später, während des Krieges versenkt). Wir kamen Anfang des Jahres 1939 in Havanna an. Da wir als Touristen ankamen, als Transitreisende nach den USA, wurde uns nicht erlaubt, irgendeine Arbeitsanstellung anzunehmen. Man konnte nur etwas tun, wenn man etwas auf eigene Faust machte. Zwei Jahre mussten wir in Kuba ausharren, bis unsere Quote für die USA fällig wurde. Meine Mutter, die eine sehr gute Schneiderin war, hat dort für andere Flüchtlinge Änderungen und

auch Neuanfertigungen genäht. Mein Vater hat leider nichts tun können. Ich als Autoschlosser führte kleine Reparaturen an Wagen aus, die kleinen Geschäftsleuten unter den Vertriebenen gehörten. Z.B. gab es da einen, der Eier von einheimischen Bauern ankaufte und dann herumfuhr, um sie an Privatleute weiterzuverkaufen. In den zwei Jahren wurden wir und fast alle anderen Juden, die nach Kuba hatten flüchten können, von jüdischen Organisationen in den USA unterstützt. Niemand hatte ja mehr als 10 Mark aus Deutschland mitnehmen können.

Mein Onkel Alfred hatte schon vor 1938 Freiberg verlassen können und sich in Detroit eine Existenz im Pelzhandel aufgebaut. So sind auch wir schließlich nach Detroit gekommen. Meine Eltern und ich konnten eine Kellerwohnung mieten, das billigste, was wir uns leisten konnten. Meine Eltern konnten leider nur ein paar Worte Englisch sprechen, so dass sie keine Arbeit fanden. Jedoch machte meine Mutter weiter Schneiderarbeiten für andere Emigranten. Ich fand gleich am ersten Tag nach unserer Ankunft in Detroit eine Anstellung an einer Tankstelle in der Nachtschicht. Dort war ich etwa ein halbes Jahr und kam dann zu einem Gebrauchtwagenhändler als Mechaniker. Nach drei Jahren dort machte ich mich selbstständig. In dieser Zeit lernte ich meine Frau Gertrud (sie stammt aus Wien) bei einer Jugendveranstaltung kennen und nach ein paar Monaten haben wir geheiratet. Das war im Jahr 1943. Zu dieser Zeit zogen meine Eltern nach Chicago um, weil dort entfernte Verwandte lebten. Mein Vater fand dort eine Anstellung als Hilfsarbeiter im Warenlager einer Bekleidungsfabrik, aber auch das nur für ein paar Monate. Inzwischen übersiedelten meine Frau und ich nach Los Angeles, da viele meiner Kunden dorthin gegangen waren und da dort natürlich auch das Wetter besser ist. In Los Angeles machte ich mich wieder als Automechaniker selbstständig. ... (Später) habe ich dann lange an verschiedenen Colleges und Technischen Schulen als Lehrer für Automechanik gearbeitet, bis es mir genug war und ich mich 1984 zur Ruhe setzte. Meine Eltern kamen auch nach Hollywood nach und hatten hier, Gott sei Dank, noch einige friedliche Jahre. Wir haben zwei Kinder, vier Enkelkinder und drei Stiefenkelkinder... Mein Vater verstarb 1964 nach schweren Leiden, meine Mutter nur ein Jahr später. Mein Onkel Alfred und meine Tante Lotte sind beide in Detroit verstorben...".

Im Haus **Burgstraße mit der damaligen Nummer 24** existierte neben dem Modehaus „Goldene 24" seit 1903 auch der **Weißwarenhandel der Familie Braun**. Nach der Aufgabe des „Kaufhauses Braun" an der Ecke Erbische Straße/Hornstraße zum 1. Oktober 1903 – ein halbes Jahr nach seiner Hochzeit mit Gitta Weiß, die in Dresden geschlossen wurde – versuchte **Salomon Braun** in der Burgstraße Fuß zu fassen. Offenbar mit wechselndem Erfolg. Bereits nach einem Jahr, im Dezember 1904, musste er zum ersten Mal Konkurs anmelden. Am 19. Juni 1905 meldete Ehefrau **Gitta Braun, geb. Weiß**, als Inhaberin das Geschäft neu an. Doch auch sie musste es bereits nach zwei Jahren, im Juni 1907, erneut abmelden, da „der Ehemann krank" sei. Nach dem Tod Salomon Brauns am 24. Juli 1919 meldete Gitta Braun den „Handel mit Konfektionsartikeln" im „Blusenhaus S. Braun" als Inhaberin neu an und führte das Geschäft zehn weitere Jahre bis zum Juli 1929. Ihre Wohnung befand sich in der damaligen Burgstraße 24b. Nachdem die Nazis den Lebensraum

Grab von Adolf und Esther Weiss auf dem Neuen Israelitischen Friedhof in Dresden, Grab.-Nr. NTR 17/07
Foto: Projekt Shalom

der Juden ab 1933 Schritt für Schritt immer drastischer einschränkten, schließlich sogar 1938 die Benutzung öffentlicher Bibliotheken durch Juden verboten, war die Witwe Braun für die wenigen noch in Freiberg lebenden Juden der einzige Anlaufpunkt, um wenigstens noch Literatur aus dem Bestand der Jüdischen Gemeinde Dresden bei ihr in der Burgstraße ausleihen zu können.

Wie schon erwähnt, wurde Gitta Braun zusammen mit der bei ihr in den letzten Jahren lebenden Schwester, der Witwe **Celestine Silberstein, geb. Weiß**, am 1. Juli 1942 über Dresden in das Ghetto Theresienstadt deportiert, wo beide kurz hintereinander im November 1942 bzw. März 1943 starben. Ihre Eltern, **Adolf Weiss**, 1844 – 1911, und dessen Ehefrau **Esther Weiss** (1845 – 1925) sind beide auf dem Neuen Israelitischen Friedhof in Dresden begraben.

Bis der **Familie Isidor und Minna Sieradzki** die Auswanderung nach Palästina gelang, wohnte sie noch im 3. Stock der „Goldenen 24". Isidor Sainvel Sieradzki wurde am 27. Juni 1884 in Petrikov, Gouvernement Minsk, geboren und galt den Nazis als „Ostjude" von Anfang an als besonders unerträglich. Seine Ehefrau Minna war 1886 in Krakau geboren worden. Sie hatten sich in Leipzig kennengelernt, wo Minna mit ihren Eltern wohnte und er oft die Leipziger Messe besuchte. Ihre Eltern sind auf dem Jüdischen Friedhof in Leipzig begraben. 1909 eröffnete er in der **Burgstraße 24B** sein

Familie Sieradzki im Juli 1927, von links nach rechts: Rosi, Hans, Minna, Isidor, Margarete;
Quelle: Archiv Düsing

„Zigarren- und Zigarettengeschäft". Die Familie, zu der bald die 1910 in Freiberg geborene Tochter Margarete, die vier Jahre jüngere Rosi und der 1916 geborene Sohn Hans gehörten, hatte bis 1933 in der Donatsgasse gewohnt.

Isidor Sieradzki war der erste Freiberger Jude, dessen Geschäft gleich zu Beginn der Nazizeit 1933 in den Ruin getrieben worden war. Er musste den Laden schließen. Die Familie suchte sich eine kleinere, preiswerte Wohnung im 3. Stock der „Goldenen 24" in der Burgstraße, die dem Kaufmann Ludwig Weinberg gehörte. Am 6. August 1933 vergaß die Familie noch einmal für kurze Zeit die übermächtig werdenden Existenzsorgen. Tochter Margarete heiratete den Chemie-Ingenieur **Erwin Wallerstein**, der kurz zuvor, im April 1933, am Braunkohlenforschungsinstitut der Bergakademie als Jude entlassen worden war. Im gleichen Monat hatte auch Ehefrau **Margarete (Gretel)** ihre Kündigung als Privatsekretärin in der Sächsischen Knappschaftskasse (Buchstraße) erhalten. Für beide stand damit schon 1933 fest, dass ihnen nur die Flucht nach Palästina als Ausweg blieb. Rosi, die zweite Tochter, wurde ebenso von ihrem Arbeitsplatz als Gebereilaborantin in der Deutschen Gerberschule vertrieben. Sie bereitete sich bis 1935 auf einem Gut in Spreenhagen bei Berlin in einem Kurs für Haushalt und Landwirtschaft auf die Emigration nach Palästina vor. Nicht anders erging es ihrem Bruder. Auch er wurde wie sie an der Gerberschule im April 1933 gekündigt, nachdem er dort kurz zuvor noch seine Ge-

Angestellte und Schüler der Deutschen Gerberschule, 1. Reihe, 2.v. re: Rosi Sieradzki; Quelle: Archiv Düsing

Erich Springer mit Rosi, geb. Sieradzki, Palästina vor 1948; Quelle: Archiv Düsing

sellenprüfung hatte ablegen können. Im „Hachscharach-Kibuz" bei Leipzig, in dem junge auswanderungswillige Juden auf ein späteres Leben in Palästina vorbereitet wurden, lernte er Erich Springer, den späteren Mann seiner Schwester Rosi, kennen. Er wanderte 1936 nach Palästina aus.

„Ich kann Ihnen alles noch ganz genau erzählen", erinnerte sich **Rosi Springer, geb. Sieradzki**, als sie im Sommer 1992 ihre Geburtsstadt Freiberg wieder besuchte. Sie kam zum ersten Mal wieder hierher, nachdem sie 1935 von den Nazis aus ihrer Heimatstadt vertrieben worden war.

Der „Freiberger Anzeiger" berichtete in Nummer 27/1992 über ihre Erinnerungen: *„'Durch die Straße dort hat mich der Verehrer meiner Freundin vom Labor nach Hause begleitet – sogar in SS-Uniform...'. Im engeren Bekanntenkreis sei das durchaus möglich gewesen, überhaupt habe sie, Rosi Sieradzki, von Kollegen und Bekannten keine persönlichen Anfeindungen zu spüren bekommen. 'Unter meinen Wandervögeln in der Jugendgruppe des Erzgebirgsvereins wurde ich bis zu meinem freiwilligen Austritt als gleichwertiges Mitglied behandelt, obwohl ja jeder wusste, dass wir Juden sind. Ich bin dann raus, weil ich selbst die Zeit für gekommen sah. Und wer sich von mir oder meinen Angehörigen trennte, tat es wohl in Anpassung an die Mächtigen, aus Gehorsam, aus Angst . . . ?' So erinnert sich Rosi Springer noch genau an den Tag an dem sie in der Gerberschule erfuhr: 'Das tut uns wirklich sehr leid, Fräulein Sieradzki, aber wir haben vom Rathaus die Nachricht bekommen, dass wir sie entlassen müssen.' ... Jeder von uns musste aufgeben, was er hier hatte. Meine Schwester reiste bereits 1933 nach Palästina aus; ich bin 1935 weg'".*

Im Vorbereitungsjahr auf dem schon 1926 von Simon Schocken für junge auswanderungswillige Juden (vor allem des Schocken-Konzerns) begründeten landwirtschaftlichen Gut Winkel bei Spreenhagen „hatte ich eine Land- und Hauswirtschaftsausbildung. Ohne den Nachweis, dass ich selbst für mich sorgen kann, wäre ein Auswandern nämlich nicht möglich gewesen. Palästina, bis 1948 britisches Mandatsgebiet, verlangte das so. Auch musste meine vorausgereiste Schwester garantieren, dass ich zunächst bei ihr wohne und versorgt bin." [188] Die Ausreise selbst bezeichnete Rosi Springer als ziemlich unkompliziert. „Unsere Eltern konnten wir dann anfordern, nachdem nachgewiesen war, dass wir in Palästina eine Existenz haben. Für mich hieß diese Existenz Babypflege, Kochen, Hauswirtschaftsdienst . . . an drei verschiedenen Stellen war ich am Tag. Was man macht, war mir gleichgültig. Ich habe zunächst jede Arbeit angenommen. Ein eigenes Zimmer konnte ich mir dort noch nicht leisten, ich schlief bei meiner Schwester auf dem Fußboden, denn beengt ging's bei ihr zu." [189] **Hans Sieradzki** verstarb 1979; **Margarete Wallerstein** 1982, **Rosi Springer** 1998 – alle in Israel.

2010 wurde in der unteren Burgstraße ein Haus saniert und neu bezogen, das ebenfalls in einem besonderen Zusammenhang zur jüdischen Geschichte Freibergs steht. 1909 hatte der Leipziger **Bankier Samuel Kroch** das Haus **Burgstraße 42** (heute Nr. 40) erworben und mit Hilfe des Baumeisters Max Fröhlich aus Krummenhennersdorf in den Jahren 1912 bis 1915 von Grund auf erneuern lassen.

Samuel Kroch, geboren 1853 und 1926 in Leipzig verstorben, gründete 1877 in Leipzig die Privatbank Kroch jr. KG a. A. und war seit 1923 Gründungs- und Aufsichtsratsmitglied der Leipziger Messe- und Ausstellungs-AG. Das sog. „Krochhochhaus" am Augustusplatz, als Bankgebäude 1928 von Sohn **Hans Kroch** errichtet, erinnert heute wieder in altem Glanz an die bedeutende Rolle, die die Bankiersfamilie Kroch bis zur Vertreibung durch die Nazis im finanzpolitisch-wirtschaftlichen, weit darüber hinaus aber auch im kulturellen und sozialen Bereich Sachsens und der Stadt Leipzig spielten. Dafür steht z.B. der 1929 – 1930 von Hans Kroch als Hauptaktionär der AG für Haus- und Grundbesitz finanzierte Bau einer Wohnanlage des frühen sozialen Wohnungsbaus in Leipzig-Gohlis, die später im Volksmund „Krochsiedlung" genannt wurde.

Das Haus **Burgstraße 42** (heute 40) in Freiberg sollte für Samuel Krochs Verwandte **Ilse Kroch** (leider konnte bis jetzt der Verwandtschaftsgrad nicht völlig geklärt werden) eine familiäre und berufliche Perspektive bieten. Der zum Teil abgerissene Vorgängerbau beherbergte – wie auch der Neubau – im Erdgeschoss eine Bäckerei, nun aber zusätzlich auch einen weiteren Laden, den Ilse Kroch als Textilgeschäft be-

Die Burgstraße 40, ehemals 42, aktuelle Ansicht; Foto: Michael Düsing

trieb. Bereits seit Juli 1901 besaß Samuel Kroch die Mühle in Krummenhennersdorf, dazu einige Wald-, Wiesen- und Feldflurstücke. Gegenüber der Mühle entstand – ebenfalls nach Plänen und Ausführung des Baumeisters Fröhlich – ein Sommerhaus, dem schrittweise ein Ausschank und Restaurationsbetrieb hinzugefügt wurde.

Faksimile Briefkopf Kroch Jr. Mühlenwerke in Krummenhennersdorf; Quelle: Kreisarchiv Freiberg, Bauakte 88-3

Die Baupläne stießen immer wieder auf heftigen Widerstand, unter anderem durch den Sächsischen Heimatschutzverein. 1913 wechselte Kroch, um den Baufortschritt nicht weiter zu gefährden, den Bauträger. Die Allgemeine Hochbaugesellschaft GmbH Chemnitz (Hauptsitz Düsseldorf), die bereits vorher das Kaufhaus Tietz in Chemnitz errichtet hatte, sollte die Pläne zu Ende führen. Der Ausbruch des I. Weltkriegs verzögerte endgültig alle Pläne. Da das ab 1916 teilweise fertiggestellte Sommerhaus während des I. Weltkrieges als Lazarett für zeitweilig um die 80 Soldaten genutzt wurde, entstand 1920/21 die Vision des Umbaus in ein Sanatorium, die jedoch ebenfalls nicht recht vom Fleck kam. Schließlich verkaufte Kroch 1923 das Anwesen an Arthur Wünschmann, der ein Jahr zuvor bereits die Mühle erworben hatte. Aber 1925 erfolgte der Weiterverkauf an den „Bund für eine lebendige Volkskirche" e.V. in Dresden als „Kirchliches Bundeshaus", offen für „Kurse, Freizeiten und kirchliche Veranstaltungen". In der DDR-Zeit blieb es in dieser Nutzung für die Evangelische Landeskirche Sachsen als Pastoralkolleg.

Um das Haus Burgstraße 42 (40) in Freiberg setzte mit dem Machtantritt der Nazis ein immer heftigeres Kesseltreiben gegen den jüdischen Besitzer ein. Als Beispiel mag eine Beschwerde vom 04. Mai 1939 durch den Mieter Walter Kaul beim Freiberger Oberbürgermeister gelten: *„Wir wollen der*

Allgemeinheit nicht noch zumuten, die Kosten, wegen der gelinde gesagt: unverantwortlichen Art der Hausverwaltung, welche sie nicht blos in diesem fall an den Tag gelegt hat, jüdischen Interessen zuliebe bezahlen zu müssen…" (Fehler im Original).[190]

Exakt am 23. Dezember 1943 wurde das Krochsche Anwesen endgültig „entjudet" und „arisiert".[191] Ilse Kroch gelang die Flucht vor den Nazis in die Emigration. Hans Kroch, Sohn von Samuel Kroch (1887 – 1970), wurde am 10. November 1938 von der Gestapo in Leipzig verhaftet und in das KZ Buchenwald, später in das KZ Sachsenhausen, verschleppt. Erst nachdem er im Namen aller Familienmitglieder eine Verzichtserklärung auf das Gesellschaftsvermögen des Bankhauses Kroch abgegeben hatte, wurde er freigelassen und die Bank schließlich von der Industrie- und Handelsbank AG übernommen. Hans Kroch gelang zusammen mit seinen Kindern die Flucht nach Amsterdam. Später emigrierte er nach Argentinien und wanderte schließlich nach Israel aus, wo er in Jerusalem einen Hotelkomplex errichtete. Seine Ehefrau **Ella Kroch, geb. Baruch** (geboren am 16. Juli 1896 in Karlsruhe), die zunächst zur Verdeckung der Flucht zurück blieb, wurde jedoch bei ihrer eigenen Flucht verhaftet. Sie kam 1940 ins KZ Ravensbrück und wurde dort am 12. Mai 1942 ermordet.[192]

Nathan Wangenheim kam am 25. Oktober 1888 von Stettin nach Freiberg. Geboren wurde er 1862 in Pasewalk. Sein Vater Louis Wangenheim (1811 – 1891) war ein Pferdehändler aus Pasewalk. 1890 heiratete Nathan Wangenheim in Freiberg **Leonore, geb. Boas** 1863 in Grätz. Ihr Vater, Gottschalk Boas, geboren 1826, war wohlhabend, besaß ein großes Gut, eine Bäckerei und eine Mühle in Grätz. Enkel Lutz Rosenthal schrieb in seinen Lebenserinnerungen: „Ich erinnere mich, wie Oma Geschichten über wunderbare Ferien in der Kindheit in Grätz und das ländliche, aber reiche Leben dort erzählte. Dann, nach dem I. Weltkrieg, wurde die Provinz Posen Polen angegliedert; es gab einen Volksentscheid und die Menschen konnten entscheiden, ob sie bleiben oder

Weingasse

Nathan und Leonore Wangenheim; Quelle: Archiv Düsing

Nathan Wangenheim vor
seinem Geschäft Weingasse,
Aufnahme 1911;
Quelle: Archiv Düsing

Weingasse 3 genau 100 Jahre
später im Jahr 2011,
Foto: Michael Düsing

nach Deutschland gehen. Die Familie meiner Großmutter, als gute Deutsche, die sie waren, entschied sich für letzteres, verkaufte alles und ging nach Berlin. Wir hatten eine Menge Verwandte in Berlin… Fast alle diese Verwandten starben im Holocaust. In Berlin, inmitten einer großen jüdischen Gemeinde zu leben, erschien ihnen leichter, als in einer kleinen Stadt zu wohnen, wie wir es taten; demzufolge hielten sie eine Emigration für nicht so dringend, und sie wurden vom Krieg und vom Holocaust überrascht." Zunächst eröffneten sie in der Fischerstraße 6 ein kleines Textilgeschäft, 1901 dann ihre **„Weiß-, Kurz-, Galanterie-, Putz- und Modewarenhandlung"** in der **Weingasse 3**. In der **Weingasse 8** wohnten sie (im gleichen Haus wie Samuel Rosenthal und Rosalie Saphra, geb. Spiro – siehe unter: „Burgstraße") *„Der Laden war das, was wir einen ‚five-and-ten' (‚Tante-Emma-Laden' – M.D) nennen würden. Viele Jahre gedieh er, aber nach 1910 eröffnete eine große Warenhauskette eine Filiale in Freiberg* (das Kaufhaus Schocken öffnete im März 1914 – M. D.) *und das Geschäft ging durch die Konkurrenz immer schlechter. Er investierte dann in eine Fabrik, in der Puppen hergestellt wurden, sehr billige, aber in großer Anzahl, zumeist für den Export nach Afrika, Asien und Südamerika. Zeitweise beschäftigte die Fabrik mehr als 40 Arbeiter, aber der I. Weltkrieg brachte den Export zum Erliegen und die Inflation in den zwanziger Jahren gab ihr den Rest. Als er sich zur Ruhe setzte, begann er Krankenversicherungen nach einem damals ganz neuen Konzept zu verkaufen* (er wurde Versicherungsvertreter bei der Barmer-Ersatzkasse in Freiberg – M. D.). *Ich glaube nicht, dass er damit viel Geld machte, aber er war froh, beschäftigt zu sein und freute sich über den Kontakt mit den Klienten… Es ist schwer zu beschreiben, wie idyllisch das Leben in einer kleinen deutschen Stadt wie Freiberg in den Tagen meiner Großeltern gewesen sein muss – einfach und beschränkt sicherlich, aber auch ruhig und ohne Stress… Sogar in den späteren Jahren, als es wirkliche Probleme gab – Krieg, Inflation, finanzielle Schwierigkeiten, Antisemitismus – blieb das alltägliche Leben sehr angenehm. Freiberg war eine beschauliche Stadt mittlerer Größe… mit 35.000 Einwohnern am Fuße des Erzgebirges, umgeben von wunderschönen Wäldern… Sie hat die bekannte Bergakademie – seit dem 12. Jahrhundert wurde hier Silber geschürft – und eine Kirche mit einem berühmten Figurenportal (die ‚Goldene Pforte') und zwei Silbermann-*

Orgeln. Es gibt Reste der alten Stadtmauer (Freiberg widerstand er-
folgreich einer Belagerung durch die Schweden während des 30jährigen
Krieges). Die Wallgräben, die die Altstadt umgeben, wurden in schöne
Parkanlagen umgewandelt. Jeden Abend nach dem Essen machten meine
Großeltern einen Spaziergang durch die 'Promenade', wie die Parks ge-
nannt wurden – Arm in Arm, wo sie Freunde trafen, von denen sie viele,
sowohl Juden als auch Nichtjuden, hatten. Tatsächlich kannte in Freiberg
jeder jeden. Es gab viel Unterhaltung im Haus. Kulturell gesehen, gab es
gelegentlich Vorlesungen an der Akademie und Vorstellungen in einem
hübschen, wenngleich provinziellen Theater... An den Wochenenden gab
es Ausflüge mit langen Spaziergängen im Wald und Pausen für ein Mit-
tagessen in einem Landgasthof. Im Sommer wurden Zimmer in einem
Bauernhaus in der Nähe gemietet und ab und zu fuhren meine Groß-
eltern nach Dresden oder nach Berlin, um die Familie zu besuchen. An
hohen jüdischen Feiertagen, Rosh Hashanah und Jom Kippur, fanden in
einem gemieteten Saal über einer Kneipe Gottesdienste statt, da es in den
besten Tagen mehr als 12 jüdische Familien in Freiberg gab (zu meiner
Zeit war die Zahl auf 4 gesunken). Mein Großvater war das Oberhaupt
der Jüdischen Gemeinde (es war jedoch keine selbstständige Gemeinde;
sie gehörte zur Jüdischen Gemeinde Dresden) und verantwortlich für die
Arrangements, obwohl er selbst nicht religiös war und meine Großeltern
auch keinen koscheren Haushalt führten. Sie wurden zunehmend den
Deutschen ähnlich und waren stolze und enthusiastische Deutsche. In
ihrem Wohnzimmer hingen Bilder von König Friedrich dem Großen von
Preußen und von Bismarck; meine Mutter erzählte mir, wie sie an den
deutschen Siegesfeiern während des I. Weltkrieges teilnahmen und viel von
ihren Goldjuwelen hergaben, um die deutschen Siegesbemühungen zu un-
terstützen, so wie „gute" Deutsche damals aufgefordert waren zu handeln.
Mein Großvater war auch sehr selbstbewusst und immer betrübt über
Juden, die zu viel Aufmerksamkeit auf sich selbst verwendeten. Wenn
wir andere jüdische Familien auf der Straße trafen und anhielten, um
zu schwatzen, wurde er nervös und drängte uns weiterzugehen – es sollten
nicht zu viele Juden in der Öffentlichkeit zusammen gesehen werden. Der
Ausdruck ‚keine Rishes machen' war einer seiner häufigsten Sprüche und
meinte: ‚Lasst uns keinen Antisemitismus verursachen'".

Die Wangenheims hatten zwei in Freiberg geborene Kinder,
Sohn Guido (geb. 1891) und Tochter Julia (geb. 1894). Guido studierte Zahnmedizin, diente im I. Weltkrieg in einem

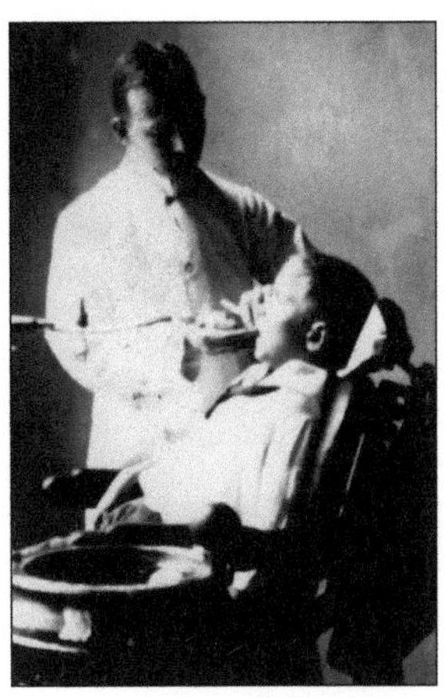

Dr. Guido Wangenheim mit
seinem ersten Patienten;
Quelle: Archiv Düsing

Das Wohnhaus der Familien
Wangenheim und Rosenthal,
Weingasse 8 im Jahr 2011,
Foto: Michael Düsing

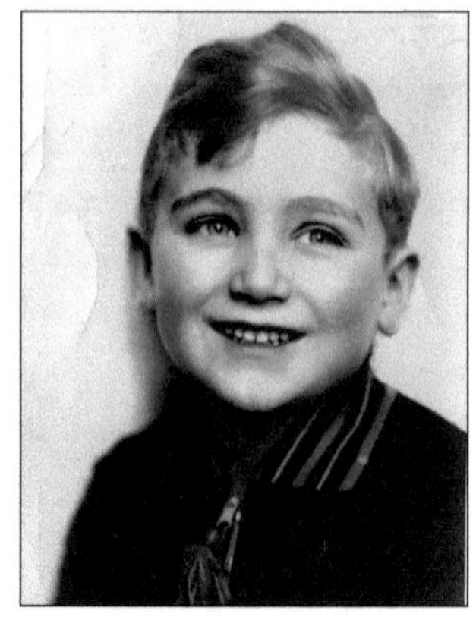

von links: Willy Rosenthal,
Julia Rosenthal, geb. Wangenheim,
Lutz Rosenthal;
Quelle: Archiv Düsing

Sanitätsbataillon und ließ sich danach als Zahnarzt in Freiberg nieder. Die Praxis von **Dr. Guido Wangenheim in der Silberhofstraße 1a** hatte bei den Freibergern einen überaus guten Ruf (Näheres unter „Silberhofstraße"). Er war mit einer nichtjüdischen Frau, **Lilly**, verheiratet, mit der er zwei in Freiberg geborene Töchter (Helga – 1924 und Edith – 1925) hatte. Wohl Anfang oder Mitte der 20er Jahre zogen **Nathan und Leonore Wangenheim** mit in das Haus ihres Sohnes Guido in der Silberhofstraße 1a. **Julia Wangenheim** heiratete 1921 den Kaufmann **Willy Rosenthal** (geb. 1890 in Dortmund). Am 18. September 1923 kam ihr Sohn **Lutz** in Freiberg zur Welt.

Als Willy Rosenthal im Dezember 1935 nach einer OP im Freiberger Krankenhaus überraschend starb und 1936 Dr. Guido Wangenheim mit Frau und Kindern aus Deutschland nach Palästina geflohen war, „zogen meine Großeltern mit meiner Mutter und mir um", erinnerte sich Lutz Rosenthal. „*Es war eine kleine Wohnung* (Gabelsberger Str. 51 – M. D.) *und es war schwer für alle. Im folgenden Jahr emigrierten wir alle nach Palästina.*"…

Nathan Wangenheim verstarb 1939 in Palästina. „*Großmutter überlebte ihn um dreieinhalb Jahre… Die letzten Jahre ihres Lebens waren voller Leid. Ich erinnere mich noch immer an sie, wie ich an ihrem Bett saß und sie immer weinte, wenn wir sie besuchten. Im November 1942 fiel sie und brach ihre Hüfte; einen Monat später starb sie an Lungenentzündung. Meine beiden Großeltern sind auf dem Nahlet Jizchak Friedhof in der Nähe Tel Avivs begraben.*"[193]

„Parfümerie- und Seifengeschäft Wreschinski" hieß ein kleiner Laden in der **Thielestraße 2**. **Wilhelm Wreschinski**, geboren am 23. August 1839 in Mogilno, hatte es in Freiberg gegründet und wurde im Freiberger Adressbuch als „Seifenfabrikant" geführt. Als er 1891 im Alter von nur 52 Jahren an einer chronischen Herzkrankheit starb (seine Grabstelle befindet sich auf dem Neuen Israelitischen Friedhof in Dresden), führte seine Witwe **Pauline**, 1849 geboren, Geburtsname **Hepner**) das Geschäft bis zu ihrem Tod 1914 – mit einer Unterbrechung zwischen 1903 und 1910 – weiter. In dieser Zeit wohnte Pauline Wreschinski vermutlich in Hildesheim, wo Tochter Regina seit 1896 lebte und verheiratet war. Das Ehepaar Wreschinski hatte fünf Kinder, alle noch vor der Freiberger Zeit in Gnesen bzw. Wreschen geboren. Die jüngste Tochter, **Ida Rosa** war 1887 geboren worden.[194]

Wann Ida ihren vermutlich nichtjüdischen Ehemann **Paul Hermann Wunderlich** heiratete, ist nicht bekannt, auch nichts über das Los dieser Verbindung, aus der am 28. September 1917 **Sohn Hans-Günter** hervorging, geboren in der Thielestraße 2. 1920 kam **Tochter Ruth Ingeborg** in Freiberg zur Welt. In den 20er und Anfang der 30er Jahre muss sich Ida Wunderlich mit einem sog. „Privatmittagstisch" durchgeschlagen haben, während ihr Ehemann das Seifengeschäft weiterführte. Sohn Hans-Günter besuchte von Ostern 1931 bis Ostern 1934 die Berufsschule Freiberg. Im März 1936 verließ Ida Wunderlich mit ihrem Sohn Hans-Günter Freiberg und zog zu Verwandten nach Berlin – wie so viele Juden auf die Anonymität der Großstadt hoffend. Ob sie zu diesem Zeitpunkt von ihrem Ehemann geschieden war, der offensichtlich in Freiberg blieb, ist nicht bekannt. Mit dem 9. Transport Berliner Juden von Berlin nach Riga (dem gleichen, mit dem auch die Freiberger Grete und Max Pinkus deportiert wurden – siehe unter „Poststraße") wurde sie am 19. Januar 1942 in das Ghetto Riga deportiert. Der Transport erreichte mit 1.002 Personen am 23. Januar 1942 Riga – in „gedeckten" Güterwagen, trotz der damals herrschenden Kälte.[195] Ihr Sohn Hans-Günter wurde am 3. Februar 1943 nach Auschwitz verschleppt. Es war der 28. Transport

Thielestraße 2 im Jahr 2011,
Foto: Michael Düsing

aus Berlin, der mit 952 Personen am 4. Februar 1943 im Vernichtungslager Auschwitz-Birkenau ankam. Die meisten von ihnen waren offenbar Kranke und Alte aus dem Jüdischen Hospital in der Berliner Auguststraße 17 und dem Jüdischen Krankenhaus Berlin-Moabit. Ihre Selektion erfolgte an der „alten Judenrampe" in Auschwitz. Von den 952 Deportierten wurden nur 181 Männer und 106 Frauen als „arbeitsfähig" ausgesondert. Alle anderen, darunter auch mit hoher Wahrscheinlichkeit Hans-Günter Wunderlich, wurden sofort nach ihrer Ankunft in zwei extra dazu umgebauten Bauernhäusern vergast. Die „modernen" Gaskammern und Krematorien in Auschwitz wurden erst danach, ab 15. Januar 1943 (Krematorium II) bzw. 28. Februar 1943 (Krematorium V) in „Betrieb" genommen.[196] Mutter und Sohn kehrten nie zurück.

Kreuzgasse

Eine unscheinbare Postkarte, bis heute sorgsam im Stadtarchiv aufbewahrt, gehört zu den letzten Spuren der Freibergerin Anna Fleischner, geboren am 4. Dezember 1886 im böhmischen Roznotin, und seit 1912 mit dem Schneider Otto Fleischner, geboren am 7. Juni 1884 in Dobrnice, ebenfalls Böhmen, verheiratet. Deren Tochter Margarete, geboren am 19. April 1915 in Freiberg, lebte seit 1938 in Teplitz. Sie war mit einem Ingenieur namens Lifka verheiratet. Am 21. Januar 1942 hatte sie von Teplitz aus zwei Schlüssel und diese Postkarte an das hiesige Polizeiamt auf dem Obermarkt geschickt. Auf der Karte erklärte sie, dass ihre Mutter Anna Fleischner

Familienfeier, re oben:
Otto Fleischner, erste R. Mitte:
Anna Fleischner, re daneben:
Tochter Margarete;
Quelle: Archiv Düsing

Postkarte von Margarete Lifka; Quelle: Stadt A FG, Xa, K, 1, Bd. 3

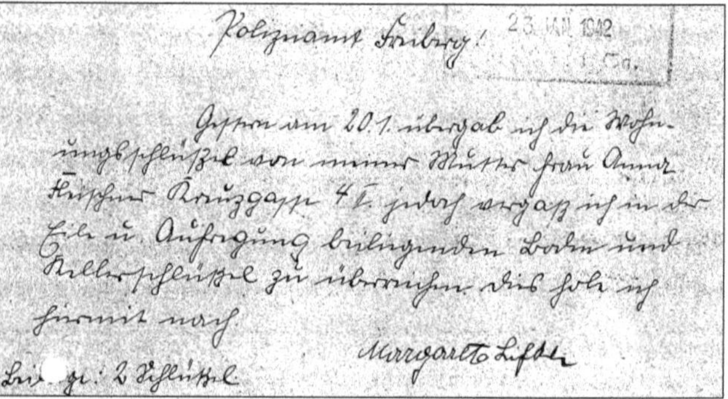

am Vortag bei der Übergabe der Wohnungsschlüssel von der **Kreuzgasse 4** in der „Eile und Aufregung" vergessen habe, auch die Boden- und Kellerschlüssel mit zu übergeben. Eine polizeiliche Empfangsnotiz bestätigte korrekt den Erhalt.[197] Die „Eile und Aufregung" hatte ein wenige Tage zuvor an Anna Fleischner ergangener Bescheid zur „Evakuierung" ausgelöst. Eiligst musste sie einige in Art und Umfang exakt vorgeschriebene Habseligkeiten packen, die die damals 55-jährige für einen, wie es im amtlichen Schreiben vermutlich hieß, „längeren Arbeitseinsatz" benötigen würde. Die Freiberger Ordnungspolizei versiegelte ihre Wohnung. Es ist anzunehmen, dass sie unter deren Begleitung zum Sammelplatz nach Dresden gebracht wurde. Hier ging sie am 21. Januar 1942 (übrigens einen Tag nach der berüchtigten Berliner Wannsee-Konferenz) in einem aus Leipzig kommenden Personenzug 3. Klasse „auf Transport". Ahnte sie, was auf sie wartete?

Victor Klemperer, ein wegen seiner jüdischen Abstammung entlassener Hochschullehrer in Dresden, hatte akribisch Tagebuch über die fortschreitende Demütigung und Verfolgung der Juden in seiner Umgebung geführt. Darin notierte er auch Gerüchte über die bevorstehende „Evakuierung" sächsischer Juden. Am 13. Januar 1942 vermerkte er, es seien „evakuierte Juden bei Riga reihenweise, wie sie den Zug verließen, erschossen worden".[198] Tatsächlich waren an einem einzigen Tag, dem sogenannten „Rigaer Blutsonntag" am 30. November 1941, rund 27.500 lettische Juden in einem nahe gelegenen Wald erschossen worden. Dies geschah, um für die aus deutschen Städten seit Ende November 1941 eintreffenden Deportationszüge im total überfüllten Rigaer Ghetto „Platz zu machen".[199] Doch zuvor hatten Ordnungspolizei, SS und lettische Hilfstruppen 1.053 Berliner Juden „aus dem Zug heraus" ermordet. Ihr Zug war im frühen Morgengrauen dieses verhängnisvollen Novembertages, noch vor Beginn der Erschießungsaktion der lettischen Juden – gewissermaßen „zu früh" – eingetroffen. Die SS wollte sich „logistische" Probleme ersparen und eine „Störung" der geplanten eigentlichen Aktion vermeiden. Knapp zwei Monate später, am 24. Januar 1942, kam Anna Fleischner zusammen mit weiteren 772 Juden aus sächsischen

Kreuzgasse 4 im Jahr 2011,
Foto: Michael Düsing

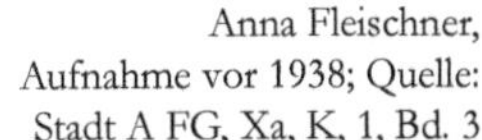

Anna Fleischner,
Aufnahme vor 1938; Quelle:
Stadt A FG, Xa, K, 1, Bd. 3

Städten in Riga an. Von diesen 772 Menschen erlebten nur 47 die Befreiung.[200] Anne Fleischner war nicht darunter. Sie hatte ihren Mann, den Freiberger Schneider **Otto Fleischner,** nur um wenige Jahre überlebt. Er war schon rund sechs Jahre zuvor durch den unbarmherzigen Rassenterror der Nazis in den Tod getrieben worden. Seine kleine Schneiderei und Nähstube in der Kreuzgasse 4 hatte nach dem Machtantritt der Nazis1933 immer weniger Kunden. Schon nach dem Erlass der Nürnberger Rassengesetze 1935 häuften sich wiederkehrende, demütigende Hausdurchsuchungen, von denen Protokolle im Freiberger Stadtarchiv noch heute zeugen. Er verlor nicht nur seine Kundschaft, sondern mehr und mehr auch Freunde und Bekannte. In tiefer seelischer Not und voller Verzweiflung stürzte sich Otto Fleischner am Morgen des 17. Februar 1936 aus dem Fenster seiner Wohnung im zweiten Stock und verstarb wenige Stunden danach im Freiberger Krankenhaus.[201]

Poststraße

Das Ehepaar **Max und Grete Pinkus** führte in der **Poststraße 16** einen „**Wollwaren- und Trikotagenhandel**". Grete war die Tochter der in Freiberg nach der Jahrhundertwende bekannten jüdischen Kaufmannsfamilie Dobkowsky. Sally (geb. 1863) und Franziska Dobkowsky (geb. Brotzen 1864) waren 1901 aus Ostpreußen (Allenstein, heute: Olsz-

Grab von Franziska Dobkowsky auf dem Neuen Israelitischen Friedhof in Dresden, Grab-Nr. ATL 17/12; Foto: Projekt Shalom

Schülerkarte von Werner Pinkus; Quelle: StadtA FG

tyn) nach Freiberg zugezogen. Sie hatten sechs Kinder: **Arno** (Aron), **Betty, Toni, Grete, Frieda** und **Theo**. Grete wurde am 10. Februar 1893 in Allenstein geboren und heiratete 1921 in Freiberg Max Pinkus, geboren am 21. März 1887 in Gatersleben bei Quedlinburg. 1922 übernahmen sie das Textilgeschäft der Eltern in der Poststraße, nun bekannt unter dem Namen **„Dobkowsky & Co."** Das Geschäft lief nach dem Machtantritt der Nazis immer schlechter. Nur noch heimlich wagten Freiberger ihren Einkauf dort. Als der Naziterror seinem vorläufigen Höhepunkt zusteuerte, verstarben die Eltern, Mutter Franziska 1936, Vater Sally 1939.[202]

Anwohner des Hauses versuchten, der Familie durch kleine Aufmerksamkeiten zu helfen. Ihr Geschäft aber war ruiniert. Sie verloren ihre wirtschaftliche Existenz. Verzweifelt versuchten Max und Grete einen Ausweg aus der immer bedrohlicheren Lebenssituation zu finden. Flucht war undenkbar. Aber es gelang ihnen, ihren Sohn Werner im Frühjahr 1939 mit einem Kindertransport nach England zu retten.[203]

Der heute in Israel lebende Sohn schrieb vor Jahren nach Freiberg: *„Ich bedauere sagen zu müssen, dass ich nichts über meine lieben Eltern Max und Grete gehört habe. Ihre Briefe, die mir durch das Rote Kreuz zugeschickt wurden, hörten mit dem Ausbruch des Krieges auf, anzukommen. Nach dem Ende der Feindseligkeiten gelang es mir nicht, irgendwelche zuverlässigen Informationen zu bekommen."*[204]

Sally und Franziska Dobkowsky, Aufnahme ca. 1890; Quelle: Archiv Düsing

Arno und Elsbeth Dobkowsky; Hochzeitsreise, Aufnahme in Dresden; Quelle: Archiv Düsing

„Judenkennkarte" von Werner Pinkus; Quelle: Archiv Düsing

Ursula Dobkowsky, heute Ester Golan, kurz vor dem Kindertransport nach England, Aufnahme um 1938 in Berlin; Quelle: Archiv Düsing

Werner (Willy) Pinkus im
Kreis seiner Familie im
Kibbuz Kfar Hanassi, Israel;
Foto: privat

Lutz Rosenthal, der als 14jähriger mit seiner Mutter Julia und den Großeltern Nathan und Leonore Wangenheim 1937 nach Palästina flüchten konnte[205], glaubte nach dem Krieg gehört zu haben, die Eltern Pinkus seien auf einem Deportationsschiff der SS nach Riga 1943 umgekommen, als dieses torpediert wurde. Er schilderte diese Vermutung auch in einem Brief in den 90er Jahren an den Autor. Die Stolpersteine für Max und Grete Pinkus tragen daher diese Inschrift. Inzwischen belegen jedoch intensivere Recherchen sowohl im Bundesarchiv wie auch in der Opferdatei der Holocaust-Gedenkstätte Yad Vashem in Jerusalem, dass beide ein Jahr früher, mit demselben Deportationstransport per Eisenbahn am 19. Januar 1942 von Berlin aus in das Ghetto Riga kamen, mit dem auch die Freibergerin Ida Wunderlich in den Tod geschickt wurde.[206] Vermutlich hatten Max und Grete Pinkus versucht, in der Anonymität der Großstadt Berlin eine rettende Lösung – vor allem für die Kinder – zu finden. Auch ihre Verwandten, **Arno** (der Bruder von Grete) und **Elsbeth Dobkowsky** waren 1937 vom niederschlesischen Glogau (heute: Głogów) aus nach Berlin gekommen. Deren Kinder Ursula, Peter und Marianne-Renate wurden zusammen mit ihrem Cousin **Werner Pinkus,** im März 1939 mit den Kindertransporten von Berlin aus nach England gerettet. Die Eltern überlebten nicht.
Sie wurden in Theresienstadt bzw. Auschwitz ermordet.
Noch bis 1942 hatte Ursula über das Internationale Rote Kreuz Briefe ihrer Eltern erhalten, bis der Kontakt endgültig abbrach. **Ester Golan**, wie die heute in Jerusalem lebende Autorin inzwischen heißt, bewahrte diese Briefe auf und veröffentlichte sie 1995 in dem ergreifenden Buch „Auf Wiedersehen in unserem Land". Sie schildert darin die furchtbaren

Hochzeitsfoto Toni Dobkowsky
mit Erich Kaltofen;
Quelle: Archiv Düsing

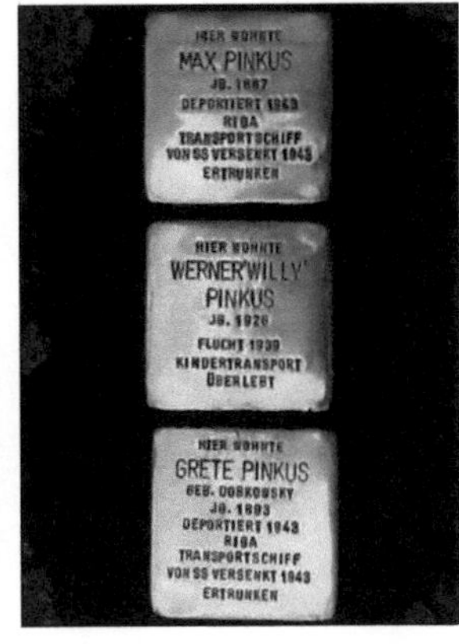

Der Freiberger Günter Wunderlich übergibt Aviva Lynton ein Klassenfoto mit ihrem Vater Werner Pinkus anlässlich der Verlegung von Stolpersteinen am 6. Juli 2007 in der Freiberger Poststraße; Foto: Flavia-Annabell Sabath

Stolpersteine für Familie Pinkus, Poststraße 16; Quelle: Archiv Düsing

Erlebnisse der Trennung der Kinder von ihren Eltern, die Hoffnung, die Eltern wieder zu sehen und die Tragik, nach dem Krieg von der Ermordung der Eltern und unzähliger Verwandter erfahren zu müssen.[207] „*Ich selbst wurde …von einer englisch-jüdischen Familie adoptiert*", schrieb Werner Pinkus, der seitdem „Willy" genannt wurde. „*Ich blieb bis 1947 in England und ließ mich dann in Palästina, dem späteren Israel, nieder.*"[208] Von den sechs Kindern der Eltern Sally und Franziska Dobkowsky gelang nur **Betty** die Flucht. Sie hatte in eine bekannte jüdische Familie nach Bremen geheiratet und konnte noch rechtzeitig mit ihren drei Söhnen auswandern. **Frieda** verstarb sehr jung an Tuberkulose. **Toni** (geboren am 16. November 1898) heiratete lange vor dem Krieg den Dorfschullehrer Erich **Kaltofen** im erzgebirgischen Drebach und trat zum Christentum über. Es half ihr nichts. Sie wurde 1942 nach Theresienstadt deportiert und fand 1943 in Auschwitz

Ester Golan mit Freiberger Jugendlichen des CJD-Shalom-Projekts 1998 in Dresden; Foto: Michael Düsing

ihren Tod. Ihre Tochter **Marianne** entkam über Frankreich nach England.[209] Bruder **Theodor**, der jüngste der Geschwister, im I. Weltkrieg Offizier im kaiserlichen Heer und mit dem Eisernen Kreuz ausgezeichnet, war in der sogenannten „Reichskristallnacht" im November 1938 verhaftet und in das KZ Buchenwald verschleppt worden. Da er Auswanderungspapiere nach Ecuador vorweisen konnte, entließ man ihn nach einigen schrecklichen Wochen. Im Exil verstarb er 1963 an den Folgen der im KZ erlittenen Torturen.[210] Wie **Aviva Lynton**, Tochter von Werner Pinkus, besuchte auch ihre Tante, Ester Golan, inzwischen mehrfach Freiberg, die Stadt der Großeltern. Im November 2005 gab es eine bewegende Begegnung des Autors mit Werner „Willy" Pinkus und Tochter Aviva anlässlich der in Ness Ziona, der Partnerstadt Freibergs, gezeigten CJD-Ausstellung „Jüdische Familien in Freiberg – Dokumentation und Erinnerung".[211]

„Die Verlegung der Stolpersteine für meine Großeltern Max und Grete Pinkus und für meinen Vater Werner, der überlebt hat und mit uns in Israel lebt, ist eine große Erfüllung für uns. Ich bin zutiefst dankbar dafür, dass ich diese Ehrung und Erinnerung in Freiberg zusammen mit meinem Mann Eric erleben konnte, einerseits wegen der persönlichen Bedeutung, die diese Steine für uns selbst haben, zugleich aber auch, um unseren großen Respekt für alle Ihre Anstrengungen zur Realisierung dieses Gedenkens auszudrücken". Diese Zeilen schrieb Aviva Lynton, Tochter von Werner Pinkus, an die Freiberger Initiatoren nach ihrem Besuch in Freiberg im Juli 2007 anlässlich der Verlegung der Stolpersteine für ihre Großeltern und den Vater.[212]

kl. Bild links: Poststraße, am linken Bildrand ist das Textilgeschäft Dobkowsky, Poststraße 16, erkennbar, historische Aufnahme; Quelle: Archiv Düsing
gr. Bild rechts: Poststraße 16, aktuelle Ansicht
Foto: Michael Düsing

Am **Roten Weg 17** wohnte in den 30er Jahren der Büroleiter des Freiberger Schocken-Kaufhauses, **Kurt Günzburger**, mit seiner Familie. Geboren 1897 in Berlin in einer gut situierten Fabrikantenfamilie, hatte er in Zwickau eine Lehre als Kaufmann absolviert, dort seine spätere (nichtjüdische), aus Leipzig stammende Frau **Dora** kennen gelernt, die er 1924 heiratete. 1916 bis 1918 war er Kriegsteilnehmer in einem sächsischen Feldartillerieregiment und erhielt dafür vom sächsischen König die „Friedrich-August-Medaille" in Bronze und Silber. Nach Anstellungen als Buchhalter in Zwickau, unter anderem bei den Horchwerken, begann er 1926 für das Schocken-Unternehmen zu arbeiten. Er war Abteilungsleiter in verschiedenen Warenhäusern, zunächst in Cottbus, kurzzeitig auch in Stuttgart und Waldenburg. Schließlich trat er am 27. Dezember 1929 eine Stelle als Büroleiter des Schocken-Kaufhauses in Freiberg an.

1931 wurde Tochter **Eleonore** in Freiberg geboren.

Kurt Günzburger muss ein sehr beliebter Personalchef gewesen sein, glaubt man den Erinnerungen ehemaliger Angestellter, die in den letzten Jahren noch befragt werden konnten. Er

Roter Weg 17 im Jahr 2011
Foto: Michael Düsing

Kurt Günzburger,
Passfoto 1938, Freiberg;
Quelle: Archiv Düsing

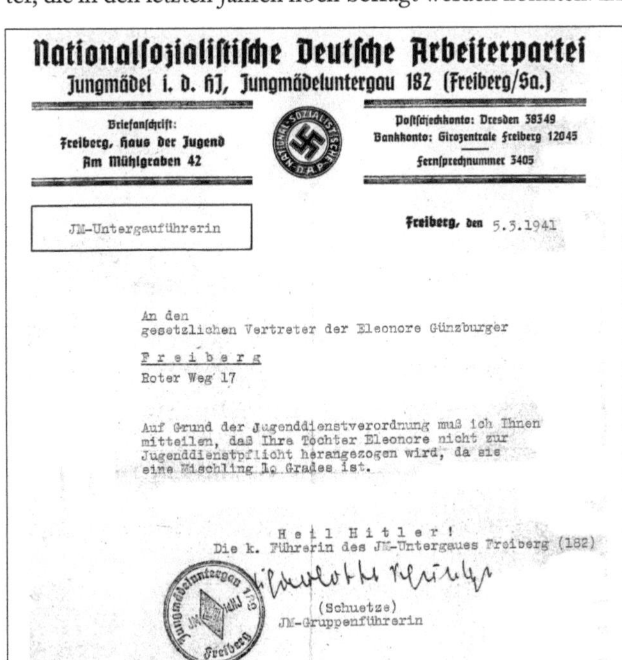

Schreiben NSDAP-Jung-
mädchen-Untergau Freiberg
vom 5. März 1941;
Quelle: Archiv Düsing

Dora und Kurt
Günzburger in Chile,
Aufnahme April 1951; Quelle:
Archiv Düsing

sei ein „ausgezeichneter Verwaltungskaufmann", bescheinigte ihm denn auch die Schocken-Zentrale, als sie das Arbeitsverhältnis mit ihm wie mit allen noch verbliebenen jüdischen Angestellten im Frühjahr/Sommer 1938 aufheben musste. Salman Schocken war gezwungen worden, seinen Konzern verlustreich an „arische" Eigentümer zu verkaufen. Dem Juden Günzburger half nicht, dass er noch 1934 das von Reichspräsident Paul von Hindenburg gestiftete Ehrenkreuz für Frontkämpfer verliehen bekommen hatte.

In der Pogromnacht im November 1938 wurde er zusammen mit anderen Freiberger Juden verhaftet und in das KZ Buchenwald verschleppt. Noch am gleichen Tag, am 11. November 1938, zog das Freiberger Polizeiamt die Reisepässe von Kurt und Dora Günzburger ein. Bis Ende Dezember 1939 wurde Günzburger im KZ Buchenwald gefangen gehalten und erst entlassen, als er sich verpflichtet hatte, Deutschland umgehend – ohne Frau und Kind – zu verlassen.

Es gelang ihm, ein Visum für Chile zu erhalten. So lebte er ab Oktober 1939 in Temuco, Chile. Ehefrau Dora sah er erst 1949, nach zehn Jahren Trennung, wieder – seine Tochter nie. Sie starb 1947, mit nur 16 Jahren, in Freiberg an Diphtherie und Lungenentzündung.

Später, viele Jahre nach Kriegsende, schilderte Kurt Günzburger in einer eidesstattlichen Versicherung, was seine Tochter Lore als „Judenkind" in Freiberg hatte erdulden müssen: *„Den ersten Schock erlitt Lore, als Nachbarkinder ihr erklärten, dass sie nicht mehr mit ihnen spielen dürfte, da sie Jude wäre, obwohl sie zu dieser Zeit bereits evangelisch getauft war. Nach meiner Verhaftung und siebenwöchentlichem Aufenthalt im Konzentrationslager Buchenwald kehrte ich mit geschorenen Haaren nach Hause zurück und Lore war in ihrem 7ten Lebensjahr so entsetzt, dass sie mir sagte, sie könnte mit mir nur auf die Straße gehen, wenn ich einen Hut aufsetzte.*

Schon während ihres Schulbesuchs der Volksschule wollte oder sollte Lore Klavierunterricht bekommen, aber dies wurde ihr versagt, ebenso wie sie bei Umschulung im Jahre 1941 nicht die Oberschule, sondern nur die Mittelschule besuchen durfte. Da Lore Mischling I. Grades war, wurde sie während ihres Mittelschulbesuches von verschiedenen Lehrern und auch Mitschülerinnen geschnitten, war von kulturellen Veranstal-

tungen gänzlich ausgeschlossen, was sich dann schlagartig nach 1945 änderte. Da Lore ständig in ihrer Klasse die erste Schülerin war, wollte sie nach beendetem Schulbesuch im Jahre 1947 zur Universitätsvorschule nach Chemnitz, da sie – da nur 16 Jahre alt – auf der Universität in Leipzig nicht zugelassen wurde.

Während der Examensarbeiten erkrankte Lore an Diphtherie, wurde ins Krankenhaus eingeliefert, wo sich noch eine doppelseitige Lungenentzündung dazugesellte und verstarb am 30. Juni 1947" [213]

Schülerausweis von Tochter Eleonore 1940; Quelle: Archiv Düsing

Kurt Günzburger hatte auch seine Eltern verloren. Sie waren im Januar und Februar 1945 im KZ Bergen-Belsen ums Leben gekommen. Nach Kriegsende versuchten die Günzburgers, die Spur von Verwandten in aller Welt wiederzufinden. Sie wussten nicht, wer wo überlebt hatte.

Bruder Fritz schrieb im August 1945 an Kurt: *„Der lb. Vater ist im Januar und die lb. Mutter im Februar 1945 in Bergen Belsen an Schwäche gestorben… Die Eltern waren im soge. Altersheim, Baracke 28, untergebracht gewesen. Sie brauchten da nicht zu arbeiten und hatten auch andere kleine Entgegenkommen, die sie aber nicht vor dem Verhungern schützten. Die schlimmste Zeit haben sie nicht mehr mitzumachen brauchen. Die Zeit, wo die Evakuierten aus den anderen Lagern nach Belsen kamen und das Lager überfüllt war und schreckliche Krankheiten ausbrachen, an denen die Opfer unter großen Schmerzen starben…Die Eltern wurden Anfang März 1943… von zu Hause weggeholt und kamen erst nach Westerborck, dem holländischen Durchgangslager… Diesen Winter haben die lb. Eltern nun nicht überlebt. Ich hoffte immer, dass sie nach Palästina ausgetauscht worden waren, aber leider war diese Hoffnung eitel."* [214]

1966 übersiedelte das Ehepaar Günzburger aus Chile nach Herne ins Ruhrgebiet.

Sein Bruder Fritz, der sich mit Familie in Holland versteckt gehalten hatte und im holländischen Widerstand gegen die Nazi-Besatzer aktiv gewesen war, hatte sich dort eine neue Existenz aufgebaut.

Kurt Günzburger starb 1976, seine Frau 1994.

Bahnhofstraße

Gedenkstein auf dem Neuen
Israelitischen Friedhof
in Dresden für die Gefallenen
des I. Weltkrieges.
An 3. Stelle auf der Ost-Tafel ist
der Name Kurt Luft verzeichnet.
Fotos: Projekt Shalom

NSDAP-Rundschreiben
vom 17. November 1936;
Quelle: StadtA FG

„Über unsere Erfahrungen bei der Auswanderung kann ich Ihnen nicht schreiben. Mein altes Herz hat das alles zur Ruhe gelegt und ich habe nicht die Kraft, es wieder neu zu beleben", schrieb **Erna Seligman, verwitwete Luft**, 1992 nach Freiberg.[215]

Erna Luft war im Frühjahr 1937, gemeinsam mit Ehemann **Paul Luft**, **Sohn Johannes** und Schwiegermutter **Rosa Luft**, die Auswanderung in das damalige britische Mandatsgebiet Palästina gelungen. In den zwanziger Jahren hatte die 1902 in Buttenheim bei Bamberg geborene Erna Weißmann den Freiberger Kaufmann Paul Luft in Freiberg geheiratet.

Sie führten gemeinsam das vom Schwiegervater **Isidor Luft** gegründete **„Schnittwarengeschäft I. Luft"** auf der Bahnhofstraße 10/Ecke Wernerplatz. Isidor war im Januar 1886, kurz vor seinem 24. Geburtstag, aus Schlesien nach Freiberg gekommen, um hier als ausgelernter Kaufmann eine neue Existenz begründen zu können. 1893 heiratete er seine ebenfalls aus Schlesien stammende Braut Rosa, die gerade 18 Jahre alt wurde, in seinem Geburtsort Peiskretscham bei Gleiwitz (heute polnisch Pyskowice).

1894 und 1895 kamen die **Söhne Paul und Kurt** in Freiberg zur Welt. Isidor Luft starb im Alter von nur 53 Jahren im August 1915 in Freiberg. Seine Witwe Rosa musste nur ein Jahr später auch den Tod ihres jüngsten Sohnes Kurt verkraften. Er fiel als Unteroffizier eines Infanterieregiments im Juli 1916.[216] Sohn Paul übernahm schon nach dem Tod des Vaters das Textil- und Weißwarengeschäft. Er führte es nach seiner Hochzeit gemeinsam mit seiner Ehefrau Erna. Am 17. April 1927 kam ihr Sohn Johannes in Freiberg zur Welt.

Paul Luft war nicht nur ein erfolgreicher und anerkannter Geschäftsmann, sondern setzte sich auch in den 20er und 30er Jahren sehr aktiv für die wenigen jüdischen Familien und jüdischen Studenten in Freiberg ein, indem er für sie Gottesdienste zu hohen jüdischen Feiertagen organisierte. Dazu kam jeweils ein Kantor aus der jüdischen Gemeinde in Dresden angereist. Die Gottesdienste fanden in angemieteten Räumen Freiberger Gasthöfe, z. B. im „Stadt Dresden" an der Dresdner Straße statt. Paul Luft setzte damit die Tradition

des ebenso rührigen Freiberger Kaufmanns Nathan Wangenheim fort, der ab 1903 solche Gottesdienste in Freiberg organisieren half, seinerzeit meist in der Gaststätte „Hornmühle".
Mit dem Machtantritt der Nazis wurden die Lufts Schritt für
Schritt in den Ruin getrieben.

1936 mussten sie ihr Geschäft aufgeben. Selbst dann noch
hetzten die Nazis weiter.

In einem Rundschreiben der NSDAP-Ortsleitung vom
17. November 1936 hieß es: „Die Tatsache, daß Freiberger
jüdische Geschäfte in letzter Zeit eine größere Reklame als
bisher entwickeln, so das jüdische Warenhaus Schocken durch
auswärtige Inserate, ferner die Judenfirma Isidor Luft durch
Flugblätter für ihren Totalausverkauf, veranlassen mich, alle
Parteimitglieder auf den bekannten Erlaß des Stellvertreters
des Führers, Pg. Rudolf Heß, hinzuweisen.

Darnach verstößt Jeder gegen die Parteidisziplin, der in einem
jüdischen Geschäft kauft oder durch seine Ehefrau oder andere Beauftragte kaufen läßt. Dieser Verstoß gegen die Parteidisziplin zieht den Ausschluß aus der Partei nach sich. Ich
werde in jedem Falle, der mir gemeldet wird, unweigerlich
durchgreifen.

Parteigenossen! Parteigenossinnen! Ich verpflichte jeden
Einzelnen von Euch dazu, überall, bei allen Volksgenossen
aufklärend zu wirken. Die Judenfrage wäre zum größten Teil

Grab von Isidor Luft
auf dem Neuen Israelitischen
Friedhof in Dresden,
Grab-Nr. NTL 14/07
Auf dem Doppelgrab ist nur die
rechte Seite beschriftet.
Der Platz links war für seine
Frau Rosa reserviert, die jedoch
nicht in Deutschland starb. Sie
war mit ihren Kindern Erna, Paul
und Enkelsohn Johannes nach
Palästina ausgewandert, wo sie
auch gestorben ist.
Foto: Projekt Shalom

Letztes Freiberger Foto der
Familie Luft vor ihrer Flucht
nach Palästina 1937.
Auf die Rückseite schrieben sie:
„Auf baldiges Wiedersehen",
von li.: Sohn Johannes,
Großmutter Rosa,
Mutter Erna, Vater Paul;
Quelle: Archiv Düsing

Bahnhofstraße 10 im Jahr 2011.
Hier hatte Isidor Luft sein
„Schnittwarengeschäft I. Luft"
Foto: Michael Düsing

schon jetzt gelöst, wenn jeder Deutsche Disziplin halten und wenn in keinem Falle beim Juden gekauft würde. Kauft in unseren deutschen Geschäften! Heil Hitler!" [217] Die Nazi-Scharfmacher nutzten also selbst noch den von ihnen erzwungenen Verkauf des Geschäfts zu übler Hetze gegen die Familie Luft. Die Familie hoffte, mit diesem Verkauf ihre Auswanderung finanzieren zu können. Dieser antisemitische Appell zeigt aber auch, dass es offenbar 1936 immer noch Freiberger, selbst „Parteigenossen", gab, die dem Geschäftsboykott nicht ohne weiteres folgten.

Als Erna und Paul Luft im März 1937 nach Palästina auswanderten, glaubten sie noch nicht, dass diese Flucht sie für immer von ihrem Geburts- und Heimatland trennen würde.

Sie ließen in einem Freiberger Fotoatelier kurz zuvor noch eine Fotografie von sich, Mutter Rosa und Sohn Johannes für die ihnen befreundeten Familien Wangenheim und Rosenthal ablichten, die auf der Rückseite den handschriftlichen Vermerk trug: „Auf baldiges Wiedersehen! Freiberg, im Januar 1937. Ihre Lufts". Kurz darauf mussten auch die Freunde, Nathan und Leonore Wangenheim sowie Tochter Julia mit Enkel Lutz Rosenthal, Freiberg verlassen. In Palästina/Israel

Johannes Luft (Yoshua Lapid),
Julia Wangenheim und Erna
Luft um 1948 in Bat Yam, Israel;
Quelle Archiv Düsing

wohnten sie direkt neben den Lufts in Bat Yam. Paul Luft betrieb dort eine eher ärmliche Schuhmacherei. Er starb schon 1948. Erna Luft litt an seinem Tod und den Qualen der Vertreibung.

Sohn Johannes besuchte eine religiöse Schule in Israel, nahm den hebräischen Namen Joshua Lapid an und sprach längst kein Deutsch mehr.

Er war Bibliothekar an der Universität in Tel Aviv gewesen, hat drei Kinder und eine große Zahl Urenkel. Im November 2005, knapp 68 Jahre nach seiner erzwungenen Flucht aus Deutschland, begegnete er – tief bewegt – seiner Freiberger Kindheit: in einer Ausstellung der Freiberger Einrichtung des Christlichen Jugenddorfwerks Deutschlands (CJD) in der israelischen Partnerstadt Freibergs in Ness Ziona, nahe Tel Aviv, unter dem Titel „Jüdisches Leben in Freiberg – Erinnerung und Verantwortung".

Erna Luft heiratete viele Jahre nach dem Krieg ein zweites Mal und zog zu ihrem Mann in die USA. 1994 begegnete der Autor der inzwischen erneut verwitweten 92jährigen klugen und liebenswerten Dame in Bethesda, nahe Washington D. C. Sie verstarb dort im Juli 1995.

Yoshua Lapid, Johannes Luft,
in der CJD-Ausstellung
2005 in Ness Ziona, Israel;
Quelle: Archiv Düsing

Lutz Rosenthal und
Erna Seligmann, verw. Luft,
1994 in Bethesda, Maryland, USA;
Foto: Michael Düsing

Max Freud; Quelle: StadtA FG

Nur selten lassen archivierte Amtsschreiben menschliche Tragödien und unmenschliche Zustände so direkt erahnen wie jene schmale Akte, die im Stadtarchiv unter: „betref. das Weingewerbe des **Max Freud**, 1934 – 1939" zu finden ist.[218] Sie dokumentiert ein Geschehen eher am Rande der nationalsozialistischer Herrschaft in Freiberg: den Amtsstreit um eine Gewerbeerlaubnis für einen kleinen jüdischen Weinvertreter, den seit 1909 in Freiberg lebenden „ausländischen" Juden Max Freud.

Er war im Juni 1883 in Gutti, einem kleinen Ort im tschechisch-polnischen Grenzgebiet um Teschen (schlesische Beskiden; poln.: Cieszyn, tschechisch: Česky Těšin) geboren worden und besaß einen Pass der „C.S.R.". Er war 1911 in Freiberg zum evangelisch-lutherischen Bekenntnis übergetreten, da seine Frau evangelische Christin und Nichtjüdin war. Mit ihr hatte er vier in Freiberg geborene Kinder, das älteste 1916 geboren, das jüngste 1923. Im I. Weltkrieg diente er im österreichischen Heer. Von Beruf eigentlich Frisör, versorgte er seine große Familie als Vertreter eines großen Weinhauses aus Bingen am Rhein. Bis zur Nazizeit offenbar durchaus mit Erfolg. Die Freiberger Polizeibehörde bescheinigte ihm ein bescheidenes „unauffälliges Leben", ein „lauteres Geschäftsgebaren", „Zuvorkommenheit gegenüber den Behörden" und patriotische, aber unpolitische Gesinnung auch gegenüber der „Regierung des nationalen Aufbruchs".

Er hoffte – wie so viele „assimilierte" Juden in Deutschland – auch nach der nationalsozialistischen Machtergreifung darauf, seine Familie weiter ernähren zu können. Die Hoffnung, der Rassenwahn der Nazis werde wenigstens „Ausnahmen" kennen, erwies sich schnell als trügerisch.

Absehbar war, dass die Nazis kaum Ausnahmen zulassen würden. Wo gesetzliche Regelungen noch fehlten, griffen sie zu Denunziation und Verleumdung. Auch Freud bekam davon einen Vorgeschmack. Die Freiberger NS-Führung meldete „erhebliche Bedenken" gegen die weitere Gewerbegenehmigung für Freud an, da er schon „vor der Machtübernahme aus seiner marxistischen Einstellung kein Hehl" gemacht habe und durch sein „anmaßendes und unfreundliches

Wesen" auffalle. Der auf das Gewerbeamt ausgeübte Druck
wurde so stark, dass sich schließlich Oberbürgermeister Dr.
Hartenstein veranlasst sah, im Februar 1938 amtsoffiziell den
Verleumdungen des Weinvertreters Freud durch die örtliche
NSDAP-Gefolgschaft zu widersprechen. In einem Schreiben
an das sächsische Wirtschaftsministerium begründete er seine
Entscheidung, die Gewerbelegitimation an Freud auch weiter
zu erteilen: Freud sei „nicht schlecht beleumdet" und selbst
die „KL der NSDAP" [219] könne *keine Gründe angeben, die für die
Ablehnung der Legimitationskarte gereicht hätten".* Mit dem „Ge-
setz zur Änderung der Gewerbeordnung für das Deutsche
Reich" schlossen die Nazis am 6. Juli 1938 alle Juden von der
Ausübung eines Gewerbes aus. Für Max Freud begann ein
verzweifelter Kampf um seine Existenz.

Die Akten belegen, dass Dr. Hartenstein immerhin versuchte,
Freud vor dem beruflichen und familiären Ruin zu bewahren.
Sofort nach Erlass des Gesetzes forderte der Oberbürgermeister Freud in einem persönlichen Gespräch auf, *„seine Firma
zu dem Nachweis zu veranlassen, dass für ihn ein arischer Vertreter
bisher nicht gefunden werden konnte".* Die (übrigens auch heute
wieder im Freiberger Raum vertretene) Weinfirma A. Wei-
gand aus Bingen am Rhein reagierte umgehend: es blieb nicht
bei einer nur förmlichen Bestätigung.

Der Unternehmenschef, der nach der „Arisierung" einer
jüdischen Vorgängerfirma alle jüdischen Angestellten übernommen hatte und entgegen den Nazigesetzen gewillt war,
sie weiterzubeschäftigen, verwandte sich für Freud. Man möge *„in Betracht ziehen, dass Herr Freud in den Reihen der an jener Zeit
mit uns verbündeten k. k. Armee den ganzen Feldzug mitgemacht hat".*
Dr. Hartenstein war über die inzwischen hoffnungslose Lage Freuds gut informiert. Jener konnte seine Schulden nicht
mehr abtragen, die u.a. aus der Versorgung für einen seiner
Söhne resultierten, der geistig behindert war. Seit Monaten
ohne Einkommen lebte er vom Verkauf seiner Wohneinrich-
tung.

Voller Verzweiflung schrieb Max Freud im März 1939 an
Dr. Hartenstein: *„Mein Weg, Herr Oberbürgermeister, ist schon
bestimmt, ich ziehe die logischen Konsequenzen der heutigen Zeit, nur*

„Judenkennkarte";
Quelle: Archiv Düsing

möchte ich meine Frau, die ich durch die Heirat als Nichtarier un-
glücklich gemacht habe dadurch retten bzw. dieser heroischen, doch heute
asthmakranken Frau das Brot durch ihren Pflegesohn wiedergeben." Er erbat als letzte Gunst die Erlaubnis, den „arischen" Pflegesohn seiner zweiten Frau als Nachfolger bei Verzicht auf eigenes Einkommen wenigstens einarbeiten zu dürfen. „Ich wäre dadurch, dass ich nun auch moralisch ganz erledigt bin, gar nicht mehr fähig zu arbeiten." Dr. Hartenstein erteilte die Erlaubnis, zweifellos wissend, dass seine Hilfsbemühungen im Geflecht von judenfeindlichen Paragrafen und hasserfüllter Verleumdung einer Diktatur, in deren Dienst und Abhängigkeit er sich selbst begeben hatte, gescheitert waren. Selbst diese elementare menschliche Geste ging Judenhassern in Freiberg noch zu weit. Freud wurde denunziert.

Am 20. Juli 1939 ließ der Vorsitzende des sächsischen Weinbauwirtschaftsverbandes das Gewerbeamt Freiberg wissen, dass eine „Freiberger Weinverteilerfirma" mitgeteilt habe, der „Jude Max Freud, Freiberg, früherer Weinvertreter" habe neuerdings bei einem Brand-Erbisdorfer Gastwirt „*Wein angeboten, vielleicht auch verkauft, ferner besitzt der Genannte auch noch ei-*

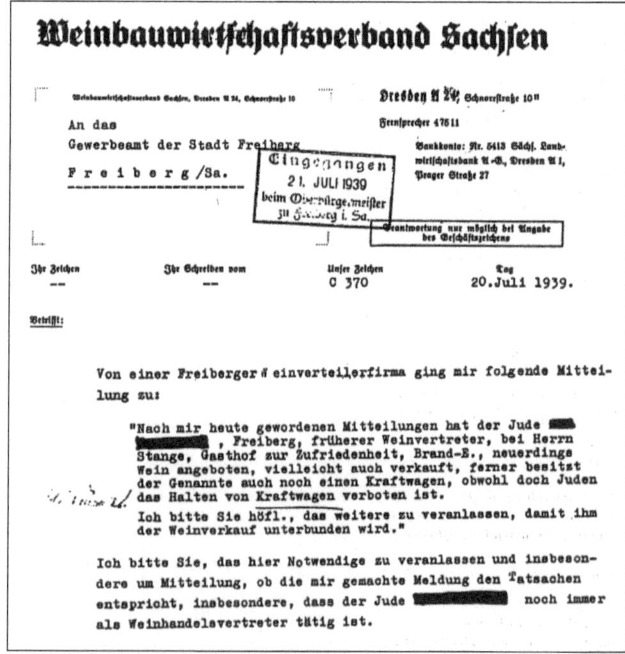

Weinbauwirtfchaftsverband Sachfen

Weinbauwirtschaftsverband Sachsen, Dresden N 24, Schnorrstraße 10   Dresden N 24, Schnorrstraße 10"

An das
Gewerbeamt der Stadt Freiberg

F r e i b e r g /Sa.

Fernsprecher 47511

Bankkonto: Nr. 5413 Sächs. Landwirtschaftsbank A.-G., Dresden N 1, Prager Straße 27

Eingegangen
21. JULI 1939
beim Oberbürgermeister
zu Freiberg i. Sa.

Beantwortung nur möglich bei Angabe des Geschäftszeichens

Ihr Zeichen	Ihr Schreiben vom	Unser Zeichen	Tag
--	--	C 370	20.Juli 1939.

Betrifft:

Von einer Freiberger Weinverteilerfirma ging mir folgende Mitteilung zu:

"Nach mir heute gewordenen Mitteilungen hat der Jude ▆▆▆▆, Freiberg, früherer Weinvertreter, bei Herrn Stange, Gasthof zur Zufriedenheit, Brand-E., neuerdings Wein angeboten, vielleicht auch verkauft, ferner besitzt der Genannte auch noch einen Kraftwagen, obwohl doch Juden das Halten von Kraftwagen verboten ist.
Ich bitte Sie höfl., das weitere zu veranlassen, damit ihm der Weinverkauf unterbunden wird."

Ich bitte Sie, das hier Notwendige zu veranlassen und insbesondere um Mitteilung, ob die mir gemachte Meldung den Tatsachen entspricht, insbesondere, dass der Jude ▆▆▆▆▆ noch immer als Weinhandelsvertreter tätig ist.

Denunziationsschreiben
vom 20. Juli 1939, Quelle:
Stadt A FG, Xa, K, 2, Bd. 9

nen Kraftwagen, obwohl doch Juden das Halten von Kraftwagen verboten ist". Es werde gebeten, „*das weitere zu veranlassen, damit ihm der Weinverkauf unterbunden wird.*" Freud geriet immer tiefer in die bürokratischen Mühlen der Judenverfolgung „von Amts wegen", die keine Ausnahme und erst recht keine Gnade vorsah. Er versuchte vergeblich, eine Auswanderungsgenehmigung in seine Geburtsheimat zu erlangen (die inzwischen kurzzeitig polnisch geworden war, bevor die Wehrmacht Polen im September 1939 angriff und auch diese Region, aus der Max Freud stammte, dem Deutschen Reich einverleibte).

Die Gestapo in Dresden setzte ihn unter Dauerdruck. Er solle sich scheiden lassen oder seine Ehe annullieren lassen, um allein auswandern zu können. Seine verzweifelten Versuche, im polnischen Konsulat ein Visum zu erhalten, scheiterten. Schließlich bot er sogar seinen Militärdienst in der Deutschen Wehrmacht an – natürlich erst recht vergeblich.

Um wenigstens seine nichtjüdische Frau und seine, nach der Terminologie der Nürnberger Rassengesetze, „halbjüdischen" Kinder zu schützen, beugte er sich dem Druck der Nazis auf „Annullierung" seiner Ehe. Wahrscheinlich ahnte er nicht, dass er damit für sich selbst den letzten Schutz in einer, wie die Nazis es nannten, „privilegierten Mischehe" verlor. Er musste die gemeinsame Wohnung (Schönlebestraße 21; zuletzt Johannisstraße 1) verlassen.

Am 30. April 1939 trat das „Gesetz über Mietverhältnisse mit Juden" in Kraft, das den Mieterschutz für Juden aufhob und Juden verpflichtete, wohnungslose Juden bei sich aufzunehmen. So wurde Max Freud nun gezwungen, in die Lange Straße 41 zu ziehen, die einem – nach Naziterminologie – „Halbjuden", Lothar Kottlarzig, gehörte.

Obwohl wirtschaftlich, sozial und selbst familiär vernichtet, sah er sich weiter mit neuen Verleumdungen konfrontiert. Beispielsweise 1940, als er durch seinen ehemaligen Vermieter in der Johannisstraße 1 angezeigt wurde. Selbst der Freiberger Polizei ging diese Anzeige zu weit. Polizeihauptwachmeister Zschocke stellte in einer Notiz Ende April 1940 dazu fest: „*Die gegen Freud gerichtete Anzeige ist daher nach hiesiger Ansicht belanglos, zumal der Anzeigenerstatter F. als ein Mensch bekannt ist, der*

Lange Str. 41 im Jahr 2011
Foto: Michael Düsing

3872

<blacked out>, Franz
geb. 28.5.12 zu Gleiwitz
Entlassen 14. JUN. 1939

<blacked out>, Eduard Pol.
geb. 27.4.86 zu Waidhofen a.d.Thaya
16. OKT. 1939 **Entlassen**

<blacked out>, Hersch Pol.
geb. 25.6.87. zu Kolomea Jude
2. III. 1942

F r e u d , Max Rasseschänder
geb. 20.6.83 in Gutty/ Jude
Teschen Tscheche
Ueberf. 6.7.42 Dachau

<blacked out>w , Dmitrij Polit.
geb. 1912 in Nowo-Ukrainka Ukrainer
Überf. Bergen-Belsen 2.5.43

Aktenblatt zur Überführung von Max Freud in das KZ Dachau, Quelle: Thüringisches HStA Weimar, NS 4, Bu-Häftlingsnummernkartei

Max Freud verließ schließlich im Juli 1940 Freiberg und zog nach Dresden. Hierher war inzwischen auch seine Ex-Frau umgezogen. Beide waren sich offensichtlich noch tief verbunden. Möglicherweise hofften sie, in der Anonymität einer größeren Stadt einander nahe bleiben zu können. Die „Ausländerveränderungsmeldung" beim Freiberger Meldeamt ist die letzte Freiberger Spur von Max Freud, die sich im Stadtarchiv finden lässt.

Durch die „Verordnung über die reinliche Scheidung zwischen Juden und Ariern in Dresden" von 1940 waren Juden gezwungen worden, bis zum 31. März 1940 in sog. „Judenhäuser" zu ziehen, von denen es in Dresden zu diesem Zeitpunkt 32 gab („um Störungen der öffentlichen Sicherheit und Ordnung zu vermeiden").

Vermutlich musste Freud in ein solches Dresdner Judenhaus ziehen, weilte aber häufig in der Wohnung seiner Ex-Frau. Das wurde ihm schließlich zum Verhängnis. Auf die letzte Spur Max Freuds überhaupt führt das „Gedenkbuch der Opfer der Verfolgung der Juden unter der nationalsozialistischen Gewaltherrschaft in Deutschland 1933 – 1945", inzwischen online einsehbar beim Bundesarchiv: Recherchen dort sowie in den Archiven der KZ-Gedenkstätten Dachau und Buchenwald offenbaren, dass gegen Max Freud am 25. November 1941 „Schutzhaft" wegen angeblicher „Rasseschändung" angeordnet worden war.

Nach fast fünfmonatiger Gestapo-Haft in Dresden wurde er am 10. April 1942 in das KZ Buchenwald verschleppt. Sein Einlieferungsschein unter der Häftlingsnummer 3872 trägt den handschriftlichen Vermerk: „hat eine arische Frau geküßt". Max Freud war im November 1941 ausgerechnet in der Dresdner Wohnung seiner Ex-Frau Ottilie, Am Zwingerteich 2, verhaftet worden. Trotz eigener schwerer Invalidität hatte seine Ex-Frau versucht, ihrem Mann offenbar auch weiterhin zu helfen und nahm ihn zeitweilig sogar bei sich auf. Vermutlich hat ein missgünstiger Nachbar Max Freud denunziert. Der einfache Aufenthalt in der Wohnung einer arischen Frau galt bereits als „Rasseschande", auch wenn es sich um die ehemals eigene Frau handelte. Als „jüdischer Rasseschänder" gebrandmarkt, wurde Max Freuds letzte Lebensstation das KZ Dachau. Hierher war er am 6. Juli 1942 von Buchenwald aus überführt worden.

In Dachau bekam er die Häftlingsnummer 30944. Nur zwei Monate später, am 5. September 1942, im Alter von nur 59 Jahren, starb Max Freud hier.[220]

Die **Familie Kottlarzig**, bei der Max Freud eine letzte Freiberger Unterkunft gefunden hatte, bevor er seinen im Tod endenden Weg antreten musste, blieb selbst nicht von den Rassenverfolgungen der Nazis verschont. Sie betrieb bereits seit 1891 eine Konfektionsfirma. Zuerst wurde Kinderbekleidung produziert, später entstand daraus eine Fabrik für Damen- und Herrenkonfektion, eine **„Mantelfabrik"**, wie sie bei den Freibergern genannt wurde.

Ihr Gründer, **Eduard Kottlarzig**, übergab die Firma 1934 im Alter von 75 Jahren an den Sohn **Lothar**, geboren 1897 in Freiberg. Obwohl lutherischen Glaubens und in nichtjüdischer Ehe, galt Lothar Kottlarzig den Nazis als „Halbjude" und seine Ehe als sog. „privilegierte Mischehe".

Deshalb zunächst den antijüdischen Gesetzen kaum unterworfen, geriet Lothar Kottlarzig 1944 schließlich auch in die Zwangsmaschinerie des Nazi-Regimes. Mit anderen Freiberger „Halbjuden" und in „privilegierter Ehe" lebenden „Mischlingen" oder den „arischen" Ehemännern jüdischer Ehefrauen wurde auch Kottlarzig im Herbst 1944 durch das Arbeitsamt Freiberg zur Zwangsarbeit in ein Arbeitslager der Organisation Todt im Harz-Ort Osterode abkommandiert. Lothar Kottlarzig überlebte die Nazi-Zeit.

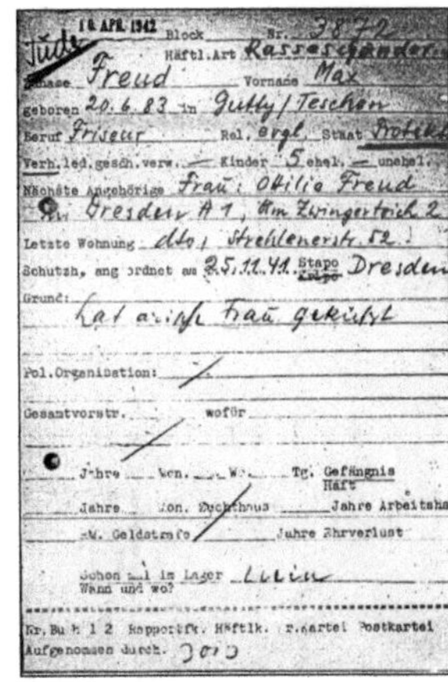

Karteikarte zu Max Freud, Häftlingskartei Buchenwald, Quelle: Archiv Gedenkstätte Buchenwald, NARA Washington, RG 242; Nr. 17

Humboldtstraße

Humboldtstraße 34,
Aufnahme 2011,
Foto: Michael Düsing

Rückseite der Anzeige über die Aufhebung eines Toten vom 25. Dezember 1938, Selbstmord von Szolem Druck am 25. Dezember 1938; Quelle: StadtA FG, Standesamt, in Erschließung, Anzeigen über Unglücksfälle und Selbstmorde durch das Polizeiamt, Bd. 3, 1931-1944

Der **Schuhmacher Salomon (Szolem) Druck** war 51 Jahre alt (geb. am 1. Mai 1887 in Wilna (Vilnius), als er die Flucht in den Tod vor den gnadenlosen Verfolgungen der Nazis wählte. Er war einst vor antijüdischen Pogromen aus dem litauischen Wilna (heute Vilnius) geflohen, das bis 1917 zum russischen Zarenreich gehörte. Am 25. Mai 1918 ist sein Zuzug von Berthelsdorf nach Freiberg im Meldeamt registriert.[221]

Als „Ostjude" zählte er zu den ärmsten jüdischen Bewohnern. Am 22. März 1924 meldete Druck sein Gewerbe als Schuhmacher in Freiberg an. Seine Werkstatt war zunächst Am Schießplan B 293, ab September 1924 Am Bahnhof 14, später, um 1935/37, in der Bahnhofstraße 41. Er zählte zu den ersten, denen nach dem Machtantritt der Nazis 1933 die bescheidene wirtschaftliche Existenz Schritt für Schritt geraubt wurde. Die von den Nazis inszenierte „Reichskristallnacht" am 9. November 1938 vernichtete offenbar seine letzten Hoffnungen und die Reste seines Lebensmutes. Eine wirkliche Flucht war jenseits aller denkbaren finanziellen und realen Möglichkeiten für ihn. So nahm er sich in der Nacht vom 24. zum 25. Dezember 1938 in seiner kleinen Werkstatt im Erdgeschoss des Hinterhauses der **Humboldtstraße 34** mit Gas das Leben.[222]

8. Des Ehegatten
a) Vor- und Familienname: **Selte geb. Eljaschewitz**
b) Wohnort: **vermutlich Wilna (Polen)**

9. Der minderjährigen Kinder
a) Vornamen: b) Geburtstag: c) Wohnort:

10. Der Eltern
a) Vor- und Familienname: b) Beruf: c) Wohnort:
Vater: **Lebe Hirsch D r u c k**   **verstorben**
Mutter: **Slowe geb. Kakon**   "

11. Art und Weise des Unglücksfalles, Selbstmordes (ertrunken, erhängt, erschossen, erstickt, verbrannt, überfahren, abgestürzt usw.) oder Todesfalles: **Einatmen von Leuchtgas**

12. Gelegenheit, bei der sich der Unfall ereignete (bei Ausübung des eigenen Berufes, beim Spiel oder Sport, beim Gehen in verkehrsreichen Straßen, erwiesenermaßen in der Trunkenheit, vermutlich in der Trunkenheit usw.):
(Nur bei Unglücksfällen zu beantworten.)

13. Ursache des Unglücksfalles:

14. Liegt unzweifelhaft Selbstmord vor? **ja**

15. Beweggründe des Selbstmordes: **vermutlich Lebensüberdruß**

16. Liegt der Verdacht einer fahrlässigen Tötung durch fremde Hand vor? **nein**

17. Liegt der Verdacht einer absichtlichen Tötung durch fremde Hand vor? **nein**

18. Ist der Leichnam an eine Lehranstalt abgeliefert worden, oder aus welchem Grunde ist das nicht geschehen?

In der **Silberhofstraße 1a** befand sich eine der größten und angesehensten Freiberger Zahnarztpraxen.

Sie gehörte **Dr. Guido Wangenheim**, dem 1891 in Freiberg geborenen Sohn der Freiberger Kaufmannsfamilie **Nathan und Leonore Wangenheim**. Er diente nach seinem Studium während des I. Weltkrieges als Zahnarzt in einem Sanitätsbataillon.

Sein Neffe Lutz Rosenthal schrieb über ihn: „*Mein Onkel Guido war ein sehr guter Zahnarzt. Ich glaube, er hatte die größte Praxis von den fünf Zahnärzten, die es in Freiberg gab… Er konnte ziemlich sarkastisch sein. Ich lernte eine Menge von ihm – Schach, Karten spielen, Astronomie, Kreuzworträtsel lösen; er war ein begeisterter Kartenspieler und ein ausgezeichneter Mathematiker… Er liebte das Fahren – er hatte eines der ersten Autos in Freiberg. Er hatte großen Sinn für Humor mit einer Ausnahme – Witze über seine Glatze mochte er nicht. Seine Töchter Helga und Edith (meine Cousinen) sind ein oder zwei Jahre jünger als ich und als Kinder spielten wir ziemlich viel zusammen.*"

In dem großen Haus wohnten ab 1921 auch die Eltern. Vater Nathan Wangenheim hatte nach der Schließung seines Weißwarenladens in der Weingasse noch vor dem 1. Weltkrieg versucht, eine neue wirtschaftliche Existenz aufzubauen. Er investierte in eine kleine Fabrik, die Puppen herstellte. Nach der Hochzeit der Schwester **Julia** mit **Willy Rosenthal** 1921, zog das junge Ehepaar ebenfalls mit in die Silberhofstraße 1a. Willy Rosenthal arbeitete zeitweilig in der Puppenfabrik des Schwiegervaters mit, die sich in der Nikolaigasse 8 befand. Als sie Pleite ging, arbeitete Nathan Wangenheim noch einige Jahre, bis zu seinem Ruhestand 1932, als Versicherungsvertreter bei der BARMER Ersatzkasse.

Willy Rosenthal versuchte sich als reisender Verkäufer, ab 1930 im Großhandel mit Spielzeug und Schreibwarenartikel. Das Haus des Zahnarztes bot für alle Familienangehörigen ein sicheres Heim. Nach der Geburt von Sohn Lutz 1923 wurde es für die junge Familie Rosenthal langsam zu eng. Als sich erste Geschäftserfolge für Willy Rosenthal einstellten, konnten sie sich eine größere Wohnung in der Olbernhauer Straße 18 leisten. Lutz Rosenthal beschrieb in seinen Lebenserinnerungen den Schock, den sein Onkel Dr. Guido

Guido Wangenheim
als Sanitätssoldat im I. Weltkrieg,
Atelieraufnahme Freiberg;
Quelle: Archiv Düsing

Helga Brown, geb. Wangenheim,
vor der Zahnarztpraxis ihres
Vaters in der Silberhofstraße 1a
im September 2008;
Foto: Michael Düsing

Grabstein von
Dr. Guido Wangenheim
in Frankfurt a. Main;
Quelle: Archiv Düsing

Wangenheim erlitt, als die Nazis zur Macht kamen: *„Im April jenes Jahres (1933 – M. D.) kam der Boykott aller jüdischen Geschäfte und Arbeitsplätze. Ich sehe noch meinen Onkel, den Zahnarzt, vor mir niedergeschlagen in seinem Wohnzimmer sitzend, während Männer in SA-Uniform sein Haus mit Sprüchen wie 'Lasst keine jüdischen Hände eure deutschen Zähne beschmutzen' beschmiert hatten. Mein Onkel war total am Boden. Gerade er war so tief und stolz Deutscher gewesen. Gleich damals erklärte er, dass ihn nichts bewegen könne, in Deutschland zu bleiben.“*[223]

„Ich war erst acht Jahre alt, als wir aus Freiberg fliehen mussten“, erzählte seine Cousine **Helga Brown, geborene Wangenheim**, bei ihrem Besuch im September 2008 in Freiberg. *„Hinter diesen Fenstern war die Praxis meines Vaters“*, zeigte sie auf das einstige Wohnhaus und die Zahnarztpraxis ihres Vaters in der Silberhofstraße.

Sie war aus den USA zu Besuch nach Freiberg gekommen – mehr als 70 Jahre, nachdem sie aus ihrer Geburtsstadt verjagt worden war. Ihr Ehemann Vernon, einst in Berlin wohnend und aus Deutschland vertrieben wie sie, und ihr Sohn David, ein angesehener Rechtsanwalt in Dallas, Texas, begleiteten sie auf ihrer Reise in ihre gestohlene Kindheit.

Ihr Vater, der im I. Weltkrieg für „Deutschlands Ehre" gekämpft hatte und Deutschland innig liebte, wie sich seine Tochter noch heute erinnert, sah sich nach 1933 tief gedemütigt und in seiner Vaterlandsliebe schwer verletzt. In seiner wirtschaftlichen Existenz vernichtet und in seiner deutschen Ehre gekränkt, hielt ihn nichts mehr in Deutschland.

Die Familie wanderte im Januar 1936 nach Palästina aus. Auch dort praktizierte er als Zahnarzt. Jahre nach dem Krieg kehrte Dr. Guido Wangenheim nach Deutschland zurück. Er starb 1960 in einem Altersheim in Frankfurt a. M.

Ein anderes prachtvolles Haus in der **Silberhofstraße, die Nr. 24** an der Ecke zur Schönlebestraße, gehörte seit 1921 der **Fabrikantenfamilie Richard und Ida Dux**. Es war 1905 von Baumeister Richard Göpfert erbaut worden.[224] Richard Dux (geb. 1856 in Neuötting/heute: Nova Včelnice) war 1907 aus Böhmen nach Freiberg zugezogen und betrieb einen Düngemittelhandel (Guano-Fabrik). Er hatte 1891 in

Prag seine Ehefrau Ida, 1869 dort geborene Wehle, geheiratet. Er gehörte bald zu den angesehenen und einflussreichen Freiberger Unternehmern. Einer seiner engeren Freunde, Oberingenieur Albert Henochsberg, wohnte zeitweilig, in den Jahren um den I. Weltkrieg, in der Silberhofstraße 24.

Nach dem Tod von Richard Dux 1928 wurde seine Witwe Ida Dux als Hauseigentümerin im Freiberger Adressbuch geführt. Sohn **Leo Dux**, noch im böhmischen Welin im Jahr 1900 geboren, führte die Firma in Brand-Erbisdorf (Schellenweg) bzw. später in Conradsdorf weiter. Ihm und seiner 1893 geborenen älteren Schwester **Else Dux** gelang vermutlich – trotz widersprechender Quellen – während der Nazi-Herrschaft die Flucht aus Deutschland.[225]

Mutter Ida Dux kam nicht mehr aus Deutschland heraus. Sie verließ Freiberg und zog um 1939 in ihre Geburtsstadt Prag. Von dort wurde sie – hochbetagt im Alter von 71/72 Jahren – am 2. Juli 1942 in das Ghetto Theresienstadt deportiert und von dort aus im Herbst 1942 in das Vernichtungslager Treblinka. Laut Todeserklärung vom 17. April 1949, ausgestellt vom Bezirksgericht für Zivilsachen in Prag I, Abt. XLVIII, wohnte sie zuletzt in Prag VII, U Smaltovny Nr. 1375.

Sie sei „als Folge der rassischen Verfolgung seit dem 15. Sept. 1942 vermisst, seitdem sie aus Theresienstadt nach Treblinka deportiert wurde". Als Tag des Todes wird der 15. April 1943 angenommen, der „letzte Tag der Frist…, deren Ablauf die Annahme begründet, dass die Vermisste verstorben ist".[226]

Die Familie des Bauunternehmers Oberingenieur A. Henochsberg, ohne Datierung, Fotoautor: Hertel; Quelle: Stadt- und Bergbaumuseum Freiberg, Fotothek, Inv.-Nr. 10884

Silberhofstraße 24, aktuelle Aufnahme; Foto: Michael Düsing

Olbernhauer Str. 18,
aktuelle Ansicht
Foto: Michael Düsing

Julia Wangenheim hatte 1920 in Freiberg den 1890 in Dortmund geborenen **Kaufmann Willy Rosenthal** kennengelernt, den sie am 14. März 1921 in Freiberg heiratete.

„Ein Freund stellte ihn meinem Großvater vor, ich glaube zur berühmten jährlichen Leipziger Messe", so schrieb Sohn **Lutz Rosenthal** in seinen Lebenserinnerungen: *„Jüdische Väter mit Töchtern im heiratsfähigen Alter waren immer auf Ausschau nach in Frage kommenden jüdischen jungen Männern...*

Meine Eltern trafen sich das erste Mal am 4. Oktober 1920, verlobten sich am 10. Oktober und heirateten am 14. März 1921. Sie verbrachten ihre Flitterwochen in Meran in den Dolomiten. Sie führten eine glückliche Ehe, die tragischerweise durch den frühen Tod meines Vaters 1935 abrupt abgeschnitten wurde.

Sie stritten nie (ich bin überzeugt, dass es manchmal Streit gegeben haben muss, aber nie heftig genug, dass ich es mitbekommen hätte), und obwohl es Zeiten mit viel Ärger gab – Inflation, Unterdrückung, Geldprobleme, Hitler, die Krankheit meines Vaters – glaube ich, dass sie sehr glücklich waren.

Mein Vater arbeitete zuerst mit seinem Schwiegervater in der Puppenfabrik und als das nicht mehr ging, wurde er 1924 reisender Verkäufer. Es war schwere Arbeit; ich sehe ihn noch immer nachts nach Hause kommen mit seinen schweren Probekoffern... Dann, 1930, gründete er mit Hilfe seines Bruders sein eigenes Geschäft, einen Großhandel, in dem er Schreibwaren und Spielzeug verkaufte. ... Es war ein Kampf, aber nach einigen Anfangsschwierigkeiten begann das Geschäft zu laufen, bald darauf warf es sogar einen kleinen Gewinn ab...".

Willy Rosenthal mit Schwägerin
Lisbeth auf der Nürnberger
Spielwarenmesse;
Quelle: Archiv Düsing

1933 konnten sich die Rosenthals eine größere Wohnung, nun in der **Olbernhauer Straße 18**, leisten. *„Unser Geschäft war damals größer geworden und wir brauchten mehr Platz. Es hatte Innen-WC und – der Gipfel des Luxus – ich hatte mein eigenes Zimmer. Ich liebte die Wohnung, wir alle liebten sie, aber wir wohnten nur zwei Jahre dort, bis zum Tod meines Vaters".*

Lutz Rosenthal erinnerte sich an den „Judenboykott" am 1. April 1933: *„Wir... bekamen einen fürchterlichen Schreck, als spät abends die Klingel unserer Wohnung ertönte und ein großer stämmiger, braun gekleideter Nazi vor der Tür stand. Es stellte sich heraus, dass es der Besitzer unseres Lebensmittelladens war, der zwar ein hohes Tier in der Partei war, jedoch kam, um uns zu beruhigen, dass wir nicht belästigt würden, da – wie er sagte – er zwar mit ganzem Herzen der Politik des Führers zustimme, diese Politik sich aber nicht gegen 'nette' Juden wie uns wenden würde.*

Wahr ist, dass weder wir noch irgendwelche andere Juden in Freiberg während dieser ersten Jahre körperlich verletzt wurden (das war so ganz anders in den größeren Städten, wo Tausende geschlagen und in KZ verschleppt wurden, von denen einige noch nicht einmal Juden waren, sondern nur, weil sie jüdisch aussehende Nasen hatten oder verdächtige Familiennamen trugen, verfolgt wurden). Was jedoch fast genauso schlimm war, war die ökonomische Strangulation – jüdische Arbeiter wurden entlassen, jüdischen Freiberuflern wurde untersagt zu praktizieren und jüdische Geschäfte mussten bald wegen Mangel an Kunden schließen. Der Boykott an sich wurde übrigens einige Wochen später aufgehoben, vermutlich wegen der Proteste von Hindenburg, der zumindest

Willy Rosenthal in seinen Geschäftsräumen in der Olbernhauer Straße 18;
Quelle: Archiv Düsing

Grabstein von Willy Rosenthal
auf dem Neuen Israelitischen
Friedhof in Dresden,
Zustand 1936;
Quelle: Archiv Düsing

Lutz Rosenthal auf dem Neuen
Israelitischen Friedhof in Dres-
den am Grab seines Vaters, 1996;
Foto: Michael Düsing

formell noch Reichspräsident war. Als Hindenburg ein Jahr später starb, trauerten alle – einschließlich wir – um ihn, obwohl er doch erheblich für Hitlers Machtantritt mitverantwortlich war. Das Jahr 1934 brachte den Röhm-Putsch, die 'Nacht der langen Messer', bei dem Hitler unter einem Vorwand alle seine Gegner von links und rechts los wurde. Die Leute sagten: 'Jetzt haben sie angefangen, sich selbst zu bekämpfen; jetzt wird es bald vorbei sein', aber das war es natürlich nicht. Dann schickte Hitler seine Armee ins Rheinland, das nach den Bestimmungen des Versailler Vertrages eine entmilitarisierte Zone war, und erneut schöpften die Leute Hoffnung und meinten:

,Jetzt ist er zu weit gegangen; England und Frankreich werden ihm bald eine Lektion erteilen', aber nichts geschah. Auf dem Nürnberger Parteitag später in jenem Jahr wurden strikte antijüdische Gesetze verabschiedet – die sogenannten Rassegesetze – und nun wurde es für alle, auch die blindesten der deutschen Juden offensichtlich, dass Emigration der einzige ihnen offene Weg war.

Die Frage war nicht mehr länger ob, sondern wohin...". [227]

Völlig überraschend verstarb Willy Rosenthal an den Folgen einer an sich harmlosen Operation am 16. Dezember 1935 im Freiberger Krankenhaus.

„Die 15 Monate in Deutschland zwischen dem Tod meines Vaters und unserer Emigration waren die Hölle. Meine Mutter und ich konnten nicht über den Verlust meines Vaters hinwegkommen; sie weinte die ganze Zeit und ich fühlte vage, dass es an mir war, ihr zu helfen und ihr Mut zu machen, aber ich wusste nicht wie. Wir zogen aus unserer sehr großen Wohnung in eine viel kleinere, zusammen mit den Großeltern (in die **Gabelsberger Straße 15** – M. D.)...

Die Schule war zur Tortur geworden – ich wurde vollkommen ignoriert (wenn ich ,Glück' hatte, wenn nicht, wurde ich verspottet und geschlagen). Das Schlimmste von allem war, dass unsere Gesuche für ein Visum in einer Unmasse bürokratischer Regelungen versumpft waren und sich nicht vorwärts zu bewegen schienen. Im Frühjahr 1936 schrieb mein Onkel aus Palästina und schlug vor, dass meine Mutter zu Besuch kommen solle, bevor sie eine endgültige Entscheidung über die Emigration traf... Und dann plötzlich, im Frühjahr 1937, nahmen die Dinge ihren Lauf. Wir bekamen schließlich unsere Visa. Unsere Möbel wurden in eine 5 qm große Kiste verpackt und nach Palästina verschifft (1937 war das noch zulässig – wenige Monate später wäre das unmöglich gewesen).

Der Rest unseres Besitzes wurde verkauft. Ich hielt es eher für einen Spaß, dass Leute in unsere Wohnung kamen und Geld, sehr wenig Geld übrigens, für all' diese Sachen einschließlich meines Spielzeugs bezahlten; meine Mutter muss wenig begeistert gewesen sein. Am 22. März 1937 verließen wir Freiberg, verbrachten weitere zwei Wochen in München, um uns von unserer Familie zu verabschieden. Es war das letzte Mal, dass ich Fritz (Bruder von Willy Rosenthal – M. D.) *und meine Großmutter* (**Jenny Rosenthal**, geb. 1868 in Fürth – 1942 Flucht in den Tod nach Erhalt des Deportationsbefehls – M. D.) *sah. Am 13. April reisten wir mit dem Zug nach Triest und am nächsten Tag gingen wir an Bord eines italienischen Linienschiffes nach Haifa. Wir waren nur ein wenig seekrank und aufgeregt, vor allem aber glücklich, lebend entkommen zu sein.*

Es war noch einige Jahre vor dem eigentlichen Holocaust, und viele Juden sahen den Nazismus noch immer als eine vorübergehende Geißel an, aber ich denke, wir verstanden, dass wir ein neues Leben begannen und dass das gut sein würde. Nach fünftägiger Schiffsreise durch die Adria und das Mittelmeer holte uns mein Onkel Guido in Haifa ab und brachte uns nach Bat Yam. " [228]

Lutz Rosenthal mit seiner Frau Vera, geb. Beckham, 1978 auf Jamaica; Quelle: Archiv Düsing

Lutz Rosenthal übersiedelte 1954, nach zwei Jahren Aufenthalt auf Kuba, in die USA, wo er 1956 seine Frau Vera (geboren 1927 in Budapest) heiratete.

Seine Mutter Julia verstarb im August 1968 in New York. Lutz, nun Lewis Rosenthal, arbeitete bis 1983 als Mathematik-Lehrer an einer High-School.

Lutz Rosenthal 1995 im Kreis seiner Familie; Quelle: Archiv Düsing

Seine über alles geliebte Frau Vera verstarb im August 1987 in New York, Lutz am 11. März 2008 in Rossmoor, New Jersey. Seine tiefe menschliche Wärme teilte sich in jenen Zeilen mit, die er kurz vor seinem Tod für seine Tochter, eine New Yorker Ärztin, aufgeschrieben hatte:

Lutz (Lewis) Rosenthal im Herbst 2007, wenige Monate vor seinem Tod; Quelle: Archiv Düsing

„Während ich diese Zeilen niederschreibe, habe ich meinen 80. Geburtstag überschritten, und ich denke sagen zu können, ein langes und ereignisreiches Leben gelebt zu haben.

Alles in allem war es ein gutes Leben.

Obwohl es sicherlich sein Maß an Kummer und Enttäuschungen bereithielt, gab es andererseits auch ein großes Glück: 34 wundervolle Ehejahre mit meiner geliebten Vera, eine wundervolle und liebende Tochter, Enkel, auf die ich stolz sein kann und viele treue Freunde." [229]

Chemnitzer Str. 33 im Jahr 2011
Foto: Michael Düsing

Hermann Biber;
Quelle: Archiv Projekt Shalom

Johanna Biber;
Quelle: Archiv Projekt Shalom

Als „privilegierte Mischehe" galt den Nazis die Ehe der Jüdin **Johanna Biber** mit dem „Arier" **Hans Patzschke**. Johanna Biber wurde 1896 in Leipzig geboren.

Ihr Vater, **Hermann Biber**, (geb. 1869 in Stargard/Preußen) war Verkäufer im Textilwaren-Einzelhandel und hatte in Leipzig 1895 seine erste Frau **Rosette (geb. Jacoby**, 1871–1932) geheiratet, mit der er drei Kinder, **Curt, Margarethe und Johanna**, hatte.

Später zogen die Bibers nach Dresden, wo Hermann als Prokurist in einer Textilfirma arbeitete.

1920 heiratete Tochter Johanna den nichtjüdischen Kaufmann Hans Patzschke. (gest. 12. August 1971). Mit ihren gemeinsamen Töchtern **Margarethe** (geb. 28. Januar 1925 in Leipzig) und **Brigitte** (geb. 5. Juni 1930 in Leipzig) zogen sie 1935 nach Freiberg.

Sie wohnten in der **Chemnitzer Straße 33**.

Hans Patzschke war Soldat im I. Weltkrieg gewesen. In Freiberg hatte er eine Anstellung als Handlungsreisender bei der Textilfirma Rönsch.

1939 wurde er zur Wehrmacht eingezogen und machte die Feldzüge gegen Polen und Frankreich mit, bevor er als in einer „Mischehe" lebender „Arier" aus der Armee entlassen wurde.

1940/41 wurde er durch das Freiberger Arbeitsamt zur Zwangsarbeit in der Freiberger Firma Beier verpflichtet.

Seiner jüdischen Ehefrau Johanna blieb wegen ihrer Ehe mit einem evangelischen „Arier" das Tragen des Judensterns erspart.

Tochter Brigitte, die 1937 in Freiberg eingeschult worden war, berichtete in den 90er Jahren, wie sie als „Judenmischling" die „täglichen Qualen" des Schulbesuchs mit Beschimpfungen und Schlägen ihrer Mitschüler erdulden musste.

Hans Patzschke wurde Anfang November 1944 mit anderen Freibergern, „Halbjuden", „Mischlingen" und „jüdisch Versippten", durch das Arbeitsamt zur Zwangsarbeit in das Lager „Dachs IV" nach Osterode im Harz verschleppt. Auch seine Frau war zur Zwangsarbeit verpflichtet worden: in Heimarbeit stickte Johanna Pailletten und Uniformkragen.

Johanna Patzschke erhielt Anfang Februar 1945 den Deportationsbefehl für den 16. Februar 1945. Dieser Transport nach Theresienstadt kam auf Grund des Bombenangriffs auf Dresden aber nicht mehr zustande. Johannas jüngere Schwester Margarethe, geb. 1901, verheiratete Perthel, wurde am 31. Mai 1943 in Auschwitz vergast.

Bruder Curt (geb. 1895) war bereits 1916 im I. Weltkrieg als Soldat der Kgl.-Sächsischen Armee in der Nähe von Ypern (Belgien) gefallen.

Johannas Mann gelangte zum Kriegsende nach Bayreuth, wo er sich eine neue Existenz aufbaute. Die Versuche, seine Familie nachkommen zu lassen, scheiterten an der Spaltung Deutschlands im Kalten Krieg nach 1945. Hans Patzschke starb dort im August 1971.

Johannas Vater Hermann Biber ging, nachdem seine erste Frau 1932 verstorben war, 1941 eine zweite Ehe mit **Ilse, geb. Michalowski** ein, die er im „Judenhaus" auf der Kurfürstenstraße in Dresden (heute Hoyerswerdaer Straße) kennen lernte. Später mussten sie zwangsweise in das „Judenhaus" Sporergasse 2 umziehen.

Beide wurden am 28. Juli 1942 mit dem Transport V/3 nach Theresienstadt deportiert. Ilse arbeitete dort als Pflegerin. Sie erkrankte 1943 schwer an Typhus und starb daran nach der Befreiung in Theresienstadt. Hermann betreute sie bis zu ihrem Tode am 30. Juli 1945 und zog anschließend zu seiner Tochter Johanna nach Freiberg.

In der Jüdischen Gemeinde war Hermann Biber nach dem Krieg als Vorbeter aktiv, da es weder Rabbiner noch Kantoren gab. Solange es ihm möglich war, fuhr er zu jedem Gottesdienst nach Dresden, um dort sein Amt zu verrichten. Aus diesem Grund wird noch heute sein Grab von der Gemeinde betreut.

Er verstarb am 11. September 1951 in Freiberg. Enkelin Brigitte lebt heute in Dresden.

Sie war mit dem sächsischen Historiker **Hellmut Eschwege** in dessen zweiter Ehe verheiratet.

Curt Biber (links) mit seinen Eltern Rosette und Hermann Biber; Curt Biber fiel 1916 als 20jähriger Gefreiter im I. Weltkrieg Quelle: Archiv Projekt Shalom

Grabstein von Hermann Biber auf dem Neuen Israelitischen Friedhof in Dresden, Grab-Nr. NTR 19/02; Foto: Projekt Shalom

Parkstraße

Parkstr. 9 mit heutiger Bebauung;
Aufnahme 2011
Foto: Michael Düsing

Dr. Maximilian Fischer in Iglau;
Quelle: private Leihgabe

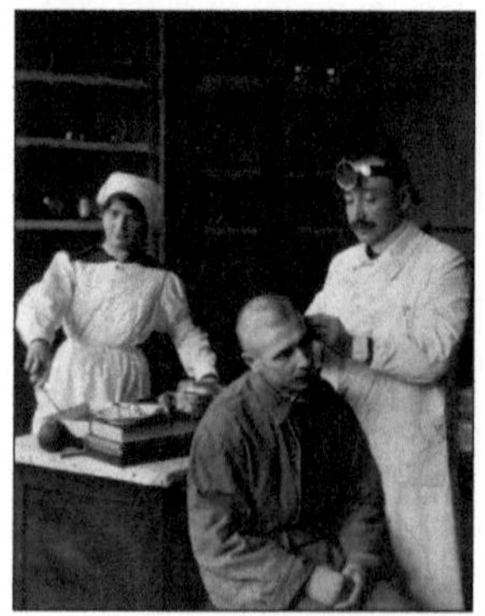

In der **Parkstraße 9** befanden sich die Privatklinik und Wohnung von **Dr. med Paul Schelbach**. Er war Facharzt für Chirurgie, Orthopädie und Gynäkologie. 1890 in Falkenstein geboren, hatte er sich 1924 in Freiberg als praktischer Arzt und Chirurg (zunächst am Schlossplatz) niedergelassen. Er genoss in Freiberg höchstes Ansehen, an dem sich – obwohl nach Nazi-Terminologie „Halbjude" – auch in der Nazi-Zeit nichts änderte. Bei ihm fand **Dr. med. Hellmut Fischer** 1940 eine Anstellung als Assistenzarzt. 1916 in Iglau/Böhmen (heute Jilava) geboren, hatte er in Prag Medizin studiert. Nach dem Einmarsch der deutschen Wehrmacht in die nach dem Münchner Abkommen (Oktober 1938) verbliebenen tschechischen Gebiete am 15. März 1939 und der Angliederung an das „Großdeutsche Reich" als „Protektorat Böhmen und Mähren" musste der junge Mediziner im Herbst 1939 als „Halbjude" sogar für einige Wochen untertauchen.

Am 4. Dezember 1939 konnte er zwar noch seine Promotion in Prag abschließen, fand danach aber im „Protektorat" wegen seiner jüdischen Herkunft keine Arbeit. Schließlich kam er – durch Vermittlung der Ärztekammer – am 15. April 1940 nach Freiberg. Unter Dr. Schelbachs Protektion wurde er bald zu einem in Freiberg sehr angesehenen Arzt. Dennoch erhielt er ab Juni 1944 Berufsverbot und wurde zur Zwangsarbeit in einer Freiberger Baufirma verpflichtet.

Am 8. November 1944 kam er auf Anweisung des Freiberger Arbeitsamtes mit weiteren Freiberger „Halbjuden, Mischlingen und jüdisch Versippten" zur Zwangsarbeit nach Osterode im Harz. 1991, zwei Jahre vor seinem Tod, schilderte Dr. Fischer dem Autor seine damaligen Erlebnisse:

„In Dresden wurden wir – nach Arbeitsämtern geordnet – zum Transport zusammengestellt. Dabei wurde ich zum ersten Mal zusammengeschlagen, als ich mich nicht sofort 'ordnungsgemäß' meldete. In geschlossenen Viehwaggons wurden wir nachts nach Nordhausen transportiert und landeten schließlich in Osterode.

Wir kamen in das Zwangsarbeitslager DACHS IV, ein Außenkommando des KZ-Mittelbau – Dora, durch das Stollen für ein unterirdisches Hydrier-Werk der Firma ESSO Hamburg-Fuhlsbüttel in den Kalksteinbergen bei der Petershütte angelegt wurden." [230]

Das Lager wurde von der Organisation Todt geführt.[231] Am 4. April 1945 marschierten amerikanische Truppen in Osterode ein. Dr. Fischer wurde als Vertrauensmann der Häftlinge vom Osteroder Bürgermeister gebeten, mit ihm und dem Besitzer des Osteroder Lokalblattes gemeinsam bei der Übergabe der Stadt und des Lagers an die Amerikaner zu helfen. Im Juli 1945 kehrte Dr. Fischer nach Freiberg zurück.

Im August 1945 wurde Dr. Paul Schelbach mit offenbar falschen, erlogenen Anschuldigungen anonym denunziert: er horte Lebensmittel und Medikamente.

Er entzog sich der drohenden Verhaftung durch die „antifaschistische Macht" durch die Flucht in den Tod – den Selbstmord.

Dr. Fischer wurde die Leitung der Klinik übertragen. Intensiv bemühte er sofort sich um den Neuaufbau des Gesundheitswesens im klinischen Bereich in Freiberg. Zugleich galt seinen Eltern und seinen Geschwistern allergrößte Sorge, da sie alle wegen ihrer jüdischen Herkunft Opfer des Nazi-Rassenhasses geworden waren. Es gelang ihm, seinen Vater, **Dr. Maximilian Fischer,** als Kind jüdischer Eltern 1876 in Chiesch bei Karlsbad (tsch.: Chyše, Karlovarský kraj) geboren, im Januar 1946 nach Freiberg zu holen.

Dr. Maximilian Fischer war Allgemeinmediziner in Iglau (Jihlava) gewesen. Er hatte 1904 die (katholische) Tochter eines angesehenen Baumeisters aus Iglau geheiratet. Er war Träger hoher österreichischer Orden, da er im I. Weltkrieg als Arzt für die Errichtung von Lazaretten des österreichischen Heeres verantwortlich gewesen war. Das Ehepaar hatte vier Söhne, die alle, außer einem schon früh verstorbenen Sohn, die medizinische Laufbahn einschlugen. 1939, beim Einmarsch der Deutschen, war Maximilian Fischer Chefarzt des Iglauer Krankenhauses.

Er wurde als „Volljude" sofort „in den Ruhestand" entlassen. Sein Schutz war seine „arische" Frau, die treu zu ihm hielt und dem Druck der Gestapo, sich scheiden zu lassen, nie nachgab. 1944 wurde Fischer zum Tragen des „Gelben Sterns" gezwungen. Am 7. März 1945 wurde er nach Prag beordert und in das in Lager Hagibor in Prag XI 1201 eingewiesen, von dort in das Ghetto Theresienstadt deportiert.[232] Er überlebte.

Als Deutscher wurde er nach dem Krieg von Tschechen interniert und ausgewiesen. Dr. Maximilian Fischer verstarb 1958 in Freiberg. Auch der älteste, 1906 geborene Bruder von Hellmut Fischer, **Dr. med. Paul Fischer,** musste nach dem Einmarsch der Deutschen seine moderne Kinderarztpraxis in Iglau aufgeben. 1944 wurde er zur Zwangsarbeit in das Lager Postelberg bei Brüx (heute Most)[233] beim Bau einer Bahnlinie für ein Braunkohlenkraftwerk eingesetzt.

Schwer erkrankt, erlebte er seine Befreiung an seinem Geburtstag, am 8. Mai 1945. Kurz darauf wurde er mit seinen Eltern von den Tschechen interniert und über Altenberg nach Deutschland vertrieben. Auch er gelangte nach Freiberg, wo er viele Jahre hoch geschätzt als Leiter der Kinderabteilung an der Freiberger Poliklinik arbeitete.

Er verstarb 1965.

Der 1912 geborene Bruder **Gerald** konnte durch die Hilfe des Chefarztes der Prager Klinik noch seine Facharztausbildung als Zahnarzt beenden, wurde danach Assistenzarzt an einer am Prager Wenzelsplatz gelegenen Praxis.

Seine spätere Frau hatte er 1935 in Prag kennen gelernt. Sie wurde Kinderärztin in Troppau (heute: Opava). Am 21. Mai 1945 heirateten sie. Auch ihnen bot Freiberg – unterstützt von Bruder Hellmut – eine neue berufliche und private Existenz, da auch sie Tschechien verlassen mussten. Dr. Hellmut Fischer gehörte mit seinen Brüdern und deren Familien zu den bemerkenswertesten und verdienstvollsten Persönlichkeiten Freibergs nach 1945.

Als ärztlicher Direktor am Freiberger Krankenhaus wurde ihm der Neuaufbau des Gesundheitswesens im klinischen Bereich übertragen. Er erwarb bleibende Verdienste im Freiberger Gesundheitswesen, als Chefarzt der Frauenklinik und Direktor der Krankenanstalten Freiberg.

Dennoch ist sein Andenken spätestens seit seinem Tod 1993 fast vergessen.

Postkarte von Dr. Paul Fischer aus dem Zwangsarbeitslager Postelberg an seinen Bruder Dr. Gerald Fischer am 21. November 1944; Quelle: private Leihgabe

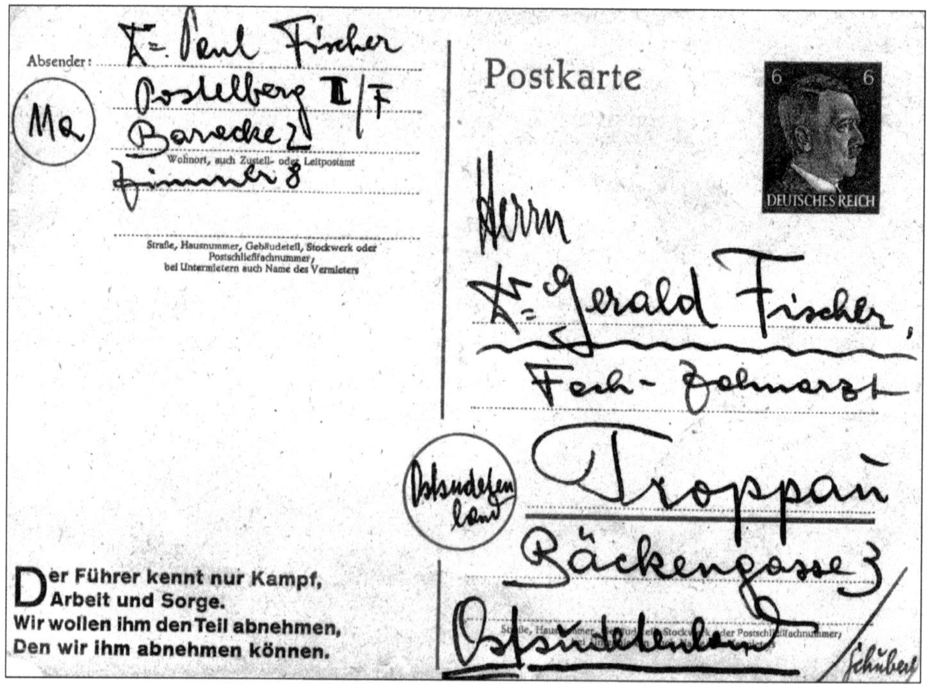

Eva Grünberg wurde 1920 in Freiberg als jüngste Tochter von **Carl und Charlotte Lewin** geboren. Der Vater leitete das im März 1914 in Freiberg eröffnete Schocken-Kaufhaus. Die Großmutter mütterlicherseits war eine Schwester der Gebrüder Simon, Salman und Hermann Schocken.

Simon und Salman Schocken hatten von Zwickau aus, kurz nach der Jahrhundertwende, begonnen, eines der bedeutendsten und modernsten Kaufhausunternehmen Deutschlands zu begründen.

Die Freiberger Villa der Familie Lewin in der **Herzog-Heinrich-Straße 12** (heute Heinrich-Heine-Straße) wurde bald zu einem Zentrum des gesellschaftlichen Lebens.

Es stand Gästen – jüdischen und nichtjüdischen – jederzeit offen. Vorträge über Reisen, Musikabende und Gespräche über kulturelle und auch philosophische Themen zogen viele Freiberger, vor allem auch Freiberger Studenten, an.

Die „Schocken-Villa" in der Herzog-Heinrich-Straße, im Fenster: Charlotte Lewin; Quelle: Archiv Düsing

Eva Grünberg erinnerte sich bei einem Besuch 1994 in Freiberg daran, dass zu den herausragenden Gästen in der Villa Lewin **Martin Buber** (1878 – 1965), einer der bedeutendsten jüdischen Religionsphilosophen und Schriftsteller der Neuzeit, aber auch der junge **Gershom (Gerhard) Sholem** (1897 – 1982), später bekannter Philosoph und Religionshistoriker, gehörten.

Dessen Mutter **Betty**, eine geborene **Brotzen**, war eine Cousine von Franziska Dobkowsky, geborene Brotzen, die in der Freiberger Poststraße mit ihrem Mann Sally ein Textilgeschäft betrieb. Gerhard Sholem war oft in Freiberg zu Besuch mit seiner Mutter.[234]

Einmal im Jahr wurde Familientag gehalten. Mehr als 60 Gäste seien da zusammengekommen. **Hermann Schocken**, ihr Großonkel, der in Dresden lebte, war meist zugegen.

Die „Schocken-Villa" im Zustand 2011 Foto: Michael Düsing

1930 gingen die Lewins nach Chemnitz, wo ihr Vater das neue Schocken-Kaufhaus übernahm, das von dem bedeutenden Architekten **Erich Mendelsohn**, einem Nachfahren des Moses Mendelsohn, errichtet worden war.[235]

Der Vater war in Freiberg und Chemnitz eine angesehene Persönlichkeit und bei Juden wie auch bei der christlichen Bevölkerung beliebt. Er sei für viele nicht nur ein Berater,

„Weiße Woche" im Freiberger
Schocken-Kaufhaus, um 1925,
Fotoautor: Hertel;
Quelle: Stadt- und Bergbau-
museum Freiberg, Fotothek,
Inv.-Nr. 8598

sondern wie ein Vater gewesen und habe vielen Freibergern, besonders auch den Leuten aus den kleinen Orten der Umgebung in den Jahren zwischen 1914 und 1930 geholfen, schilderte Eva Grünberg.[236]

„Meine Kindheitserinnerungen an Freiberg sind nicht sehr deutlich. Wir hatten ein Haus mit Garten, in dem ich meist spielte. Es war etwas ganz besonderes, wenn meine Mutter uns (sie und ihren 1912 in Geestemünde geborenen Bruder Hermann – M. D.) *zum Einkaufen mit in die Stadt nahm.*

Ich erinnere mich an das Zigarren- und Zigarettengeschäft Sieradzki, an den Fleischer Ferdini, die Konditorei Hartmann mit den guten Mohrenköpfen mit Schlagsahne, den Weihnachtsmarkt auf dem Marktplatz und die Sonntagsspaziergänge in den Wald mit den Eltern, die uns ins Waldcafé Fernesiechen führten, wo es grüne Limonade und Walderdbeeren gab.

Mein Vater bestellte für die jüdischen Kinder einen Religionslehrer aus Dresden, Herrn Isaak, der wöchentlich einmal Unterricht gab. Zu den hohen Feiertagen kam auch ein Vorbeter aus Dresden. Wir beteten Rosh-hashana (Jüdisches Neujahrsfest – M. D.) *und Jom Kippur* (Versöhnungstag – M. D.) *in einem gemieteten Raum der Gaststätte ‚Stadt Dresden'. Es gab zu meiner Zeit wenige jüdische Familien in Freiberg, darum auch kaum jüdisches Leben.*

Unsere Eltern lehrten uns zu Hause alles, was man in einer jüdischen Familie wissen muss. Freitags abends zündete meine Mutter die Kerzen an, mein Vater machte Kiddusch (Gebet zur die Einweihung des Sabbat – M. D.)*, und nach dem Essen beteten wir. An Sabbat gingen wir in die Schule und mein Vater ins Geschäft. Zum Purimsfest* (ein

Freudenfest anlässlich der Errettung der Juden in der jüdisch-persischen Diaspora, über die das Buch Esther im Alten Testament berichtet – M. D.) *gab's Kräbbchen zu essen und zum Pessachfest* (ein Fest zur Erinnerung an den Auszug der Juden aus Ägypten eines der drei jüdischen Hauptfeste – M. D.) *gab es Abende mit vielen Gästen, darunter mit unverheirateten Angestellten meines Vaters. Er las die Haggada vor* (die volkstümliche Pessach-Erzählung, die zu Beginn des Festes am Seder-Abend vom Hausherrn vorgetragen wird – M. D.) *und erklärte sie uns.*

Zum Sukkotfest (das jüdische Laubhüttenfest zur Erinnerung an das provisorische Hüttenleben der Israeliten während der Wüstenwanderung – M. D.) *fuhren wir mit einem Taxiunternehmen zur ,Hütte' unseres Onkels Hermann Schocken nach Dresden, und Chanukka* (das achttägige Lichterfest im Dezember – M. D.) *zündeten wir die Kerzen im Chanukkaleuchter an. Es gab kleine Geschenke, viele Erzählungen meiner Eltern aus ihrer Jugendzeit, Äpfel, Nüsse usw… Mein Bruder, der acht Jahre älter war als ich, besuchte in Freiberg die Volksschule und später das Realgymnasium bis zur Reifeprüfung.*

Wir hatten auch Klavierunterricht. Ich weiß, dass mein Vater ein guter Reiter war und während des I. Weltkrieges bei der Kavallerie diente. Ich erinnere mich an die Kavalleriekaserne ganz oben hinter der Herzog-Heinrich-Straße. Oft bin ich mit den Nachbarkindern mit der Kapelle und den Reitersoldaten mitmarschiert. "[237]

In seinen 1939 im Exil in Palästina geschriebenen Erinnerungen schilderte Carl Lewin die 1933 einsetzende Judenverfolgung. Er war inzwischen Direktor des Chemnitzer

Schocken-Hauses: „*1933 übernahmen die Nazis, mit Hitler als Reichskanzler, die Regierung und von da an wurde es für die Juden immer schlechter, was man zuerst im Geschäft merkte. Es kamen Aufrufe und Verbote, bei den Juden zu kaufen und der Umsatz sank immer mehr. Das Ziel der Regierung war, den Juden die Existenz zu nehmen und deshalb drückte ich darauf, dass Hermann* (ältester Sohn, geb. 1912 – M. D.) *nach England ging, um dort Handelswissenschaften und damit die englische Sprache von Grund auf zu lernen, hatte er doch schon auf der Schule große Sympathie für die englische Sprache gewonnen.*

Mein Gedankengang war: wenn Hermann die englische Sprache vollkommen beherrscht, kann er nach England oder Amerika gehen, um sich dort eine Existenz in irgendeiner Form zu schaffen… Als Hanna (zweites Kind der Lewins, geb. 1915 – M. D.) *im Frühjahr 1935 heiratete, fasste ich den Entschluss, mich vom Geschäft zurückzuziehen. Am 1. Juli 1935 feierte ich mein 25jähriges Jubiläum bei der Firma Schocken und am 1. August trat ich aus. Im September zogen wir nach Berlin.*

In den Jahren 1933 bis 1935 bat ich sehr oft, dass mir Salman Schocken die Aktien, die ich, einem Vertrag gemäß, nur an ihn verkaufen durfte, abkaufte, aber er lehnte es immer ab.

Im Februar 1936 gebar Hanna zwei Jungen und ich fuhr zur Brit Milah (Beschneidung jüdischer Jungen am 8. Tag nach der Geburt – M. D.) *nach England.*

In London traf ich Salman Schocken und in der Unterhaltung mit ihm erklärte er sich bereit, die Pension, die ich lebenslang zu beanspruchen hatte, in einer Summe auszuzahlen, so dass ich so viel Geld hatte, um auswandern zu können.

Eva und Meir Grünberg
1998 in Freiberg;
Foto: Michael Düsing

Da die Brit Milah verschoben wurde, fuhr ich nach Deutschland zurück, besprach alles mit Mutti und schickte später Hermann zur Brit Milah mit der Weisung, nicht mehr nach Deutschland zurückzukommen, waren wir doch fest entschlossen, Deutschland für immer zu verlassen. Hermann blieb von da ab in England und Eva ging für ein Jahr zur Ausbildung nach Wolfratshausen. Wir fuhren nach Marienbad, blieben vier Monate dort, bis der Anwalt in Berlin unsere Formalitäten der Auswanderung erledigt hatte, fuhren dann nach Berlin zurück, packten unsere Möbel zusammen, die wir auf einem Speicher einstellten. Es war unsere Absicht, nach Palästina zu gehen.

Da aber dort Unruhen waren, fuhren wir nach England, um zu sehen, ob wir uns dort einleben könnten, denn schließlich ist es ja der Wunsch aller Eltern, möglichst mit den Kindern zusammen in einem Land zu leben. Weder in Manchester, noch in Bradford hat es uns so gefallen, um dort zu bleiben und um in London leben zu können, reichten die Einkünfte unseres Vermögens nicht.

Durch die vielen Abgaben, die die Regierung den auswandernden Juden auferlegte, war dieses zu einem kleinen Bruchteil zusammengeschmolzen.

Gerade jetzt, nachdem mein Vermögen in Deutschland restlos realisiert ist, habe ich errechnet, dass ich im Durchschnitt für 1 Reichsmark 11 Goldpfennige bekommen habe.

In Bradford erreichte uns die Nachricht, dass Salman Schocken in Meran sei und uns gern sprechen wollte. Wir packten unverzüglich die Koffer und fuhren ohne Zwischenaufenthalt nach Meran, wo wir an Jom Kippur (der jüdische Versöhnungstag – M. D.) *1936 eintrafen.*

Salman Schocken riet uns, in Meran zu bleiben, um abzuwarten, bis sich die Unruhen in Palästina gelegt haben, da man damals glaubte,

Eva Grünberg, geb. Lewin, besucht 2004 erneut Freiberg, diesmal mit Tochter und Sohn. Aufnahme gegenüber des Hauses Heinrich-Heine-Straße 12; Foto: Michael Düsing

dass sie nicht lange dauern werden. Wir blieben in Meran, ließen uns, nachdem wir sieben Monate in einer Pension gelebt hatten, unsere Möbel kommen und richteten uns gemütlich ein.

Wir wohnten in Meran zwei Jahre, sind doch das Klima und die Naturschönheiten kaum zu übertreffen. Wir lernten sehr viele Menschen kennen und fanden unter ihnen auch Freunde, mit denen wir noch heute korrespondieren. Als Hitler im März 1938 in Österreich einmarschierte, fassten wir den Entschluss, nicht länger zu warten und trotz der Unruhen nach Palästina zu gehen, denn Palästina war immer der Wohnsitz, den wir im Auge hatten.

Es dauerte nicht lange, bis die Formalitäten hierfür erledigt waren und so verließen wir am 1. September 1938 Meran. Wie klug unsere frühzeitige Maßnahme war, zeigte sich, als am 1. September, an dem Tag, an dem unsere Lifts gepackt wurden, in Italien ein Judengesetz nach deutschem Muster herauskam und alle ausländischen Juden Italien innerhalb eines halben Jahres verlassen mussten. Wir konnten ohne jede Schwierigkeit alle unsere Sachen mitnehmen, dagegen hatten alle, die nach uns fort gingen, große Schwierigkeiten. Im September landeten wir in Haifa, blieben hier und fanden sehr bald eine sehr schöne Wohnung. Inzwischen kamen durch die Pogrome im November 1938 in Deutschland so viele Menschen in das Land, dass die Wohnungen knapp und teuer wurden. "[238]

Eva Lewin schlug sich in Palästina zunächst als Krankenschwester durch. Sechs Wochen nach ihrer Ankunft lernte sie Meir Grünberg, einen Taxifahrer, kennen. Er war als Jude aus Rumänien nach Palästina gekommen. Sie heirateten.

Eva Grünberg berichtete: „*Die verlorene Schulzeit fehlt mir ganz besonders. Ich lebe hier in Israel in drei verschiedenen Sprachen – Deutsch, Englisch und Ivrith – und in keiner der drei Sprachen bin ich perfekt… Mein Mann und ich haben schwer gearbeitet, und tun es in unserem hohen Alter noch immer, um für unsere beiden Kinder eine bessere Zukunft zu gestalten. Gott sei Dank haben wir liebe, verständige Kinder und fünf Enkelkinder, die alle Abitur gemacht haben und teilweise Universitäten besucht haben und so alle ein viel größeres Wissen als wir haben. Aber vor allem haben sie Herzensklugheit.*"

Am 13. August 2008 ist Eva Grünberg, geb. Lewin in Haifa/Israel verstorben. Als Carl Lewin mit seiner Familie 1930 nach Chemnitz ging, zog in die Schocken-Villa an der **Herzog-Heinrich-Straße** die junge Familie Heymann ein – **Wilhelm Heymann** war sein Nachfolger als Freiberger Kaufhausdirektor. Ein „Verkäufer von bestem Schlag", „Kenner aller Branchen und jedes Warenhauses", so urteilten Freunde und Bekannte über Wilhelm Heymann, als ihn Salman Schocken Ende 1930 zum Direktor des Freiberger Schocken-Kaufhauses ernannte.[239] Er war erst 26 Jahre alt. 1904 in Schientochlowitz bei Kattowitz (heute: Świętochłowice) in Schlesien geboren, absolvierte er ab 1919 eine kaufmännische Ausbildung in Breslau und arbeitete als Verkäufer unter anderem in Berlin und Stuttgart.[240] Etwa 1926/1927 kam er an das Freiberger Kaufhaus.

Eine glänzende Karriere in Aussicht, heiratete Wilhelm Heymann am 1. Januar 1931 seine aus Hindenburg (heute: Zabrze) stammende **Hildegard, geborene Brauer**.

Das Familienglück ließ nicht lange auf sich warten: am 19. Dezember 1931 kam **Ursula** zur Welt. Nur ein Jahr später, am 13. November 1932, belebte Sohn **Norbert** die „Direktorenvilla" in der Herzog-Heinrich-Straße. Privat und geschäftlich schien alles zum Besten zu stehen.

Aber nur wenige Tage nach der Geburt ihres Sohnes kamen die Nazis an die Macht. Mit dem 30. Januar 1933 begann die systematische Vernichtung der Lebensgrundlagen aller Juden in Deutschland und die Zerstörung des jüdischen Schocken-Konzerns. 1934 erreichte Wilhelm Heymann jedoch noch die Berufung auf den Direktorenposten des Schocken-Kaufhauses in Regensburg. Zum Judenpogrom am 9./10. November 1938 wurde Wilhelm Heymann verhaftet und aus Regensburg in das KZ Sachsenhausen verschleppt.

Der Entlassung aus dem KZ folgte 1940 die Einweisung der jungen Familie in ein Regensburger „Judenhaus". Wem die Flucht ins Exil nicht mehr gelang, geriet endgültig in die anlaufende Vernichtungsmaschinerie Nazi-Deutschlands. Wilhelm Heymann verlor seine „bürgerliche" Existenz.

Am 2. April 1942 zählten Wilhelm und Hilde Heymann, zusammen mit ihren 10 und 9 Jahre alten Kindern Ursula und Norbert zum ersten Transport Regensburger Juden, die in das polnische Ghetto Piaski deportiert wurden. Entweder noch

Hochzeitreise 1931,
Willi und Hilde Heymann
in Mailand;
Quelle: Archiv Düsing

Die Kinder Norbert
und Ursula um 1935;
Quelle: Archiv Düsing

Während der Verlegung von Stolpersteinen für die Familie Heymann in Freiberg; Foto: Flavia-Annabell Sabath

dort oder bei einem der von Piaski in das Vernichtungslager Belzec abgehenden Transporte wurde die Familie Heymann ermordet.[241] Bei der Arbeit an der 2007 erschienenen Broschüre „Das Freiberger Kaufhaus Schocken – eine Spurensuche" gelang es dem Autor, mit dem letzten lebenden Verwandten Wilhelm Heymanns Kontakt aufzunehmen. Der heute 85 Jahre alte Halbbruder **Eli Heymann**, der selbst die Hölle des Holocaust durchlitten hat, schrieb tief bewegt aus Jerusalem nach Freiberg. Außer Bruder „Willy" wurden Eli Heymanns Vater und weitere drei seiner acht Geschwister in Vernichtungslagern der Nazis ermordet.

Anfang September 1934 übernahm **Siegfried (Fritz) Jacobsohn** die Geschäftsführung und zog mit seiner Frau **Eva** und den beiden Kindern **Gertrud** (geb. 1923 in Regensburg) und **Kurt** (geb. 1932 in Nürnberg) in die Villa Herzog-Heinrich-Straße 12. Siegfried Jacobsohn war 45 Jahre alt, als er die Leitung des Freiberger Hauses in einer immer schwieriger werdenden Situation übernahm. Seine Ehefrau Eva, geb. 1899 in Flatow/Westpreußen als Eva Spiro, war mit Hermann Schocken verwandt. Siegfried Jacobsohn hatte Eva 1921 in Hamburg geheiratet. Jacobsohn brachte reiche kaufmännische und Leitungserfahrungen mit. Vor dem I. Weltkrieg war Siegfried Jacobsohn bereits Geschäftsführer der Schocken-Häuser in Aue, Cottbus und Geestemünde gewesen.

Nach dem I. Weltkrieg arbeitete er kurz in leitender Funktion in der Zentrale in Zwickau und bereitete dann die Einrichtung der neuen Häuser in Auerbach, Regensburg und Nürnberg vor, deren Leitung er jeweils übernahm. Anfang der 30er Jahre bis zur Freiberger Zeit war er kaufmännischer Direktor des Nürnberger Kaufhauses. Schon dort war er ab 1933 üblen Beschimpfungen durch das antisemitische Hetzblatt der Nazis „Der Stürmer" ausgesetzt gewesen.

Tochter Gertrud besuchte in Freiberg die Höhere Mädchenschule in der Turnerstraße. Sie schrieb in den 90er Jahren aus Israel nach Freiberg: „*Ich kam mit meinen Eltern erst 1935* (richtig ist: im Herbst 1934 – M. D.) *nach Freiberg und wir mussten die Stadt schon 1936 wieder verlassen. Für die wenigen in Freiberg verbliebenen jüdischen Familien, ich erinnere mich an die Familien Wangenheim, Luft und Rosenthal, gestalteten sich die Lebensbedingungen immer schwieriger. Jüdische Gottesdienste hatten die Nazis in Freiberg unmittelbar nach ihrer Machtübernahme untersagt.*

Wir fuhren zu den jüdischen Feiertagen deshalb nach Dresden, wo ein Onkel meiner Mutter (Hermann Schocken) lebte. Zum wöchentlichen Religionsunterricht kam ein Herr Anschel aus Dresden nach Freiberg. Ich besuchte das Freiberger Lyzeum (Quinta, Quarta). Bei dieser Gelegenheit möchte ich dankbar erwähnen, dass der Direktor des Lyzeums mich (als einzige jüdische Schülerin der Schule) von dem am Sonnabend statt findenden Rassenkunde-Unterricht befreite. Diese menschliche Haltung habe ich nicht vergessen."[242]

Wie „geräuschlos" sich die Entfernung der Juden aus dem Sozial- und Wirtschaftsleben in Deutschland in dieser Zeit gestaltete, dokumentiert das Entlassungsschreiben der Firma Schocken für ihren überaus verdienten und langjährigen leitenden Angestellten Jacobsohn vom Juni 1936: „*Mit dem 30. Juni tritt Herr Direktor Jacobsohn aus unseren Diensten… Wir haben Herrn Jacobsohn unseren Dank und unsere Anerkennung für seine erfolgreiche Tätigkeit zum Ausdruck gebracht und ihm für die Zukunft alles Gute gewünscht*"[243]

Noch 1936 wanderte die Familie Jacobsohn aus. Sie floh über Holland nach Palästina. Siegfried Jacobsohn starb dort 1965. Die Mutter, Eva Jacobsohn, lebte im Alter in einem von deutschen Einwanderern in Ramat Gan gegründeten Altersheim.

Siegfried Jacobsohn;
Quelle: Archiv Düsing

Eva Jacobsohn, geb. Spiro;
Quelle: Archiv Düsing

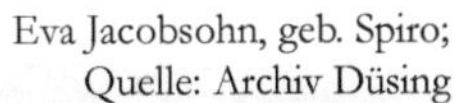

Weisbachstr. 23 im Jahr 2011
Foto: Michael Düsing

Grabstein von Meyer und Fanny Taubenschlag auf dem Neuen Israelitischen Friedhof in Dresden, Grab-Nr. NTR 18/14;
Foto: Projekt Shalom

Die **Familien Taubenschlag und Wolff** gehörten zu den angesehenen Freiberger Fabrikantenfamilien. Ihr Ursprung geht zurück auf das galizische Tarnau (Tarnów), in Südostpolen gelegen und bis 1918 zu Österreich gehörend. Von den sieben Geschwistern von **Salomon und Frimet Taubenschlag** lassen sich die Familienzweige von zwei Söhnen bisher wiederfinden: der von Sohn **Isidor**, der nach Jastrow (poln.: Jastrowie) in Westpreußen ging, und der von Sohn Meyer (auch Mayer oder Meïr) Taubenschlag, dessen Spur über Jastrow und Dresden nach Freiberg führte.

Meyer Taubenschlag wurde 1855 in Jastrow/Westpreußen geboren. Er heiratete dort 1883 **Fanny Rothenberg** (ebenda geboren 1859) und muss in den 80er Jahren des 19. Jahrhunderts nach Freiberg gezogen sein. Zunächst Enge Gasse 23 wohnend, kaufte er bald die Villa in der **Weisbachstraße 23**. 1886 bis 1901 wird Meyer Taubenschlags „**Schnittwaren- und Bettfederhandlung**" in der Enge Gasse 2 genannt, ab 1901 bis 1905 eine „Manufaktur für Kurz-, Weißwaren und Wirtschaftsartikel" in der Borngasse 6, ab 1902 bis 1911 schließlich die Fabrikation von Holzartikeln in der „**Gardinenleistenfabrik M. S. Taubenschlag**" in der Borngasse 11, die später (lt. Adressbuch ab 1905) ihr Domizil in der Frauensteiner Straße 13 (Eingang: Schmiedestraße) fand. Die Taubenschlags hatten acht Kinder, fünf Söhne und drei Mädchen. 1911 starb Meyer Taubenschlag; seine Frau Fanny folgte ihm 1912. Beide haben ihre letzte Ruhestätte bis heute auf dem Neuen Israelitischen Friedhof in Dresden.

Die Firma fiel durch Erbschaft an die Kinder Selmar, Meta Sophie und Frieda. Zwei Söhne, **Selmar** und **Erhardt**, fielen als Soldaten im I. Weltkrieg – Selmar schon am Beginn des deutschen Feldzugs im November 1914 in Belgien; Erhardt, erst 20jährig, wurde 1918 in Frankreich vermisst, schließlich 1920 auf einem deutschen Militärfriedhof in Frankreich begraben.

Das älteste Kind der Taubenschlags war **Paula,** die 1886 in Johannisburg in Ostpreußen geboren wurde. Ab 1906 arbeitete sie als Damenschneiderin in der Borngasse 6, einem Haus, das den Taubenschlags bis 1921 gehörte. Am 12. Dezember 1910 heiratete sie in Freiberg den Breslauer Kaufmann **Max Brück.** Bis dahin mit in der Weisbachstraße 23 wohnend, zog sie mit ihrem Ehemann in dessen Heimatstadt. In Breslau arbeitete sie im Geschäft ihres Mannes mit und führte es seit der Zeit des I. Weltkrieges allein, da Max Brück seinen Kriegsdienst an der Front leistete und danach als Folge dieses Kriegseinsatzes schwer leidend war. Sie muss sehr erfolgreich gewesen sein, denn überliefert ist, dass sie in Breslau eine hoch angesehene, wohlhabende und als tüchtig bekannte Persönlichkeit war.

Das Ehepaar hatte drei Söhne, Herbert, Günther und Werner. Max Brück verstarb schon 1926 in Breslau. Paula Brück wurde nun zur Alleininhaberin der „Textil- und Manufactur-Großhandlung Max Brück".

Die Witwe und ihre Söhne gerieten, wie alle Juden, nach der Machtergreifung der Nazis in dramatische Notlage. Paula Brück richtete in zwei Zimmern ihrer Wohnung in der Breslauer Wallstraße eine Kleiderfabrikation ein und konnte dabei auf ihre, in der Jugend erworbenen Fähigkeiten als qualifizierte Zuschneiderin zurückgreifen. Ihr Diplom, erworben an der Dresdner Zuschneide-Akademie, hing eingerahmt in der Werkstatt. Bis zur Nazi-Zeit war die Werkstatt mit im-

Paula Brück, geb. Taubenschlag;
Quelle: Archiv Düsing

Familie Brück: Max und
Paula Brück mit ihren Söhnen
Herbert, Günther und Werner;
Quelle: Archiv Düsing

Steven Bruck mit Ehefrau Miriam im September 2010 in Freiberg; Foto: Michael Düsing

merhin zwölf elektrischen Nähmaschinen ausgerüstet und sie hatte eine entsprechende Anzahl Näherinnen beschäftigt. Da die Geschäfte durch den Judenboykott immer schlechter liefen, zog sie mit ihren Söhnen in eine kleinere Wohnung und übernahm die schlesische Generalvertretung der sächsischen Korsett- und Leibbindenfabrik Herbert Karbe in Freiberg, zu dem sie weiter engste Beziehungen unterhielt. Schließlich wurde auch diese Erwerbsmöglichkeit durch die Nazis unterbunden.

Zur „Reichskristallnacht" am 9. November 1939 wurde die Wohnung der Familie Brück durch SA-Schläger schrecklich verwüstet. Alle Wertgegenstände, Kristall, Porzellan oder wertvolle Ölgemälde wurden zerstört oder geraubt.[244]

Sohn Herbert wurde in das KZ Dachau geworfen, konnte aber nach seiner Entlassung 1939 nach England entkommen. Seinen Brüdern **Günther** und **Werner** war bereits 1938, vor dem Novemberpogrom, die Flucht nach Südamerika gelungen. Ihre verzweifelten Versuche, auch ihre Mutter zu retten, scheiterten. Paula Brück blieb allein zurück.

Im November 1941 wurde Paula Brück, zusammen mit weiteren Breslauer Juden, in ein Ghetto verschleppt, das in der Nähe von Breslau, im Örtchen Riebnig (heute Rybna), Post Stoberau, bei Brieg (Brzeg) im Südwesten Polens errichtet worden war. Die Nazis bezeichneten dieses Ghetto verharmlosend „Jüdische Wohngemeinschaft". Deren eigentlicher Zweck war es, als Sammellager für Juden aus Breslau und Umgebung vor der Deportation nach Auschwitz zu fungieren.

Die letzte Nachricht von Paula Brück stammt vom 24. Januar 1942. Es ist ein Brief aus dem Ghetto Riebnig an Berliner Bekannte. Er gehört zu den erschütterndsten Dokumenten, die im Zusammenhang mit den Recherchen nach dem Schicksal Freiberger Juden bekannt geworden sind. **Steven Bruck**, ihr in England lebender Enkel, Sohn von Paulas Sohn Herbert, brachte ihn am 28. September 2010 mit, als er und zwei weitere Enkel der Familien Taubenschlag/Wolff zur Verlegung von Stolpersteinen für Paula Brück und die Familie Wolff nach Freiberg gekommen waren. Paula Brück schrieb:

„*Sie werden sich gewiss wundern, von mir einen Brief zu erhalten doch
ist der Anlass leider ein sehr trauriger. Von meiner Schwester Meta nebst
Mann erhielt ich soeben einen sehr kurzen aber bedeutungsvollen Brief,
worin sie sich von mir verabschieden um aus dem Leben zu scheiden. In
dem Brief sind Sie, l. Herr Frey (Onkel Kurt) erwähnt, und nehme ich
darum an, daß sich meine Geschwister mit Ihnen ausgesprochen haben
werden. Ich bekam kürzlich schon einen Brief worin sie mir so schwer-
mütig schrieben, doch antwortete ich ihnen stets in ermutigender Weise.
Leider sind mir doch die Hände gebunden sonst wäre ich ja doch einmal
nach Berlin gekommen. ... Leider ist ja doch aber die Zeit jetzt eine
andere und es ist meinerseits nichts zu machen, denn nur mit meinem
persönlichen Einfluß hätte ich diesen beiden Menschen helfen können...
Ich hoffe ja immer noch, daß sie vielleicht doch nicht zur Verwirklichung
der schrecklichen Tat gekommen sind und vielleicht, der l. Gott soll es
geben, gerettet worden sind. Jedenfalls wäre ich Ihnen doch sehr dankbar
wenn Sie mir bald Nachricht geben ob, wie und wo sich Wolffs befinden.
Ich bin nun seit 3. Nov. hier und habe mich so gut es eben geht einge-
ordnet. Ich will ja doch meine Jungen noch einmal wiedersehen und dieser
Gedanke erfüllt und erhält mich auch.*
*Das Schlimmste ist ja nur daß man jetzt so ganz ohne jede Nachricht
ist, aber ich hoffe daß ich auch diese schwere Zeit überstehen werde.*
*Nun will ich für heute schließen. Wünsche Ihnen alles Gute und bin mit
den herzlichsten Grüßen*
Ihre
Paula Brück
Riebnig, Post Stoberau
über Brieg Bez. Breslau

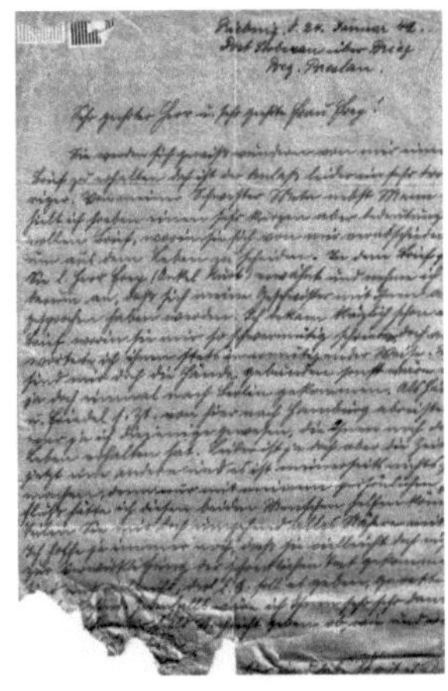

Brief von Paula Brück
am 24. Januar 1942;
Quelle: Archiv Düsing

Als Paula Brück diesen Brief am 24. Januar 1942 verfasste,
war Abraham Wolff bereits einen Tag tot. Seine Frau Meta,
Paulas Schwester, starb am 25. Januar.[245] Auch Paulas Hoffnung, „*dass ich diese schwere Zeit überstehen werde*", erfüllte sich
nicht. Irgendwann in den nächsten Wochen oder Monaten,
sehr wahrscheinlich noch im Jahr 1942, gehörte sie zu den
nach Auschwitz Deportierten, die nie wiederkamen.
Steven Bruck schrieb im Sommer 2010 an den Autor: „*Mein
Vater Herbert (der älteste der drei Brück-Brüder) kam 1939 nach
England, nachdem er nach der 'Kristallnacht' im KZ Dachau gewesen*

war. Er hatte es immer wieder hinausgeschoben, Breslau zu verlassen, um auch einen Fluchtplatz für seine verwitwete Mutter Paula zu sichern – genauso wie es seine Brüder taten, die unabhängig von ihm 1938 nach Südamerika entkommen waren und bis zuletzt hofften, ihre Mutter nach Montevideo nachkommen zu lassen. Meine Mutter hatte Deutschland auf ganz ähnliche Weise erst 1939 verlassen, da ihre verwitwete Mutter in der gleichen Situation war. Sie fanden eine neue Heimat in England, während Günther und Werner ihre Wurzeln in Montevideo/Uruguay schlugen. Als der Krieg ausbrach und es klar wurde, dass meine Eltern nichts mehr tun konnten, um ihre Mütter zu retten, heirateten sie 1940 in England. Die drei Brüder, Herbert einerseits und Günther und Werner andererseits, waren über tausende Meilen voneinander getrennt, aber sie blieben in Verbindung und die geteilte Familie blieb bis zum heutigen Tag eine starke Familie. Im Dezember des letzten Jahres waren meine Frau und ich in Montevideo, um Günthers 90. Geburtstag zu feiern. Er ist der letzte noch lebende Sohn von Paula. Wir alle stehen in regelmäßigem Kontakt. Dieser starke Familiensinn war Paulas Geschenk an uns, die wir sie nie kennenlernen durften. Ihre drei Söhne liebten sie mit einer bemerkenswerten Hingabe, die für uns Beispiel gebend und dauerhaft war. Großmutter wurde mir als eine wundervolle und aufopferungsvolle Mutter beschrieben. Und es ist für uns alle ein großer Verlust, dass wir sie nie kennenlernen konnten. Die drei Brüder, die während des Krieges nie die Hoffnung aufgaben, dass ihre Mutter überlebt, waren nach dem Kriegsende am Boden zerstört, als sie von ihrem Tod in Auschwitz erfahren mussten. Das gleiche Schicksal hatte die

Reisepass für Herbert Brück, der 1939 nach England entkommen konnte; Quelle: Archiv Düsing

Mutter meiner Mutter ereilt… Ich bin sehr dankbar, von den Plänen zu erfahren, am 28. September 2010 mit einem Stolperstein auch an Paula Taubenschlag, unsere Großmutter, zu erinnern." [246]

Frieda Taubenschlag, geboren 1890 in Freiberg, heiratete am 10. April 1919 den Kaufmann **Harry Brodziak** in Freiberg.

Sie konnten 1939 nach Bolivien fliehen. Dort starb 1942 ihr Ehemann. Frieda Brodziak emigrierte später in die USA.

Arno Taubenschlag, geboren 1892 in Freiberg, besuchte von 1903 bis 1909 das Realgymnasium Freiberg und absolvierte eine Kaufmannslehre. Er starb, erst 18jährig, im März 1913 in Freiberg. Sein Grabstein befindet sich auf dem Neuen Israelitischen Friedhof in Dresden.

Walter Taubenschlag, 1895 in Freiberg geboren, erlernte ebenfalls den Beruf eines Kaufmanns und war aktiver Frontsoldat im I. Weltkrieg. 1919 geriet er in amerikanische Kriegsgefangenschaft.

1923 zog er nach Breslau. Er war mit **Henny Memisohn** (1903 in Breslau geboren) verheiratet. 1929 wurde dort ihre Tochter **Steffi** geboren. Die Familie floh im Juni 1939 nach Schanghai/China.

Charlotte, die jüngste Taubenschlag-Tochter, 1899 in Freiberg geboren, wurde Geigerin und zog nach Breslau. Ihr Großneffe Steven beschrieb kürzlich ihre Rolle bei der Rettung seines Vaters Herbert: *„Das Schlüsselerlebnis, das die Erfahrungen meines Vaters prägte, war die ständige Verschlechterung der Lage der Juden in Nazi-Deutschland. Zu einem frühen Stadium der Nazi-Herrschaft war mein Vater für 12 Tage von der Gestapo inhaftiert worden wegen angeblicher Verächtlichmachung eines Hitler-Bildes in der Firmenkantine. Tatsächlich war das eine erfundene Anschuldigung, die von einem antisemitischen Firmenkollegen, der Nazi war, ausgegangen war, zumal mein Vater natürlich kein so großer Held war, so etwas fertigzubringen. Er kam aus der Haft wieder heraus, nicht etwa, weil seine Unschuld bewiesen worden wäre, sondern weil seine Tante Charlotte mit allen Kriegsorden des Onkels zur Gestapo gegangen war und damit damals noch Eindruck machen konnte. Am Anfang der Nazi-Regierung konnte so etwas noch von einiger Bedeutung sein. 1938/39 hatte sich die Nazi-Politik so entwickelt, dass ein Herauskommen aus*

Frieda Brodziak, geb. Taubenschlag; Quelle: Archiv Düsing

Grabstein von Arno Taubenschlag auf dem Neuen Israelitischen Friedhof in Dresden, Grab-Nr. NTR 18/11; Foto: Projekt Shalom

Abraham Wolff;
Quelle: Archiv Düsing

Meta Wolff,
geb. Taubenschlag;
Quelle: Archiv Düsing

Dachau für meinen Vater nur noch möglich war, indem er nachwies, dass er das Land verlassen werde. Tante Charlotte... konnte ebenfalls nach England entkommen. Sie war meines Vaters geliebte 'Tante Lotte', die tragischerweise im Krieg während eines deutschen Luftangriffs auf Acton, London, starb." [247]

Die zweitälteste Taubenschlag-Tochter, Meta Sophie, geboren 1887 in Freiberg, heiratete am 28. Dezember 1913 den Bonner Kunstantiquar und Buchhändler Abraham Georg Wolff in Freiberg.

Er stammte ursprünglich aus dem pommerschen Hohensalza (Inowrozław), wo er 1879 zur Welt kam. 1919, nach seiner Teilnahme am I. Weltkrieg, in dem er mit dem Eisernen Kreuz ausgezeichnet worden war, übernahm Abraham Wolff die Firma seines verstorbenen Schwiegervaters.

Da die Holzfirma sich offensichtlich nach Krieg und Inflation gut erholte und die Geschäfte erfolgreich liefen, baute Abraham Wolff 1926 einen neuen Standort der Fabrik an der Zuger Straße (damals Nr. 10; heute Nr. 42) auf. Am 28. August 1920 wurde Sohn Manfred geboren, knapp fünf Jahre später, am 25. Januar 1925, Tochter Dorothea. „Direktor Wolff", wie er respektvoll von Geschäftspartnern und Freiberger Bekannten genannt wurde, war ein stolzer deutscher Fabrikant, geachtet und anerkannt.

Seine jüdische Herkunft galt ihm wenig. Anders als andere Freiberger Juden, die zwar ebenso stolz darauf waren, assimilierte Deutsche zu sein, aber ihre jüdische Tradition stärker wahrten, legten die Wolffs wenig Wert auf jüdische Religiosität. Im Hause Wolff wurden keine jüdischen Feste gefeiert; Beziehungen und Kontakte zu anderen jüdischen Familien in Freiberg pflegten sie kaum. Sie hatten sich nahezu vollständig assimiliert. Am 10. Juni 1931 stellt Abraham Wolff den Antrag auf Aufnahme in den sächsischen Staatsverband.[248] Und im gleichen Jahr trat das Ehepaar aus der Jüdischen Gemeinde in Dresden aus.

1933 schließlich ließ sich Abraham Wolff, der sich nun häufiger unter seinem zweiten Vornamen Georg nennen ließ, im Freiberger Dom von Pfarrer Arndt von Kirchbach taufen und trat der evangelisch-lutherischen Kirche bei. Dessen Sohn er-

Arbeitsordnung der Sächsischen
Gardinenleistenfabrik 1921;
Quelle: StadtA FG, V, II, 222

innerte sich 1971 noch daran: „*Als der Landeskirchenausschuss in
Sachsen zustande kam, wurde Vater wieder in sein Amt als Dompre-
diger eingesetzt. Im Sommer 1936 wurde er zum Superintendenten von
Freiberg ernannt. Später hat er mir einmal erzählt, wie die Ernennung
beinahe daran gescheitert wäre, dass er kurz vorher einen Juden getauft
hatte.*"[249]

Ab Februar 1935 firmierte die Fabrik denn auch unter: „Sächsische Gardinenleisten-Fabrik G. Wolff". Abraham Georg
Wolffs besondere Tragik lag darin, nach dem Machtantritt der
Nazis durchaus nicht wahrhaben zu wollen, dass den Antisemiten und Juden hassenden nationalsozialistischen Rassen-
fanatikern völlig gleichgültig war, als was sich ein von ihnen
definierter „Rassejude" verstand.

Abraham Wolff, der wie seine Schwäger im I. Weltkrieg für
Deutschland im Feld gestanden hatte und dafür mit dem
Eisernen Kreuz ausgezeichnet worden war, hielt auch nach
dem Machtantritt der Nazis daran fest, seine Verdienste um
Deutschland könnten denen etwas gelten. Auch sein Übertritt
zum Christentum im Freiberger Dom half nichts. Während er
selbst hoffte, mit diesem Schritt ein klares, ihm nie strittiges
Bekenntnis zu Deutschland und den christlichen Werten zu
vollenden, wandten sich „arische" Bekannte von ihm mehr
und mehr ab. Er habe sich „zwischen alle Stühle gesetzt", urteilten selbst frühere „arische" Freunde und gingen ängstlich
auf Distanz.[250]

Die Nürnberger Rassengesetze hatten bereits 1935 in Paragrafen gegossen, was den Nazis alle diese Verdienste um
Deutschland und alle vermeintliche oder wirkliche Assimila-

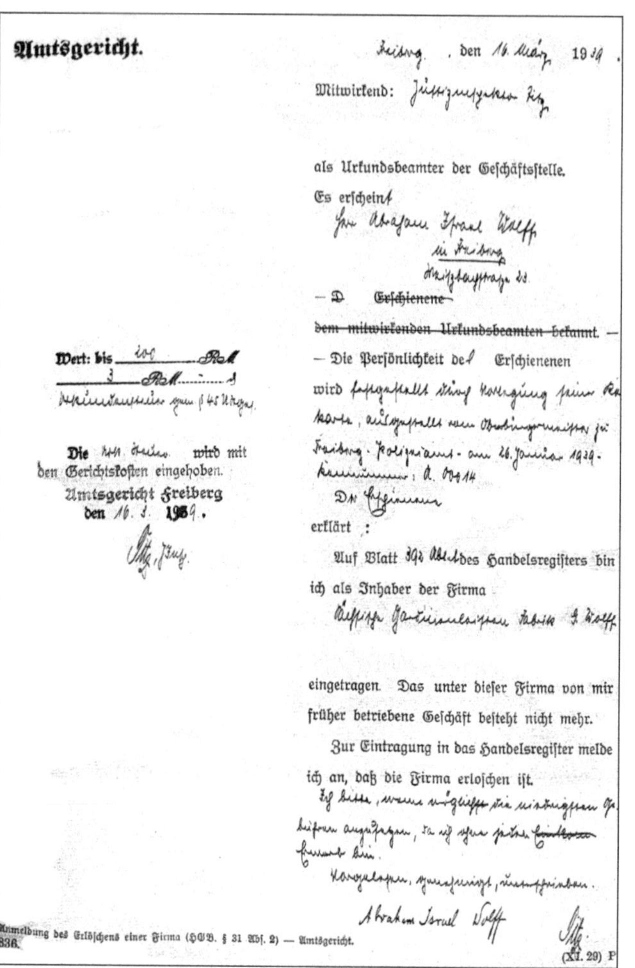

Liquidationseintrag der Firma „Sächsische Gardinenleisten-fabrik G. Wolff" beim Freiberger Amtsgericht, 16. März 1939; Quelle: StadtA FG

tion wert waren. Jude blieb Jude. Wie alle jüdischen Unternehmen und Geschäfte wurde auch Wolffs Firma in den Ruin getrieben und musste Ende 1938 „zwangsarisiert" werden. Am 16. März 1939 erfolgte die Abmeldung der Firma „Sächs. Gardinenleisten Fabrik G. Wolff" und ihre Löschung im Handelsregister.[251]

Als jüdische Schüler aus den Klassen „verschwanden", geschah dies eher nebenbei. „Arische" Familien waren davon nicht betroffen. Manfred Wolff musste im Juni 1938 das Gymnasium ohne Abitur verlassen. Dorothea Wolff durfte die Höhere Handelsschule in Freiberg, in die sie erst am

Dorothea Wolff in der 2. Klasse
der Körnerschule, 1932;
Quelle: Archiv Düsing

8. April 1938 aufgenommen worden war (nach ihrer Grund-
schulzeit an der Körnerschule), nicht weiter besuchen. Beide
waren hochbegabte Schüler, sie war eine talentierte Pianistin –
ebenso wie ihr Bruder, der auf „Konzertniveau" Pianist und
gleichzeitig Violinist war.

Vater Wolff weigerte sich noch im Herbst 1938, ernsthaft
eine Auswanderung in Betracht zu ziehen. Er mochte nicht
glauben, dass das Land von Goethe und Schiller, von Bach
und Beethoven, zunehmend von Rassismus und rigorosestem
Antisemitismus beherrscht wurde und sich anschickte, die
Juden vollständig und ohne jede Ausnahme aus dem „deutschen Volkskörper" auszusondern.

Vielleicht beseitigte der Judenpogrom der „Reichskristallnacht" im November 1938 die letzten Illusionen. Die Nazis
verhafteten Abraham Wolff und seinen Sohn Manfred. Während der Vater nach einigen Tagen aus der Gestapo-Haft in
Dresden entlassen wurde, warfen sie den Sohn als „Sonderaktionsjuden" in das Konzentrationslager Buchenwald. Damit suchten sie die verbliebenen wohlhabenderen Juden zur
Emigration zu zwingen.

Das Ehepaar Wolff kämpfte verzweifelt um seine Kinder.
Es gelang ihm in letzter Minute, Tochter Dorothea mit den
von jüdischen und freikirchlichen Hilfsgruppen organisier-
ten Kindertransporten 1939 nach England in Sicherheit zu
bringen. Sohn Manfred wurde am 18. Januar 1939 aus dem

Dorothea und Manfred Wolff
in den 50er Jahren in London;
Quelle: Archiv Düsing

Marcel Bruck mit Ehefrau
Sharon im September 2010
in Freiberg;
Foto: Michael Düsing

KZ entlassen, nachdem sein Vater eine Auswanderungsmöglichkeit für seinen Sohn nach England belegen konnte.[252] Für Meta und Abraham Wolff war es da schon zu spät. Finanziell und in der wirtschaftlichen Existenz am Ende, brachten sie wahrscheinlich die enormen Summen nicht mehr auf, die das Nazireich den Juden als „Reichsfluchtsteuer" auferlegte. Zweifellos fanden sie auch kein Auswanderungsland mehr. Um 1940 gingen die Wolffs nach Berlin und kamen bei ihrer großen Berliner Verwandtschaft unter. Als Meta und Abraham Wolff den Deportationsbefehl „in den Osten" erhielten, nahmen sie sich am 22./23. Januar 1942 das Leben. Abraham verstarb an einer Gasvergiftung noch am gleichen Tag, seine Frau Meta zwei Tage später.

Viele der Berliner Verwandten wurden Opfer des Völkermords der Nazis. Die Kinder sahen ihre Eltern nie wieder. Tochter Dorothea war für kurze Zeit in England Krankenschwester. In Birmingham traf sie ihren späteren Ehemann, einen nichtjüdischen Polen aus der Nähe von Krakau. Er hatte in der Nazizeit Furchtbares durchlitten. Er war unmittelbar nach dem Einmarsch der Deutschen im September 1939 als Priesterschüler verhaftet worden (im Zusammenhang mit den Aktionen der Deutschen zur Vernichtung der polnischen Oberschicht, ihrer Intelligenz, der Lehrerschaft und der Priester). Für einige Monate wurde er in das KZ Dachau gebracht und kam von dort in das KZ Gusen, ein Außenlager des KZ

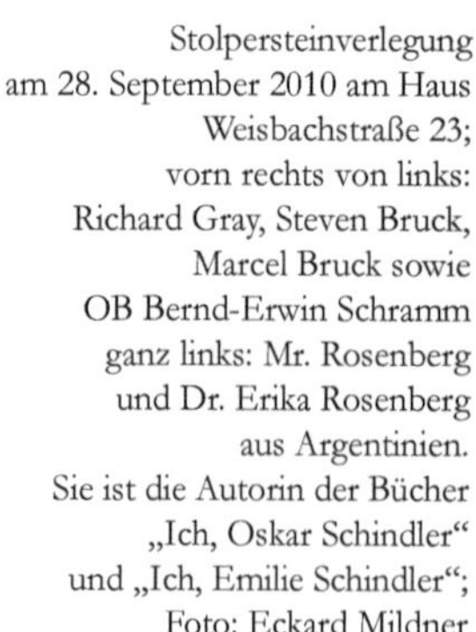

Stolpersteinverlegung
am 28. September 2010 am Haus
Weisbachstraße 23;
vorn rechts von links:
Richard Gray, Steven Bruck,
Marcel Bruck sowie
OB Bernd-Erwin Schramm
ganz links: Mr. Rosenberg
und Dr. Erika Rosenberg
aus Argentinien.
Sie ist die Autorin der Bücher
„Ich, Oskar Schindler"
und „Ich, Emilie Schindler";
Foto: Eckard Mildner

Mauthausen. Dort musste er unter höllischen Bedingungen im Steinbruch arbeiten, *„wo er umgekommen wäre, wenn er dort geblieben wäre“*, wie der Sohn von Dorothea und Stan Gray, Richard Gray, geb. 1955, kürzlich schrieb.[253] Nach fünf Jahren Qualen in diesem Lager wurde er von den Amerikanern befreit. Er ging nach England, wo er Dorothea Wolff traf und heiratete. Dorothea war nach der Geburt des Sohnes Hausfrau.

Ihr Mann arbeitete als Lebensmittel-Technologe und Dozent am Polytechnikum in Lebensmittelkunde und -technologie (jetzt Universität) in Birmingham und dann Leeds. Dorothea starb im August 2007.

Ihr Bruder Manfred war in England als Musikdozent und Lehrer für Geschichte und Musik an einem Lehrerausbildungs-Institut in Leeds tätig. Er verstarb schon 1983, im Alter von 62 Jahren.

„Wir können vergeben, aber nicht vergessen“, beschrieb eine Bekannte die Haltung der Tochter Dorothea. Zu Freiberg wollte sie nie wieder Kontakt aufnehmen. *„Freiberg hat uns verraten“*, soll ihre bittere Bilanz gelautet haben.[254]

Richard, Enkel der ums Leben gekommenen Meta und Abraham Wolff, besuchte erstmals Freiberg wieder aus Anlass der Verlegung von Stolpersteinen für seine Großeltern, die aus Freiberg vertriebene Mutter und seinen Onkel am 28. September 2010.

Dorothea Gray, geb. Wolff;
Quelle: Archiv Düsing

Richard Gray und Ehefrau Angie im September 2010 in Freiberg;
Foto: Michael Düsing

Prof. Dr.-Ing. R. Höltje   Freiberg i. Sa., den 19. 11. 1936.
                                            Inger Straße 3a

[handschriftliche Notiz, unleserlich] 1933 [...]

        An den

            Herrn Rektor der Bergakademie

                    F r e i b e r g.

        In Einverständnis mit dem Leiter der Ortsgruppe Sächs-
stadt der NSDAP. bitte ich Sie, die anliegende Anweisung an die
Parteigenossen allen Angehörigen der Bergakademie bekanntzugeben.
Es liegt nicht nur im Interesse der Partei, sondern auch der Bergakademie, wenn deren Angehörige über diese Anweisung und damit die
eindeutige Haltung der Partei unterrichtet sind.

        Den Ausführungen des Ortsgruppenleiters darf ich folgendes
hinzufügen:

        Die Judenfrage steht heute im Brennpunkt der Politik, wie
der Verlauf des diesjährigen Reichsparteitages unzweideutig gezeigt
hat. Die Bedeutung, die der Führer selbst dieser Frage beimisst,
ist bekannt. Der Erlass des Stellvertreters des Führers, durch den
allen Parteigenossen der Besuch jüdischer Geschäftshäuser untersagt
wird, beweist, dass der Abwehrkampf auch auf diesem Gebiet nachdrücklich geführt werden soll. Leider ist zu beobachten, dass gerade
dieser Seite des Kampfes noch nicht genügendes Verständnis entgegengebracht wird. Bei der immer weitergehenden Zuspitzung der Judenfrage, bei dem erbitterten Kampf, der vom Weltjudentum jetzt offen
gegen das Deutschtum geführt wird, nachdem er schon jahrzehntelang
in getarnter Form brannte, bei den masslosen Schmähungen, die von
jener Seite täglich über uns ergossen werden, ist die Haltung des
deutschen Menschen gegenüber den Juden geradezu eine Frage seiner
Ehre! Es kann daher für jeden Deutschen mit nationalem Ehrgefühl

[handschriftliche Notiz, unleserlich]

überhaupt keine Diskussion mehr geben über die Möglichkeit irgend
einer Unterstützung der Juden. Eine völlig eindeutige und kompromisslose Einstellung in der Judenfrage muss aber von allen denen
erwartet werden, die sich dem Staate als Diener verpflichtet
haben. Wir Angehörigen der Bergakademie sollten hierin den übrigen
Volksgenossen beispielgebend vorangehen.

                    H e i l   H i t l e r !

                    [Unterschrift]

Teil IV

Die „Überwindung des jüdischen Intellektualismus"
an der Bergakademie Freiberg nach 1933

Auch an der Bergakademie Freiberg wurden unmittelbar nach Erlass des „Gesetzes zur Wiederherstellung des Berufsbeamtentums" vom 7. April 1933 jüdische Wissenschaftler und Angestellte, aber auch Beamte, „die nach ihrer bisherigen politischen Betätigung nicht die Gewähr dafür bieten, daß sie jederzeit rückhaltlos für den nationalen Staat eintreten", entlassen.[255]

Als erste bekamen dies der jüdische Chemie-Ingenieur **Erwin Wallerstein**, der am Braunkohlenforschungsinstitut seit 1925 als Chemie-Ingenieur beschäftigt war[256], und der wegen seiner sozialdemokratischen Aktivitäten verhasste Bücherwart der Bergakademie, **Dr. Siegfried Jakobartl**, zu spüren.

Beiden wurde gekündigt. Dem einen als Jude, dem anderen als „unverbesserlicher Marxist".

Dr. Jakobartl, am 13. November 1890 in Neukirchen a. Wald (Österreich) als Sohn eines österreichischen Beamten geboren, galt den Nationalsozialisten obendrein als „nicht reinrassiger Arier", da sein Großvater mütterlicherseits der jüdische Kaufmann Alois Blausteiner gewesen war. Das machte ihn den Nazis zusätzlich verhasst.

Jakobartl hatte in Wien und Paris Romanistik und Germanistik studiert und bereits 1913 an der Universität Wien zum Dr. phil. promoviert. Nach einer kurzen Hilfslehrertätigkeit in Klagenfurt diente er während des I. Weltkrieges im österreichischen Heer und geriet in russische Kriegsgefangenschaft.

Im November 1918 kam er nach Freiberg, vermutlich durch die Liebe, denn er heiratete hier am 19. Juli 1919 die Freibergerin Gertrud Krause. Im März 1920 erhielt er die sächsische Einbürgerungsurkunde. Er wohnte in der Wallstraße 8. Zwei Jahre später wurde ein Sohn Martin geboren. Zunächst freiberuflich als Sprachlehrer, Übersetzer und

Erwin Wallerstein mit
Ehefrau Margarete, geb. Sieradzki
im August 1933;
Quelle: Archiv Düsing

Dr. Siegfried Jakobartl;
Quelle: TU Bergakademie Freiberg

Journalist tätig, wurde Dr. Jakobartl 1922 als Bücherwart an der Bergakademie Freiberg angestellt, ab 1928 gar als Beamter.[257] Sofort mit Erlass des „Gesetzes zur Wiederherstellung des Berufsbeamtentums" wurde er wegen „Gefährdung der öffentlichen Sicherheit und Ordnung" beurlaubt. Zum 31. Juli 1933 erhielt er schließlich seine fristlose Kündigung. Obwohl Dr. Jakobartl bereits im März 1933 aus der SPD ausgetreten war, wurde er im Juli 1933 in das „Schutzhaftlager" Sachsenburg (bei Frankenberg) eingeliefert.[258] Nach seiner Entlassung aus der Haft im Dezember 1933 lebte Dr. Jakobartl unter schwierigsten materiellen Bedingungen, da ihm lediglich eine jederzeit widerrufliche Rente von monatlich 67,58 RM gewährt worden war. Vor allem die Professoren Theodor Döring, Karl Kegel und der ab 1939 amtierende Rektor, Prof. Dr. Brenthel, versuchten, die Wiedereinstellung des anerkannten Fachmanns zu erreichen. 1941 gelang es, ihn für kurze Zeit als Hilfsassistent bei Prof. Kegel im Institut für Bergbau und Bergwirtschaft unterzubringen. Der immense Druck nationalsozialistischer Aktivisten an der Hochschule veranlasste Prof. Kegel, dessen Emeritierung bevorstand, ihm ab November 1941 eine bessere Anstellung als Bibliothekar und Patentbearbeiter bei der „Sudetenländischen Treibstoffwerke AG" in Maltheuern bei Brüx (heute Most in der Tschechischen Republik) zu vermitteln.[259] Hier kam Dr. Jakobartl bei einem Luftangriff der Alliierten auf die nordböhmischen Industrieanlagen am 12. Mai 1944 ums Leben.[260]

Die NSDAP-Mitglieder liefen von Beginn der Naziherrschaft an Sturm gegen alle demokratischen Traditionen und gegen den „jüdischen Intellektualismus" an der Bergakademie. Die NS-Studentenschaft an der Bergakademie eröffnete einen „Aufklärungsfeldzug wider den undeutschen Geist" gegen jüdische Wissenschaftler und gegen andere politisch missliebige Angehörige des Lehrkörpers. *„Unser gefährlichster Widersacher ist der Jude und der, der ihm hörig ist... Wir fordern vom deutschen Studenten den Willen und die Fähigkeit zur Überwindung des jüdischen Intellektualismus und der damit verbundenen liberalen Verfallserscheinungen im deutschen Geistesleben. Wir fordern die Auslese von Studenten und Professoren nach der Sicherheit des Denkens im deutschen Geiste"*, hieß es in einer am 14. April 1933 im „Freiberger Anzeiger" abgedruckten Erklärung der „Deutschen Studentenschaft".

Anerkannte Wissenschaftler der Bergakademie, die sich dem antisemitischen und nationalistischen Taumel der Nationalsozialisten verweigerten, gerieten unter den Druck einer wirkungsvollen und lautstarken NS-Anhängerschaft unter Studenten und jener Dozenten und Professoren, die sich der NSDAP angeschlossen hatten.[261]

Der bis 1935 amtierende Rektor, der Geologe Prof. Dr. Friedrich Schumacher, versuchte anfangs, die heftigsten Ausschläge der NS-Aktivisten zu dämpfen. So bemühte er sich zunächst, einer schnellen Entlassung des jüdischen Patentanwalts **Dr. Armand Mestern** aus Berlin entgegenzuwirken. Er hatte eine Privatdozentur an der Bergakademie inne. Prof. Dr. Friedrich Schumacher verwies das zuständige sächsische Ministerium darauf, dass Mestern Frontkämpfer im I. Weltkrieg gewesen war und er deshalb nach dem „Gesetz

zur Wiederherstellung des Berufsbeamtentums" weiterzubeschäftigen sei.[262] Daraufhin folgte massiver Boykott der
Vorlesungen von Dr. Mestern durch NS-Studenten. Hektisch
wurde nach anderen Möglichkeiten gesucht, dem Privatdo-
zenten Dr. Mestern die Lehrberechtigung zu entziehen. Das
sächsische Finanzministerium „regte" schließlich an, das Professorenkollegium der Bergakademie möge jene Paragrafen
der Habilitationsordnung der Bergakademie ändern, die die
Lehrberechtigung regelten. Ein einfacher Nachtrag könne so
gestaltet werden, dass „die Lehrberechtigung eines Privat-
dozenten ohne Rücksicht auf sein Verhalten dann entzogen
werden kann, wenn es im Interesse der Bergakademie liegt".
Der Einsatz von Rektor Schumacher für Dr. Mestern erlah-
mte nunmehr rasch, wie sein handschriftlicher Vermerk auf
dem ministeriellen Schreiben vom 7. Februar 1934 erahnen
lässt: „G.R. Herrn Prof. Dr. Weigelt mit der Bitte, eine neue
Fassung für § 14, a und b, im Sinne des letzten Absatzes dieses
Briefes vorzuschlagen. Schumacher, 12.1.34".[263] Eine „Vorläufige Ergänzung der Ordnung über den Erwerb der Lehrberechtigung an der Bergakademie Freiberg" bestimmte daher
in vorauseilendem Gehorsam, dass eine solche nur erwerben

Prof. Dr. Friedrich Seidenschnur,
1931,
Foto: Otto Hertel;
Quelle: Stadt- und Bergbau-
museum Freiberg, Fotothek,
Inv.-Nr. F5523

könne, wer „arischer Abstammung ist". Er dürfe auch nicht „mit einem Nichtarier verheiratet sein". Dr. Mestern wurde für das Sommersemester 1934 beurlaubt. Und schließlich fand
der Senat der Bergakademie auch eine Möglichkeit, ihn gänzlich los zu werden. Bedingt
durch seinen Wohnsitz in Berlin sei „keine Verbundenheit zwischen ihm und den Studenten
zustande gekommen".[264]

Nicht viel anders wurde die Entlassung von **Professor Friedrich Seidenschnur**, Lehrstuhlinhaber für Wärmewirtschaft, betrieben.

Friedrich Seidenschnur, 1876 in Berlin geboren, hatte nach dem Chemiestudium an der
Technischen Hochschule Berlin viele Jahre praktisch in der chemischen und Erdölindu-
strie gearbeitet. Er entwickelte während des 1. Weltkrieges patentierte neue Verfahren zur
Gewinnung von Heiz- und Treibölen und wurde schließlich 1921 als Professor für Wärmewirtschaft an die Bergakademie Freiberg und gleichzeitig zum Direktor der Wärme-
technischen Abteilung des Deutschen Braunkohlenforschungsinstituts berufen. Zu seinen
Verdiensten zählten die Schaffung umfangreicher Versuchseinrichtungen zur Braunkohlen-
verarbeitung, u. a. die Errichtung der Versuchsanstalt auf der Grube „Reiche Zeche". Prof.
Seidenschnur war eng mit Dr. Armand Mestern befreundet. Nach heftigen Auseinanderset-
zungen mit den nationalsozialistischen Wortführern unter dem Lehrkörper und in der Stu-

Prof. Dr. Friedrich Adolf Willers;
Quelle: TU Bergakademie
Freiberg

dentenschaft wurde er auf der Grundlage des „Gesetzes zur Wiederherstellung des Berufsbeamtentums" beurlaubt und am 31. Dezember 1934 durch den Rektor der Bergakademie offiziell in den Ruhestand versetzt. Willkommen war dabei offenbar durchaus, dass es schon vor 1933 unterschwellige Zweifel einiger Kollegen an der „fachlichen Befähigung" von Prof. Seidenschnur gegeben hatte, die bis in das sächsische Finanzministerium lanciert worden waren. 1947 verstarb Friedrich Seidenschnur in Wernigerode.[265]

Zweifellos begünstigte das konservative, z. T. nationalistische Klima an der Bergakademie die rassistische Gleichschaltung innerhalb weniger Monate und Jahre. Anpassung, Karrieredruck und unpolitisches „Fachwissenschaftlertum" ließen viele ebenso schweigen, wie die bei nicht wenigen latent vorhandene Ablehnung des Judentums, die eine Gleichgültigkeit gegenüber dem jüdischen Kollegen beförderte, umso mehr, wenn jener als Konkurrent empfunden wurde. Nur wenige Dozenten und Professoren blieben ihrer demokratischen und humanistischen Gesinnung treu und versuchten, menschlichen Anstand und wissenschaftliche Würde gegen nationalsozialistische Karrieristen und machtversessene Intriganten zu behaupten. Einige kostete dieser Versuch die berufliche Stellung, wie z. B. auch den Mathematiker, **Professor Friedrich Adolf Willers**.

1883 in Bremervörde geboren, hatte er Mathematik und Physik in Jena und Göttingen studiert, 1906 promoviert und als Gymnasiallehrer gearbeitet. Nach dem I. Weltkrieg, in dem er als Landsturmmann schwer verwundet worden war, habilitierte er sich an der TH Berlin. 1928 wurde er ordentlicher Professor für Mathematik und Darstellende Geometrie an der Bergakademie Freiberg und arbeitete u. a. eng mit dem Bergbaukundler Karl Kegel zusammen.[266] Die Führer des NS-Studentenbundes entfachten sofort mit der Machtübernahme 1933 ein beispielloses Kesseltreiben gegen Willers.

In ihrer Entschließung vom 26. Juni 1934 hieß es: „*Wer nicht mit uns und unserem Rektor zusammen arbeitet, zum Wohle des Ganzen, sondern die Aufbauarbeit des neuen Deutschland durch fruchtloses Debattieren über Probleme, die keine sind, zu stören versucht, der soll wenigstens den Mut haben, die Konsequenzen zu ziehen.*"[267]

Nur der Physiker Prof. Gustav Aeckerlein hatte, so vermerkt W. Lauterbach in seiner Reihe ausgewählter Biografien berühmter Freiberger, den Mut, sich im Professorenkollegium offen gegen dieses Hasspapier zu stellen.[268] Die Vorlesungen von Willers wurden noch im Sommersemester 1933 ausgesetzt, ab Sommersemester 1934 gänzlich eingestellt. Willers wurde in die vorzeitige Emeritierung gezwungen, die ihn mit Wirkung vom 30. September 1934 aus der Bergakademie ausscheiden ließ. Nach dem Krieg war er u.a. Mitglied der Leopoldina (Akademie der Naturforscher Halle) und der Sächsischen Akademie der Wissenschaften. 1953 ehrte ihn die DDR mit dem Nationalpreis. 1959 verstarb Prof. Willers in Dresden.[269]

Andere bemühten sich vergeblich um eine wissenschaftliche Anstellung, wie **Erich Rammler**, dem seine langjährige Zusammenarbeit und Freundschaft mit dem jüdischen Wissenschaftler **Prof. Paul Rosin** und seine Arbeit in der Sowjetunion angekreidet wurden.

Prof. Dr. Paul Otto Rosin;
Quelle: TU Bergakademie
Freiberg

Erich Rammler, 1901 im Vogtland geboren, hatte zwischen 1920 und 1925 an der Bergakademie Bergbaukunde studiert, 1927 promoviert, und wurde 1928 erster wissenschaftlicher Mitarbeiter im Labor für Brennstofftechnik, das der Hüttenkundler Paul Rosin privat in Dresden führte. Im gleichen Jahr, 1928, war der 1890 in Freiburg im Breisgau geborene Paul Rosin, zunächst Privatdozent an der Bergakademie, zum außerordentlichen Professor für Verbrennungstechnik an der Bergakademie berufen worden. Er hatte von 1909 bis 1914 an der Bergakademie Freiberg studiert. Auch Paul Rosin war mehrfach ausgezeichneter Frontkämpfer im I. Weltkrieg gewesen. Er war ein erstklassiger Fachmann u. a. für Kohlestaubfeuerung.[270] 1932 weilten Rammler und Rosin auf Einladung sowjetischer Ministerien in Braunkohlenrevieren in der UdSSR. Paul Rosin, der 1920 an der Bergakademie promoviert und 1921 habilitiert hatte, wurde mit ähnlich fadenscheinigen Vorwänden wie Dr. Mestern 1933 aus dem Lehrbetrieb der Bergakademie gedrängt. Die Versuche Erich Rammlers, an der Bergakademie zu habilitieren und eine Privatdozentur zu erhalten, scheiterten. Paul Rosin war seit 1932 Honorarprofessor an der TH Berlin und zog dorthin um. 1935 erfolgte der Ausschluss von der TH Berlin und die Verdrängung aus mehreren Aufsichtsräten. 1936 verkaufte er sein Dresdner Labor an Rammler, um seine Flucht aus Deutschland finanzieren zu können.[271] Nach einem Zwischenaufenthalt in der Schweiz lebte Rosin seit 1936 vorwiegend in London. Das Forschungslabor wurde in der Nacht vom 13. zum 14. Februar 1945 während des Bombenangriffs auf Dresden zerstört. Nach dem Krieg kehrte Rosin nach Deutschland zurück. 1955 wurde er erneut in den Aufsichtsrat der Frank'schen Eisenwerke Adolfshütte Niederscheld bei Dillenburg berufen und seit 1959 hatte er den Vorsitz des Werks inne. Rosin starb am 13. März 1967 in London. Erich Rammler arbeitete zwischen 1936 und 1938 am Braunkohlenforschungsinstitut Freiberg und schlug sich bis zum Kriegsende als „Privatgelehrter" durch. Nach dem Krieg war er zunächst Assistent am Institut für Brikettierung bei Prof. Karl Kegel an der Bergakademie Freiberg, wurde 1949 Professor für Wärme- und Brennstofftechnik und Direktor des Instituts für Technische Brennstoffverwertung, des späteren Instituts für Brikettierung,

Prof. Dr. Franz Kögler,
Aufnahme 1929 – 1930,
Foto: Otto Hertel;
Quelle: Stadt- und Bergbau-
museum Freiberg, Fotothek,
Inv.-Nr. F5280

Friedrich Karl Höltje; Quelle: TU
Bergakademie Freiberg

sowie Leiter der Technischen Versuchsanlage „Reiche Zeche"
in Freiberg. Mit Georg Bilkenroth gelang ihm die Erarbeitung einer Technologie zur Erzeugung von Hochtemperatur-
Braunkohlenkoks (BHT-Koks), wofür er in der DDR u.a. mit
dem Nationalpreis und dem Vaterländischen Verdienstorden
geehrt wurde. Rammler verstarb 1986 in Freiberg.[272]

Bis heute unverständlich wenig Aufmerksamkeit wird den
Umständen des Todes von **Professor Franz Kögler** 1939
gewidmet. Kögler war 1882 im thüringischen Neustadt a. d.
Orla geboren worden, wurde 1905 Bergingenieur an der TH
Dresden und nach Promotion und Habilitation dort Privatdozent und Direktor des Tiefbauamtes Dresden. Während
des I. Weltkrieges diente er als Frontoffizier. Im Oktober
1918 wurde er zum Lehrstuhlinhaber für Technische Mechanik und Baukunde an der Bergakademie Freiberg berufen. Er
war einer der profiliertesten deutschen Ingenieure.

Zwischen 1928 und 1930 war er Rektor der Bergakademie.
Seine Studenten liebten seine Vorlesungen und seine lebens-
frohe Art.[273] Die NS-Studentenschaft jedoch verachtete seine
wissenschaftliche Aufrichtigkeit und seine humane Gesinnung. Am 18. Januar 1939 ging Franz Kögler in Leipzig in
den Freitod, nachdem er jahrelangen Schikanen und Intrigen
solcher NS-Aktivisten wie Höltje (von 1937-1939 Rektor),
Säuberlich (seit 1935 Führer der NS-Dozentenschaft) und
anderer ausgesetzt war. Die genauen Umstände seiner Flucht
in den Tod und seine Beweggründe dazu sind bis heute unbekannt.[274]

Wie Friedrich Karl Höltje, seit Oktober 1934 Professor für
Chemie und Leiter des Instituts für anorganische Chemie an
der Bergakademie, Karriere machte, verdeutlicht sein Schreiben vom 19. November 1936 an Rektor Madel.

Mit der Bitte um Aushang für alle Angehörigen der Bergakademie schrieb Höltje:

„Der Erlass des Stellvertreters des Führers, durch den allen Parteigenos-
sen der Besuch jüdischer Geschäftshäuser untersagt wird, beweist, dass
der Abwehrkampf auch auf diesem Gebiet nachdrücklich geführt wer-
den soll. Leider ist zu beobachten, dass gerade dieser Seite des Kampfes
noch nicht genügend Verständnis entgegengebracht wird... Die Haltung

des deutschen Menschen gegenüber den Juden (ist) geradezu eine Frage seiner Ehre. Es kann daher für jeden Deutschen mit nationalem Ehrgefühl überhaupt keine Diskussion mehr geben über die Möglichkeit irgend einer Unterstützung der Juden. Eine völlig eindeutige und kompromisslose Einstellung in der Judenfrage muss aber von allen denen erwartet werden, die sich dem Staate als Diener verpflichtet haben. Wir Angehörige der Bergakademie sollten hierin den übrigen Volksgenossen beispielgebend vorangehen.

Heil Hitler!

Höltje"

Ein knappes Jahr später wurde Höltje Rektor der Bergakademie. Nach dem Einmarsch der Roten Armee in Freiberg brachte er seine vier Kinder in seiner Wohnung in der Zuger Straße um, floh mit seiner Frau und beging schließlich Selbstmord.

Auch ein anderer Einpeitscher des Nationalsozialismus an der Hochschule, Kurt Säuberlich, machte steile Karriere. Bereits 1930 der NSDAP beigetreten, nutzte er die Machtergreifung von Anbeginn, um mit schrillen antidemokratischen und antisemitischen „Säuberungsrufen" auf sich aufmerksam zu machen. 1934 noch wissenschaftlicher Hilfsassistent am Braunkohlenforschungsinstitut, war er 1935 bereits stellvertretender Direktor der Bergtechnischen Abteilung, promovierte 1937, trat im gleichen Jahr der SS bei und brachte es dort bis zum „SS-Obersturmführer". Schließlich wurde er 1943 zum a. o. Professor für Brikettier- und Bergbaukunde am Braunkohlenforschungsinstitut berufen. Gleichzeitig war er NS-Dozentenbundführer und „Gaubeauftragter für außenpolitische Fragen" in der NSDAP-Gauleitung Sachsen.

Säuberlich hatte nach dem Ende des Nazi-Regimes mehr „Glück" als Höltje. Von 1945 bis 1948 wurde er im sowjetischen Speziallager Nr. 2 in Buchenwald interniert.

Doch danach stieg er als Fachmann für Roheisenerzeugung in der jungen DDR, die Eisen und Stahl dringend benötigte, unaufhaltsam auf.

Schon 1949 wurde er zum Direktor des Forschungsinstituts für Roheisenerzeugung im thüringischen Unterwellenborn, gehörte zu den Aktivisten des Aufbaus der „Maxhütte" und war maßgeblich an der Entwicklung des Niederschachtofenverfahrens beteiligt. So erhielt er bereits 1951 die DDR-Auszeichnung als „Held der Arbeit", 1953 den Nationalpreis und 1961 gar den „Vaterländischen Verdienstorden". Bis 1958 war er Abgeordneter der DDR-Volkskammer und Mitglied des Forschungsrats der DDR.

Als Fachmann war ihm seine Verwandlung vom Saulus zum Paulus geglückt. In DDR-Deutsch hieß das: „Professor Säuberlich hat bei Kriegsende mit seiner faschistischen Vergan-

Kurt Säuberlich; Quelle: TU Bergakademie Freiberg

Prof. Dr. Friedrich Schumacher,
1930,
Quelle: Stadt- und Bergbaumuseum Freiberg, Fotothek,
Inv.-Nr. F5754

genheit gebrochen und sich in den folgenden Jahren hervorragende Verdienste um die Entwicklung der Deutschen Demokratischen Republik erworben".[275]

Andere hängten ihr Fähnchen nicht ganz so aktiv in den Wind, traten aber dennoch schnell nach dem Machtantritt der Nazis der NSDAP bei oder verhielten sich zumindest „systemkonform", wie der schon erwähnte Geologie-Professor Friedrich Schumacher.[276]

Er war Lehrstuhlinhaber für Geologie und Lagerstättenkunde an der Bergakademie Freiberg.

Auch er ließ sich ohne deutlich erkennbare Distanz von den Nazis als Fachmann instrumentalisieren, wie sein 1940 an das „Judenreferat" im Auswärtigen Amt gelieferte „Fachgutachten" über die geologische Rohstoffsituation der Insel Madagaskar vermuten lässt.

Um diese Zeit hatten die Nationalsozialisten mit dem Gedanken „gespielt", alle europäischen Juden „nach dem Krieg umzusiedeln". Die französische Kolonie Madagaskar schien kurzzeitig ein in Frage kommendes Ziel. Bei der Prüfung, ob Madagaskar dafür „geeignet" sei, spielten Wissenschaftler der Bergakademie eine durchaus bemerkenswerte Rolle. Der NS-Diplomat Franz Rademacher, seit März 1940 Leiter des „Judenreferats" im Auswärtigen Amt und zutiefst für die Planung und Realisierung des Holocaust mitverantwortlich, beauftragte Prof. Friedrich Schumacher (1884–1975) im späten Frühjahr 1940 mit der Erarbeitung eines geologischen Gutachtens der Insel. Rademacher war maßgeblich an der Erarbeitung des „Madagaskarplanes" beteiligt.

Das Gutachten sollte u. a. klären, ob die mineralischen Rohstoffe Madagaskars im Falle eine „Besiedlung mit Juden" nicht zu wertvoll seien. Prof. Schumacher legte das Gutachten am 29. Juli 1940 vor und konnte Entwarnung geben. Darin hielt er zwar fest, das die Insel reich an Edel- und Halbedelsteinen sei, die Produktion aber wertmäßig kaum ins Gewicht falle. Zusammenfassend schrieb Schumacher, dass abgesehen von Graphit „der Reichtum Madagaskars an mineralischen Rohstoffen, wert- und mengenmäßig betrachtet, nicht groß" sei.[277] Am 2. August 1940 erhielt Schumacher ein Dankschreiben Rademachers, zugeleitet über den Dozentenbund der NSDAP an der Bergakademie Freiberg.

Dieser Sachverhalt wird bis heute in den Darstellungen zur Geschichte der Bergakademie Freiberg ausgespart. Das könnte damit zusammenhängen, dass dieses Gutachten noch heute, wenn es denn überhaupt zur Kenntnis genommen wird, ausschließlich als geologisches Fachgutachten bewertet wird. Dessen Zweck – die Deportation der Juden – muss durchaus für Prof. Schumacher erkennbar gewesen sein.

Allerdings gab es selbst in der Hochphase des Madagaskar-Planes, im Umfeld der Kapitulation Frankreichs im Juni 1940, keinerlei öffentliche Äußerungen der NS-Führungsspitze dazu. Magnus Brechtken hält in seiner Studie zur Madagaskarplanung im Kontext der „Endlösung" fest, dass gleichwohl „Gerüchte um die Madagaskarplanungen" und die Idee von einem „deutschen Schutzgebiet unter einem deutschen Polizeigouverneur" für die europäischen Juden auf der Insel Madagaskar bis in die Öffentlichkeit gedrungen waren.[278] Es ist nur schwer vorstellbar, dass Schumacher und sein Arbeitsteam davon nichts gewusst haben sollten.

Dass dieses „Sandkastenspiel" von Auswärtigem Amt, Reichssicherheitshauptamt und „Vierjahresbehörde" zur territorialen „Endlösung der Judenfrage" abgebrochen wurde und bald darauf in der massenhaften physischen Vernichtung der europäischen Juden endete, war gewiss nicht Schumachers Schuld. Schuldfrei aber blieben solche Fachleute wie er im Zusammenhang mit der Judenverfolgung zwischen 1933 und 1945 nicht.

Jedenfalls dürfte die Feststellung zu Schumacher in der 2007 vom Rektor der Bergakademie herausgegebenen prachtvollen Veröffentlichung „Wissenschaft vor Ort. Bilder zu Geschichte und Gegenwart der TU Bergakademie Freiberg" fraglich sein. Darin heißt es, er habe sich lediglich „in den ideologischen Dunstkreis" des NS-Staates begeben und sich ansonsten während des Zweiten Weltkrieges zum „konservativen Gegner des NS-Staates" entwickelt.[279]

Zwar zeigte er sich 1941 offenkundig erschüttert, als zehn serbische Studenten der Bergakademie in das KZ Sachsenhausen eingeliefert wurden. Er setzte sich sogar persönlich für deren Entlassung ein, woraufhin sie tatsächlich in ihre Heimat ausreisen konnten. Andererseits aber hatte er als Leiter der „Forschungsstelle für kolonialen Bergbau"[280], die 1940 an der Bergakademie gegründet worden war, weder Zweifel noch Skrupel damit, auf die sich „im östlichen Europa und im zentralen Asien eröffnenden Gebiete" der „russischen Tafel" zu hoffen. Für ihn stellten diese Gebiete „im weitesten Sinne des Wortes ebenfalls Kolonialland dar...".

„Eröffnet" wurden diese „Räume" schließlich durch den Überfall Deutschlands auf die Sowjetunion.[281]

Schumacher war weder ein willfähriges Werkzeug der Nazis wie Höltje oder Säuberlich gewesen, noch gar ein „Vordenker der Vernichtung", wie der Titel des 1991 in Hamburg erschienenen Buches über „Auschwitz und die deutschen Pläne für eine europäische Ordnung" nahelegt, in dem jenes Gutachten erwähnt wird.[282]

Zweifellos wird in den Schwierigkeiten des Aufspürens und Wertens solcher Sachverhalte und Verhaltensweisen die nach wie vor fehlende gründliche Erforschung der „Diktatur-Vergangenheit der TUBA" besonders schmerzlich spürbar, wie es Prof. Helmuth Albrecht, Lehrstuhlinhaber für Technikgeschichte und Industriearchäologie an der TU Bergakademie Freiberg im Magazin DIE ZEIT im April 2010 ausdrückte.[283]

Dr. Alfred Merton;
Quelle: TU Bergakademie
Freiberg

Vergangenheitsbewältigung erwies sich offenbar schon nach 1945 als ebenso schwierig wie nach dem Sturz der SED-Diktatur. So liegen bisher für die Zeit von 1933 bis 1945 sowohl für die Geschichte der Stadt Freiberg wie auch für die der Bergakademie ausführlichere Untersuchungen nur aus der DDR-Zeit vor.[284]

Im Rahmen des Graduiertenkollegs „Geschichte der Bergakademie im 20. Jahrhundert" ist gegenwärtig ein Habilitationsthema der Zeit zwischen 1933 und 1945 gewidmet.

Immerhin hob der Senat der Bergakademie Freiberg am 23. Juli 1996 – 51 Jahre nach Kriegsende – die in der Nazi-Zeit erfolgte Streichung jüdischer Ehrendoktoren aus der Liste der Ehrendoktoren der Bergakademie offiziell auf. Es handelte sich dabei um Alfred Merton und Werner Hofmann. [285]

Der 1996 endlich herbei geführte Beschluss des Senats stellte fest, dass der Hochschulleitung „bis dahin dieser Sachverhalt nicht bekannt gewesen" sei. Alfred Merton, Direktor der Metallbank und Metallurgischen Gesellschaft in Frankfurt a. M., war am 10. März 1921 die Ehrendoktorwürde „in Anerkennung seiner hohen Verdienste um die technische und wirtschaftliche Entwicklung metallurgischer Unternehmungen und um die Förderung wissenschaftlicher Forschung auf dem Gebiet des Berg- und Hüttenwesens" verliehen worden. Der Nazi-Senat strich ihn am 10. April 1940 aus der Ehrenliste als „Jude, der ausgewandert ist".

Werner Hofmann, bis Anfang der 30er Jahre Direktor der Porzellanfabrik Kahla in Freiberg, war am 18. Januar 1929 zum Ehrendoktor ernannt worden „in Anerkennung seiner hervorragenden Verdienste um die wissenschaftliche, technische und organisatorische Förderung der deutschen Elektro-Porzellanindustrie". Ihn strichen die Nazis noch posthum aus der Ehrenliste der Bergakademie. Bereits 1924 war Werner Hofmann übrigens zum „Ehrenbürger der Bergakademie Freiberg" ernannt worden, eine Bezeichnung, die 1922 eingeführt worden war und 1928 dann in den Titel „Ehrensenator" umgewandelt wurde.[286] Er hatte sich am 3. März 1939 vor den immer entwürdigenderen Verfolgungen der Nazis in den Tod geflüchtet.

1996/97 erschien auch eine erste umfassendere Übersicht über jüdische Studenten und Wissenschaftler an der Bergakademie Freiberg.[287] Sie basierte auf Recherchen, die der frühere, im Oktober 2010 verstorbene Archivar Karl-Fritz Zillmann schon zu DDR-Zeiten zu jüdischen Studenten an der Bergakademie begonnen hatte. Das Christliche Jugenddorfwerk Deutschlands (CJD) in Freiberg legte nun im Rahmen eines ABM-Projekts eine nahezu vollständige Übersicht aller jüdischen Studenten vor, die seit etwa 1870 an der Bergakademie studiert hatten. Dabei rückten neben den bereits erwähnten Ehrendoktoren Alfred Merton und Werner Hofmann die von den Nazis entlassenen Paul Rosin, Armand Mestern, Erwin Wallerstein wieder in das Blickfeld. Auch hervorragende jüdische Absolventen, wie Rudolf Lazarevich Samojlovich oder Moritz Hochschild fanden endlich Beachtung. Samojlovich wurde 1881 in Asow am Don als Sohn eines Rabbiners geboren. 1900 bis 1904 studierte er an der Bergakademie Freiberg und erwarb das Diplom als Bergingenieur.

Zurückgekehrt nach Russland wurde er wegen seiner Teilnahme an der Revolution von 1905 nach Sibirien verbannt. Er nutzte die Zeit zur Untersuchung von Kohlenlagerstätten im Hohen Norden, auf Spitzbergen, in Karelien und auf der Halbinsel Kola.

Unter der Sowjetmacht wurde er für die gesamte sowjetrussische Polarforschung verantwortlich. Internationale Berühmtheit erlangte Samojlovich 1928 als Leiter der Rettungsexpedition für die verunglückte Mannschaft der italienischen Nobile-Luftfahrtexpedition in die Arktis.

1930 wurde er zum Direktor des Arktischen Instituts Leningrad berufen, leitete mehrere Arktisexpeditionen mit Eisbrechern. 1931 war er wissenschaftlicher Leiter des Polarfluges des Luftschiffes „Graf Zeppelin". Er stand in engstem Kontakt mit der Bergakademie Freiberg, mit deutschen Geologen und Polarforschern und mit den Pionieren der Luftschifffahrt um Hugo Eckener. Nach der Rückkehr von einer Arktisüberwinterung 1936/37 wurde er vom sowjetischen Geheimdienst unter falschen Beschuldigungen verhaftet und in ein stalinsches Gulag verbannt. Er kehrte nie zurück. Erst 1990 ermöglichte eine seinem Lebenswerk gewidmete Habilitationsschrift von F. Jentzsch, dass Samojlovich den ihm gebührenden Platz in den Annalen der Bergakademie Freiberg einnehmen konnte.[288]

Zu den herausragenden, aber nahezu vergessenen jüdischen Absolventen der Bergakademie Freiberg gehört auch **Moritz Hochschild**.[289]

Moritz Hochschild war einer der weltweit bedeutendsten Erzbergbauunternehmer der ersten Hälfte des 20. Jahrhunderts. Im gleichen Jahr wie Samojlovich geboren und aus

Der sowjetrussische Geologe und Polarforscher Prof. Rudolf Lazarevich Samojlovich und der deutsche Luftschiffpionier Dr. Hugo Eckener 1931; Quelle: Bundesarchiv, Bild102 -12053

Buchtitel „SOS in der Arktis", Berlin 1930; Quelle: Archiv Düsing

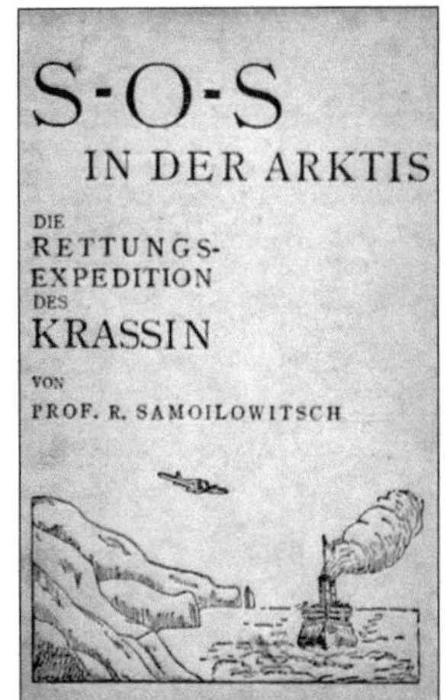

Dr. Moritz Hochschild,
1962 in Lima, Peru;
Quelle: LBI Photo Collection;
TU Bergakademie Freiberg

Seit 2010 macht eine Vitrine
in der Lagerstättensammlung
des Instituts für Mineralogie
der TU Bergakademie Freiberg,
Werner-Bau, auf bedeutende
jüdische Wissenschaftler in ihrer
Geschichte aufmerksam.
Gestaltung und Foto:
Dipl.-Geoln. Christin Weißflog,
Freiberg

einer traditionsreichen Erzhändlerfamilie im hessischen Biblis kommend, studierte er zur gleichen Zeit wie Samojlovich an der Bergakademie Freiberg. Er war unter den ersten drei Absolventen, die an der Bergakademie eine Dissertationsschrift einreichten. Erst wenige Monate zuvor hatte die Bergakademie 1905 ein eingeschränktes Promotionsrecht erhalten. Viele Jahre blieb Hochschild der einzige, dessen Promotionsverfahren mit fadenscheinigen Argumenten aus Dresden trotz des positiven Gutachtens seines Freiberger Doktorvaters Richard Beck scheiterte. Sein Thema war eine Analyse nordafrikanischer Erzlagerstätten.Erst 1921 konnte er bei den Freiberger Professoren Karl Kegel, Otto Fritzsche und Friedrich Schumacher mit „Studien über die Kupfererzeugung der Welt" erfolgreich promovieren. Da war er schon längst einer der erfolgreichsten und talentiertesten „Kupfer- und Zinnbarone" Südamerikas geworden. In wenigen Jahrzehnten baute er eine der weltweit größten Firmengruppen im Bergbau und Erzhandel auf. Seinen akademischen Lehrern und vielen Studienkollegen aus Freiberger Zeit blieb er Zeit seines Lebens eng verbunden. Während der Nazizeit verhalf er Hunderten verfolgter Juden, darunter manchen einstigen Kommilitonen, zur Flucht aus Deutschland und bot ihnen neue Chancen in seinen südamerikanischen Unternehmen. Die Nazis versuchten, jeglichen Kontakt zu ihm zu unterbinden. Doch zumindest sein akademischer Lehrer Schumacher hielt, so lange es möglich war, den Kontakt zu ihm.

Nach 1945 galt Hochschilds Hilfe manchen der in Not geratenen Familien seiner Freiberger Lehrer (z. B. der Tochter von Prof. Kolbeck). Inzwischen in Paris lebend, wirkte er politisch unermüdlich für ein demokratisch vereintes Europa und war mit Konrad Adenauer befreundet. Die DDR und die nun sozialistische Hochschule in Freiberg ignorierte ihn weitgehend. Nur einmal, zur 200-Jahr-Feier des Bestehens der Bergakademie, erinnerte sich die Hochschule seiner, nachdem ein Freiberger Geologe in Bolivien mit Mitarbeitern Hochschilds zusammengetroffen war. Die geplante Einladung erfolgte nicht. Dr. Moritz („Don Mauricio") Hochschild verstarb am 12. Juni 1965 in Paris. Noch heute zeugen Dutzende Lagerstättenproben in der Lagerstättensammlung im „Werner-Bau" der Bergakademie Freiberg von der Verbundenheit Hochschilds mit „seiner" Hochschule. Er hatte sie über Jahrzehnte hinweg bei vielen seiner geologischen Erkundungen gesammelt und der Bergakademie geschenkt. Seit September 2010 erinnert endlich eine, wenn auch kleine Vitrine in dieser Sammlung an einen der herausragendsten Bergingenieure, die die Bergakademie Freiberg ausgebildet hat.

Nicht viel anders steht es um einen weiteren jüdischen Absolventen der Bergakademie, den der kürzlich verstorbene Freiberger Mineraloge Hans Jürgen Rösler einen der „angesehenen, ja berühmten Vertretern seines Faches – der Kristallographie" genannt hat: **Victor Goldschmidt**. Der 1853 in Mainz geborene Sohn eines wohlhabenden jüdischen Kaufmann-Ehepaares, dürfte der vermutlich erste jüdische Student an der Bergakademie Freiberg gewesen sein. Nach dem Abitur hatte er an der Gewerbeakademie Berlin ein Studium aufgenommen, das er ab 1871 bis 1874 an der Bergakademie Freiberg bis zum Abschluss als Hütteningenieur fortsetzte. Er leistete in Freiberg seinen Militärdienst als Einjährig-Freiwilliger ab und arbeitete bis 1878 als Assistent im „Laboratorium für Hütten- und Probierkunde" bei Professor H. Th. Richter. Er setzte danach seine Studien in München und Heidelberg fort, wo er promovierte und 1888 habilitierte. Heidelberg wurde schließlich der wissenschaftliche und private Lebensmittelpunkt von Goldschmidt, der wegen seiner Leistungen auf kristallographischem Gebiet zu einer Koryphäe dieses Gebiets, aber auch zu einem großen Mineralogen wurde.

Er verstarb im Mai 1933 in Salzburg, nicht ohne noch die ersten deutlichen Zeichen der antisemitischen „Arroganz der Macht" der Nationalsozialisten verspürt zu haben. Seine Frau ging fast zehn Jahre später in den Freitod, als sie den Befehl zur Deportation erhielt. Prof. H. J. Rösler endet seine 2004 erschienene umfassende Würdigung dieses herausragenden Wissenschaftlers mit den Worten: *„Ich hoffe, dass unser ehemaliger Student und Ehrendoktor Victor Goldschmidt nun nach 70 Jahren des Schweigens wieder nach Freiberg ‚heimkehren' kann. Wir sollten uns seiner erinnern und stolz auf ihn sein."* [290]

Victor Goldschmidt als Student in Freiberg; Quelle: TU Bergakademie Freiberg

Prof. Dr. Victor Goldschmidt 1928; Quelle: TU Bergakademie Freiberg

„. . . unerträglich, mit Juden in einem Klassenraum zu sitzen!"

Die wenigen jüdischen Kinder, die nach dem Machtantritt der Nazis Freiberger Schulen besuchten, litten vermutlich am meisten unter dem Unheil, dass 1933 über die Juden hereinbrach. Sie waren den psychischen und physischen Grausamkeiten der antisemitischen Rassenpolitik nach 1933 besonders ungeschützt ausgesetzt. Die plötzliche Ausgrenzung aus einer bisher vertrauten Umgebung traf sie völlig unvorbereitet. Sie erfuhren Schmähungen in der Schule, erlebten die plötzliche Abkehr ihrer Spielgefährten und Klassenkameraden. Behütet aufgewachsen, waren sie nun hilflose Opfer alltäglicher Willkür. Sie wurden Zeugen der nie versiegenden Demütigungen, die ihre Eltern erlitten. Immer neue Bedrohungen aus der „arischen" Umwelt trieben ihre Eltern unaufhaltsam in den wirtschaftlichen und sozialen Ruin. Ihre Familien, in denen Kinder Schutz und Geborgenheit suchten, wurden brutal auseinandergerissen. Verzweiflung und Flucht, schließlich Deportation und Tod bestimmten immer mehr ihre Lebenswirklichkeit, aber auch das unablässige Ringen um das Überleben und die nie ganz versiegende Hoffnung auf ein Ende der Qualen. Wie viele Kindertränen wurden vergossen? Wie viele Albträume plagten sie? Wie viele Stunden der Angst verfolgten sie?

Lewis Rosenthal, bis 1936/37 der Schüler Lutz Rosenthal am Freiberger Gymnasium Albertinum, erinnerte sich:

„Im Großen und Ganzen war meine Schulzeit nach 1933 sehr qualvoll, nicht nur wegen des Verprügelns, sondern auch wegen der totalen Isolierung – ich ging zur Schule, aber niemand sprach mit mir oder nahm Kenntnis von mir." [291] In seiner Autobiografie, die er um 1990 für seine Kinder und Enkel aufgeschrieben hatte, schilderte er die Änderungen im Schulalltag: *„Und dann gab es natürlich noch die Schule. Wenn man bedenkt, dass das 60 Jahre her ist und Freiberg sehr provinziell und sehr, sehr*

Lutz Rosenthal,
Einschulung 1930;
Quelle: Archiv Düsing

deutsch war, so war meine Schule überhaupt nicht schlecht, sogar ziemlich progressiv, die Grundschule ebenso wie das Gymnasium. Es gab keine körperliche Strafe, wir lernten nicht unter Drill und nur auswendig und die Lehrer, mit wenigen Ausnahmen, passten nicht zum Stereotyp des Zuchtmeisters. Wir zeigten ihnen Respekt, aber neckten sie auch und machten Späße mit ihnen und sie mit uns. Ich hatte nie Probleme mit dem Lernen und schloss das Halbjahr gewöhnlich als ‚Primus‘ ab.

Nach 1933 wurde ich immer nur noch zweiter, weil – wie der Lehrer meinen Eltern entschuldigend erklärte – sie angewiesen waren, den ‚rassischen Hintergrund‘ der Schüler zu berücksichtigen. Die meisten der wichtigen Dinge lernte ich jedenfalls zu Hause von meinem Vater. Natürlich stimmt das nicht ganz. Ich erinnere mich recht gut und gern an einige der Lehrer – ein Sozialkundelehrer, der mit uns durch die Stadt spazierte und unsere Augen für Dinge öffnete, die wir nie zuvor bemerkt hatten: Hydranten, Pflastersteine, Straßenlaternen. Er war auch in Astronomie firm und lehrte uns, die großen Sternbilder zu finden. Unser Musiklehrer spielte klassische Musik für uns und erzählte uns die Lebensgeschichte der Komponisten. Unser Deutschlehrer am Gymnasium war als junger Mann als Privatlehrer in Amerika gewesen und liebte es, uns davon zu erzählen…

Am meisten verdanke ich vermutlich meinem Englischlehrer, der während des 1. Weltkrieges Kriegsgefangener in England gewesen war und der uns unsere Lehrbücher wegstecken ließ und uns auf seine Art unterrichtete – mit weniger Grammatik und viel mehr Gespräch. Als ich dann nach Palästina kam, und besonders, als ich in der Britischen Armee diente, war ich selbst erstaunt, wie viel ich nach nur drei Jahren Schulenglisch wusste.“

Dennoch: „Die Schule war für mich zur Hölle geworden wegen der immer mehr zunehmenden antisemitischen Sticheleien und Schläge“, so Lutz Rosenthal weiter. „Sieht man davon ab, dass ich ab und zu, später regelmäßig, geschlagen wurde (es waren keine schlimmen Schläge, sondern Schläge von Jungen, die

Geburtstagsfeier, Lutz Rosenthal
1. Reihe links, sitzend, rechts
neben ihm sein Schulfreund Siegfried Lang sowie seine Cousinen
Edith und Helga Wangenheim
Quelle: Archiv Düsing

einfach ‚aus Spaß' auf jemanden losgingen), wurde ich nicht so sehr verfolgt wie ich ignoriert wurde, und das war sehr schwer zu ertragen. Wahr ist, dass das einigen meiner Mitschüler und den meisten Lehrern recht unangenehm war, und sie versuchten, so anständig wie möglich zu handeln, aber es gab nur wenig, was sie tun konnten. Mein Siegfried (Nachbarsjunge, Spielkamerad und Schulfreund Siegfried Lang, der bis zu seinem Tod in den 90er Jahren mit Lutz/Lewis/Rosenthal in Verbindung stand – M. D.) *hörte auf, sich mit mir zu treffen; seine Eltern riefen einmal spät abends an, um sich zu entschuldigen und zu erklären, dass Siegfried geschlagen und als Judenliebhaber bedroht worden war und dass auch seine Eltern gewarnt worden waren, dass ihr Holzlager niederbrennen könne.*

Ich wurde von Schulausflügen und Tanzveranstaltungen ausgeschlossen. In Parks und Schwimmbädern war Juden der Zutritt verboten. Und obwohl wir noch keinen gelben Stern tragen mussten: in einer kleinen Stadt wie Freiberg, in der jeder jeden kannte, war in Wirklichkeit keiner nötig. Ich bekam in der Schule auch weiterhin gute Zensuren, wurde aber seltener aufgerufen, um in der Klasse eine Antwort zu geben. Freunde – die meiner Eltern genauso wie meine – pflegten die Straßenseite zu wechseln, wenn sie uns kommen sahen und nach einer Weile handelten wir genauso, um weder sie noch uns in Verlegenheit zu bringen. Bald war ich vollständig isoliert.

Ich war anderen Kindern gegenüber schon immer ziemlich scheu gewesen. Das verstärkte sich nun natürlich umso mehr, als es in einem sehr empfindsamen Alter geschah. Sogar später noch, in Israel, fand ich es sehr schwer, meine Scheu zu überwinden und es dauerte lange, um mich von diesen Jahren zu erholen. "[292]

Bis Herbst 1938 war jüdischen Kindern noch „erlaubt" worden, am Pflichtunterricht der allgemeinen öffentlichen Schulen teilzunehmen. Der Chefideologe des NS-Regimes, Alfred Rosenberg, erläuterte vor Geschichtslehrern, was jüdische Kinder nach 1933 dabei am eigenen Leibe zu spüren bekamen: „*…der Kampf um die Rassenkunde (ist) nicht eine Angelegenheit theoretischer Debatten, sondern ein Schlachtfeld, auf dem zweifellos die entscheidenden Kämpfe unseres Jahrhunderts ausgefochten werden.* "[293]

Jüdische Kinder wurden auch an Freiberger Schulen nicht nur theoretisches Demonstrationsobjekt der fanatischen Rassenkunde der Nazis, sondern erlitten eher als manche Erwachsene praktisch, was gemeint war.

Im Unterricht als „lebende Verkörperung der Minderwertigkeit der jüdischen Rasse" präsentiert und verhöhnt, lauerten Mitschüler ihnen auf, beschimpften und verprügelten sie auch außerhalb der Schule.

„*Viel schlimmer war es nach den Schulstunden. Oft lauerten meine Mitschüler vor dem Schulgebäude auf mich, um mich zu verprügeln und ich lebte in ständiger Angst vor dem Heimweg. Meist wartete ich noch Stunden nach dem Schulschluss im Klassenraum, bis ich hoffen konnte, ohne Schläge und Beschimpfungen nach Hause zu kommen. Meine Freundin Judith, selbst keine Jüdin, hielt zu mir und harrte Stunden voller Angst mit mir aus*", schilderte die heute in Dresden lebende Brigitte Eschwege, geborene Patzschke, ihre Erlebnisse als kleines, gerade 1935 in eine Freiberger Schule gekommenes Mädchen.[294]

Schon vor dem Verbot der Nazis für jüdische Schüler, öffentliche Schulen zu besuchen, mussten jüdische Kinder ihre Schulen verlassen, da die Eltern zur Flucht aus Deutschland gezwungen wurden oder sie wenigstens ihre Kinder zu retten versuchten.

Einer von ihnen war Werner Pinkus, Sohn von Max und Grete Pinkus, den Inhabern der „Wollwaren- und Trikotagenhandlung Dobkowsky & Co." in der Freiberger Poststraße (siehe da). Geboren am 1. Februar 1926, hatte er die Rochlitzerschule auf dem Dörnerzaunweg als Grundschüler besucht und war schließlich 1936 Schüler der Sexta (Klasse VI) am Freiberger Gymnasium. 1937 ist er im Schülerverzeichnis nicht mehr vermerkt.

Seine Eltern retteten ihn nach dem Novemberpogrom mit dem sog. „Kindertransport" nach England

Lutz Rosenthal verließ das Gymnasium, da er nach dem plötzlichen Tod des Vaters im Dezember 1935 anderthalb Jahre später mit seiner Mutter Julia und den Großeltern Nathan und Leonore Wangenheim Deutschland verließ und nach Palästina, dem damaligen britischen Mandatsgebiet, auswanderte.

„Der Tod meines Vaters hinterließ meine Mutter und mich in völliger Verzweiflung. Meine Mutter war erst 41 Jahre alt, als er starb…

Ich war zwölf, und gewiss war dies das definitive und plötzliche Ende meiner glücklichen Kindheit. Hinzu kommt, dass mein Vater in einer Zeit von nahezu unvergleichlichem Kummer, Veränderungen und schweren Entscheidungen starb. Nun waren wir einsam, ohne Rat, und ohne zu wissen, was wir tun sollten und an wen wir uns wenden könnten. Die denkbarste Lösung war, meinem Onkel nach Palästina zu folgen und das taten wir dann auch, obwohl es 15 Monate dauern sollte, bis wir alle Papiere beisammen hatten und die nötigen Visa erlangten."

Mit der „Reichskristallnacht" am 9. November 1938 wurde endgültig der „jüdische Einfluss" an den Schulen „beseitigt". Ein Rundschreiben des „Reichsministers für Wissenschaft, Erziehung und Volksbildung" vom 15. November 1938 teilte mit:

Klassenfoto 1936 Rochlitzerschule: Werner Pinkus, 3.von li, rechts daneben Klassenkamerad Günther Wunderlich;
Quelle: Archiv Düsing
(Foto freundlich zur Verfügung gestellt von Günther Wunderlich, Freiberg)

„Nach der ruchlosen Mordtat von Paris kann es keinem deutschen Lehrer und keiner deutschen Lehrerin mehr zugemutet werden, an jüdische Schulkinder Unterricht zu erteilen. Auch versteht es sich von selbst, dass es für deutsche Schüler und Schülerinnen unerträglich ist, mit Juden in einem Klassenraum zu sitzen. Die Rassentrennung im Schulwesen ist zwar in den letzten Jahren im allgemeinen bereits durchgeführt ,doch ist ein Restbestand jüdischer Schüler auf den deutschen Schulen übrig geblieben, dem der gemeinsame Schulbesuch mit deutschen Jungen und Mädeln nunmehr nicht weiter gestattet werden kann".[295]

Aus dem Gymnasium Albertinum wurde der Schüler Manfred Wolff, geboren am 28. August 1920 in Freiberg, herausgeworfen. Er war 18 und stand kurz vor dem Abitur. Für den 21. Juni 1938 ist im Schülerverzeichnis des Gymnasiums sein „Abgang aus Klasse 8b ohne Reifezeugnis" vermerkt.[296]

Sicher gab es auch Zeichen des Mitgefühls, der Anteilnahme, Versuche, durch kleine Gesten zu helfen.

So soll sich Oberstudienrat Erhard Sünderhauf,[297] der Klassenlehrer von Manfred Wolff, sehr dafür eingesetzt haben, dass Manfred Wolff noch sein Abitur am Gymnasium ablegen konnte. Aber auch dessen Bemühen blieb vergeblich, wie sich 1946 die Freibergerin Johanna Römer in einer eidesstattlichen Versicherung erinnerte.[298]

Manfred Wolffs Schwester Dorothea, geboren am 25. Januar 1925 in Freiberg, hatte die Körnerschule besucht und am 8. April 1938 an der Freiberger Handelsschule angefangen, die sie nun ebenfalls verlassen musste. Sie überlebten in England, die Eltern wurden Opfer des Holocaust. Andere Kinder, die die Nazis zu „halbjüdischen" Abkömmlingen, zu „Mischlingen", deklassiert hatten, durften bleiben. Erträglicher wurde ihr Leben dadurch nicht.

„Einige Lehrer ließen mich diese Diskriminierung kaum spüren", weiß Brigitte Eschwege, geb. Patzschke *„Anfangs glaubte ich sogar, stolz darauf sein zu können, als ‚Mischling' etwas Besonderes zu sein. Manche Lehrer entschuldigten sich sogar, mir immer schlechtere Noten als meinen Mitschülern geben zu müssen. Ein Jude durfte nicht besser sein…*

Mein Vater, ‚Arier' von Hitlers Gnaden, durfte seine Tätigkeit als Handelskaufmann nicht mehr ausüben, da er durch die Ehe mit meiner Mutter, einer Jüdin, als ‚jüdisch versippt' galt. Kurz zur Wehrmacht eingezogen, als ‚wehrunwert' schnell entlassen und dann zwangsdienstverpflichtet, wurde er Ende 1944 schließlich zur Zwangsarbeit in das Lager DACHS IV nach Osterode deportiert. Meiner Mutter ‚rettete' der Bombenangriff auf Dresden das Leben. Zwei Tage zuvor hatte sie den Deportationsbefehl in ein Vernichtungslager erhalten."[299]

<u>Abschrift.</u>

Der Reichsminister für Wissenschaft,
   Erziehung und Volksbildung   Berlin W 8, den 15.November 1938.
<u>E I b 745 (b)</u>

<u>Betr.: Schulunterricht an Juden.</u>

Nach der ruchlosen Mordtat von Paris kann es keinem deutschen Lehrer und keiner deutschen Lehrerin mehr zugemutet werden, an jüdische Schulkinder Unterricht zu erteilen. Auch versteht es sich von selbst, dass es für deutsche Schüler und Schülerinnen unerträglich ist, mit Juden in einem Klassenraum zu sitzen. Die Rassentrennung im Schulwesen ist zwar in den letzten Jahren im allgemeinen bereits durchgeführt, doch ist ein Restbestand jüdischer Schüler auf den deutschen Schulen übrig geblieben, dem der gemeinsame Schulbesuch mit deutschen Jungen und Mädeln nunmehr nicht weiter gestattet werden kann.

Vorbehaltlich weiterer gesetzlicher Regelung ordne ich daher mit sofortiger Wirkung an:

1. Juden ist der Besuch deutscher Schulen nicht gestattet. Sie dürfen nur jüdische Schulen besuchen. Soweit es noch nicht geschehen sein sollte, sind alle zur Zeit eine deutsche Schule besuchenden jüdischen Schüler und Schülerinnen sofort zu entlassen.

2. Wer jüdisch ist, bestimmt § 5 der ersten Verordnung vom 14. November 1935 zum Reichsbürgergesetz (ReichsgesetzBl. I S. 1333).

3. Diese Regelung erstreckt sich auf alle mir unterstellten Schulen einschliesslich der Pflichtschulen.

In Vertretung
gez. Z s c h i n t z s c h .

An

1. die Unterrichtsverwaltungen
   der Länder (ausser Preussen)
  pp   pp

„Grüß Gott! Glück auf! Heil Hitler!"

Kirchen in Freiberg zwischen Antisemitismus und Widerstand

Landesbischof Friedrich Coch;
Quelle: Archiv Pfarramt
St. Petri Freiberg
(freundlich zur Verfügung gestellt
von Pfr. i. R. Gottfried Breutel)

Die „Judenfrage" machte um die Freiberger Kirchen keinen Bogen. Schon im April 1933 nahmen die Nazis mit der Einführung des Beamtengesetzes die Kirchen in die Pflicht, „Ariernachweise" in den Pfarrämtern zu beurkunden. Es ist kein Fall der Verweigerung bekannt.

Deutsch-national gesinnte Christen biederten sich den Nazis als Bewegung „Deutscher Christen" an. In Freiberg mit seiner kleinbürgerlich-konservativen Stimmung und seiner jahrhundertealten judenfeindlichen Tendenz fanden sich zahlreiche Mitläufer.

Der im Sommer 1933 zum „Landesbischof" der Evangelischen Landeskirche erkorene frühere Freiberger Pfarrer und „Gaufachberater für kirchliche Angelegenheiten" Friedrich Coch war ein eifriger Vertreter der „Deutschen Christen". Er begann seine Predigt zur 200-Jahr-Feier der Wiedereinweihung der Petrikirche am 10. Juni 1934 mit dem neuen deutsch-christlichen Gruß: „Grüß Gott! Glück auf! Heil Hitler!".

„Der Herr hat Großes an uns getan", hatte er bereits im Juni 1933 in einer „außerordentlich gut besuchten Kundgebung der NSDAP" im „Schwarzen Roß" verkündet. Er trug das NS-Parteiabzeichen am Revers, als er – wiedergegeben im „Freiberger Anzeiger" am 24. Juni 1933 – predigte: „Großes ist in diesen Wochen geschaffen worden. Aber wir wissen auch, dass der Kampf weiter geht: wir sind noch nicht am Ziel, wenn wir auch heute mehr denn je davon überzeugt sind, dass wir es erreichen werden." [300] Dieses Ziel präzisierte Landesbischof Coch im November 1933 in Dresden: "Die Deutsch-Evangelische Kirche soll alle umschließen, die evangelische Christen sein wollen und zum deutschen Volk gehören. Darum bekennen wir uns zum Arierparagraphen. Mit Luther und Hitler für Glauben und Volkstum!" Am 10. Dezember 1933 verabschiedete die sächsische Evangelisch-Lutherische Landessynode 28 Thesen, die dem Nazigesetz über

die „Wiederherstellung des Berufsbeamtentums" folgten. In
These 3 hieß es: „Die Volkskirche bekennt sich zu Blut und
Rasse, weil das Volk eine Bluts- und Wesensgemeinschaft ist.
Mitglied der Volkskirche kann daher nur sein, wer nach dem
Rechte des Staates Volksgenosse ist…".

Und in These 5 wurde untermauert: „Weil die deutsche
Volkskirche die Rasse als Schöpfung Gottes achtet, erkennt
sie die Forderung, die Rasse rein und gesund zu erhalten, als
Gottes Gebot. Sie empfindet die Ehe zwischen Angehörigen
verschiedener Rassen als Verstoß gegen Gottes Willen…".[301]

Dietrich Bonhoeffer, einer der bedeutendsten evangelischen
Theologen unseres Jahrhunderts, von den Nazis noch im
April 1945 im KZ Flossenbürg ermordet, warnte frühzeitig,
dass eine Kirche aufhöre christlich zu sein, wo sie den Arier-

Die Freiberger Jakobikirche mit
Christuskreuz und Hakenkreuz,
Originaluntertitelung des Fotos:
„Am Abend vor der Antritts-
predigt am 7. Juli 1934 begrüßte
das Leuchtkreuz am Turm der
Kirche den neuen Pfarramtsleiter
Pfarrer Eichenberg.";
Quelle: Archiv Pfarramt
St. Petri Freiberg
(freundlich zur Verfügung gestellt
von Pfr. i. R. Gottfried Breutel)

paragrafen einführe. Dennoch bestimmte das am 6.9.1933 erlassene Kirchengesetz in seinem § 1, ein „Nichtarier" dürfe weder Pfarrer noch Kirchenbeamter sein. Dieser „Arierparagraf" führte im September 1933 zur Gründung des „Pfarrer-Notbundes" durch Martin Niemöller in Berlin-Dahlem. Die daraus hervorgehende „Bekennende Kirche" erklärte 1934 in Barmen: „Wir verwerfen die falsche Lehre, als dürfe die Kirche die Gestalt ihrer Botschaft und ihrer Ordnung ihrem Belieben oder dem Wechsel der jeweils herrschenden weltanschaulichen und politischen Überzeugungen überlassen." [302]

Evangelisch-lutherisches Landeskirchenamt
Sachsens.
A 606.

Dresden, am 16. August 193[.]

Pfarramt St. Petri Freiberg
Eing. am 18. Aug. 1934
Nr. 2927.

Generalverordnung Nr. 91.

Am Sonntag, dem 19. August, ist von allen Kanzeln des Landes nachstehender Aufruf der Landeskirchenführung zu verlesen:

Aufruf der sächsischen Landeskirchenführung zur Volksabstimmung am 19. August.

Mit dem Heimgange des verewigten Reichspräsidenten Generalfeldmarschalls von Hindenburg ist ein gewaltiges Stück Geschichte des deutschen Volkes beendet. Eine neue Epoche beginnt mit der Uebernahme des Erbes dieses großen Mannes durch den Führer und Kanzler des Dritten Reiches, Adolf Hitler.

Adolf Hitler, dessen Liebe und Sorge jedem, auch dem letzten seiner Volksgenossen gilt, dessen Gedanken sich einzig und allein bewegen um Freiheit, Ehre und Größe der deutschen Nation, dessen ganzes Schaffen nur ein Ziel kennt: Deutschland, nichts als Deutschland!

Der Volkskanzler, der seit seiner Berufung zur Machtübernahme durch den Träger des alten Deutschlands Hand in Hand mit ihm von Monat zu Monat das deutsche Volk gesünder, zufriedener, stärker und einiger gemacht hat,

der Führer, dem in den Jahren des Kampfes bis heute Millionen Deutscher auf Leben und Tod ergeben waren, dem heute Abermillionen ihre nationalsozialistische Ueberzeugung und die Kraft zur nationalsozialistischen Tat danken,

der christliche Staatsmann, der sein Werk und den Bau des Dritten Reiches auf das Fundament eines „positiven Christentums" gestellt und die sittlichen Kräfte der christlichen Kirchen für seine große Aufgabe genutzt wissen will,

Adolf Hitler

ruft jeden evangelischen Volksgenossen im Sachsenlande am 19. August zur Entscheidung. Stimmenthaltung ist Ablehnung.

Die Glieder der ev.-luth. Landeskirche Sachsens, Pfarrer und Laien, haben Gott gedankt für die Rettung unseres Landes aus dunkler, schwerer Zeit

durch Adolf Hitler,

wir wissen ihn uns von Gott gegeben, wir haben sein Werk als Führer der nationalsozialistischen Bewegung und Kanzler des Deutschen Reiches auf betendem Herzen getragen, wir beteuern immer wieder unsere menschliche Achtung, unseren christlichen Gehorsam und unsere Gefolgstreue gegen ihn.

Nun wohl, tun wir am Sonntag unsere Pflicht als Staatsbürger und Christen, bekennen wir uns durch die Tat des eindeutigen „Ja" zur klaren Entscheidung

für Adolf Hitler,

und schließen wir uns mit ihm zusammen in dem Wunsch aus seiner Gedenkrede auf den toten Reichspräsidenten: „Da das Schicksal uns bestimmt hat, Reich und Volk weiter zu führen, können wir nur den Allmächtigen bitten, er möge unsere Arbeit und unser Ringen zum Glück unseres Volkes gedeihen lassen".

Evangelisch-lutherisches Landeskirchenamt Sachsens.
Der Landesbischof:
gez. J. B. Adolf Müller,
Oberlandeskirchenrat.

Aufruf der sächsischen Landeskirchenführung zur Volksabstimmung am 19. August 1934; Quelle: Archiv Pfarramt St. Petri Freiberg (freundlich zur Verfügung gestellt von Pfr. i. R. Gottfried Breutel)

Eine entschiedene Absage an die Judenverfolgung durch das
NS-Regime erfolgte dennoch nicht. Der „Kirchenkampf"
spaltete auch die Freiberger Kirchgemeinden und Pfarrer.
„Deutsch-christliche" Pfarrer wie der Jakobi-Pfarrer Karl Eichenberg oder der Petri-Pfarrer Dr. Brause sollen zu Gottes-
diensten in SA-Uniform erschienen sein und hätten Konfir-
manden in HJ-Uniformen antreten lassen.[303]
Gegen unbequeme Pfarrer wurde intrigiert, Druck ausgeübt
und der Versuch unternommen, sie durch Disziplinarmaß-
nahmen zum Schweigen zu bringen.

Pfarrer Mitscherling;
1931 – 1946 Pfarrer an
St. Nikolai in Freiberg;
Quelle: Archiv Pfarramt
St. Petri Freiberg
(freundlich zur Verfügung gestellt
von Pfr. i. R. Gottfried Breutel)

Zu jenen, die entschiedenen Widerstand gegen die nationalsozialistische Vereinnahmung der Kirche und gegen die Ungeheuerlichkeit des „Arierparagrafen" leisteten, gehörte **Pfarrer Mitscherling**, der von 1931 bis 1946 Pfarrer an St. Nikolai war.

Während Karl Eichenberg bei seiner Amtseinführung im Juli 1934 mit einem leuchtenden „Christuskreuz und Hakenkreuz" am Turm der Jakobikirche begrüßt wurde, solidarisierte sich Pfarrer Mitscherling mit dem „Pfarrer-Notbund" und schloss sich der „Bekennenden Kirche" an. Der Pfarrer der Kirche St. Jakobi, Pfarrer Schwen, stand offenbar ebenfalls der „Bekennenden Kirche" sehr nahe.

Bespitzelungen und Versuche der Amtsenthebung waren die Folge.

Auch Superintendent Arndt von Kirchbach, der am 21. Juni 1936 im Freiberger Dom in sein Amt eingeführt wurde, war Mitglied des „Pfarrer-Notbundes" und von Anfang an leitend in der Bekennenden Kirche tätig. Bereits am 29. September 1937 wurde er vom Dienst suspendiert, gegen ihn

Gedenktafel in Berlin-Kreuzberg, Wilhelmstr, 36; für einen Treffpunkt der Mitglieder der Bekennenden Kirche
Auf der Tafel steht u.a.:
„Die oppositionellen evangelischen Christen wehrten sich gegen:
- die Verfolgung ihrer Mitglieder aus Glaubensgründen;
- die Verfälschung der christlichen Botschaft;
- die Vereinnahmung der Kirche durch den totalitären Staat."
Quelle: Archiv Projekt Shalom

wurde ein Dienstentlassungsverfahren eingeleitet, das mit der Dienstenthebung endete.[304] Der Freiberger Theologe Karl-Hermann Kandler hält in seinen Forschungen zur Kirchengeschichte Freibergs fest, dass sich die meisten Pfarrer in der Stadt Freiberg und im Kirchenbezirk mit Arndt von Kirchbach solidarisierten und die NS-Tiraden von Pfr. Eichenberg entschieden ablehnten, teilweise sogar den dienstlichen Kontakt mit ihm verweigerten.

Arndt von Kirchbach, der Widerspruch eingelegt hatte, wurde im Mai 1940 wieder in sein Amt eingesetzt, nun jedoch als „Kriegspfarrer".

Die konfessionslosen oder „mosaischen" Juden Freibergs waren – wie überall in Deutschland – „vogelfrei".

Am 22. Februar 1939 wurde ein „Kirchengesetz über die kirchliche Stellung evangelischer Juden" erlassen, die mit einer am 17. Dezember 1941 veröffentlichten Erklärung von sieben Evangelische Landeskirchen, unter ihnen der sächsischen, noch zugespitzt wurde und die die Entsolidarisierung der Kirche von allen, auch den getauften Juden, besiegelte und sie ihrem Schicksal überließ. Es hieß in dieser Bekanntmachung: „Rassejüdische Christen haben in ihr (den deutschen Evangelischen Kirchen – M. D.) keinen Raum und kein Recht."

Gegen den Willen der Kirchenführung halfen dennoch auch in Freiberg einige Pfarrer den getauften oder mit Christen verheirateten Juden.

Auch Kurt Hundt (1889 – 1954), Pfarrer in der Johannis-Gemeinde, gehörte zu jenen Pfarrern, die nicht gewillt waren, ihre christlich-humane Gesinnung und menschliche Solidarität zu verraten. Brigitte Eschwege in Dresden, die als Kind in einer „Mischehe" in Freiberg aufwuchs, weiß, dass Pfarrer Hundt ihrer jüdischen Mutter selbst dann noch beistand und ihr zu helfen versuchte, als ihr Vater Ende 1944 zur Zwangsarbeit deportiert wurde.

Nach Kriegsende sprach die neugebildete Landessynode in einer Erklärung von der Mitschuld der Christen an der Ermordung der Juden, „sofern der Rassenhaß unter uns gehegt oder doch ohne ernstlichen Widerstand geduldet worden ist". [305]

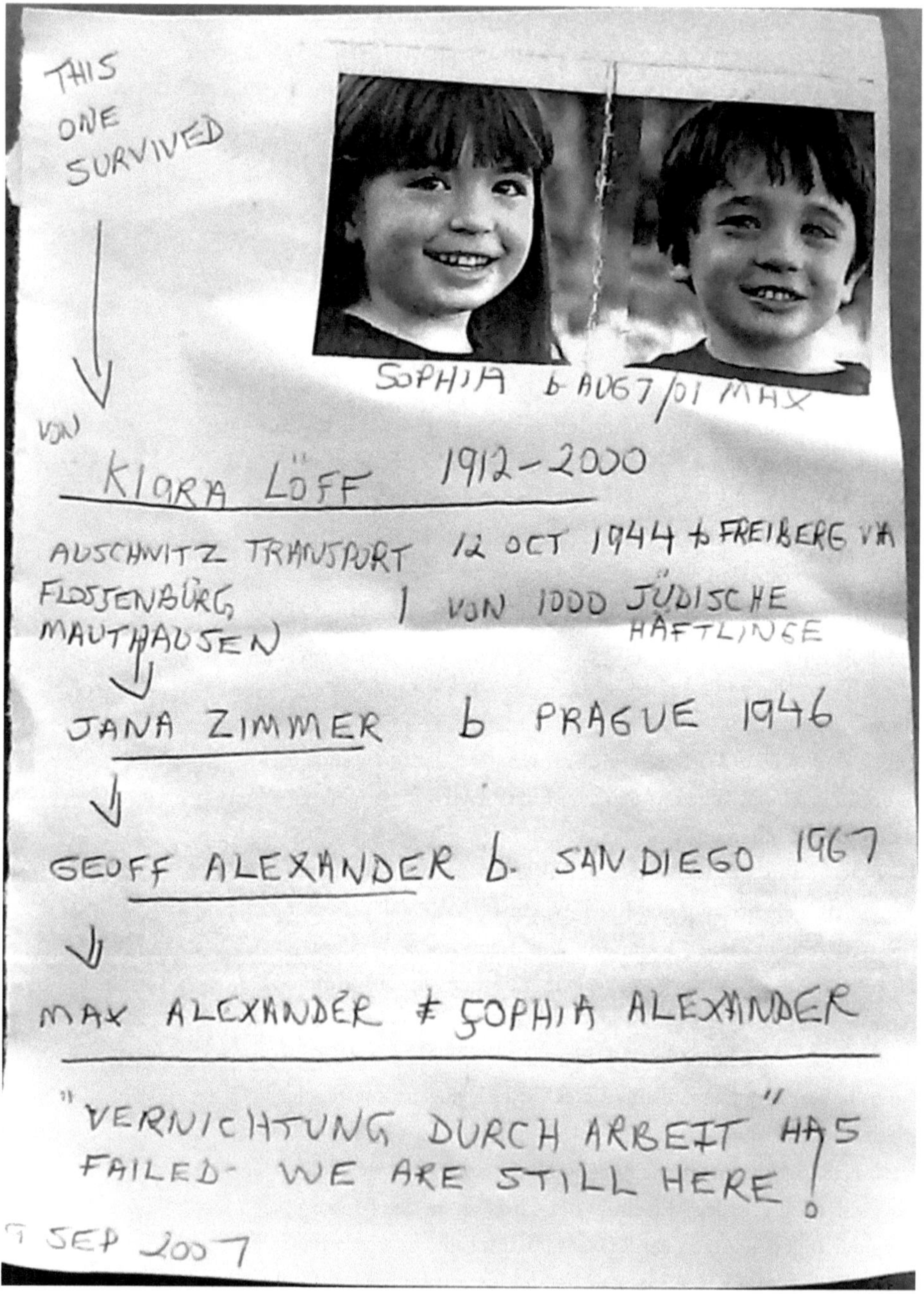

THIS
ONE
SURVIVED

↓

VON

SOPHIA b AUG 7/01 MAX

KLARA LÖFF   1912-2000

AUSCHWITZ TRANSPORT 12 OCT 1944 to FREIBERG VIA
FLOSSENBÜRG   1 VON 1000 JÜDISCHE
MAUTHAUSEN)   HÄFTLINGE

↓

JANA ZIMMER   b PRAGUE 1946

↓

GEOFF ALEXANDER b. SAN DIEGO 1967

↓

MAX ALEXANDER ≠ SOPHIA ALEXANDER

"VERNICHTUNG DURCH ARBEIT" HAS
FAILED- WE ARE STILL HERE!

9 SEP 2007

Statt eines Nachworts: „We are still here"

Am 10. September 2007, einen Montag, fand eine Angestellte des Freiberger Landratsamtes diesen Zettel. Er lag vor der Gedenktafel am heutigen Landratsamt für die jüdischen Häftlingsfrauen, die im Außenlager des KZ Flossenbürg in Freiberg, der sog. „Freia GmbH", Zwangsarbeit für die deutsche Rüstungsindustrie hatten leisten müssen.

„Die Vernichtung durch Arbeit ist gescheitert. Wir sind noch da", lautet die Botschaft von Jana Zimmer. Sie ist die 1946 in Prag geborene Tochter von Klara Löff, geb. Kohn. Klara Löff trug in Freiberg die Häftlingsnummer 54193 und war, wie alle ihre 1.000 Leidensgefährtinnen, „zum Tode bestimmt" gewesen.

We Are Still Here; Quelle: Archiv Düsing

Anhang:

Freiberger Opfer des Nationalsozialismus

Freiberger Opfer, für die Stolpersteine verlegt worden sind (Stand 2010/11)

- Baum, Fritz | Kesselgasse 1a
  Verlegung: 06.07.2007
  * 17.06.1898 in Freiberg
  Deportation am 12.03.1943 von Berlin ins Vernichtungslager Auschwitz;
  dort ermordet
- Fleischner, Otto | Kreuzgasse 4
  Verlegung: 15.10.2008
  * 07.06.1884 in Dobrnice (CSR) † 17.02.1936 in Freiberg (Flucht in den Tod)
- Fleischner, Anna, geb. Geiger (Ehefrau) | Kreuzgasse 4
  Verlegung: 15.10.2008
  * 04.12.1891 in Roznotin (CSR)
  Deportation am 21.01.1942 von Freiberg/Dresden ins Ghetto Riga;
  dort ermordet
- Heymann, Wilhelm | Heinrich-Heine-Str. (Herzog-Heinrich-Str.) 12
  Verlegung: 06.07.2007
  * 07.07.1904 in Schientochlowitz (Oberschlesien)
  Deportation am 02.04.1942 von Regensburg ins Ghetto Piaski;
  dort ermordet
- Heymann, Hildegard, geb. Brauer (Ehefrau) | Heinrich-Heine-Str. 12
  Verlegung: 06.07.2007
  * 16.02.1907 in Hindenburg (Oberschlesien)
  Deportation am 02.04.1942 von Regensburg ins Ghetto Piaski;
  dort ermordet
- Heymann, Ursula (Tochter) | Heinrich-Heine-Str. (Herzog-Heinrich-Str.) 12
  Verlegung: 06.07.2007
  * 19.12.1931 in Freiberg
  Deportation am 02.04.1942 von Regensburg ins Ghetto Piaski;
  dort ermordet

- Heymann, Norbert (Sohn) | Heinrich-Heine-Str. (Herzog-Heinrich-Str.) 12
  Verlegung: 06.07.2007
  * 13.11.1932 in Freiberg
  Deportation am 02.04.1942 von Regensburg ins Ghetto Piaski;
  dort ermordet
- Kisch, Erna, geb. Spiro | Burgstraße 3
  Verlegung: 15.10.2008
  * 10.05.1891 in Freiberg
  Deportation am 25.10.1941 aus Hamburg ins Ghetto Litzmannstadt (Lodz);
  ermordet am 10.05.1942 im Vernichtungslager Chelmno
- Manasse, Frieda, geb. Lewy | Obermarkt 5
  Verlegung: 15.10.2008
  * 10.01.1876 in Freiberg
  Deportation am 27./29.10.1941 aus Berlin ins Ghetto Litzmannstadt (Lodz);
  ermordet am 04.05.1942 im Vernichtungslager Chelmno
- Pinkus, Max | Poststraße 16
  Verlegung: 06.07.2007
  * 21.03.1887 in Gatersleben
  Deportation am 19.01.1942 aus Berlin ins Ghetto Riga;
  dort ermordet
- Pinkus, Grete, geb. Dobkowsky (Ehefrau) | Poststraße 16
  Verlegung: 06.07.2007
  * 10.02.1893 in Allenstein (Ostpreußen)
  Deportation am 19.01.1942 aus Berlin ins Ghetto Riga;
  dort ermordet
- Pinkus, Werner (Sohn) | Poststraße 16
  Verlegung: 06.07.2007
  * 01.02.1926 Flucht 1939 Kindertransport nach England,
  überlebt; heute Israel

- Wunderlich, Ida Rosa, geb. Wreschinski | Thielestraße 2
  Verlegung: 15.10.2008
  * 12.05.1887 in Freiberg
  Deportation am 19.01.42 von Berlin ins Ghetto Riga;
  dort ermordet
- Wunderlich, Hans-Günter, (Sohn) | Thielestraße 2
  Verlegung: 15.10.2008
  * 28.09.1917 in Freiberg
  Deportation am 03.02.1943 von Berlin ins Vernichtungslager Auschwitz;
  dort ermordet
- Wolff, Abraham, Georg | Weisbachstraße 23
  Verlegung: 28.09.2010
  * 22.06.1879 in Hohensalza (Posen)
  † 22.01.42 Flucht in den Tod nach Erhalt
  des Deportationsbefehls für den 25.01.1942 von Berlin ins Ghetto Riga
- Wolff, Meta Sophie, geb. Taubenschlag (Ehefrau) | Weisbachstraße 23
  Verlegung: 28.09.2010
  * 29.01.1887 in Freiberg
  † 25.01.42 Flucht in den Tod nach Erhalt
  des Deportationsbefehls für den 25.01.1942 von Berlin ins Ghetto Riga
- Wolff, Manfred (Sohn) | Weisbachstraße 23
  Verlegung: 28.09.2010
  * 28.08.1920 in Freiberg,
  Flucht 1939 nach England, † 1983 Großbritannien
- Gray, Dorothea, geb. Wolff (Tochter) | Weisbachstraße 23
  Verlegung: 28.09.2010
  * 25.01.1925 in Freiberg,
  Flucht 1939 mit Kindertransport nach England, † 2007 Großbritannien
- Brück, Paula, geb. Taubenschlag | Weisbachstraße 23
  Verlegung: 28.09.2010
  *02.10.1886 in Johannisburg, Ostpreußen
  Deportation nach Auschwitz 1942, dort ermordet
- Druck, Salomon (Szolem) | Humboldtstraße 34
  Verlegung: 28.09.2010
  * 01.05.1887 in Wilna
  † 25.12.1938 Flucht in den Tod in Freiberg

- Freud, Max | Lange Straße 41
  Verlegung: 28.09.2010
  * 20.06.1883 in Gutti (Schlesien)
  † 05.09.1942 KZ Dachau
- Dux, Ida, geb. Wehle | Silberhofstraße 24
  Verlegung: 28.09.2010
  * 01.07.1869 in Prag Deportation Ghetto Theresienstadt,
  ermordet am 15.04.1943 im Vernichtungslager Treblinka
- Braun, Gitta, geb. Weiß | Burgstraße 22
  Verlegung: 28.09.2010
  * 08.08.1873 in Bautzen
  Deportation ins Ghetto Theresienstadt am 01.07.1942,
  dort † 02.11.1942
- Silberstein, Celestine, geb. Weiß (Schwester) | Burgstraße 22
  Verlegung: 28.09.2010
  * 10.03.1876 in Bautzen,
  Deportation ins Ghetto Theresienstadt am 01.07.1942,
  dort † 16.03.1943

Tote im KZ Außenlager „Freia" Freiberg

- Margit Kufler, Ungarn,   * 14.06.1917   † 09.11.1944
- Olga Leier, Slowakei,   * 20.04.1914   † 09.11.1944
- Regina Elovic, Slowakei,   * 09.09.1914   † 24.11.1944
- Chawa Lubinska, Polen,   * 23.11.1920   † 19.12.1944
- Charlotte Seger, ČSR,   * 16.08.1928   † 27.01.1945
- Paula Landowicz, Polen,   * 18.10.1920   † 17.03.1945
- Rosa Klein, Polen,   * 24.12.1914   † 19.03.1945
- Bela Rosenbaum, Polen,   * 26.05.1925   † 26.03.1945

Weitere Freiberger Opfer (weitere Recherchen erforderlich)

- Rosa Beier, geb. Keßler,
  * 21.02.1893 in Freiberg,
  Deportation am 01.03. 1943 aus Berlin ins Vernichtungslager Auschwitz,
  † 02.03.1943 Auschwitz
- Johanna Engelmann,
  * 17.02.1903 in Freiberg,
  deportiert aus Dresden nach Auschwitz,
  † 18.10.1942 Vernichtungslager Auschwitz
- Erich Göpfert, Wachmann in der „Freia GmbH",
  * 14.03.1905
  nach Denunziation Flucht in den Tod am 21.09.1944
- Dr. Werner Hofmann,
  * 28.08.1878,
  † Flucht in den Tod (Dresden) am 03.03.1939
- Toni Kaltofen, geb. Dobkowsky,
  * 16.11.1898,
  Deportation aus Dresden nach Auschwitz,
  † 1943 Auschwitz
- Prof. Dr. Franz Kögler,
  * 24.02.1882,
  † Flucht in den Tod (Leipzig) 18.01.1939
- Max Lipowski
  * 07.03.1863,
  Deportation am 17.08.1942 aus Berlin in das Ghetto Theresienstadt,
  † 03.09.1942 Ghetto Theresienstadt
- Anna Lipowski
  * 12.02.1866,
  Deportation am 17.08.1942 aus Berlin in das Ghetto Theresienstadt,
  † 03.09.1942 Ghetto Theresienstadt

- Julius Meyer,
  * 1863 in Berlin,
  Deportation am 30.07.1942 aus Berlin in das Ghetto Theresienstadt,
  † 26.09.1942 Vernichtungslager Treblinka
- Walter Meyer,
  * 1896,
  † 12.01.1943 Auschwitz
- Gerhard Winter,
  * 18.07.1887 in Freiberg,
  Deportation am 03.03.43 von Berlin ins Vernichtungslager Auschwitz;
  † 03.04.1943 Auschwitz

Bürger aus Freiberg wurden auch Opfer der NS-Krankenmordaktion (Euthanasie) in den Jahren 1939–1945. Beweise dafür liegen nach Hinweisen des Chemnitzer Historikers Dr. Jürgen Nitsche und ersten Recherchen durch Dr. Ines Lorenz, Leiterin des Stadtarchivs Freiberg, vor. Der gegenwärtige Forschungsstand erlaubt jedoch nicht, die genaue Zahl der Freiberger Opfer anzugeben. Intensive weitere Forschungen dazu sind notwendig..

Danksagung

Um wenigstens annähernd verstehen zu können, was Rassenhass und Antisemitismus in Hitlers Deutschland bewirkten, ist es fast zu spät. Es ist viel, vielleicht zu viel Zeit vergangen und zu vieles ist verschwunden. Was bleibt, sind Fragmente von Erinnerungen, die sich nie mehr zu einem ganzen Bild zusammenfügen lassen werden. Zu viel bleibt ungefragt, unbeantwortet, ungeklärt, unverstanden.

Dass dennoch der Versuch unternommen werden konnte, am Beispiel Freibergs solche Fragmente zu sammeln und zusammenzusetzen, habe ich vor allem den Überlebenden und ihren Nachkommen und Verwandten zu verdanken. Ohne deren Vertrauen, besonders aber ohne deren Bereitschaft zu immer wieder schmerzlichen Erinnerungen wäre dieser Versuch nicht denkbar gewesen. Mein Dank gilt zuerst unseren lieben Freundinnen Esther Bauer in New York sowie Lisa Miková und Helga Weissová-Hoškova in Prag, aber auch – um nur einige zu nennen – Helga Brown in Dallas, Walter Mielziner in Denver, Dan Oren in Connecticut, Rolf Weinberg und Jana Zimmer in Los Angeles, Steven Bruck und Richard Gray in London und Bornemouth, Hana Hnatová, Eva Štichová, Marie Sandová in Prag, Imre Gönczi, Ester Golan, Eli Heymann, Werner (Willy) Pinkus, Aviva und Eric Lynton, Joshua Lapid, Miriam und Chanan Werebejczyk, Irena Liebman in Israel, Pola Hinenberg in Polen, Marcel Bruck in München, Chaim Don und Bert Günzburger in Berlin, Kasimiera Rosmarinowski in Frankfurt a. Main, Brigitte Eschwege in Dresden und vielen anderen mehr.

Möglich geworden war alles 1991 mit unerwarteter Post aus New York. Lutz (Lewis) Rosenthal, einst Gymnasiast in Freiberg, hatte von seinem Freiberger Schulfreund Siegfried Lang einen Artikel aus dem „Freiberger Anzeiger" zugesandt bekommen, in dem über die Spurensuche von Abiturienten am Freiberg-Kolleg nach jüdischem Leben in Freiberg berichtet wurde. Lutz berichtete Verwandten und Freunden von den Freiberger Aktivitäten und schrieb nach Freiberg. Er wurde zu einem unserer engsten Freunde. Seine Güte, seine Lebensweisheit, sein Humor sind unvergesslich. Vor drei Jahren ist er verstorben.
Rosi Springer, geb. Sieradzki, war 1992 die erste aus Freiberg vertriebene Jüdin, der wir selbst wieder in Freiberg begegneten.
Ihre Freundin Eva Grünberg, geb. Lewin, die nie wieder nach Freiberg hatte kommen wollen, folgte ihr zwei Jahre später, da sie aus den Berichten ihrer Freundin Vertrauen gefasst hatte. Seither waren die Kontakte zu immer neuen „Freibergern", später auch zu Frauen, die in Freiberg Zwangsarbeit hatten leisten müssen, per Brief, per e-mail, bei Besuchen, kaum noch zu überschauen.

Viele sind inzwischen verstorben. Ihnen allen gilt mein tiefer Dank!

Immer wieder galt es Dokumente in Archiven zu finden, Angaben zu überprüfen. Ohne die Unterstützung von Dr. Ines Lorenz, Leiterin des Stadtarchivs Freiberg, wären viele Lebensdaten und manche Zusammenhänge nicht klärbar gewesen. Mein besonderer Dank gilt Gitta Messner, Mitarbeiterin des Stadtarchivs Freiberg, die unermüdlich, verlässlich, rasch und höchst engagiert die notwendigen Recherchen vorantrieb und akribisch Korrektur gelesen hat.

Auch Yves Hoffmann, Redaktionsvorsitzender der Mitteilungen des Freiberger Altertumsvereins, hat durch besonders gründliche Durchsicht des Manuskripts, viele kritische Hinweise und manche wertvolle Tipps zu inhaltlicher Darstellung und auszuwertender Literatur einen entscheidenden Anteil am Zustandekommen dieser Arbeit. Zudem haben Uwe Richter (Redaktionskollegium der MFA) und Stefanie Preißler vom Institut für Industriearchäologie, Wissenschafts- und Technikgeschichte der TU Bergakademie Freiberg, besonderen Dank für kritische Durchsicht und manche Hinweise zu Teilen des Manuskripts verdient. Gleichermaßen bin ich Herrn Prof. Dr. Karl-Hermann Kandler, Freiberg, zu herzlichem Dank für wertvolle Korrekturen und Hinweise, besonders zum Abschnitt über die Freiberger Kirchen, verpflichtet.
Dank gilt auch Dr. Ulrich Thiel und Antje Ahlbrecht (Stadt- und Bergbaumuseum Freiberg), Herbert Kaden und Roland Volkmer (Universitätsarchiv der TU Bergakademie Freiberg), Reinhilde Haack und Jutta Bernhard (Kreisarchiv Freiberg), Angela Kießling an der Universitätsbibliothek der TU BAF, Karin Rank und Christin Weißflog (Geowissenschaftliche Sammlungen der TU BAF), Dr. Klaus Irmer, Andreas Ludwig, Britta Gelius und Martina Schwarzbach vom Medienzentrum der TU BAF, Dr. Heinrich Douffet (Freiberg), Dr. Jürgen Nitsche (Chemnitz), Dr. Jörg Skriebeleit (KZ- Gedenkstätte Flossenbürg) und Ulrich

Der Autor Michael Düsing, 2011
Foto: Heike Liebsch

Fritz (München), Dr. Harry Stein, Kustos Geschichte Konzentrationslager Buchenwald/ Stiftung Gedenkstätten Buchenwald und Mittelbau-Dora, Dr. Hans Brenner in Zschopau und Gabriele Meissner in Dresden, Hildegard Thevs, Christiane Richers, Dr. Linde Apel und Beate Meyer in Hamburg für viele Informationen, wertvolle Hinweise und hilfreiche Unterstützung bei Recherchen.

Einen herausragenden Anteil an dieser Arbeit haben Heike Liebsch (Verlag Art.Hour Dresden) und Christine Schmidt (Freiberg), sowie Birgitt Pasternak (Freiberg) und Daniel Wüst (Mulda bei Freiberg).

Birgitt Pasternak und Daniel Wüst, heute Pfarrer in Mulda im Erzgebirge, leiteten von 1998 bis 2000 ein Jugendprojekt im CJD (Christliches Jugenddorfwerk Deutschlands e. V.) in Freiberg, in dem 15 jugendliche Sozialhilfeempfänger auf eine bis dahin in der Bundesrepublik Deutschland wohl einmalige Weise an regionale jüdische Geschichte herangeführt wurden und zugleich durch berufliche Qualifikation Wege aus ihrer Arbeitslosigkeit finden sollten.

Diese jungen Leute erfuhren zum ersten Mal in ihrem Leben etwas von jüdischer Vergangenheit in ihrer Stadt und Region, begegneten selbst einst Verfolgten, sogar in Israel, wohin uns eine – von der Stadt Freiberg, von Freiberger Unternehmen und vom CJD unterstützte – Exkursion führte. So unentschlossen, gar ablehnend sie in das Projekt eingestiegen waren: die meisten blieben nicht unberührt von dem, was ihnen auf ihrem zweijährigen Weg durch Beruf und Bildung im CJD begegnete.

Finanziert wurde dieses Projekt aus Mitteln des Europäischen Sozialfonds (INTERREG II) und des Landkreises. Nur ein Jahr später, von 2001 bis 2004, schloss sich ein ganz ähnliches, dieses Mal dreijähriges Projekt mit jugendlichen Arbeitslosen an, gefördert aus dem europäischen XENOS-Programm und Mitteln der Arbeitsagentur.

Heike Liebsch, Dresdnerin mit Herz und Seele, Mitbegründerin des Vereins HATiKVA, der Dresdner Bildungs- und Begegnungsstätte für jüdische Geschichte und Kultur, führte nun zehn arbeitslose Jugendliche zu ungeahnten, am Ende bundesweit anerkannten Leistungen: sie dokumentierten die rund 3.000 Grabstellen des Neuen Israelitischen Friedhofs in Dresden und erforschten dessen Geschichte und viele Biographien. Ihre Ergebnisse stellten sie der Jüdischen Gemeinde in Dresden sowie dem Dresdner Stadtarchiv zur Verfügung. Hilfe bei der Übersetzung schwieriger hebräischer Inschriften kam von Dr. Timotheus Arndt von der Leipziger Universität.

Diese umfangreiche Dokumentation hat seither vielen Überlebenden, deren Nachkommen, aber auch manch geschichtlich Interessiertem geholfen, Neues über die überaus reiche jüdisch-sächsische Geschichte und deren einstige Träger, unter anderem aus Freiberg, herauszufinden. Sie ist auch im Internet (in Personendaten eingeschränkt) zugänglich.

Dank gilt all jenen, die sich seit 2005 in Freiberg und Umgebung für eine besondere Form der Achtung und Erinnerung an Opfer der Nazidiktatur eingesetzt haben, deren Namen fast alle vergessen waren: durch das Verlegen von Stolpersteinen.
Zu den Unterstützern gehören viele engagierte Freiberger Bürger, Lehrer, Unternehmer, Künstler, Wissenschaftler und Studenten, Pfarrer, Politiker.

Ein besonderer Dank gilt Veronika Bellmann, MdB, für ihr stetes Interesse an der Arbeit der Geschichtswerkstatt, den Oberbürgermeistern der Stadt Freiberg seit Anfang der 90er Jahre, Konrad Heinze, Dr. Uta Rensch und heute Bernd-Erwin Schramm, sowie den Landräten Eberhard Löffler und Volker Uhlig. Andreas Schwinger, Leiter des städtischen Kulturamts, und Katrin Dietze, Leiterin Extremismusbekämpfung im Landkreis Mittelsachsen, unterstützten aktiv die Recherchen. Tom Kunze, Tiefbauamtsleiter, und Amtsmitarbeiter Rocco May halfen fachmännisch bei der Verlegung der Stolpersteine. Volker Träger und Volker Beyer steuerten künstlerische Entwürfe für „Denkzeichen" an jüdische Geschichte in Freiberg bei, die freilich vorerst noch unrealisiert sind. Viele Patenschaften für Stolpersteine sind in den vergangenen Jahren von Schülern und Studenten, Privatpersonen, Vereinen und Mitgliedern bzw. Ortsgruppen von Parteien, aber auch Firmen der Region übernommen worden. Die Unterstützung des CJD war stets von besonderem Wert.

Der leider viel zu früh verstorbene Jugenddorfleiter des CJD Chemnitz, mein Freund Michael Lützenkirchen († 02.11.2006), setzte sich von Anfang an für unsere regionalgeschichtlichen Jugendprojekte in Freiberg ein und unterstützte diese Arbeit voller Achtung und Anerkennung.
In der CJD Geschichtswerkstatt in Freiberg ist es vor allem Christine Schmidt, die rastlos recherchiert, Zeitzeugen befragt, Archive durchstöbert und mir viele wertvolle Hinweise gab und gibt.

Gabriele Fleischer und dem Team der Freien Presse in Freiberg gilt Dank für stets waches Presseinteresse.

Dank nicht zuletzt an Gunter Demnig, Köln, den bundesweiten Initiator der Aktion Stolpersteine und Uta Franke, bis Anfang 2011 Koordinatorin des Projekts in Köln und Berlin. Die Stolpersteine sind ein Zeichen dafür, dass Verdrängen und Verschweigen nicht länger andauern und die Erinnerung an das „Verschwinden" von Menschen aus dem Dunkel der Anonymität in individuelle Lebensgeschichten geholt wird.
Nicht wenige einstige und heutige Freiberger waren Zeitzeugen, halfen mit ihren Erinnerungen oder konnten Wichtiges zur Vergangenheit berichten. Mit Verehrung und Hochachtung sei hier die inzwischen hoch betagte Leopoldine Wagner genannt, die 1944/45

Italienisch-Dolmetscherin in der „Freia GmbH" war, den jüdischen Mädchen und Frauen des KZ-Außenlagers begegnete und die die Erinnerung an die Leiden dieser Häftlinge bis heute nicht ruhen lässt. Pfarrer i. R. Gottfried Breutel gab immer wieder Anstöße zur Erinnerung und trug selbst viel dazu bei. Wertvolle Erinnerungen, nicht selten auch Fotos aus Privatbesitz kamen von Elfriede Börner in Chemnitz, Irmgard Göpfert in Hilbersdorf b. Freiberg, Günter Aßmann, Helga Kluge, Maria Lippmann, Christa Löhr, Siegfried Matthes, Christa Stölzel, Günther Wunderlich, Charlotte Wittig, Dr. Klaus Zschoke, Ulrike Zimmermann, Rita Väterlein in Freiberg, Burkhard Pichon in Neu-Ulm, Ernst-Otto Walther in Bottrop und Dr. Eberhardt Gering in Wildau bei Berlin.

Endlich gilt meiner Frau ein ganz besonderes Dankeschön für ihre große Geduld, ihre intensive Anteilnahme an dieser Arbeit, ihre Aufmerksamkeit und Zuwendung zu Gästen aus den USA, Israel, Großbritannien, Tschechien, Polen oder aus deutschen Städten – Gästen, deren Leben oder das ihrer Vorfahren mit Freiberg verbunden war –, schließlich für ihr waches und kritisches Auge für Texte, die allzu oft zu ausufernd, zu langatmig, zu ungenau im Manuskript geraten waren und durch ihre Hartnäckigkeit – hoffentlich – entflochten werden konnten.

Natürlich war es fast unmöglich, eine Brücke über die sich vergrößernde Kluft zwischen dem tatsächlich einst Geschehenem und dem, was heute davon noch rekonstruierbar ist, zu bauen. Vieles bleibt unentdeckt, manches fehlerhaft. Für alle Hinweise dazu werde ich dankbar sein. Vollständigkeit der Erinnerung blieb nicht nur wegen des immer größeren Zeitabstandes versagt. Auch die Interessen und Gefühle einst Betroffener waren unbedingt zu respektieren. So fehlen manche Namen.

Immerhin hoffe ich, dass dieses Buch einen Beitrag dazu zu leisten vermag, all jene, die zu Unrecht vergessen waren, mit ihren Namen, ihren Gesichtern und ihren Geschichten in unsere Gegenwart zu holen.

Michael Düsing   (Frühjahr 2011)

an die finanziellen Unterstützer („Paten")
der Aktion „Stolpersteine" und
der Recherchearbeit der CJD Geschichtswerkstatt Freiberg:

Veronika Bellmann MdB; Freiberg

Gudrun & Holger Bellmann; Freiberg

Brennpunkt e.V.; Brand-Erbisdorf

Pfr.i.R. Gottfried Breutel; Freiberg

Volker Doberstein, Freiberg

Gemeinde Eppendorf/Sa.; Bgmst. Helmut Schulze

Uta Fahney; Friedrichsdorf

FCM Freiberger Compound Materials GmbH; Freiberg

Fam. Yves Hoffmann; Dresden

Manuela Junghans; Freiberg

Fam. Herbert Kaden; Freiberg

Annerose und Gottfried Klitzsch, München

Dr. Erika Krejci; Freiburg i.B.

Dr. Manuel Lapp; Freiberg

Dr. Stefan Link; Freiberg

Fam. Hans-Dieter Lutz; Freiberg

Matthias und Marion Lessig; Freiberg OT Kleinwaltersdorf

Manfred Lohmann; Freiberg

Burkhardt Pichon; Neu-Ulm

Dr. Jana Pinka, MdL; Freiberg

Prisma Junior Consulting e. V.; Freiberg

Dr. Simone Raatz; Freiberg

Fam. Uwe Richter; Freiberg

Dr. Hermann Schenk; Dresden

SPD Ortsverein Freiberg

SWG Städtische Wohnungsgesellschaft Freiberg/Sa. mbH

VVN-BDA Kreisverband Freiberg, Marcus Starke

Michael Trompelt; Werdau

Steffen Walther; Großschirma

Helmut Wohlfarter; Bonnievale, ZA (Rep. Südafrika)

Anmerkungsverzeichnis

1   Zahlen entnommen aus: WEHLER; 1973

2   siehe SCHLÜTER, 1986, S. 270f

3   Die GESCHICHTE DES WOHNGEBIETS SEILERBERG, 2007, S. 10ff; siehe dazu auch VOSSLER, Kristin, 2002, S. 193ff

4   März 1933: 3.000 Arbeitslose in der Stadt Freiberg; 1935: 1.400; Ende 1938 waren noch 153 Arbeitslose registriert; Zahlen in: KASPER, WÄCHTLER, 1986, S. 284

5   Bereits am 7. März 1933 verhaftete SA den ortsbekannten Freiberger Kommunisten Karl GÜNZEL, zwei Tage später die Gebrüder BECKERT, Leitungsmitglieder der KPD, und den Kommunisten Kurt SEIFERT. Zu den 1933 verhafteten Funktionären der Arbeiterbewegung zählten auch die Sozialdemokraten Hermann TEMPEL, Friedmar BRENDEL und Paul MÜLLER. Zeitweise waren bis zu 26 Häftlinge in der sog. „Fronfeste" in der Freiberger Waisenhausstraße/Ecke Nonnengasse in „Schutzhaft", 38 weitere Antifaschisten im Gebäude der ehemaligen Zentralwäsche an der Himmelfahrtsgasse, in dem sie teilweise erheblichen Folterungen ausgesetzt waren (nur wenige Jahre später, ab Spätsommer/Herbst 1944, befand sich hier, nunmehr im Werk II der Fa. Hildebrand, ein Außenkommando des KZ Freiberg, Außenlager des KZ Flossenbürg, mit 1.000 jüdischen Zwangsarbeiterinnen in der „Freia GmbH". Diese „Schutzhaftlager" in Freiberg, übrigens auch – für Mittelsachsen das bedeutendste – in Sachsenburg, existierten bis Ende 1935. Noch im März 1933 waren die Parteibüros von KPD und SPD in Freiberg durchsucht und geschlossen worden. Am 2. Mai 1933, einen Tag nach dem „Tag der nationalen Arbeit", lösten die Nazis auch in Freiberg die Gewerkschaftsorganisationen auf (Büro Ecke Prüferstraße/Nonnengasse) und vollendeten innerhalb weniger Monate die „Gleichschaltung" aller bisher existierenden Organisationen und Vereine, am Anfang vor allem jene, die mit der Arbeiterbewegung am engsten verbunden waren. Siehe dazu ausführlich in: KASPER, WÄCHTLER, 1986, S. 282f; auch: BRAMKE, 2004, S. 159ff sowie WENZEL, 2009, u.a. S. 35

6   ALY, 2005, S. 19f

7   ebenda, S. 20

8   Schon im August 1933 hatte die Massenproduktion des „Volksempfängers" begonnen, eines einfachen Radiogerätes, das mit 65 RM für viele erschwinglich wurde. Nach einer ersten Versuchsausstrahlung am 8.3.1929 begann der Berliner Fernsehsender Paul Nipkow am 22. März 1935 mit der Ausstrahlung des ersten regelmäßigen Fernsehprogramms der Welt. An drei Wochentagen wurde von 20:30 Uhr bis 22 Uhr Beiträge wie „Aktueller Bildbericht", „Künstler stellen sich vor", „Ausschnitte aus Tonfilmen" und Kulturfilme gezeigt. Am 9. April desselben Jahres wurde im Reichspostmuseum Berlin die erste Fernsehstube für die Öffentlichkeit eingerichtet.
Von Anfang an hatte Hitler mit dem Gedanken gespielt, einen vollwertigen Kleinwagen in Großserie produzieren zu lassen, falls er einmal Reichskanzler werden würde. 1934 diskutierte er mit Ferdinand Porsche dessen Pläne. 1935 war der erste Prototyp fertiggestellt; 1937 liefen die Vorbereitungen zur Errichtung eines eigens dafür vorgesehenen Volkswagenwerks in Wolfsburg an – erheblich finanziert aus dem Verkauf des beschlagnahmten Gewerkschaftsvermögens. Noch bevor die erste Massenauslieferung des „KdF-Wagens" erfolgen konnte, begann Hitler seinen Feldzug gegen Polen und aus dem zivilen „Käfer" wurde ohne größere Probleme ein universell einsetzbares Militärfahrzeug.
Wie perfekt die Nazi-Propaganda mit dem Technik- und Fortschrittsglauben der Deutschen spielte, offenbart der Medienrummel um den exzellenten, überaus begabten und offensichtlich sympathischen Auto-Rennfahrer Bernd ROSEMEYER, der im Rekordjahr 1936 von Sieg zu Sieg eilte, aber am 28.1.1938 bei einem Rekordversuch auf der „Reichsautobahn" Frankfurt-Darmstadt ums Leben kam. Rosemeyers Aura hatte noch durch die 1936 geschlossene Ehe mit der Ausnahmefliegerin Elly BEINHORN gewonnen. Als er starb, inszenierten die Nazi-Größen eine überaus pompöse Beerdigungszeremonie, die den SS-Hauptsturmführer, zu dem er nach seinen Siegen ernannt worden war, vor dem Krieg fast mythologisch verklärte (siehe dazu: ROSEMEYER-BEINHORN, 1938)
„Hitler über Deutschland" hieß es schon 1932, als Hitler das Flugzeug für seine Wahlkampfreisen nutzte. An einem Tag per Flugzeug gleich in drei weit entfernten Orten auftauchen zu können, sollte den Eindruck

von Modernität, Fortschritt und Vitalität erzeugen, nutzte die Technikbegeisterung besonders junger Leute und gab der NSDAP das Image von Fortschritt und Jugendlichkeit. Am 6.Mai 1937 ging der Zeppelin LZ 129 „Graf Hindenburg" nach erfolgreicher Atlantiküberquerung beim Landeanflug auf Lakehurst nahe New York in Flammen auf. Diese Katastrophe bedeutete das Ende der zivilen Zeppelinluftfahrt, die zuvor ebenfalls von den Nationalsozialisten für Propagandazwecke instrumentalisiert worden war.

9   Interessanterweise fehlen in neueren Darstellungen zur Geschichte der ehemaligen „Zentral-" bzw. „Erzwäsche" an der Himmelfahrtsgasse jegliche Hinweise darauf, dass sich hier unmittelbar nach der Machtergreifung der Nationalsozialisten 1933 eines der ersten NS-„Arbeitslager" für politische Gegner des Regimes befand, in dem diese brutalen Torturen der SA-Wachmannschaften ausgesetzt waren. Stefanie ULLRICH beklagt in ihrer aktuellen Studienarbeit „Bau- und Nutzungsgeschichte der ehemaligen Zentralwäsche der Himmelfahrt-Fundgrube (Himmelfahrtsgasse 8)", 2010, dass es zur „Nutzung des Gebäudes in der Zeit zwischen 1929 und der Übernahme durch Hildebrand" keine Angaben im Stadtarchiv Freiberg gäbe, lediglich jenen Hinweis (in einer 2001 erschienenen Firmenchronik der Freiberger Präzisionsmechanik), dass es vom „Arbeitsdienst besetzt" gewesen sei. Wichtige Fingerzeige wenigstens wären in Veröffentlichungen aus DDR-Zeiten zu finden gewesen, etwa in der 1980 an der damaligen EOS „Geschwister Scholl" unter Leitung von Anneliese SCHLÜTER erarbeiteten Broschüre „Gedenkstätten des antifaschistischen Widerstandskampfes und der Opfer der faschistischen Barbarei im Kreis Freiberg". Noch bis Anfang der 90er Jahre befand sich am Gebäude des ehemaligen VEB Porzellanwerk Freiberg an der zu DDR-Zeiten in Ulrich-Rülein-Straße umbenannten Himmelfahrtsgasse, eben jener ehem. Zentralwäsche, eine Tafel mit der Inschrift: „Zu Beginn des Naziregimes im Jahre 1933 litten in diesem Gebäude aufrechte Antifaschisten aus dem Kreis Freiberg unter den grausamen Folterungen der SS".
Überhaupt fällt auf, dass nicht nur der ehemaligen Zentralwäsche, sondern dem gesamten Gelände zwischen Abrahamschacht, Davidschacht und Reicher Zeche zwar berechtigterweise beträchtliches montanwissenschaftlich-technikgeschichtliches Interesse gilt, jedoch nur wenig zeitgeschichtlich-politisches. Christoph DENKE nennt in seinem Überblick: „Die Freiberger Porzellanfabriken – Industriedenkmale, die im Bergbau ihren Ursprung haben" (in: Band II, Denkmale in Sachsen, Stadt Freiberg, 2003, S. 459f) einige wenige Fakten ohne weitere Erläuterungen. Demgegenüber weiß Stefanie ULLRICH wenigstens erstmals in der Regionalgeschichtsschreibung, dass Zentralwäsche und umliegende Gruben in den 20er Jahren des vorigen Jahrhunderts die Freiberger „Wirkungsstätte" des selbst ernannten „Goldmachers" Franz TAUSEND waren, dessen „Tausend Chemische Studiengesellschaft e.V." Freiberg 1927 zum „wissenschaftlichen Stammsitz" erkoren hatte (siehe dazu: WEGENER, Franz, 2006). Immerhin sammelten sich im Umfeld dieses höchst ominösen und umstrittenen Vereins (1929 wurde Franz Tausend verhaftet und 1931 zu 3 Jahren und 8 Monaten Haft verurteilt) regional und deutschlandweit extrem völkisch-rechtsradikale und nationalsozialistische Personen und Persönlichkeiten. In die undurchdringlichen Aktivitäten dieser Gesellschaft waren Großindustrielle, Ingenieure und Wissenschaftler (vermutlich auch der Freiberger Bergbau- und Hüttenindustrie), rechte Militärs (wie etwa General Erich LUDENDORFF) und sächsisch-deutsche Aktivisten des rechtsradikalen Untergrunds (wie der Freiberger Fabrikant Johannes KÜCHENMEISTER und dessen Bruder Fritz) verwickelt. Von hier aus waren schon Anfang der 20er Jahre Angriffe nationalistischer Terrororganisationen wie der Organisation Consul auf die junge Weimarer Republik mitorganisiert worden (Johannes Küchenmeister etwa stellte nicht nur sein Auto für den Mord an Außenminister Walther RATHENAU im Juni 1922 zur Verfügung, sondern nutzte den von ihm gepachteten Abrahamschacht auch als geheimes Waffenlager). In Freiberg entstand schon 1922/23 eine NSDAP-Ortsgruppe (die fünfte in Sachsen: nach Zwickau, Chemnitz, Markneukirchen und Plauen – für die Information Dank an Stefanie Preißler, TU BAF), an deren Gründung die Küchenmeisters entscheidenden Anteil hatten. Und während bisher die in Freiberg in der „Erzwäsche" vorgeblich laufenden Versuche zur Goldherstellung mehr oder weniger als eine Art – je nach Betrachtungsperspektive – zu bewunderndes oder dumm dreistes Bubenstück des Franz Tausend abgetan wurden, welches allenfalls als humoriges Zeitkolorit im Nachhinein durchgehen konnte, scheint hinter der Nebelwand der „Tausend Chemischen Gesellschaft e.V.", später umbenannt in „Chemische Studiengesellschaft", viel Bedrohlicheres gelaufen zu sein: nicht nur eine Art „Geldwäsche" zur Finanzierung der NSDAP schon lange vor 1933. Hinter der offiziell

angegebenen Nutzung der Freiberger Gebäude zur „industriellen Entwicklung von chemometallurgischen Verfahren und Erfindungen" könnten sich – so vermutet die Dresdner Publizistin Gabriele MEISSNER nach ausführlichsten neuen Quellenrecherchen – vielmehr Versuche verborgen haben, unter Umgehung der Verbote des Versailler Vertrages, die Herstellung von Giftgas in Deutschland voranzutreiben (siehe MEISSNER, 2010)

10   Zitiert nach: LAUTERBACH, MFA, 92/2003, S. 44

11   Anlass des „Tages von Potsdam" (21.03.1933) war die Eröffnung des neuen Reichstages. Vor der Garnisonkirche inszenierte Reichskanzler Hitler die Begegnung mit dem Reichspräsidenten Paul von HINDENBURG als Höhepunkt des Tages. Dabei verbeugte sich HITLER in Cut und Zylinder unterwürfig vor dem Reichspräsidenten. Mit dieser demonstrativen Geste sollte suggeriert werden, dass immer noch Hindenburg der eigentliche Herr im Staat sei und von HITLER keine Gefahr ausginge.

12   Aus der nahezu unübersehbaren Fülle wissenschaftlicher Literatur zum Thema „Deutscher Faschismus" bzw. „Nationalsozialismus" – der Definitionsstreit um „Faschismus" bzw. „Nationalsozialismus" kann hier nicht annähernd berührt werden – können hier nur einige Grundwerke zur eigenen Orientierung genannt werden (dabei sind bewusst grundsätzliche Schriften marxistischer Autoren in der DDR wie Kurt PÄTZOLD aufgenommen, die heutzutage gern ignoriert werden – siehe dazu auch: KÜHNL, Reinhard, 2000): ADAM, Uwe Dietrich, 2003; ALY, Götz, 2005; BENZ, Wolfgang, 1996; BUCHHEIM, Hans u.a., 2005; DROBISCH u.a., 1973; ESCHWEGE, Helmut, 1966; FRIEDLÄNDER, Saul, 1998; GOLDHAGEN, Daniel Jonah, 1996; GOTTWALD, Alfred u.a., 2000; GUTMAN, Israel u.a., 1998; HEER, Hannes, 2004; JÄCKEL, Eberhard u.a., 1989; KERSHAW, Ian, 2002; KÜHNRICH, Heinz, 1980; LONGERICH, Peter, 1998 und 2006; MOMMSEN, Hans, 1972; PÄTZOLD, Kurt, 1975; POLIAKOV, Leon u.a., 1989; SCHOEPS, Julius, 1997; SPOERER, Mark, 2001; SÜSS, Dietmar; SÜSS Winfried, 2008; WELZER, Harald u.a., 2002; WILDT, Michael, 2008

13   Tatsächlich war die Führungsmannschaft der Nationalsozialisten im Frühjahr/Frühsommer 1933 jung: Adolf HITLER selbst 44, Ernst RÖHM 46, Hermann GÖRING 40, Rudolf HESS 39, Joseph GOEBBELS 36, Staatssekretär Martin BORMANN 33, Albert SPEER 28, Baldur v. SCHIRACH 26, um nur einige Beispiele zu nennen.

14   ALY, 2005, S. 377

15   ALY, 2005, S. 28. Er führt aus: „Die NS-Ideologie betonte die Unterschiede nach außen und nivellierte sie nach innen…Für diejenigen, die zu der als rassisch einheitlich definierten Großgruppe zählten – das waren 95 Prozent der Deutschen –, verringerten sich die Unterschiede im Binnenverhältnis. Für viele wurde das staatspolitisch gewollte Einebnen der Standesdifferenzen in der Staatsjugend fühlbar, im Reichsarbeitsdienst, in den Großorganisationen der Partei und langsam selbst in der Wehrmacht. Auch das Uniforme der NS-Gesellschaft wird heute einseitig als Militarisierung gesehen. Denkt man an die Schuluniformen, die in manchen Ländern noch heute getragen werden, an die Pfadfinderkluft oder an die Einheitstrikots der Sportvereine, dann dient die Uniform auch dem Anspruch, die Unterschiede zwischen den Bemittelten und den weniger bemittelten zurücktreten zu lassen."

16   Zum Thema Juden im mittelalterlichen Freiberg: BENSELER, Gustav Eduard, 1853; DÜSING, Michael, 1992 und 1995; sowie unveröff. Manuskript 2007; KAIM, Isidor (Pseudonym: SIDORI, K), 1840; KUNZ-LÜBCKE, Andreas, 2010; LÄMMERHIRT, Maike, 2007; LEVY, Alphonse, 1900; MÖLLER, Andreas, 1653; mit antisemitischen Bewertungen: HERRMANN, Walter, FrAnzT. 31.12.1938/01.01.1939; LANGER, Johannes, unv. Manuskript 1937. Eine ausführliche, umfassende Bibliografie zum Thema Juden in den wettinischen Herrschaftsgebieten im Mittelalter findet sich bei LÄMMERHIRT (s.o.). Hier auch der Verweis darauf, dass es urkundlich belegbare Beweise für die Existenz von Juden in Freiberg erst aus den Jahren 1384 und 1385 gibt (u.a. S. 116). LÄMMERHIRT meint damit allerdings direkte „Belege zu dort lebenden Juden" (S. 116, Anm. 417). Das Freiberger Stadtrecht um 1300 bleibt in dieser Hinsicht von ihr zu wenig beachtet.

17   siehe dazu: JÜDISCHES LEBEN BERGSTADT, 2002, S. 12-20, im Abschnitt: Jüdische Ansiedlung in Freiberg nach der Stadtgründung; sowie DÜSING, Michael, unveröff. Manuskript 2007

18   Vgl. dazu etwa: PFORR, Herbert, 2001, S. 9–13

19   Juden als „Jesusmörder", Vorwürfe des Ritualmords, des Hostienfrevels und der – gerade in Pestzeiten besonders beliebten – Brunnenvergiftung, um nur wenige Beispiel zu nennen

20   Angaben bei MÖLLER, Andreas, 1653, Eintrag A 72 v. 1411; StadtA FG

21   BERGORDNUNG v. Kurfürst Christian I., 1589; StadtA FG, II Hb 62

22   Durch bergamtliches Patent des Sächsischen Oberbergamts in Freiberg v. 29.04.1835 an das „Oberhüttenamt und sämtliche Bergbeamten" übermittelt; zitiert nach: MFA, 47. Heft 1911, S. 60

23   Adolf DIAMANT, aus Sachsen stammender Historiker aus Frankfurt a.M., ermittelte für den Zeitraum 1846 bis 1936 folgende Zahlen jüdischer Einwohner in Freiberg: 1846: 1; 1858: 4 (0,023% der Bevölkerung Freibergs); 1871: 8 (0,037%); 1880: 6 (0,023%); 1885: 50; 1890: 56 (0,19%); 1900: 83 (0,28%); 1910: 111 (0,31%); 1925: 66 (0,19%); 1933: 54; 1936: 31 (0,08%); Angaben nach: Sammlung Adolf Diamant, Fr. a. M., vormals Chemnitz

24   Für Martin LUTHER waren die Juden „verlorene Sünder". Er lehnte theologisch jeden Bekehrungszwang ab, da allein Gottes Erbarmen zur Bekehrung der Juden führen könne. Dass „Jesus Christus ein geborener Jude" und „Israel Gottes auserwähltes Volk" sei, war ihm gewiss. Luther hoffte daher anfangs auf die Missionierung der Juden durch das reformatorische Wort aus der Bibel. Als er diese Hoffnung scheitern sah, bekämpfte er theologisch und praktisch die „Blindheit und Verstocktheit der Juden" entschieden. Die Ablehnung gipfelte 1543 in seiner polemische Schrift „Von den Jüden und iren Lügen". Hier bündelte er gewissermaßen die mittelalterliche Judenfeindschaft, sammelte und verstärkte sämtliche damals umlaufenden Klischees und überlieferte sie der Neuzeit. Dennoch blieb Luthers Judenfeindschaft, trotz oft drastischer Forderungen (z.B. die Niederbrennung ihrer Synagogen), theologisch gebunden (Erlösung von den Sünden allein aus dem Evangelium) und nicht etwa ein Aufruf zu politischen Pogromen.

25   siehe dazu: Michael Düsing, Jüdische Studenten und Wissenschaftler an der Bergakademie Freiberg; in: ZFFTUBAF, Heft 1/2 , 4. Jg. 1997; S. 65–70; dass. auch in: MFA, 78. Heft 1997, S. 44–55

26   in: FrAnzT, 05.02.1892

27   zur Geschichte des Antisemitismus in Sachsen vgl. HÖPPNER, Solveig, 2004

28   siehe MFA 21/1885, Mitgliederverzeichnis, und MFA 27/1891, Mitgliederverzeichnis

29   Vgl. dazu MATTHEES, Robert, Freimaurerei in Freiberg, Die Geschichte der Loge Zu den drei Bergen; in: http://www.robert-matthees.de/pdfs/3B-Loge.pdf

30   LEVY, Alphonse, 1900, S. 2f

31   ebenda

32   HERRMANN, Walther, 31.12.1938/01.01.1939

33   Kurz vor der sog. „Judenaktion" des Novemberpogroms 1938, bei der rund 30.000 männliche Juden verhaftet und in die Konzentrationslager Dachau, Sachsenhausen und Buchenwald geworfen wurden, war der konservative, katholische Dichter Ernst WIECHERT für zwei Monate (im Juli und August 1938) in das KZ Buchenwald eingeliefert worden. Sein erschütternder Bericht über diese Zeit vermag bis heute eine traumatisierende Vorstellung darüber zu vermitteln, was den von der Gestapo Verhafteten in der sog. „Schutzhaft" widerfuhr und lässt erahnen, was erst jene erleiden mussten, die als Juden auf der untersten Stufe der KZ-Hierarchie standen. Siehe WIECHERT, Ernst, 1957

34   HERRMANN, Walther, siehe Anm. 32

35   Dr. Johannes LANGER, geboren 1897 in Hilbersdorf bei Freiberg, nach Teilnahme am I. Weltkrieg Studium der Germanistik, Geografie und Geschichte an der Universität Leipzig, Geschichtslehrer und Studienrat am Freiberger Gymnasium, NSDAP-Mitglied seit Juni 1937, verstorben im Februar 1938; siehe auch LAUTERBACH, Werner, MFA, 92. Heft 2003, S. 110–112; auch: BuArch (ehm. BDC), NSDAP-Gauarchiv, Dr. Johannes Langer

36   Walter SCHELLHAS (1897–1988), Historiker und Bibliothekar, 1924–1935 u.a. Direktor des Staatlichen Kunstgewerbemuseums in Dresden, ab März 1938 Leiter des Städtischen Kulturamts, des Stadt- und Bergbaumuseums, des Stadtarchivs und der Städtischen Bibliothek in Freiberg, seiner Heimatstadt,

1945 bis 1950 in Bautzen und Mühlberg inhaftiert, ab 1950 Direktor der Bibliothek und des Archivs der Bergakademie Freiberg; Angaben siehe bei: HERMANN, Konstantin, unter http://www.isgv.de/saebi/; auch bei LAUTERBACH, Werner, MFA, 92/2003, S. 112ff; auch BuArch (ehem. BDC), NSDAP-Gaukartei, Walter Schellhas

37 siehe LAUTERBACH, MFA, 92/2003, S. 98ff; auch BuArch (ehm. BDC), NSDAP-Gauarchiv, Dr. Georg Salzmann

38 FrAnzT v. 7.3.1924, Nr. 57, S.3; zitiert nach: LAUTERBACH, Werner, MFA, 92/2003, S. 68

39 Bis 1933 war Beamten die Mitgliedschaft in „radikalen Parteien und deren Gliederungen" verboten; daher gehörten dem Nationalsozialistischen Lehrerbund (NSLB) bis dahin nur wenige Lehrer an. Bis Ende 1933 war die Mehrheit aller Lehrerverbände „gleichgeschaltet" worden; im Mai 1937 erfolgte die Auflösung der Beamtenvereinigung. Danach gehörten rund 95 % aller Lehrer dem NSLB an. Siehe WENZEL, Mario, 2009, S. 35

40 zitiert nach: HOFFMANN, Yves, MFA, 104/2010, S. 488

41 BuArch (ehem. BDC), NSDAP-Mitgliederkartei, PK Dr. Walther Herrmann

42 LAUTERBACH, Werner, MFA 92/2003, S. 68

43 ebenda, S. 69

44 HOFFMANN, Yves, MFA, 104/2010, S. 485

45 BuArch (ehem. BDC), Personalblatt, PK Hartenstein, Werner

46 siehe LAUTERBACH, Werner, MFA, 92/ 2003, S. 48;
dazu auch WEIGELT, Andreas, 2001

47 siehe dazu die im Heft 75/1995 der MFA gesammelten Erinnerungen und Dokumente zum Jahr 1945

48 HOFFMANN, Yves, MFA, 104/2010, S. 486

49 Der entsprechende Eintrag im Online-Lexikon „Sächsische Biografie" lautet: „1945 bis 1950 war S. in den Gefängnissen in Bautzen und Mühlberg aus vorgeblich politischen Gründen inhaftiert, da er, wenn auch nur nominell, NSDAP-Mitglied war."; in: http://saebi.isgv.de/biografie/Walter_Schellhas_(1897–1988)

50 BuArch (ehemals BDC), NSDAP-Gaukartei, PK, Salzmann, G.

51 Die GESCHICHTE DES WOHNGEBIETS SEILERBERG, 2007, S. 10ff

52 siehe dazu HOFFMANN, Yves, MFA 104/2010, S. 491

53 so besonders häufig anzutreffen in: Berühmte Freiberger. Ausgewählte Biographien bekannter und verdienstvoller Persönlichkeiten, Teil 4 und 5, in MFA 92/2003 bzw. 102/2009; leider aber immer noch auch in MFA 104/2010, so im Beitrag von Gisela-Ruth ENGEWALD, S. 403ff, oder bei Heinrich DOUFFET, S. 25ff

54 Zur Geschichte Sachsens in der Zeit zwischen 1933 und 1945: BRAMKE, Werner, 2004; BRENNER, Hans, SäH, 2/1985; FREMD- UND ZWANGSARBEIT IN SACHSEN 1939–1945, 2002; HEIDEL, Caris-Petra (Hg.), 2005; HÖPPNER, Solveig (Red.), 2004; JUDEN IN SACHSEN, 1994; VOLLNHALS, Clemens (Hrsg.), 2002

55 BÉLAFI, Béla, 1986, S. 280 – 296

56 „Rigoros gingen die Faschisten gegen den jüdischen Teil der Bevölkerung vor. Er war in Freiberg relativ klein und konzentrierte sich im Handel (Textilbranche) und im Gesundheitswesen. Nach den faschistischen Gesetzen mussten die jüdischen Bürger den Judenstern tragen. Ihre Geschäfte wurden ´arisiert´, d.h. geraubt. Einigen jüdischen Bürgern gelang die Emigration, andere wurden während des zweiten Weltkrieges in das Konzentrationslager Theresienstadt deportiert. Nur wenige überlebten. Die meisten wurden Opfer der faschistischen Massenvernichtung des jüdischen Volkes, dem die Nazis in Weiterführung von im Mittelalter wurzelnder Pogrompolitik die Schuld an den Niederlagen des deutschen Imperialismus und an der ´Ausbeutung´zuschieben wollten." Zitiert nach BÉLAFI, Béla, 1986, S.284

57 „Unter der Tarnbezeichnung ´Freia GmbH´verlagerten die Rathenower Arado-Flugzeugwerke einen Teil

ihrer Produktion für Messerschmidt-Jagdflugzeuge in die ehemalige Porzellanfabrik. Über 1000 weibliche
Häftlinge des KZ Flossenbürg, zumeist jüdische Frauen aus der Tschechoslowakei, aus Polen und Italien
wurden als Außenkommando nach Freiberg transportiert. Eine kleine Gruppe davon wurde bei der Fa. Max
Hildebrand GmbH zur Fertigung von Munitionsteilen eingesetzt. Bis zum Umfallen mussten diese Häftlinge
für die faschistische Kriegswirtschaft schuften. SS-Wachmannschaften trieben sie an und verhalfen so den
Industriellen zu enormen Kriegsgewinnen. So konnte der Unternehmer Hildebrand sein Betriebsvermögen
in der Zeit des zweiten Weltkrieges mehr als verfünffachen." Zitiert nach ebenda, S. 291f. Tatsächlich
waren es nicht „zumeist jüdische Frauen", sondern ausschließlich Jüdinnen, die zwar vom „Stammlager"
Flossenbürg verwaltet wurden, jedoch das KZ Flossenbürg nie gesehen hatten, da sie ausschließlich im
KZ Auschwitz für die Zwangsarbeit in Freiberg als „arbeitsfähig selektiert" und von dort nach Freiberg
deportiert worden waren. Siehe dazu: DÜSING, Michael (Hg. im CJD Chemnitz), 2002, S. 27–30

58 Renate KIRCHNER, bis 2002 Leiterin der Bibliothek der Jüdischen Gemeinde in der Oranienburger Straße
zu Berlin, hat 2010 die bisher umfassendste Bibliografie zum Thema „Jüdisches" in Publikationen aus
DDR-Verlagen 1945–1990 vorgelegt (in: JOSEPH, Detlef; Berlin 2010; S. 264–369). Sie listet insgesamt
bemerkenswerte 1.086 Titel zum Thema von Sachliteratur über Belletristik, Lyrik bis hin zu Kinderliteratur
auf. PÄTZOLD und JOSEPH bewerten diese Zusammenstellung als „geradezu sensationell", da sie all
jene der Lüge strafe, die im behaupteten allgegenwärtigen Verdrängen und Verschweigen des jüdischen
Themas in der DDR den Beweis eines latenten, durchaus staatsoffiziellen Antisemitismus im „Arbeiter- und
Bauernstaat" erblicken wollen. Besonders mit der von der Amadeu Antonio Stiftung erarbeiteten Ausstellung
„Das hat's bei uns nicht gegeben – Antisemitismus in der DDR", die – gefördert vom Bundesministerium
für Familie, Senioren, Frauen und Jugend – seit 2007 als Wanderausstellung in inzwischen bereits 30 Städten
und Gemeinden Deutschlands zu sehen war, hat die Debatte um Antifaschismus und Antisemitismus in der
DDR an erheblicher Schärfe gewonnen. Kurt PÄTZOLD, Nestor der Faschismus-Forschung in der DDR,
begrüßt – in Einklang mit dem früheren Jura-Professor an der Humboldt-Universität, Detlef JOSEPH – die
Bibliografie Renate Kirchners geradezu überschwänglich als gewichtigen Teil der „Entlarvung" der „Mär
vom Antisemitismus" in der DDR (vgl. dazu PÄTZOLD, Kurt, 2010, S. 16). Unter den rund 390 Sachtiteln,
die KIRCHNER insgesamt zur Thematik „Jüdisches" für die Jahre 1945 bis 1990 zusammengestellt
hat, befinden sich alle wissenschaftlichen DDR-Standardwerke zur Problematik Nationalsozialismus,
Judenverfolgung, Antisemitismus und Rassismus (siehe auch Anm. 61). Dennoch muss z.B. Kurt PÄTZOLD
– trotz teilweise schärfster Polemik, die allzu stark an die inquisitorischen ideologischen Verurteilungen
von Abweichlern in manchen Parteiversammlungen in der DDR erinnert – einräumen, dass es „lange…
der Erinnerung in öffentlichen Räumen an Konkretheit, präzisen Angaben über Umstände und Personal,
von dem Verbrechen verübt wurden" gemangelt habe und „manchen Opfern…aus Gründen politischer
Differenz das Gedenken verweigert" wurde (PÄTZOLD, 2010, S. 90). Die Differenz besteht ganz
offensichtlich darin, ob diese Haltungen zwar im Nachhinein zuzugestehende, jedoch nicht fundamentale
Schwächen, oder doch eher symptomatische, weil wesentliche Merkmale von Antisemitismus auch in der
DDR waren.

59 Siehe dazu u.a.: BRUMLIK, Micha (Hg.), 1991; ESCHWEGE, Helmut, 1991; HAURY, Thomas, 2002;
KAHANE, Anette, 2010; LEO, Annette, 1999; NOLL, Chaim, 2009; SCHNEIDER, Richard Chaim, 2000;
WROBLEWSKY, Vincent von, 2001

60 PÄTZOLD, Kurt, 2010, S. 6

61 Unter den wissenschaftliche Standardwerken der DDR zu Faschismus, Nationalsozialismus, Judenverfolgung
und Verflechtung von Monopolkapital und deutschem Faschismus seien hervorgehoben: DROBISCH,
Klaus, GOGUEL, Rudi, MÜLLER, Werner, 1973; ESCHWEGE, Helmut, 1966; EICHHOLTZ, Dietrich,
GOSSWEILER, Kurt (Hg.), 1980; HIRSCH, Rudolf, SCHUDER, Rosemarie, 1987;KÜHNRICH, Heinz,
1980; PÄTZOLD, Kurt, 1975 und 1983; PÄTZOLD, Kurt, RUNGE, Irene, 1988; POLIAKOV, Leon,
WULF, Joseph (Hg.), 1975 sowie I.G. FARBEN, AUSCHWITZ, MASSENMORD, 1964

62 Stefan HEYM in seiner Rede in der Frankfurter Paulskirche im Oktober 1988 dazu: „Bei uns in der DDR
haben wir die Vergangenheit so famos bewältigt, dass wir uns mit Fleiß zu den Siegern der Geschichte
zählen; befreite Befreier, wer eigentlich war bei uns ein Gefolgsmann Hitlers gewesen?…Weder hier noch
dort ein echter Neubeginn, selbst wenn viele, ich selber unter ihnen, glaubten, er habe stattgefunden…
Versuche gewiss, wurden unternommen, und es war viel die Rede vom neuen Menschen, dem

sozialistischen gar, und von wahrer Demokratie; aber nach ein paar Jahren stellte sich heraus, dass es trotz aller Bemühungen wieder ein Oben und ein Unten gab…und die schönen Worte…erstarrten zu leerem Formelkram…Man sollte annehmen, der Antisemitismus müsste verschwunden sein mangels Masse; aber man braucht nicht lange zu kratzen, und da ist er wieder, dicht unter der Haut…" (HEYM, Stefan, 1990. S. 185f; S.188)

63   siehe dazu: ROSMUS, Anna, 1983 und 1999

64   FWZ, 6. Jg/1965 , Nr. 19 u. Nr. 26-29; Mai–Juli 1965

65   Genannt werden muss hier vor allem die Broschüre „Gedenkstätten des antifaschistischen Widerstandskampfes und der Opfer der faschistischen Barbarei im Kreis Freiberg",erarbeitet von einer Arbeitsgruppe von Schülern der EOS „Geschwister Scholl" unter Leitung ihrer Lehrerin, Frau Schlüter; Freiberg 1980, (SCHLÜTER, Annelies 1980)

66   BRENNER, Hans, SäH, 2/1985, S. 62–73

67   nach dem mündlichen Zeugnis des damaligen Pfarrers der St. Petri-Gemeinde in Freiberg, Pfr. i.R. Gottfried BREUTEL

68   OTTO, Roland, 1988; KRESCHNAK, Werner, 1988; JUDEN IN LEIPZIG, 1989. 1988 erschien übrigens in Berlin auch eine Broschüre über den Prozess gegen den Leiter des Judenreferats der Gestapo in Dresden, SS-Obersturmführer Henry SCHMIDT, vor dem Bezirksgericht Dresden im September 1987 (BUSSE, Horst; KRAUSE, Udo, 1988).

69   Ausstellung „Juden in Sachsen – ihr Leben und Leiden" in der Dresdner Kreuzkirche, eröffnet am 29.10.1988, erarbeitet vom Dresdner Arbeitskreis „Begegnung mit dem Judentum" in Zusammenarbeit mit der Aktion Sühnezeichen; Ausstellung „JUDEN IN LEIPZIG" anlässlich des 50. Jahrestages der faschistischen Pogromnacht im Ausstellungszentrum der Karl-Marx-Universität Leipzig Kroch-Haus, Goethestraße 2, vom 5. November 1988 bis 17. Dezember 1988 (Broschüre dazu JUDEN IN LEIPZIG, 1989). Immerhin hatte es in Leipzig schon 1963 eine erste Darstellung zur Geschichte der Judenverfolgung in Leipzig 1933–1945 gegeben: UNGER, Manfred, ZfGW 5/1963 – soweit rekonstruierbar die erste und auf lange Jahre einzige regionalgeschichtliche Arbeit zur Judenverfolgung in einer ostdeutschen Stadt!

70   Genannt werden kann hier eine Bestandsaufnahme Rostocker Antifaschisten und Opfer des Nazi-Terrors im Auftrag des Rates der Stadt Rostock 1986 (DEM VERGESSEN ENTRISSEN, 1986), der 1988 eine Veröffentlichung zur Geschichte der Juden in Rostock folgte (SCHRÖDER, Frank; EHLERS, Ingrid, 1988); ein Kolloquium zur Geschichte der Juden in Pommern an der Ernst-Moritz-Arndt-Universität Greifswald anlässlich des 50. Jahrestages des Pogroms vom November 1938 (Der FASCHISTISCHE POGROM VOM 9./10. NOVEMBER 1938, 1989); eine Veranstaltung zu JUDENHASS UND JUDENMORD an der Friedrich-Schiller-Universität Jena im September 1988 (JUDENHASS UND JUDENMORD, 1990); eine Ausstellung 1988 in der Christophoruskirche Berlin-Köpenick zu Lebensschicksalen jüdischer Menschen, getragen vom Kreiskomitee der antifaschistischen Widerstandskämpfer Berlin-Köpenick und vom Gemeindekirchenrat der Evang. Christophoruskirche (ES GESCHAH VOR UNSEREN AUGEN, 1988) und eine Ausstellung d. Ministeriums für Kultur und des Staatssekretärs für Kirchenfragen in Zusammenarbeit mit dem Verband der Jüdischen Gemeinden in der DDR zum Gedenken an den faschistischen Novemberpogrom in Berlin 1988 (UND LEHRT SIE: GEDÄCHTNIS!, 1988). Zu nennen ist auch eine 1990 veröffentlichte Arbeit zu Juden in Mühlhausen, die zweifellos schon in den 80er Jahren begonnen worden war (THIELE, Manfred, 1990).

71   siehe KOSING, Alfred, 1975

72   siehe dazu auch GOLDENBOGEN, Nora, 1999, Bd. II: „Häufig trugen die Neugestaltungen und die Ausweitungen des Gedenkzeitraums dazu bei, das konkrete Gedenken an die dort beigesetzten Opfer der Hitlerdiktatur in den Hintergrund zu drängen und für die nachfolgenden Generationen nur noch als Ritual, nicht mehr als konkrete Geschichte von Menschen wahrnehmbar zu machen…Die Sprache des Gedenkens blieb bis zum Ende der DDR meist ‚formelhaft': nur allzu häufig ließ sie den konkreten Schicksalen der Opfer keinen Raum, gab sie ihnen kein Gesicht." (ebenda, S. 613)

73   Informationen zur Aktion STOLPERSTEINE unter www.stolpersteine.com; auch: DEMNIG, Gunter; HAHN, Wolfgang, 2010

74   in: FrAnzT v. 31.03.1933, S.8

75   in: FrAnzT v. 02.04.1933

76   siehe FrAnzT v. 31.03.1933

77   StadtA FG, Tagebuch des Polizeireviers Freiberg, X, XVII b, 88 / 1933

78   „Gesetz zur Wiederherstellung des Berufsbeamtentums" sowie „Gesetz über die Zulassung zur Rechtsanwaltschaft" vom 07.04.1933, Online: www.documentarchiv.de/da/fs-antijuedische-verordnungen.html

79   „Erste Verordnung zur Durchführung des Gesetzes über die Wiederherstellung des Berufsbeamtentums" vom 11.04.1933, § 3, siehe Anm. 77

80   „Gesetz zur Wiederherstellung des Berufsbeamtentums", § 3, Abs. 1 und 2; siehe Anm. 77

81   „Zweite Verordnung zur Durchführung des Gesetzes zur Wiederherstellung des Berufsbeamtentums vom 4. Mai 1933 in der Fassung der Verordnung zur Änderung und Ergänzung der Zweiten Verordnung zur Durchführung des Gesetzes zur Wiederherstellung des Berufsbeamtentums vom 7. Juli 1933

82   zitiert nach: Deutsche Pfarrer, deutsche Lehrer, deutsche Künstler; in: FrAnzT v. 20.10.1933

83   siehe dazu: StadtA FG, Spielzeitheft Stadttheater Freiberg, 143. Theaterjahr; in: Sammlung Kulturbelege, 1932–1933, Nr. 446, S. 6–7 und S. 9

84   „Reichsbürgergesetz" und „Gesetz zum Schutze des deutschen Blutes und der deutschen Ehre", beide vom 15.09.1935. In der Verordnung zum Reichsbürgergesetz" vom 14.11.1935 wurde der Begriff „Jude" in unterschiedliche Kategorien unterteilt. Als Juden galten demnach Personen mit drei jüdischen Großelternteilen, als „jüdische Mischlinge" jene, die „von einem oder zwei der Rasse nach volljüdischen Großelternteilen" abstammten. Am 26. November 1935 legte der Reichsminister des Innern in einem Runderlass die Begriffe „Mischling ersten Grades" (Personen mit zwei jüdischen Großelternteilen, auch „Halbjuden" genannt) und „Mischling zweiten Grades" (Personen mit einem jüdischen Großelternteil, auch „Vierteljuden" genannt) fest. Auch „Mischlinge" galten unter bestimmten Bedingungen als „Juden" („Geltungsjuden"), nämlich dann, wenn sie zwei jüdische Großelternteile hatten und zusätzlich beim Erlass des Gesetzes der jüdischen Religionsgemeinschaft angehörten oder mit einem Juden verheiratet waren

85   aus den Erinnerungen von Lutz ROSENTHAL, in: DÜSING, Michael (Hg.), 1995, S. 62

86   aus den Erinnerungen von Rosi SPRINGER, geb. SIERADZKI, in: JÜDISCHES LEBEN BERGSTADT, 1992, S. 63

87   StadtA FG; X, XXIII, 12

88   In der Akte I, VII, 8 des Stadtarchivs Freiberg sind 1935 noch folgende jüdische Studenten aufgeführt: an der Deutschen Gerberschule Hans Müller, geb. am 22. Februar 1911 in Arnstadt, wohnhaft Burgstraße 24; Kurt Ottenseser, geb. am 21. August 1915 in Würzburg, wohnhaft Fürstental 12; Hans-Joachim Preuß, geb. am 6. Januar 1915 in Neustadt/Orla, wohnhaft Prüferstr. 2 (alle seit 1935 Student in Freiberg); außerdem sind zwei Bergstudenten (Bergschule Prüferstraße) als „Halbjuden" genannt: Helmut Martin (geb. 19. Juli 1910 in Allenstein) sowie Friedrich Schreiber (geb. 22. Juli 1909 in Waldenburg). Über das weitere Schicksal dieser Menschen ist nichts bekannt.

89   UniA FG, Matrikelakte 7443 I Kd 748

90   StadtA FG, X, XXIII, 12; Heinz Levi überlebte den Krieg.

91   UniA FG, Matrikelakte 7443 I Kd 748

92   in den Aktenbeständen des StadtA FG für die Zeit von 1933–1945 finden sich beispielsweise Dokumente, die Nachforschungen zur Beschäftigung von Dienstmädchen in „nichtarischen" Haushalten Freibergs beinhalten, siehe: StadtA FG, X, XIII, 147, Bd. 1, 1936

93   Schreiben Amtshauptmann an die „Herren Bürgermeister im unteren Bezirk" v. 07.12.1937, StadtA FG

94   Schreiben Kreisamtsleiter an Gewerbeamt Freiberg v. 03.08.1935, StadtA FG, I, VII, 8

95   siehe ausführlich dazu: FRIEDLÄNDER, Saul, Erster Band, Die Jahre der Verfolgung 1933 – 1939, München 1998

96   FrAnzT v. 10.11.1938

97   Am 7. 11.1938 hatte der 17jährige Herschel GRYNSZPAN in der Deutschen Botschaft in Paris den Legationssekretär Ernst vom RATH erschossen. Er handelte aus Verzweiflung über das Leid seiner Eltern. Sie gehörten zu den rund 18.000 meist „staatenlosen" Juden, die in der Nacht zum 28. 10.1938 ohne Vorankündigung von Deutschland über die Grenze nach Polen abgeschoben worden waren und dort tagelang ohne Nahrung im „Niemandsland" der Grenze ausharren mussten. Die Tat des jungen polnischen Juden war der willkommene Anlass für die Nazis, von der Diskriminierung der Juden nun zur völligen Ausschaltung der Juden aus dem deutschen Wirtschaftsleben, aus allen Bereichen der deutschen Gesellschaft, überzugehen und sich deren Vermögen restlos anzueignen.

98   Am 3. August 1935 wendete sich die NS.HAGO (Handwerks-, Handels- und Gewerbeorganisation) Kreis Freiberg der NSDAP an den „Pg. Hofmann" im Gewerbeamt Freiberg und bat, die beiden ihm übergebenen Verzeichnisse der „ansässigen Juden" zu vervollständigen. Im Schreiben heißt es darüber hinaus: „Ferner wären wir Ihnen dankbar, wenn Sie feststellen könnten, wer von diesen Plattfüsslern arische Mädchen und Dienstpersonal beschäftigt…"; StadtA FG, I, VII, 8

99   siehe: RGBl. 1938 I, S. 1580

100   siehe: RGBl. 1938 I. S. 1709

101   ausführlich dazu ALY, Götz, 2005, ab S. 207, und unter: http://wapedia.mobi/de/Verordnung_ueber_den_ Einsatz_des_juedischen_Vermoegens

102   siehe: ADAM, Uwe Dietrich Adam, 2003, S. 151

103   Am 01.09.1938 hatte sich Reichsfinanzminister SCHWERIN VON KROSIGK in einem Brief an Adolf HITLER gewandt, in dem er vor einer „schwierigen finanziellen Krise" bzw. vor dem Staatsbankrott warnte. Siehe u.a. dazu ALY, Götz, 2005, unter: Arisierung für den Krieg, S. 54ff; sowie: KWIET, Konrad, 1988, S. 545–659

104   Angaben nach: ALY, Götz, 2005, S. 56

105   StadtA FG, Tagebuch des Polizeireviers Freiberg 7.10.1938–31.12.1938, X, XVII b, 116

106   e-mail des ThHStA WE vom 20.10.2010 zu Unterlagen zu Freiberger Juden im KZ Buchenwald

107   HARRIS, Mark Jonathan; OPPENHEIMER, Deborah; HOFER, Jerry, 2000; dazu auch der gleichnamige Dokumentarfilm, im Jahr 2000 mit dem Oscar für die beste Dokumentation ausgezeichnet

108   GOLAN, Ester, 1995;

109   ARCHGYM, Schülerverzeichnis 1938; siehe auch: Jahresbericht der Staatlichen Oberschule für Jungen (Gymnasium Albertinum)

110   StadtA FG, Anzeige über die Aufnahme eines Toten, in: Standesamt, in Erschließung, Anzeigen über Unglücksfälle und Selbstmorde durch das Polizeiamt, Bd. 3, 1931–1944,

111   zur Geschichte der Freiberger Porzellanwerke und den Leistungen Dr. Werner HOFMANNS siehe: Kolloquium 75 Jahre Verwaltungsgebäude der Porzellanfabrik Freiberg, in: MFA, 80/1998, S. 180f. Zur Bezeichnung „Ehrenbürger der Bergakademie Freiberg" siehe: Jahrbuch für das Berg- und Hüttenwesen in Sachsen, Jg. 1922, S. B 232 sowie ebenda, Jg. 1929, S. B 144

112   LAUTERBACH, Werner, MFA, 92/2003, S. 42

113   ausführliche Informationen dazu z. B. in: HILBERG, Raul, 1990; auch in: JÄCKEL, Eberhard; LONGERICH, Peter; SCHOEPS, Julius H., 1989; sowie: FRIEDLÄNDER, Saul, Bd. 2, Die Jahre der Vernichtung 1939 – 1945, 2007

114   alle Angaben nach: GOTTWALDT, Alfred; SCHULLE, Diana, 2005, hier S. 68ff

115 Nach ihrem ursprünglichen Führer Fritz TODT, bis zu dessen Tod 1942 Reichsminister für Bewaffnung und Munition, benannter Arbeitsdienst, in dem ab 1942 vermehrt Zwangsarbeiter und Kriegsgefangene, ab Herbst 1944 auch sog. „Halbjuden" und „Mischlinge", Bauprojekte für die Rüstungsproduktion ausführen mussten. Chef der OT war ab 1942 Todts Nachfolger Albert SPEER.

116 Siehe dazu ausführlich auch bei STRUVE, Walter, 1992

117 Erinnerungen durch „Holocaust". Wir hatten Angst – jetzt wollen wir vergessen; in: Osteroder Echo v. 01.02.1979

118 mündliche Erinnerungen von OM Dr. med. Hellmut FISCHER (†) im Jahr 1992; siehe dazu auch bei STRUVE, Walter, 1992

119 DON, Chaim, 2000

120 Während der Tourist-Stadtführer von Freiberg, 1979, verfasst vom damaligen Stadtarchivar Heinz UFER, wenigstens in einem Satz die jüdischen Häftlingsfrauen der Arado-Flugzeugwerke korrekt erwähnt, wird 34 Jahre später, in der 2003 erschienenen, höchst gründlichen und verdienstvollen DENKMALTOPOGRAPHIE „Denkmale in Sachsen. Stadt Freiberg", Bd. II, zu diesem Thema bedauerlicherweise nur noch vom Hörensagen nacherzählt, so, wenn im Artikel „Über die Entwicklung der Wirtschaft der Stadt Freiberg seit den Anfängen" (S. 409ff), verfasst von Peter DORNBUSCH, Béla BÈLAFIS schon 1986 ungenaue Recherche von „zumeist jüdischen Frauen aus Italien, der Tschechoslowakei und Polen, die aus dem KZ Flossenbürg nach Freiberg verlegt worden waren" ungeprüft übernommen wird. Christoph DENKE von der Unteren Denkmalbehörde des Landkreises Freiberg dagegen hält in seinem Beitrag „Die Freiberger Porzellanfabriken – Industriedenkmale, die im Bergbau ihren Ursprung haben" (ebenda, S. 458ff) das KZ-Außenlager gleich gar nicht mehr für erwähnenswert – weder, was den Standort des Hauptwerkes an der Frauensteiner Straße, noch den des Außenkommandos im Werk II der Fa. Hildebrand in der ehem. Zentralwäsche an der Himmelfahrtsgasse betrifft. Während das in diesem Beitrag, der einigen bergbaulichen Industriedenkmalen gewidmet ist, noch entbehrlich scheint, ist vollends unverständlich, dass in der bisher einzigen Übersicht „Zur Rüstungsproduktion im Kreis Freiberg 1933–1945" (SCHULZ, Heinz, MFA, 91/2002) von „ca. 1000 ungarischen Jüdinnen" gesprochen wird, die „vom Jägerstab zugewiesen und in der dafür eingerichteten Außenstelle des KZ Flossenbürg, einer neu errichteten Barackenstadt, untergebracht wurden". (ebenda, S. 159). Spätestens seit 1995/96 bzw. dem Jahr 2000 hätten alle Autoren genauere Informationen sammeln können, da das CJD in Freiberg seither immer wieder Überlebende des Lagers aus Tschechien und Deutschland, sowie ehemalige polnische Häftlingsfrauen eingeladen hatte, die inzwischen meist in Israel leben. U.a. aus diesen Zeitzeugenbegegnungen war 2002 die bis dahin gründlichste Darstellung der Lagergeschichte und der Erinnerungen dieser Frauen entstanden: die im Forum Verlag Leipzig erschienene Broschüre „Wir waren zum Tode bestimmt" (DÜSING, Michael, 2002), die bis heute offenbar den wenigsten Regionalhistorikern von Interesse scheint, auf die aber z.B. der dafür immer wieder zitierte CZIBORRA, Pascal, 2008, in größtem Umfang zurückgreift.

121 siehe: FWZ, 6. Jg., Nr. 19 sowie 26–29, Mai – Juli 1965

122 Grundlegend hier: BRENNER, Hans, 1982; ders., SäH 2/1985, S. 62–73, sowie dessen nach 1989/90 veröffentlichten Arbeiten, u.a. 1998 und 1999, S. 263–193;

123 CZIBORRA, P. ermittelte, dass – unter Führung des Lagerkommandanten, SS-Unterscharführers Richard BECK – zunächst 15 Aufseherinnen eingesetzt waren, die ursprünglich aus den Chemnitzer Astra-Werken kamen und eine „Ausbildung" im KZ Ravensbrück absolviert hatten. Es handelte sich dabei sowohl um für die Aufseher-Tätigkeit geworbene Industriearbeiterinnen wie auch um sog. Dienstverpflichtete. CZIBORRA führt dazu verschiedene Zeugenaussagen ehemaliger Aufseherinnen im Freiberger Lager an. Nach deren Auswechslung zum Jahresende 1944 soll es sich um Aufseherinnen aus dem Raum Freiberg gehandelt haben. Quelle: CZIBORRA, Pascal, 2010, S. 53 sowie 181ff

124 Die Erinnerungen von Leopoldine Wagner sind abgedruckt in: DÜSING, Michael, 2002, S. 158ff

125 Dazu neben DÜSING, Michael, 2002, S. 52ff; auch CZIBORRA, Pascal, 2008 und ders., 2010, u.a. S. 52 und S. 168–173

126 Dieses Zitat wie die gesamte Darstellung zur „Freia GmbH" ist ausführlich enthalten in DÜSING, Michael, 2002; weitere Informationen auch bei CZIBORRA, Pascal, 2008. Bedauerlich an der letztgenannten Veröffentlichung ist, dass CZIBORRA zwar eine sehr detailreiche Darstellung des Freiberger Lagers vorlegt, mit den Quellen aber, auf die er in erheblichen Umfang zurückgreifen konnte – so z.B. die oben genannte Arbeit von DÜSING, aber auch sehr gründliche Vorarbeiten des Zschopauer Historikers Hans BRENNER – in höchst unseriöser und abwertender Weise umgeht.

127 Ausführliche Informationen zu diesem Jugendprojekt im Internet unter: www.juden-in-mittelsachsen.de; sowie: SCHREIER, Kerstin, 2000, S. 186–193; SCHREIBER, Elke; SCHREIER, Kerstin (Hg.), 2001, S. 250–259; DÜSING, Michael, 2001, S. 91–95; REICHERT, Thomas, 2004, schreibt S. 38: „Das Anti-Rassismus-Projekt »Shalom Sachsen–Böhmen«, von dem in dem Band ‚Wir waren zum Tode bestimmt' berichtet wird, hat demgegenüber in die Erinnerungsarbeit die Recherche der Schicksale jüdischer Zwangsarbeiterinnen in Freiberg und Oederan, die Beschäftigung mit dem Judentum mit einbezogen. Die Konfrontation mit der Geschichte, der Kontakt mit konkreten Menschen, Zeitzeuginnen, und ihren Erinnerungen, die Beschäftigung mit dem Judentum (jüdische Geschichte, Kultur, Religion, Israel) hat hier dazu geführt, dass die Projektteilnehmer »sich als Teil unserer gemeinsamen Geschichte begriffen« und »für Menschlichkeit sensibilisiert« wurden" (Düsing 2002, S. 172; vgl. Rezension in Im Gespräch, Nr. 7, Herbst 2003, S. 105).

128 Christiane RICHERS, freie Autorin, Dramaturgin und Regisseurin in Hamburg: Dokumentarische Szenencollage „Esther leben", von März bis Juni 2006 aufgeführt im Hamburger Kellinghusenpark (Stadtteil Eppendorf) mit Schülern Hamburger Schulen; außerdem Christiane RICHERS: Das ist Esther, Monolog für Klassenzimmer, Hamburg/Thalia Theater 2007; zuletzt aufgeführt im Theater der Jungen Generation Dresden 2008 und im Theater Plauen/Zwickau, Spielzeit 2009/2010 (Näheres unter http://www.internet-hier.de/firmen/dok_base.dok_file?did=8386)

129 Das deutsche Passagierschiff „St. Louis", 1929 in Dienst gestellt und ab 1933 für die NS-Organisation „Kraft durch Freude" fahrend, verließ im Mai 1939 mit 906 jüdischen Flüchtlingen Hamburg mit Ziel Kuba, wo diese auf ihre Einreise in die USA warten wollten. Nirgends jedoch konnte die „St. Louis" anlanden. Kuba, Kanada und schließlich die USA verweigerten die Aufnahme der Flüchtlinge. So musste Kapitän Gustav SCHRÖDER auf Weisung der Reederei im Juni 1939 nach Europa zurückkehren. Seinen Bemühungen war es vor allem zu verdanken, das die meisten Flüchtlinge in Antwerpen von Bord gehen konnten und in Großbritannien und in Belgien, den Niederlanden sowie Frankreich Unterschlupf fanden. Dort gerieten sie 1940, nach der Besetzung Belgiens, der Niederlande und Frankreichs durch die deutsche Wehrmacht, wieder in die Hände des NS-Regimes. Viele von ihnen wurden danach in die Vernichtungslager deportiert. Nur etwa die Hälfte der einstigen Passagiere überlebte den Holocaust.

130 Der sog. Wehrbetrieb „Freia GmbH" beschäftigte außer den KZ-Häftlingsfrauen 187 Italiener (sog. „Badoglio"-Kriegsgefangene), 73 „Ostarbeiter", 95 Flamen, 22 Franzosen, 12 Wallonen, 74 ruthenische Männer und 149 ruthenische (ukrainische) Frauen sowie einige wenige Russen, Holländer und Tschechen als Zwangsarbeiter. Sie waren in einem Barackenlager am „Hemmschuh" am Freiberger Hammerberg untergebracht. Das Lager wurde von 26 bewaffneten „Werkschutzmännern" bewacht, zu denen Erich GÖPFERT gehörte. Die Lage der hier untergebrachten Zwangsarbeiter war ebenfalls erbärmlich, dennoch in Verpflegung, Unterkunft und Bewachung um ein Vielfaches besser als jene der jüdischen Mädchen und Frauen. Angaben siehe Stadt A FG, Pol. 92a, Vol. 116.
Vor allem die italienischen Gefangenen versuchten trotz strikter Kontaktverbote, den jüdischen Frauen zu helfen. Immer wieder erwähnt wird dabei der italienische Lagerführer Pietro SCOCCIA, der Antibiotika ins „Judenlager" schmuggelte und so z.B. der Jüdin Chawa KLEIN das Leben rettete; siehe dazu DÜSING, Michael, 2002, S. 92 und 158ff

131 Alle vorstehenden Angaben in SäHStA , Zentral-Archiv ZA/3044/54/Objekt 12; siehe auch: StadtA FG, Anzeigen über Unglücksfälle und Selbstmorde durch das Polizeiamt, Bd. 3, 1931–1944, hier: Anzeige über die Aufhebung eines Toten vom 22. September 1944, Selbstmord von Erich Göpfert am 21. September 1944

132 Alle folgenden Angaben beruhen auf Forschungsergebnissen von Christine SCHMIDT, Freiberg, ehrenamtliche Mitarbeiterin in der CJD-Geschichtswerkstatt Freiberg

133 GOLDENBOGEN, Nora, 1999, S. 607ff

134 Die folgenden Angaben sind zum Teil dem Artikel BRENNER, Hans, SäH, 1/05, entnommen

135 siehe Brenner, Hans: Todesmärsche über sächsische Straßen, in: SäH 1/2005

136 WITTIG, Cornelia: Irrungen und Wirrungen – Die Geschichte der Rettung der Maria Wiezel; unveröff. Manuskript, undatiert

137 Von Auschwitz über Schellerhau bis nach Dresden – ein Lebensweg; in: Sächsische Zeitung v. 11.08.2008, S. 17

138 siehe WITTIG, Cornelia, unveröffentlichtes Manuskript

139 BStU Ast. Dresden 477/86; LG/BG Dresden 460906 Az.: (2)47/46jug, veröffentlicht in: DDR-Justiz und NS-Verbrechen, Band XIII

140 BRENDEL, Friedmar, MFA, 75/1995

141 Kittlitztreben; in: BENZ, Wolfgang; DISTEL, Barbara, 2007, S. 360

142 Aussage von Otto KATHMANN, in: SHStA Dresden, Landesregierung Sachsen, Ministerium für Arbeit und Sozialfürsorge Bestand 11391 Sign. 994, Ermittlung der Gräber von Häftlingen der faschistischen Konzentrationslager, S.38

143 Aussage von Otto KATHMANN, in: ebenda

144 SHStA Dresden, Landesregierung Sachsen, Ministerium für Arbeit und Sozialfürsorge Bestand 11391 Sign. 994, Ermittlung der Gräber von Häftlingen der faschistischen Konzentrationslager, S.55

145 Erinnerungen von Pfarrer STREUBEL, in : Annalen, KiAL, Bericht der Tochter

146 Aussage von David TOVLER, Buchenwald-AL Colditz, in: BuArch, B 162/15489

147 SHStA Dresden, Ministerium für Arbeit und Sozialfürsorge, Nr. 994, Sign. 11391 Ermittlung der Gräber von Häftlingen der faschistischen Konzentrationslager, S.28

148 POLONCARZ, Marek, ThSTuD, 1999, S. 255

149 Transportlisten Buchenwald, in: NARA RG 242/ A 3355/F.26

150 Bericht über die Goßberger Opfer, StadtAHainichen, Akte 304 b, EA n. 45

151 KÜRSCHNER, Dieter, Die Frauen von Goßberg, in : FP, Ausgabe Mittweida, 25.04.1995

152 SHStA Dresden, Bestand 11391, Nr. 994, S. 39–46

153 Auskunft der Friedhofsverwaltung der Stadt Freiberg in einem Schreiben vom 05.06.2008 an Chr. SCHMIDT

154 RAIMBAULT, Andre, Journal de l'Association Thekla-Schönefeld 1958, Kopie in Gedenkstätte für Zwangsarbeit in Leipzig; SULIMA, Tadeusz, Bericht, Buchenwaldarchiv TM Leipzig; Protokoll eines Gespräches mit Peter SCHMIDT, ehemaliger Lagerältester, 19.4.1958, ARCHBUWA, 62–16 41

155 FRITZ, Ulrich, 2007, S. 204–207

156 SHStA Dresden, Bestand 1139, Sign. 993, S.94

157 Entsprechende Zeitzeugenberichte befinden sich in der Sammlung Christine Schmidt Freiberg (SCS)

158 POLONARZ, Marek, in: ThStD, 1999, S.255

159 Eine der überzeugendsten und zugleich wegen ihrer detailreichen Nähe bedrückendsten Darstellungen der Vernichtung der galizischen Juden zwischen Krakau und Lemberg (heut L' viv) nach dem Einmarsch der deutschen Truppen entfaltet Daniel MENDELSOHN in seinem Buch „Die Verlorenen. Eine Suche nach sechs von sechs Millionen", Köln 2010. In einer ungewohnten, sehr intensiven persönlichen Dichte schildert er die Suche nach sechs seiner Verwandten, die im galizisch-polnischen Bolechów ermordet wurden und nähert sich damit dem Holocaust auf eine bislang kaum erzählte Weise.

160 Angaben nach wikipedia unter: http://de.wikipedia.org/wiki/Kriegstote_des_Zweiten_Weltkrieges

161 ausführlich dazu DÜSING, Michael, 2007

162 siehe FUCHS, Konrad, 1990; S. 194, hier Anm. 21

163 siehe dazu: Wachbuch der Polizeihauptwache, StadtA FG, X, XVII b, 88 / 1933

164 Mdl. Erinnerungsbericht von Irmgard GÖPFERT, Hilbersdorf bei Freiberg, 1992

165 in FUCHS, K., 1990, S. 248

166 Götz ALY beschreibt und belegt diese Bereicherung umfassend in GÖTZ, Aly, 2005

167 Angaben bei FUCHS, K., 1990, S. 257

168 siehe: BREMERHAVENER PERSÖNLICHKEITEN, 2003, S. 327 ff

169 vgl. FUCHS, K., 1990, S. 268

170 siehe ELON, Amos, Der Kaufhauskönig Salman Schocken. Eine jüdische Heldensaga, in: Le Monde
     diplomatique v. 14.01.2005; unter: http://www.monde-diplomatique.de/pm/2005/01/14/a0031.text.
     name,askFCWwrV.n,1

171 StadtA FG, X, XVII b, 116

172 Ausführliche Berichte und Zitate dazu finden sich in der Arbeit von MATTHEES, Robert, unter: http://
     robert.matthees.net/pdfs/3B-Loge.pdf

173 so Alphonse LEVY in einer mehrteiligen Aufsatzfolge u.a. auf der Titelseite des „Freiberger Anzeigers und
     Tageblatts" zum Thema „Der Gründer Freibergs": Die Freiberger Bürgerschaft könne „ihre Dankesgefühle
     für das von ihr so hochverehrte sächsische Königshaus anläßlich des 800jährigen Jubiläums des Wettiner
     Fürstenhofes nicht schöner bestätigen, als wenn sie opferfreudig dazu beiträgt, das Denkmal ihres Gründers
     aus dem Hause Wettin auf einen Unterbau zu stellen, der späteren Zeiten noch künden soll, wie freudig sich
     die Einwohner Freibergs stets der innigen Beziehungen bewußt waren, die nun seit sieben Jahrhunderten
     zwischen unseren huldvollen und gnädigem Herrscherhause und unserer treuen Stadt bestehen."; in: FrAnZ,
     Teil I „Der Gründer Freibergs", Nr. 20 vom 24.01.1889, sowie Teil II und III in Nr. 21 (25.01.1889) und
     Nr. 22 (26.01.1889)

174 siehe Anm. 172

175 Erbaut wurde das Haus Hornstraße 1 1885 vom Bauunternehmer Carl Friedrich GÖPFERT; siehe
     ENGEWALD, Gisela-Ruth, Band I, 2002, S. 156f

176 siehe auch: NITSCHE, Jürgen, RÖCHER, Ruth (Hg.), 2002, S. 81

177 GOTTWALD, Alfred; SCHULLE, Diana, 2005, hier: Deportationen aus dem „Großdeutschen Reich" nach
     Litzmannstadt (Lodz) im Oktober und November 1941, S. 52 – 83

178 zitiert nach: POLIAKOV, Leon; WULF, Joseph, 1989, S. 140f

179 StaAHH, Az. 147 Js 31/67. ZSL. II 415 AR-Z 1310/63-E32, Bl.534-549,

180 zitiert nach: www.ns-archiv.de/einsatzgruppe/gaswagen/97000.php

181 Nach Bauakte zum Grundstück Kesselgasse 1a Bauaktenarchiv der Stadt Freiberg wurde 1887 hier ein
     Ladeneinbau im Erdgeschoss vorgenommen. Siehe auch ENGEWALD, Gisela-Ruth, Band I, Freiberg 2002,
     S. 159 u. 162

182 siehe dazu DÜSING, Michael (Hrsg.), Freiberg 2011, S. 32f

183 siehe LEVY, Alphonse, in: Im Deutschen Reich, Zeitschrift des Central-Vereins deutscher Staatsbürger
     jüdischen Glaubens, Heft 1, Jg. 1897, S. 54; auch: Anzeige „Gänzlicher Ausverkauf" in FrAnzT, Nr. 286, 1893

184 siehe dazu DÜSING, Michael (Hrsg.), Freiberg 2011,

185 Alle Zitate und alle Angaben in diesem Abschnitt entnommen aus: THEVS, Hildegard, Hamburg o.J., S. 164ff

186 zitiert in ebenda

187 Alle Angaben zu Todesdaten und –orten aus GEDENKBUCH unter: www.bundesarchiv.de/gedenkbuch/;
     sowie „The Central Database of Shoah Victims' Names" unter: www.yadvashem.org

188 Das in der Mark Brandenburg bei Spreenhagen gelegene Gut Winkel war ein sog. Hachscharah-Gut,
     in dem junge Juden, die nach Palästina auswandern wollten, eine landwirtschaftlich – gärtnerische und
     viehwirtschaftliche Ausbildung erhielten. Bereits 1926 von dem 1929 tödlich verunglückten Simon

Schocken gegründet, erwarben hier bis zum Auswanderungsverbot durch die Nazis rund 1.000 junge
Juden handwerklich-landwirtschaftliche Fähigkeiten. Jeder der ausreisewilligen jüdischen Angestellten des
Schocken-Konzerns erhielt übrigens vom Konzern die Reisekosten und die finanzielle Grundausstattung für
den Neubeginn im Ausland ersetzt. Angaben siehe: DAHM, Volker, 1993, S. 242

189 Erinnerungen von Rosi SPRINGER, geb. SIERADZKI, zitiert in: FrAnz, Nr. 27/1992

190 KreisAFG, Bauakte 88/3

191 nach Informationen von Dr. Michael MÜLLER, Freiberg

192 Informationen unter: de.wikipedia.org/wiki/Hans_Kroch

193 Lutz ROSENTHAL, Die Geschichte der Familie Rosenthal, in: DÜSING, Michael (Hg.), 1995, S. 35ff

194 StadtA FG, Standesamt, in Erschließung, Geburtenbuch Freiberg 1887, Nr. 334/1887 von Ida Rosa
     Wreschinski

195 GOTTWALD, Alfred; SCHULLE, Diana, 2000, hier: Die 20 Transporte aus dem „Großdeutschen Reich"
     nach Riga zwischen November 1941und Februar 1942, S. 110 – 136

196 ebenda; hier: Deportationen aus dem „Großdeutschen Reich" nach Auschwitz seit Mai 1942. S. 369 – 442

197 Postkarte von Margarethe LIFKA vom 21.01.1942 an das Polizeiamt Freiberg. StadtA FG, X a, K 1, Bd. 3

198 KLEMPERER, Victor, Tagebücher 1942., 1999, S. 9

199 GUTMAN, Israel u.a. (Hg.), Bd. III, 1998, S. 1230

200 GOTTWALD, Alfred; SCHULLE, Diana, 2000, S. 111 f

201 StadtA FG, X, XVIIb, 96, Wachbuch des Polizeireviers Freiberg, 1.1.1936 – 31.12. 1936, Nr. 385, S. 84

202 Die Grabstellen von Franziska und Sally DOBKOWSKY befinden sich noch heute auf dem Neuen
     Israelitischen Friedhof in Dresden, Fiedlerstraße; Ausführliche Informationen unter: www.juden-in-
     mittelsachsen.de

203 dazu DÜSING, Michael (Hg.), 1995, hier: Die Tragödie der Familien Dobkowsky und Pinkus, S. 130 – 132;
     Werner PINKUS und Ursula DOBKOWSKY gehörten zu den jüdischen Kindern, die – allein auf sich
     gestellt – zwischen Dezember 1938 und September 1939 nach England ausreisten. Als Kindertransport
     (auch Refugee Children Movement) wird international die Ausreise von fast 10.000 Kindern bezeichnet, die
     als „jüdisch" im Sinne der Nürnberger Gesetze galten. Auf diesem Wege gelangten vor allem Kinder aus
     Deutschland, Österreich, Polen und der Tschechoslowakei ins Exil. In Zügen und mit Schiffen konnten
     die Kinder ausreisen, wobei die meisten ihre Eltern nie wieder sahen, oftmals waren sie die einzigen
     aus ihren Familien, die den Holocaust überlebten. Die einzige Bedingung der britischen Behörden war
     eine Garantiesumme von fünfzig englischen Pfund für das Visum. In England wurden die Kinder in
     Schullandheimen, Pensionen oder Pflegefamilien untergebracht. „Aus Kindern wurden Briefe", lautete eine
     gängige Redewendung unter den verbliebenen deutschen Juden im NS-Regime. Und die Briefträger wurden
     zu Schicksalsboten. Ständig schwankten die Eltern zwischen Hoffnung und Zweifeln, nicht wissend, ob
     sie ihre Kinder je wieder sehen würden. Siehe dazu auch: HARRIS, Mark Jonathan; OPPENHEIMER,
     Deborah; HOFER, Jerry, 2000

204 Aus einem Brief von Werner PINKUS an den Autor im Juli 1993; Archiv DÜSING

205 siehe die Lebensgeschichte von Lutz ROSENTHAL in: DÜSING, Michael (Hg.), 1995, S. 35– 93

206 Die Gravur auf den im Juli 2007 verlegten Stolpersteinen für Max und Grete PINKUS in der Poststraße 16
     entspricht daher nicht mehr den neuesten Rechercheergebnissen.

207 dazu: GOLAN, Ester, 1995

208 Aus einem Brief von Werner (Willy) PINKUS an den Autor im April 1992; Archiv DÜSING

209 Page of Testimony, eingereicht 1985 von Tochter Marianne; Central Database of Shoa Victims' Names.
     Gedenkstätte Yad Vashem, Jerusalem, Israel

210 siehe DÜSING, Michael (Hg.), 1995, hier: Die Tragödie der Familien Dobkowsky und Pinkus, S. 130 – 132

211 Bewegende Erinnerungen an Freiberg. Ausstellung des CJD „Jüdische Familien in Freiberg – Dokumentation und Erinnerung" in Ness Ziona. Amtsblatt der Stadt Freiberg, 23.11.2005

212 E-Mail von Aviva LYNTON vom 31.07.2007 an den Autor; Archiv DÜSING

213 Kurt GÜNZBURGER in einer eidesstattlichen Versicherung, Febr. 1966 in Chile; kurz vor Übersiedlung Ende April nach Herne/Dt; Archiv DÜSING

214 Brief von Fritz GÜNZBURGER an Bruder Kurt, 13.08.1945, zitiert in: PIORR, Ralf (Hg.), 1998, S. 90

215 aus einem Brief von Erna SELIGMAN an den Autor 1992, Archiv DÜSING; vgl. auch: Erna Seligman, Die Wunden waren tief – sie sind vernarbt, in: DÜSING, Michael, 1995, S. 127ff

216 Auf dem Ehrenmal für die jüdischen Gefallenen des I. Weltkrieges auf dem Neuen Israelitischen Friedhofs in Dresden ist der Name von Kurt LUFT bewahrt.

217 Schreiben des Ortsgruppenleiters R. RÜMMLER, NSDAP-OG Freiberg-Sächsstadt, v. 17.11.1936, StadtA FG

218 StadtA FG, Xa, K, 2, Ausländersachen 1935–1945 Vorgang Nr. 7, Bl. 3; sowie: I, VII, 8, Jüdische Bürger Freibergs; alle nachfolgenden Zitate und Ausführungen siehe da

219 KL = Kreisleitung

220 E-mail der Gedenkstätte des KZ Dachau an den Autor vom 10.07.2009; weitere Quellen: BuArch, Gedenkbuch; CDShoaVN – Testimony; ThHStA WE, NS 4 Bu Häftlingsnummernkartei

221 StadtA FG, X, Kra, 2, Beiheft 116

222 StadtA FG, X, XVIIb 116, Tagebuch des Polizeireviers 07.10.1938 – 31.12.1938, Nr.1672, o. S.

223 Lutz ROSENTHAL, Die Geschichte der Familie Rosenthal, in: DÜSING, Michael, 1995, S. 53

224 siehe MÖLLER, Marlies, Bauten des Jugendstils und des Heimatstils in Freiberg; in: HOFFMANN, Yves; RICHTER, Uwe, Band I, 2002, S. 172f

225 lt. Todeserklärung für Ida DUX v. Prag 1949 hat Else FENDLER, geb. DUX, in London überlebt. Todeserklärung v. 17.04.1949 (Bezirksgericht f. Zivilsachen in Prag I, Abt. XLVIII) zuletzt in Prag VII, U Smaltovny Nr. 1375, „als Folge der rassischen Verfolgung seit dem 15.Sept. 1942 vermisst, seitdem sie aus Theresienstadt nach Treblinka deportiert wurde"; in: StadtA FG, RdS 1706, Grundstücksangelegenheiten Silberhofstraße 24, Eigentümerin Ida verw. Dux (1951–53),

226 Todeserklärung v. 17.04.1949, ausgestellt auf Antrag von Else und Leo DUX vom Bezirksgericht f. Zivilsachen in Prag I, Abt. XLVIII; siehe unter Anm. 233

227 Lutz ROSENTHAL, Die Geschichte der Familie Rosenthal, in: DÜSING, Michael, 1995, S. 61f

228 ebenda, S. 63f

229 privates Schriftstück von Lutz ROSENTHAL, dem Autor von dessen Tochter überlassen

230 Zeitzeugengespräch des Autors mit Dr. med. Hellmut FISCHER im Herbst 1991; ausführlich greift der Historiker Walter STRUVE (City University of New York) auf Zeitzeugengespräche mit Dr. Hellmut FISCHER in seinem Buch zurück: STRUVE, Walter, 1992, u.a. S. 469–471, 497–498, 506

231 Die Organisation TODT war eine nach militärischem Vorbild organisierte Bautruppe, die den Namen ihres Führers Fritz TODT trug. Die 1938 gegründete Organisation unterstand ab März 1940 dem Reichsminister für Bewaffnung und Munition, Albert SPEER. Sie wurde vor allem für Baumaßnahmen in den von Deutschland besetzten Gebieten eingesetzt. Bekannt wurde sie durch den Ausbau des „Westwalls", den Bau der U-Bootstützpunkte an der französischen Küste sowie des „Atlantikwalls" (verbunkerte Artillerie- und Verteidigungsstellungen). Ab 1943 baute sie die Abschussrampen der V1- bzw. V2-Raketen. Im Sommer 1943 folgte im Reichsgebiet der Ausbau von Luftschutzanlagen für die Zivilbevölkerung (Erweitertes LS-Führerprogramm) und der Untertageverlagerung von Industriebetrieben. Quelle: http://de.wikipedia.org/wiki/Organisation_Todt

232 Auf dem Gelände des von den Deutschen verbotenen jüdischen Sportvereins HAGIBOR befand sich in Prag-Strašnice 1943–1945 ein Zwangsarbeitslager für Juden.

233 In Postelberg befand sich von 1943 bis 1945 ein Zwangsarbeitslager für Juden und Männer jüdischer Frauen. Die Häftlinge mussten u.a. Bahn- und Erdarbeiten verrichten und für die Firmen Schreck, Dickerhof & Widmann und Strabag arbeiten. Das Lager unterstand der Oberaufsicht des SD Prag. Postelberg lag an der deutsch-tschechischen Sprachgrenze. Nach dem Zweiten Weltkrieg kam Postelberg am 8. Mai 1945 wieder zu Tschechoslowakei zurück. Beim Pogrom zwischen 3. und 7. Juni 1945 wurden über 760 der anwesenden deutschen Männer der Stadt im Alter von 15 bis 60 Jahren gefoltert und erschossen. Im November 2009 beschloss der Stadtrat von Postoloprty, für die Opfer des Massakers ein Denkmal zu errichten, das die Inschrift „Allen unschuldigen Opfern der Ereignisse im Mai und Juni 1945" tragen soll. Am 3. Juni 2010 wurde auf dem dortigen Friedhof aus dem gleichen Anlass eine Gedenktafel enthüllt. Vom „Judenlager" von 1943 bis 1945 spricht heute kaum noch jemand!

234 diese Information erhielt der Autor von Ester GOLAN, geb. DOBKOWSKY, der Enkelin von Sally und Franziska DOBKOWSKY, heute Autorin in Jerusalem

235 siehe dazu: RICHTER, Tilo, 1998

236 mündliche Erinnerungen von Eva GRÜNBERG (geb. LEWIN) in Gesprächen mit dem Autor u.a. in den Jahren 1994 und 2004

237 Briefwechsel v. Eva GRÜNBERG mit dem Autor; Archiv DÜSING

238 Ausführlich die Erinnerungen Carl LEWINS bei: Eva GRÜNBERG, geb. Lewin, Die Lebenserfahrungen meines Vaters, in: DÜSING, Michael, 1995, S. 94–115

239 aus einem privaten „Tafel-Lied zur Hochzeitsfeier von Hilde und Willy in Liebe gewidmet von Heinrich und Betty". Hindenburg, Oberschlesien, 1. Januar 1931; an den Autor gesendet von Eli HEYMANN, Jerusalem, Halbbruder von Wilhelm HEYMANN; Archiv DÜSING

240 Erinnerungen des Halbbruders Eli HEYMANN in Briefen von 2007 an den Autor; Archiv DÜSING

241 siehe dazu: WITTMER, Siegfried, 1996; die Deportationsdaten sind entnommen der „Liste der Juden aus Regensburg, die von den Nationalsozialisten in Konzentrationslagern ermordet wurden", Homepage der Jüdischen Gemeinde Regensburg http://jg-regensburg.de)

242 Brief von Gertrud KLIMOWSKI, geb. JACOBSOHN, an den Autor 1991/92; Archiv DÜSING. Es handelt sich bei dem „Direktor des Lyzeums" (gemeint ist die Höhere Mädchenschule in Freiberg) um eben jenen Schuldirektor Dr. Walter HERRMANN (zugleich Vorsitzender des Freiberger Altertumsvereins), der nur reichlich zweieinhalb Jahre später jenes antisemitische Elaborat über die Geschichte der Juden in Freiberg verfasste, über das schon in diesem Buch geschrieben werden musste.

243 zitiert bei FUCHS, Konrad, 1990, S. 230

244 Die Umstände des Lebens von Paula BRÜCK, geb. TAUBENSCHLAG, in Breslau konnten anhand einer eidesstattlichen Versicherung von Frederick BLACK, London, (als Fritz SCHWARZ ein einstiger enger Freund der Familie BRÜCK) und eines nach dem Krieg von Sohn Herbert verfassten Lebenslaufs der Paula BRÜCK rekonstruiert werden. Beide Dokumente erhielt der Autor in Abschrift im September 2010 von Steven BRUCK, London.

245 siehe dazu DÜSING, Michael (Hrsg.), Freiberg 2011, S. 50–61

246 e-mail von Steven BRUCK an den Autor am 29.08.2010; siehe auch Gedenkblatt in Central Database of Shoa Victim´s Names, eingereicht von Sohn Günther BRUCK am 25.05.2000

247 e-mail von Steven BRUCK an den Autor am 29.08.2010

248 StadtA FG, I, II, 2 Bd., 13, Vorgang 29, S. 2b lt. Polizeimeldeamt Freiberg

249 KIRCHBACH, Sieger von, 1971, Online unter: http://www.quatember.de/J1971/q71077.htm

250 mdl. Zeugnis von Fr. Christa Löhr, Freiberg

251 StadtA FG, Urkunde Amtsgericht FG v. 16.03.39

252 Angaben nach Informationen des ThHStA WE in einer e-mail vom 06.11.2010 an Christine SCHMIDT, Geschichtswerkstatt Freiberg

253 e-mail v. Richard GRAY an den Autor, 09.05.2010

254 Information von Elfriede BÖRNER, Chemnitz

255 § 4, Gesetz zur Wiederherstellung des Berufsbeamtentums v. 07.04.1933

256 WALLERSTEIN, Erwin, geb. 02.08.1902 in München, nach Besuch der Volksschule in Nürnberg 1908–1912 Realschule Fürth bis 1918, danach Ausbildung als Chemiker an der Höheren Technischen Lehranstalt Nürnberg bis 1920, danach Laborant bei Harmania AG Schönebeck/Elbe, ab 1926 Chem.-Ing. in der Wärmewirtschaftlichen Abteilung am Braunkohlenforschungsinstitut der Bergakademie Freiberg unter Prof. Friedrich SEIDENSCHNUR; Entlassung im April 1933 als Jude, am 6.August 1933 Hochzeit mit Margarethe SIERADZKI

257 Aus den Personalakten im Universitätsarchiv der TU BAF zu Dr. Siegfried JAKOBARTL geht hervor, dass dessen Einstellung 1922 nicht nur auf den heftigen Widerstand nationalistischer Burschenschaften, sondern auch des Professorenkollegiums der Bergakademie stieß. Die Einstellung erfolgte letztlich auf Weisung des sächsischen, SPD-geführten, Finanzministeriums. Für den Hinweis Dank an Stefanie PREIẞLER, TU BAF, IWTG.

258 Dr. JAKOBARTL trat bereits zum 16.03.1933 aus der SPD aus; siehe UniA FG, Personalakte Jakobartl

259 Dank an Stefanie PREIẞLER, TU BAF, IWTG, für den Hinweis auf den offensichtlichen Zusammenhang zur Emeritierung von Prof. KEGEL

260 alle Angaben in: UniA FG, PJ 8 und Akte 811

261 siehe dazu auch: WÄCHTLER, Eberhard; ZILLMANN, Fritz, Die Freiberger Studentenschaft 1765 bis 1945, in: BERGAKADEMIE FREIBERG, 1965, Bd. I, S. 287

262 § 3, Abs. 2 des „Gesetzes zur Wiederherstellung des Berufsbeamtentums" lautete: „Abs. 1 (Versetzung von Beamten nicht arischer Abstammung in den Ruhestand – M.D.) gilt nicht für Beamte, die bereits seit dem 1. August 1914 Beamte gewesen sind oder die im Weltkrieg an der Front für das Deutsche Reich oder für seine Verbündeten gekämpft haben oder deren Vater oder Söhne im Weltkrieg gefallen sind. Weitere Ausnahmen können der Reichsminister des Innern im Einvernehmen mit dem zuständigen Fachminister oder die obersten Landesbehörden für Beamte im Ausland zulassen."

263 UniA FG, Akte 856

264 zitiert nach: LAUTERBACH, Werner, Berühmte Freiberger. Armand Mestern, in: Blick, Folge 282 b, v. 19.09.2007

265 Ausführlich werden Leben und Leistung, aber auch die Entlassung Friedrich SEIDENSCHNURS dargestellt bei: LAUTERBACH, Werner; MEHNERT, Eberhardt, 2006. LAUTERBACH schreibt, dass sich Friedrich SEIDENSCHNUR nach Kriegsende noch mit dem Gedanken getragen habe, sich mit seinem alten Freund Armand MESTERN in Verbindung zu setzen, der in die USA ausgewandert war, und ihm dorthin zu folgen. Daraus wurde nichts (siehe ebenda, S. 63). Vgl. auch LAUTERBACH, Werner, MFA, 102/2009, S.43f

266 siehe zu Friedrich Adolf WILLERS auch: RÜDIGER, Dieter; RÜHS, Fritz, Die Mathematik und die Mechanik, in: BERGAKADEMIE FREIBERG, 1965, Bd. I, S. 179f

267 zitiert bei LAUTERBACH, Werner, MFA 102/2009, S. 56

268 ebenda, S. 56

269 Angaben ebenda, S. 55ff

270 zu Paul ROSIN auch: LANGE, Alfred, Die Metallhüttenkunde, die Probierkunde und die Lötrohrprobierkunde, in: BERGAKADEMIE FREIBERG, 1965, Bd. I, S. 212

271 LAUTERBACH schreibt, dass der Verkauf mit einer „Rückkaufsklausel" geschehen sei, in: ebenda, MFA 102/2009, S. 62

272 siehe zu Erich RAMMLER bei LAUTERBACH, Werner, MFA 92/2003, S. 130ff

273 vgl. SCHIFFNER, Carl, 3. Bd., Freiberg 1940

274 siehe dazu FÖRSTER, W., 2000, S. 7–19

275 siehe BÄßLER, Heinz, 1967, S. 41, Anm. 2

276 Eine NSDAP-Mitgliedschaft von Friedrich SCHUMACHER ist nicht belegt, aber nicht unwahrscheinlich.

277 „Zusammenstellung der mineralischen Bodenschätze Madagaskars", Gutachten des Geologie-Professors Schumacher, Freiberg, 29.07.1940; zitiert nach: BRECHTKEN, Magnus, 1998, S. 242f

278 ebenda

279 POHL, Norman unter: „…Forschungsarbeit jeder Art für den kolonialen Bergbau zu leisten…", in: WISSENSCHAFT VOR ORT, 2007, S. 169

280 dieses „Außeninstitut" der Bergakademie stand in engstem Kontakt mit dem „kolonialpolitischen Amt der NSDAP", dem Reichswirtschaftsministerium, dem Reichsforschungsrat und der Reichsstelle für Bodenforschung. Es erarbeitete wichtige Unterlagen für die wirtschaftliche Ausbeutung der im Zuge der Kriegsführung Deutschlands besetzten oder zu besetzenden Gebiete und war damit ohne Zweifel „kriegswichtig". Siehe dazu auch: BÄßLER, Heinz, Die Bergakademie und der Kolonialismus des faschistischen deutschen Imperialismus, in: BERGAKADEMIE FREIBERG, 1965, Bd. I, S. 272f

281 zitiert ebenda, S. 273; siehe auch UniA FG, Akte Nr. 8774/1; Schreiben Prof. Schumacher an den Rektor vom 26.1.1942

282 ALY, Götz, 1991

283 siehe: DIECKMANN, Christoph, Wochenmagazin DIE ZEIT, 08.04.2010, S. 16

284 so zur Geschichte Freibergs: BÉLAFI, Béla, Freiberg zur Zeit des Faschismus 1933 bis 1945, in: KASPER, Hanns-Heinz; WÄCHTLER, Eberhardt (Hg.), 1986; zur NS-Geschichte der Bergakademie Freiberg: BÄßLER, Heinz, Die Bergakademie und der Kolonialismus des faschistischen deutschen Imperialismus, in: BERGAKADEMIE FREIBERG, 1965, Bd. I; ders. Inauguraldissertation 1967.

285 UniA FG, Protokoll der 31. Sitzung des Senats der TU Bergakademie Freiberg am 23.07.1996, B 5/31

286 1922 wurde an allen deutschen Hochschulen die Würde eines „Ehrenbürgers" der jeweiligen Hochschule eingeführt, eine Bezeichnung, die jedoch im Herbst 1928 umgewandelt wurde in die eines Ehrensenators. Den Ehrensenatoren wurde aus diesem Anlass eine neu geschaffene silberne Kette überreicht. Siehe: Jahrbuch für das Berg- und Hüttenwesen in Sachsen, Jg. 1922, S. B 232 sowie ebenda, Jg. 1929, S. B 144

287 DÜSING, Michael, MFA, 78/1997, S. 44ff

288 JENTSCH, Frieder, 1990

289 Alle folgenden Angaben nach: WASZKIS, Helmut, 2001; zugl. Berlin, Freie Univ., Diss. 2000

290 Alle Angaben zu Victor GOLDSCHMIDT sind entnommen aus: RÖSLER, Hans Jürgen, 2004

291 Brief von Lutz ROSENTHAL v. 16.03.1992 an den Autor; Archiv DÜSING

292 Lutz ROSENTHAL, Die Geschichte der Familie Rosenthal, in: DÜSING, Michael (Hg.), 1995, S. 35–93

293 „Rosenberg vor den Geschichtslehrern", Artikel im FrAnzT v. 03.04.1939, 91. Jg., Nr. 79

294 Brief v. Brigitte ESCHWEGE an den Autor v. 05.07.1991; Archiv DÜSING

295 Schreibens des Reichsministers für Wissenschaft, Erziehung und Volksbildung, Bernhard Rust, „betr. Schulunterricht an Juden" vom 15.11.1938; Archiv DÜSING

296 ARCHGYM, Schülerverzeichnis 1936 – 1938

297 Oberstudienrat Erhard Sünderhauf, geb. 1886, war zwischen 1922 und 1933 als Lektor für russische Sprache an der Bergakademie Freiberg tätig. Als Lehrer am Gymnasium Albertinum, seit 1939 in Markgraf-Otto-Schule umbenannt, galt er als überzeugter, aktiver Nationalsozialist. Am 1. Mai 1933 in die NSDAP eingetreten und Mitglied des Nationalsozialistischen Lehrerbundes (NSLB), war er später – wenn auch nur vertretungsweise – Leiter der Hauptstelle des „Rassenpolitischen Amtes" bei der NSDAP-Kreisleitung Freiberg. Seit 1943 war er stellvertretender Schulleiter der „Markgraf-Otto-Schule". Nach der Besetzung Freibergs durch die Sowjetarmee wurde er vom Schuldienst suspendiert, wurde jedoch mehrfach noch wegen seiner Russisch-Kenntnisse als Dolmetscher herangezogen und soll privat dem sowjetischen

Stadtkommandanten Koschmjak Deutschunterricht gegeben haben. Am 5. Juli 1945 wurde er verhaftet und über das Zuchthaus Bautzen in das Speziallager Nr. 1 in Mühlberg eingeliefert. Er starb dort im Sommer 1946. Trotz seiner unbestreitbar aktiven nationalsozialistischen Überzeugung und Betätigung bemühte er sich um Bewahrung von menschlichem Anstand. Zeugnisse des Sozialdemokraten Friedmar Brendel, von Dr. Hellmut Fischer (Hausarzt bei den Sünderhaufs), von Johanna Römer oder Prof. Karl Kegel aus dem Jahr 1946 sprechen ihm Achtung und Anerkennung für seine menschliche Haltung auch in der Nazi-Zeit aus. Wally Jentzsch, eine Jüdin aus Dresden, die die Judenverfolgung überlebte, bezeugte 1946, dass Sünderhauf im Frühjahr 1945 bereit gewesen sei, sie in seinem Haus zu verbergen und damit dem Zugriff der Gestapo zu entziehen. Einsicht in alle hier erwähnten Zeugnisse erhielt der Autor dankenswerterweise durch den Enkel von Erhard Sünderhauf, Burkhardt Pichon (Neu-Ulm).

298 Johanna RÖMER, 1883 in Freiberg geboren, verstorben 1975, Mitglied der SPD und von den Nationalsozialisten verfolgt, beschrieb in einer eidesstattlichen Erklärung am 04.11.1946 Oberstudienrat Erhard SÜNDERHAUF, der aktives NSDAP-Mitglied gewesen war, als einen dennoch „charakterlich hochanständigen Menschen" und ergänzte: „Im Übrigen hat er nie einen einzigen Menschen denunziert oder ins Unglück gebracht, er hat sich im Gegenteil für einen jungen jüdischen Schüler eingesetzt, um ihm zum Abitur zu verhelfen. Leider vergebens."; Handschriftliche Erklärung von Johanna Römer am 04.11.1946; KAFG, über die Burkhardt PICHON (Neu-Ulm) freundlicherweise den Autor informierte.

299 Brigitte ESCHWEGE, Brief v. Brigitte ESCHWEGE an den Autor v. 05.07.1991; Archiv DÜSING

300 zitiert in FrAnzT, 24.06.1933

301 zitiert nach Hellmut ESCHWEGE, Berlin 1966, S.72.

302 Im vollen Wortlaut lautet These 3 der im Wesentlichen von Karl BARTH ausgearbeiteten „Barmer Theologischen Erklärung", verabschiedet auf der ersten Bekenntnissynode vom 29. bis 31.05.1934 in Wuppertal-Barmen: „Lasst uns aber wahrhaftig sein in der Liebe und wachsen in allen Stücken zu dem hin, der das Haupt ist, Christus, von dem aus der ganze Leib zusammengefügt ist. (Eph 4,15.16) Die christliche Kirche ist die Gemeinde von Brüdern, in der Jesus Christus in Wort und Sakrament durch den Heiligen Geist als der Herr gegenwärtig handelt. Sie hat mit ihrem Glauben wie mit ihrem Gehorsam, mit ihrer Botschaft wie mit ihrer Ordnung mitten in der Welt der Sünde als die Kirche der begnadigten Sünder zu bezeugen, dass sie allein sein Eigentum ist, allein von seinem Trost und von seiner Weisung in Erwartung seiner Erscheinung lebt und leben möchte. Wir verwerfen die falsche Lehre, als dürfe die Kirche die Gestalt ihrer Botschaft und ihrer Ordnung ihrem Belieben oder dem Wechsel der jeweils herrschenden weltanschaulichen und politischen Überzeugungen überlassen."

303 Prof. Karl.-Hermann Kandler (Freiberg) habe ich für folgende Informationen zu danken: In der Erklärung vor dem „Vertrauensausschuss" der Ev.-Luth. Landeskirche am 14. Dezember 1945 habe Pfr. Dr. Brause im Fragebogen angegeben, selbst weder Mitglied der NSDAP, noch Angehöriger von Parteigliederungen gewesen zu sein, auch nicht Mitglied der „Deutschen Christen", wohl aber des " NS-Pfarrerbundes" 1933 In einem Schreiben vom 13. Dezember 1938 allerdings muss Dr. Brause selbst erklärt haben, dass er durch „Krieg und Nachkriegszeit in der ‚Kampfzeit' zur NSDAP geführt worden sei und „seine nationalsozialistische Gesinnung unter Beweis gestellt" habe. Gleichwohl empfahl die landeskirchliche Entnazifizierungskommission die Weiterbeschäftigung von Pfr. Dr. Brause, wohl auch auf Grund der Stellungnahme des „Vertrauensausschusses" der Ev.-Luth. Landeskirche, die ihm lediglich vorhielt, in seiner positiven Bewertung für Hitler und der NS-Bewegung in seinen Verkündigungen „zu weit" gegangen zu sein.

304 Angaben freundlicherweise mitgeteilt durch Prof. K.-H. Kandler u.a. aus seiner zur Veröffentlichung vorgesehenen „Kirchengeschichte Freibergs 1933–1945", erscheint voraussichtlich 2011 od. 2012 im Sax-Verlag Beucha

305 Siehe I. Ostmeyer, Zwischen Schuld und Sühne. Evangelische Kirche und Juden in SBZ und DDR, Berlin 2002, S. 316 f. Dank für den Hinweis an K.-H. Kandler

ADAM, Uwe Dietrich: Judenpolitik im Dritten Reich (unveränd. Nachdruck v. 1972); Düsseldorf 2003

ALY, Götz; HEIM, Susanne: Vordenker der Vernichtung: Auschwitz und die deutschen Pläne für eine europäische Ordnung. (Die Zeit des Nationalsozialismus); 5. Auflage, Frankfurt a. Main 2004

ALY, Götz: Hitlers Volksstaat. Raub, Rassenkrieg und nationaler Sozialismus, Frankfurt a. Main 2005

ANTISEMITISMUS IN SACHSEN im 19. und 20. Jahrhundert; HÖPPNER, Solveig (Red.), Dresden 2004

APEL, Linde (Hg.): In den Tod geschickt. Die Deportation von Juden, Roma und Sinti aus Hamburg 1940 bis 1945; Hamburg o.J.

BÄSSLER, Heinz: Zu den Auswirkungen der faschistischen Hochschulpolitik auf die Bergakademie Freiberg (1933–1945); Inauguraldissertation an der Philosophischen Fakultät der Universität Rostock, 1967

BARKAI, Avraham: „Wehr Dich!" Der Centralverein deutscher Staatsbürger jüdischen Glaubens 1893–1938; München 2002

BÉLAFI, Béla: Freiberg zur Zeit des Faschismus 1933 bis 1945, in: KASPER, Hanns-Heinz; WÄCHTLER, Eberhardt (Hg.), Geschichte der Bergstadt Freiberg, Weimar 1986

BENZ, Wolfgang (Hg.): Die Juden in Deutschland 1933–1945. Leben unter nationalsozialistischer Herrschaft; München, 4. Aufl., München 1996

BENZ, Wolfgang; DIESTEL, Barbara: Ort des Terrors: Geschichte der nationalsozialistischen Konzentrationslager, Band 6, München, 2007

BENZ, Wolfgang; DIESTEL, Barbara: Flossenbürg. Das Konzentrationslager Flossenbürg und seine Außenlager; München 2007

BERGAKADEMIE FREIBERG. Festschrift zu ihrer Zweihundertjahrfeier am 13. November 1965. Hrsg. von Rektor und Senat der BAF, Bd. I und II, Leipzig 1965

BERGSCHICKER, Heinz: Deutsche Chronik 1933–1945. Ein Zeitbild der faschistischen Diktatur. Wissensch. Beratung: Olaf Groehler; Berlin 1981

BÖHME, Carl: Menschen der ersten Stunde; in: Die Fundgrube, Kulturspiegel des Kreises Freiberg, 5/1960

BRAMKE, Werner: Die Etablierung der NS-Herrschaft in Sachsen; in: Antisemitismus in Sachsen im 19. und 20. Jahrhundert; Ephraim Carlebach Stiftung; Sächsische LZ f. pol. Bildung; Dresden 2004

BRECHTKEN, Magnus: Madagaskar für die Juden. Antisemitische Idee und politische Praxis 1885 – 1945, Studien zur Zeitgeschichte; 2. Aufl., Oldenburg 1998

BREMERHAVENER PERSÖNLICHKEITEN aus vier Jahrhunderten – ein biografisches Lexikon; Bremerhaven 2003

BRENDEL, Friedemar: 1945. Erinnerungen und Dokumente, in: Mitteilungen des Freiberger Altertumsvereines, 75. Heft, 1995

BRENNER, Hans: Zur Rolle des Außenkommandos des KZ Flossenbürg im System der staatsmonopolistischen Rüstungswirtschaft des faschistischen deutschen Imperialismus und im antifaschistischen Widerstandskampf 1942 –1945; Diss. phil., Dresden 1982

BRENNER, Hans: Zu den KZ-Verbrechen in den Jahren 1942 – 1945 im Raum der heutigen Bezirke Dresden und Karl-Marx-Stadt, in: Sächsische Heimatblätter, 2/1985

BRENNER, Hans: Der „Arbeitseinsatz" in den Außenlagern des KZs Flossenbürg, in: Ulrich Hebert, Karin Orth, Christoph Dieckmann (Hg.): Die nationalsozialistischen Konzentrationslager – Entwicklung und Struktur, Bd. I, Göttingen 1998

BRENNER, Hans: Frauen in den Außenlagern des KZ Flossenbürg, Regensburg 1999

BRENNER, Hans: Frauen in den Außenlagern von Flossenbürg und Groß-Rosen in Böhmen und Mähren, in: Theresienstaädter Studien und Dokumente, herausgegeben von Miroslav Kárny und Raimund Kemper, veröffentlicht vom Institut Terezínsky Iniciativy, Prag 1999

BRENNER, Hans: Todesmärsche über sächsische Straßen – Evakuierung niederschlesischer Außenlager des KZ Groß-Rosen; in: Sächsische Heimatblätter 1/05

BRODERSEN, Ingke; DAMMANN, Rüdiger: Zerissene Herzen. Die Geschichte der Juden in Deutschland; Sonderausgabe der SLZpB, Frankfurt a.M. 2007

BROWNING, Christopher R.: Judenmord. NS-Politik, Zwangsarbeit und das Verhalten der Täter; Frankfurt 2001

BRUMLIK, Micha (Hg.): Der Antisemitismus und die Linke; Frankfurt am Main 1991

BUCH DER ERINNERUNG. JUDEN IN DRESDEN, deportiert, ermordet, verschollen 1933–1945; Gesellschaft f. Christl.-Jüdische Zusammenarbeit Dresden e.V., Arbeitskreis Gedenkbuch (Hg.), Dresden 2006

BUCHHEIM, Hans; BROSZAT, Martin; JACOBSEN, Hans-Adolf; KRAUSNICK, Helmut: Anatomie des SS-Staates; 1967; 8. Auflage, München 2005

BUSSE, Horst; KRAUSE, Udo: Lebenslänglich für den Gestapokommissar. Der Prozess gegen den Leiter des Judenreferats bei der Dresdner Gestapo, SS-Obersturmführer Henry Schmidt vor dem Bezirksgericht Dresden vom 15.–28.9.1987; Berlin 1988

CZIBORRA, Pascal: KZ Freiberg. Geheime Schwangerschaft, Bielefeld 2008

CZIBORRA, Pascal: Frauen im KZ. Möglichkeiten und Grenzen der historischen Forschung am Beispiel des KZ Flossenbürg und seiner Außenlager; Bielefeld 2010

DAHM, Volker: Das Jüdische Buch im Dritten Reich, München 1993

DAMIT DIE NACHT NICHT WIEDERKEHRE. Gedenken an d. faschist. Pogromnacht vom 9. November 1938. Eine Dokumentation. Hg.: Verb. d. Jüd. Gemeinden in d. DDR; Dresden 1988

DAVID, Anthony: The Patron. A Life of Salman Schocken 1877–1959; New York 2003

DDR-Justiz und NS-Verbrechen, Band XIII; Online-Ausgabe unter: http://www1.jur.uva.nl/junsv/ddr/DDRLfdNrfr.htm

DEMNIG, Gunter; HAHN, Wolfgang u.a.: Vor meiner Haustür – „Stolpersteine"von Gunter Demnig; Gelsenkirchen 2010

DEM VERGESSEN ENTRISSEN. Rostocker Antifaschisten u. Opfer d. Nazi-Terrors. Hg.: Rat d. Stadt Rostock, 1986

DENKE, Christoph: Die Freiberger Porzellanfabriken – Industriedenkmale, die im Bergbau ihren Ursprung haben; in: HOFFMANN, Yves; RICHTER, Uwe (Hg.): DENKMALTOPOGRAPHIE, Band II, Freiberg 2003, S. 459f

DIECKMANN, Christoph: Vom Silber zur Sonne. Die Berg- und Universitätsstadt Freiberg macht aus ihrer Geschichte Zukunft, in: Wochenmagazin DIE ZEIT, 08.04.2010

DON, Chaim: Die Blutprobe, bearbeitet von M. Düsing/D. Wüst, CJD Chemnitz, Berlin, 2000

DROBISCH, Klaus; GOGUEL, Rudi; MÜLLER, Werner: Juden unterm Hakenkreuz. Verfolgung und Ausrottung der deutschen Juden 1933–1945, Berlin 1973

DÜSING, Michael (Hg.): Glück Auf, mein Freiberg! Erinnerungen und Lebensschicksale jüdischer Bürger in Freiberg und Oederan, Freiberg 1995

DÜSING, Michael: Jüdische Studenten und Wissenschaftler an der Bergakademie Freiberg; in: Zeitschrift für Freunde und Förderer der Technischen Universität Bergakademie Freiberg, Heft 1/2, 4. Jg. 1997; S. 65–70; dass. auch in: Mitteilungen des Freiberger Altertumsvereins, 78. Heft 1997

DÜSING, Michael (Hg. im CJD Chemnitz): Wir waren zum Tode bestimmt. Lódz-Theresienstadt-Auschwitz-Freiberg-Oederan-Mauthausen. Jüdische Zwangsarbeiterinnen erinnern sich, Leipzig 2002

DÜSING, Michael: Shalom Sachsen-Böhmen, Vortrag im Rahmen der XENOS-Auftaktveranstaltung am 14.02.2001 in Dresden, in: Schritte gegen Gewalt – Erscheinungsformen und Handlungsstrategien. Projektdokumentation 2001, HG. CJD

DÜSING, Michael: Das Freiberger Kaufhaus Schocken – eine Spurensuche; Freiberg 2007

DÜSING, Michael: Juden und Silberbergbau in der Mark Meißen im Mittelalter – das Beispiel Freiberg; Vortrag im Schalom-Verein Chemnitz, unveröff. Manuskript, Juli 2007

DÜSING, Michael: Stolpersteine in Freiberg – Steine gegen das Vergessen, Dresden 2011

EICHHOLTZ, Dietrich; GOSSWEILER, Kurt (Hg.): FASCHISMUS – FORSCHUNG. Positionen, Probleme, Polemik; Berlin 1980

ELLRICH, Hartmut: Dresden 1933–1945. Der historische Reiseführer; Berlin 2008

ELON, Amos, Der Kaufhauskönig Salman Schocken. Eine jüdische Heldensaga, in: Le Monde diplomatique v. 14.01.2005; unter: http://www.monde-diplomatique.de/pm/2005/01/14/a0031.text.name,askFCWwrV.n,1

ENGELMANN, Bernt: Deutschland ohne Juden. Eine Bilanz; Berlin 1988

ENGEWALD, Gisela-Ruth, Die bauliche Entwicklung Freibergs von der Mitte des 19. Jahrhunderts bis 1914, in: HOFFMANN, Yves; RICHTER, Uwe (Hg.), DENKMALTOPOGRAPHIE Bundesrepublik Deutschland. Denkmale in Sachsen. Stadt Freiberg, Band I, Freiberg 2002

ERINNERUNGEN durch „Holocaust". Wir hatten Angst – jetzt wollen wir vergessen; in: OSTERODER ECHO v. 01.02.1979

ERINNERUNGEN von PFARRER Streubel, in : Annalen, Kirchenarchiv der KG Langhennersdorf

ESCHWEGE, Helmut: Kennzeichen „J". Bilder, Dokumente, Berichte. Berlin 1966

ESCHWEGE, Helmut: Die Synagoge in der deutschen Geschichte. Berlin 1980

ESCHWEGE, Helmut: Fremd unter meinesgleichen; Berlin 1991

ESCHWEGE, Helmut: Geschichte der Juden im Territorium der ehemaligen DDR, 4 Bände. 1991. Unveröffentlichtes Manuskript

ES GESCHAH VOR UNSEREN AUGEN 1933 1938 – 1945. Lebensschicksale jüdischer Menschen. Zu einer Ausstellung gemeinsam gestaltet vom Kreiskom. d. Antifasch. Widerstandskämpfer Berlin-Köpenick u. vom Gemeindekirchenrat d. Evang. Christophoruskirche. Red. Mitarbeit: Rudolf Hirsch u.a.; Berlin-Köpenick 1988

EUROPA UNTERM HAKENKREUZ. 4 Bde., Berlin 1988–1990

Der FASCHISTISCHE POGROM VOM 9./10. NOVEMBER 1938. Zur Geschichte der Juden in Pommern. Kolloquium d. Sekt. Geschichtswissenschaft und Theologie d. Ernst-Moritz-Arndt-Uni. Greifswald, 1989

FÖRSTER, W.: Das wissenschaftliche Wirken von Prof. Franz Kögler, in: Geotechnik-Kolloquium am 6. Oktober 2000 in Freiberg; Veröffentlichungen des Instituts für Geotechnik der Technischen Universität Bergakademie Freiberg; Heft 2000–4, Freiberg 2000

FREIBERGER WOCHENZEITUNG für Stadt und Land, 6. Jg., Nr. 19–29, Mai – Juli 1965, Berichte über den Besuch von Priská Lomová in Freiberg

FREMD- UND ZWANGSARBEIT IN SACHSEN 1939–1945. Beiträge eines Kolloquiums in Chemnitz am 16. April 2002 und Begleitband einer Gemeinschaftsausstellung der Sächsischen Staatsarchive; Halle 2002

FRIEDLÄNDER, Saul: Das Dritte Reich und die Juden; Durchgesehene Sonderausgabe, München 1998

FRITZ, Ulrich: Nossen, in: Benz, Wolfgang, Barbara Distel (Hg.): Flossenbürg, Das Konzentrationslager Flossenbürg und seine Außenkommandos, München 2007

FUCHS, Konrad: Ein Konzern aus Sachsen. Das Kaufhaus Schocken 1901–1953; Stuttgart 1990

GEDENKBUCH BERLINS der jüdischen Opfer des Nationalsozialismus, Berlin 1995

GEDENKBUCH „Opfer der Verfolgung der Juden unter der nationalsozialistischen Gewaltherrschaft in Deutschland 1933 – 1945" unter: http://www.bundesarchiv.de/gedenkbuch/

GEDENKSTÄTTEN des antifaschistischen Widerstandskampfes und der Opfer der faschistischen Barbarei im KREIS FREIBERG, erarbeitet von einer Arbeitsgruppe von Schülern der EOS „Geschwister Scholl" unter Leitung ihrer Lehrerin, Frau Schlüter; Freiberg 1980

GEDENKSTÄTTEN für die OPFER des Nationalsozialismus. Eine Dokumentation; Bd. I und II, Bundeszentrale für politische Bildung, Bonn 1995 und 1999

Die GESCHICHTE DES WOHNGEBIETS SEILERBERG von 1925 bis heute. Ausschnitte aus dem Zeitgeschehen, Hg. Lichtpunkt e.V., Freiberg 2007

GOLAN, Ester: Auf Wiedersehen in unserem Land, Düsseldorf 1995

GOLDENBOGEN, Nora: Sachsen; in: Gedenkstätten für die Opfer des Nationalsozialismus. Eine Dokumentation, Bd. II, , S. 607–777, Bonn 1999

GOLDHAGEN, Daniel Jonah: Hitlers willige Vollstrecker. Ganz gewöhnliche Deutsche und der Holocaust, Berlin 1996

GOTTWALDT, Alfred; SCHULLE, Diana: Die „Judendeportationen" aus dem Deutschen Reich 1941 – 1945, Wiesbaden 2005

GROEHLER, Olaf, KESSLER, Mario, MEYER, Helmut (Hg.): Die SED-Politik, der Antifaschismus und die Juden in der SBZ und der frühen DDR, Berlin 1995

GROSS, Reiner: Geschichte Sachsens; Sonderausgabe der SLZpB, Dresden, Leipzig 2007

GUTMAN, Israel u.a. (Hg.): Enzyklopädie des Holocaust. Die Verfolgung und Ermordung der europäischen Juden, Bde. I–IV, 2. Aufl., München 1998

HAPPEL, Hans-Eberhard; WEIHER, Uwe: Schocken – eine deutsche Geschichte; Bremerhaven 1988

HARRIS, Mark Jonathan; OPPENHEIMER, Deborah; HOFER, Jerry, Kindertransporte in eine fremde Welt, München 2000

HAURY, Thomas: Antisemitismus von links. Kommunistische Ideologie, Nationalismus und Antizionismus in der frühen DDR; Hamburg 2002

HELD, Steffen: Von der Entrechtung zur Deportation: Die Juden in Sachsen; In: VOLLNHALS, Clemens (Hrsg.): Sachsen in der NS-Zeit. Leipzig 2002, S. 200–223

HEER, Hannes: Vom Verschwinden der Täter. Der Vernichtungskrieg fand statt, aber keiner war dabei; Berlin 2004

HEER, Hans: „Hitler war's". Die Befreiung der Deutschen von ihrer Vergangenheit; Berlin 2005

HEIDEL, Caris-Petra (Hg.): Ärzte und Zahnärzte in Sachsen 1933–1945. Eine Dokumentation von Verfolgung, Vertreibung, Ermordung; Frankfurt a. Main 2005

HERMANN, Konstantin: Schellhas, Rudolph Walter, in: Sächsische Biografie, hrsg. V. Institut für Sächsische Geschichte und Volkskunde e.V., bearbeitet v. Martina Schattkowsky; Online-Ausgabe: http://www.isgv.de/saebi/

HERRMANN, Walther: Zur Geschichte des Freiberger Judentums; in: Heimatwarte. Kleine Mitteilungen des Freiberger Altertumsvereins und des Ratsarchivs der Stadt Freiberg i. Sachsen; Beilage zum Freiberger Anzeiger und Tageblatt (FAT) vom 31.12.1938/01.01.1939

HEYM, Stefan: Einmischung. Gespräche, Reden, Essays; München 1990

HILBERG, Raul (Hg.): Die Vernichtung der europäischen Juden, 3 Bände, Frankfurt a. Main, 1990

HIRSCH, Rudolf; SCHUDER, Rosemarie: Der gelbe Fleck. Wurzeln und Wirkungen d. Judenhasses in der deutschen Geschichte. Essays; Berlin 1987

HOFFMANN, Yves; RICHTER, Uwe (Hg.): DENKMALTOPOGRAPHIE Bundesrepublik Deutschland. Denkmale in Sachsen. Stadt Freiberg, Beiträge, Band I und II; Freiberg 2002/2003

HÜHNERBEIN, Hartmut; MÖLLER, Jörg: Keiner darf verloren gehen. Das Leben des CJD-Gründers Arnold Dannenmann; Gummersbach 2007

I.G.FARBEN, AUSCHWITZ, MASSENMORD. Dokumente zum Auschwitz-Prozess über die Blutschuld der I.G. Farben; Berlin 1964

JÄCKEL, Eberhard: Der Mord an den Juden im Zweiten Weltkrieg, Frankfurt 1987

JÄCKEL, Eberhard; LONGERICH, Peter; SCHOEPS, Julius H. (Hg. der dt. Ausgabe): Enzyklopädie des Holocaust, 4 Bände, München, Zürich, 1995

JAHRBUCH für das Berg- und Hüttenwesen in Sachsen; Jahrgänge 1922 und 1929

JENTSCH, Frieder: Rudolf Lazarevich Samojlovich: Streiflichter seines Lebens, Diss. B, Bergakademie Freiberg, 1990

JOSEPH, Detlef: Vom angeblichen Antisemitismus der DDR; Werder 2008

JOSEPH, Detlef: Nazis in der DDR; Berlin 2002

JOSEPH, Detlef: Die DDR und die Juden. Eine kritische Untersuchung – mit einer Bibliografie von Renate Kirchner; Berlin 2010

JUDENHASS UND JUDENMORD. Unerklärlich! Unbegreiflich? Beitr. e. Veranst. d. Friedrich-Schiller-Uni. Jena u. de. Bez.komitees Gera d. Histor. Gesellschaft d. DDR am 27.09.1988; Jena 1990

JUDEN IN SACHSEN: ihr Leben und Leiden; Gesellschaft für Christlich-Jüdische Zusammenarbeit Dresden e.V.; Leipzig 1994

JUDEN IN LEIPZIG. Eine Dokumentation zur Ausstellung anlässlich des 50. Jahrestages der faschistischen Pogromnacht im Ausstellungszentrum der Karl-Marx-Universität Leipzig Kroch-Haus, Goethestraße 2, vom 5. November 1988 bis 17. Dezember 1988; Hg: Rat des Bezirkes Leipzig, Abt. Kultur; Bearbeiter: UNGER, Manfred; LANG, Hubert, Leipzig 1989

JÜDISCHES LEBEN in der BERGSTADT Freiberg – eine Spurensuche. Projektarbeit einer Schülergruppe am Freiberg-Kolleg; Freiberg 1992

KAHANE, Anette u.a.: Das hat's bei uns nicht gegeben – Antisemitismus in der DDR; Berlin 2010

KAIM, Isidor (Pseudonym: SIDORI, K.): Geschichte der Juden in Sachsen; Leipzig 1840

KAPPELT, Olaf: Braunbuch DDR. Nazis in der DDR; 2. Auflage, Berlin 2009

KASPER, Hanns-Heinz; WÄCHTLER, Eberhardt (Hg.): Geschichte der Bergstadt Freiberg, Weimar 1986

KERSHAW, Ian: Der NS-Staat. Geschichtsinterpretationen und Kontroversen im Überblick. 3. Auflage, Reinbek bei Hamburg 2002

KIRCHBACH VON, Sieger: Quatember 1971. Arndt von Kirchbach im sächsischen Kirchenkampf; http://www.quatember.de/J1971/q71077.htm

KLEMPERER, Victor: Ich will Zeugnis ablegen bis zum letzten. Tagebücher 1933 – 1945, Berlin 1998

KOLLOQUIUM 75 Jahre Verwaltungsgebäude der PORZELLANFABRIK FREIBERG, in: Mitteilungen des Freiberger Altertumsvereins, 80. Heft 1998

KOSING, Alfred: Theoretische Probleme der Entwicklung der sozialistischen Nation in der DDR; Berlin 1975

KRESCHNAK, Werner: Die Verfolgung der Juden in Chemnitz während der faschistischen Diktatur von 1933 bis 1945, Karl-Marx-Stadt 1988

KÜHNL, Reinhard: Die FAZ erklärt den deutschen Faschismus; in: Rassismus. Faschismus, Antifaschismus. Forschungen und Betrachtungen. Gewidmet Kurt Pätzold zum 70. Geburtstag, hrsg. v. WEISSBECKER, Manfred; KÜHNL, Reinhard; Köln 2000, S. 476–497

KÜHNRICH, Heinz: Der KZ-Staat. Die fasch. Konzentrationslager 1933–1945; 1. Aufl. Berlin 1960

KUNZ-LÜBCKE, Andreas: The Discovery of Medieval Targum and Mazor Fragments in Freiberg/Saxony; in: LEHNHARDT, Andreas (Hg.): ‚Genizat Germania' –Hebrew and Aramaic Binding Fragments from Germany in Context. Studies in Jewish History and Culture, Vol. 28, Leiden und Boston 2010

KWIET, Konrad: Nach dem Pogrom. Stufen der Ausgrenzung; in: BENZ, Wolfgang (Hrsg.): Die Juden in Deutschland 1933–1945. Leben unter nationalsozialistischer Herrschaft; Beck, München 1988

LÄMMERHIRT, Maike: Juden in den wettinischen Herrschaftsgebieten. Recht, Verwaltung und Wirtschaft im Spätmittelalter; Köln, Weimar, Wien 2007

LANGER, Johannes: Zur Geschichte Freibergs; unveröff. Manuskript, Freiberg 1937

LAUTERBACH, Werner: Berühmte Freiberger. Ausgewählte Biographien bekannter und verdienstvoller Persönlichkeiten. Teil 4, Mitteilungen des Freiberger Altertumsvereins, 92. Heft 2003

LAUTERBACH, Werner: Freiberg. Gedenktafeln bewahren Erinnerungen, Erfurt 2007

LAUTERBACH, Werner: Berühmte Freiberger. Armand Mestern, in: Blick, Folge 282 b, v. 19.09.2007

LAUTERBACH, Werner: Berühmte Freiberger. Ausgewählte Biographien bekannter Persönlichkeiten. Teil 5, Mitteilungen des Freiberger Altertumsvereins, 102. Heft 2009

LAUTERBACH, Werner; MEHNERT, Eberhardt: Zur Geschichte der Wärmewirtschaftlichen Abteilung am Braunkohlenforschungsinstitut der Bergakademie Freiberg unter dem Direktorat von Friedrich Seidenschnur 1921 bis 1935; TU Bergakademie Freiberg 2006

LEO, Annette; REIF-SPIREL, Peter: Helden, Täter und Verräter. Studien zum DDR-Antifaschismus; Erfurt 1999

LEVY, Alphonse: Geschichte der Juden in Sachsen, Berlin 1900

LEVY, Alphonse: Erlebt. Erzählungen aus dem jüdischen Familienleben; Berlin 1914

LEVY, Alphonse: Der Gründer Freibergs, Teil I bis III in: Freiberger Anzeiger und Tageblatt, Nr. 20–22, 1889

LONGERICH, Peter: Politik der Vernichtung. Eine Gesamtdarstellung der nationalsozialistischen Judenverfolgung. Piper, München 1998

LONGERICH, Peter: „Davon haben wir nichts gewusst!" Die Deutschen und die Judenverfolgung 1933–1945; München 2006

MATTHEES, Robert: Freimaurerei in Freiberg, Die Geschichte der Loge Zu den drei Bergen; in: http://www. robert-matthees.de/pdfs/3B-Loge.pdf

MEISSNER, Gabriele: Franz Tausend; bisher unveröffentlichtes Manuskript, Dresden 2010

MENDELSOHN, Daniel: Die Verlorenen. Eine Suche nach sechs von sechs Millionen, Köln 2010

MÖLLER, Andreas: Theatrum Freibergense Chronicum. Beschreibung der alten löblichen BergHauptStadt Freyberg in Meissen, 2 Bde; Freiberg 1653

MÖLLER, Marlies, Bauten des Jugendstils und des Heimatstils in Freiberg; in: HOFFMANN, Yves; RICHTER, Uwe (Hg.): DENKMALTOPOGRAPHIE Bundesrepublik Deutschland. Denkmale in Sachsen. Stadt Freiberg, Band I, Freiberg 2002

MOMMSEN, Hans: Faschistische Diktatur in Deutschland. Historische Grundlagen, gesellschaftliche Voraussetzungen, politische Struktur; Stuttgart 1972

MOMMSEN, Hans: Von Weimar nach Auschwitz. Zur Geschichte Deutschlands in der Weltkriegsepoche. Ausgewählte Aufsätze; München 1999

NEUMAN, Isaac: The Narrow Bridge: Beyond the Holocaust; Champaign, Illinois 2000

NITSCHE, Jürgen; RÖCHER, Ruth: Juden in Chemnitz. Die Geschichte der Gemeinde und ihrer Mitglieder, Dresden, 2002

NOLL, Chaim: Juden und Judentum in der Literatur der DDR; in. Deutschlandarchiv, Hannover, Heft 6/2009, S. 1033–1040

OTTO, Roland: Gezeichnet durch den gelben Stern. Die Verfolgung der Görlitzer Juden durch die Faschisten, Kommission zur Erforschung der Geschichte der örtlichen Arbeiterbewegung der Kreisleitung der SED Görlitz; Görlitz 1988

OTTO, Roland: Die Verfolgung der Juden in Görlitz unter der faschistischen Diktatur 1933 – 1945; Görlitz 1990

PÄTZOLD, Kurt: Faschismus, Rassenwahn, Judenverfolgung. Eine Studie zur politischen Strategie und Taktik des faschistischen deutschen Imperialismus (1933 – 1935), Berlin 1975

PÄTZOLD, Kurt (Hg.): Verfolgung, Vertreibung, Vernichtung. Dokumente des faschistischen Antisemitismus 1933 bis 1942, Leipzig 1983

PÄTZOLD, Kurt; RUNGE, Irene: Pogromnacht 1938, Berlin 1988

PÄTZOLD, Kurt: Die Geschichte kennt kein Pardon. Erinnerungen eines deutschen Historikers, Berlin : edition ost, 2008

PÄTZOLD, Kurt: Die Mär vom Antisemitismus; Berlin 2010

PFORR, Herbert: Freiberger Silber und Sachsens Glanz, Leipzig 2001

PIORR, Ralf (Hg.): Eine Reise ins Unbekannte. Ein Lesebuch zur Migrationsgeschichte in Herne und Wanne-Eickel, Essen 1998

PIORR, Ralf (Hg.): „Nahtstellen, fühlbar, hier…". Zur Geschichte der Juden in Herne und Wanne-Eickel; Essen 2002

POLIAKOV, Leon; WULF, Joseph (Hg.): Das Dritte Reich und seine Diener. Dokumente; Berlin 1975

POLIAKOV, Leon; WULF, Joseph: Das Dritte Reich und die Juden. Wiesbaden 1989 (zuerst 1955)

POLONCARZ, Marek: Die Evakuierungstransporte nach Theresienstadt, in: Theresienstädter Studien und Dokumente, 1999

RANDT, Ursula: Carolinenstrasse 35. Geschichte der Mädchenschule der Deutsch-Israelitischen Gemeinde in Hamburg 1884–1942, Vorträge und Aufsätze, herausgegeben vom Verein für Hamburgische Geschichte, Heft 26, Hamburg 1996

REICHERT, Thomas: Egozentrik oder Dialog? Zwei Grundhaltungen der Erinnerung an die Shoa, in: Im Gespräch, Hefte der Martin-Buber-Gesellschaft Nr. 8/2004, S. 32–40

RICHERS, Christiane: Das ist Esther, Monolog für Klassenzimmer, Hamburg/Thalia Theater 2007

RICHTER, Tilo: Erich Mendelsohns Kaufhaus Schocken. Jüdische Kulturgeschichte in Chemnitz;Chemnitz 1998

ROSEMEYER-BEINHORN, Elly: Mein Mann, der Rennfahrer. Der Lebensweg Bernd Rosemeyers; Berlin 1938

ROSMUS, Anna: Widerstand und Verfolgung am Beispiel Passaus 1933 – 1939; Passau 1983

ROSMUS, Anna: Out of Passau. Von einer, die auszog, die Heimat zu finden (Autobiografie); Freiburg, Basel, Wien 1999

RÖSLER, Hans Jürgen: Der Kristallograph Victor Goldschmidt 1853 – 1933, Veröffentlichungen der Bibliothek „Georgius Agricola" der TU Bergakademie Freiberg, Nr. 137, Freiberg 2004

RUSSELL OF LIVERPOOL, Lord: Geißel der Menschheit. Kurze Geschichte der Nazikriegsverbrechen; Berlin 1955

SÄCHSISCHE BIOGRAFIE, hrsg. v. Institut für Sächsische Geschichte und Volkskunde e.V., bearbeitet v. Martina Schattkowsky; Online-Ausgabe: http://www.isgv.de/saebi/

SCHEUER, Lisa: Vom Tode, der nicht stattfand; Aachen 1998

SCHIFFNER, Carl: Aus dem Leben alter Freiberger Bergstudenten, 3 Bde., Freiberg 1935–1940

SCHLÜTER, Annelies: Die Stadt in der Weimarer Republik 1917 – 1933, in: KASPER, Hanns-Heinz, WÄCHTLER, Eberhardt (Hg.), Geschichte der Bergstadt Freiberg, Weimar 1986

SCHLÜTER, Annelies, mit Schülern der EOS „Geschwister Scholl" Freiberg: Gedenkstätten des antifaschistischen Widerstandskampfes und der Opfer der faschistischen Barbarei im Kreis Freiberg; Freiberg 1980

SCHMIDT, Christine: Die „Todesmärsche" durch die Region Erzgebirge/Mittelsachsen; unveröff. Manuskript, Freiberg o.J.

SCHMIDT, Christine: Erinnerungswege im Mittleren Erzgebirge – Forschungsarbeit zu Todesmärschen in Sachsen; in: Medaon. Online Magazin für Jüdisches Leben in Forschung und Bildung, Ausgabe 3/2008

SCHNEIDER, Richard Chaim: Wir sind da! Juden in Deutschland 1945–1999; Berlin 2000

SCHOEPS, Julius H.: Neues Lexikon des Judentums, Gütersloh 2000

SCHOEPS, Julius H. (Hg.): Ein Volk von Mördern? Die Dokumentation zur Goldhagen-Kontroverse um die Rolle der Deutschen im Holocaust; Hamburg 1997

SCHREIER, Kerstin: Shalom: Suche nach den Spuren jüdischer Geschichte in der sächsisch-böhmischen Grenzregion, in: Fit für Leben und Arbeit. Neue Praxismodelle zur sozialen und beruflichen Integration von Jugendlichen, Dt. Jugendinstitut, München 2000

SCHREIBER, Elke; SCHREIER, Kerstin (Hg.): Interkulturelles Lernen und Arbeiten. Praxismodelle, Materialien aus dem Forschungsschwerpunkt Übergänge in Arbeit, DJI, Bd. 10; München 2001

SCHRÖDER, Frank; EHLERS, Ingrid: Zwischen Emanzipation und Vernichtung. Zur Geschichte der Juden in Rostock; Rostock 1988

SCHULZ, Heinz: Zur Rüstungsproduktion im Kreis Freiberg 1933 – 1945; in: MFA, 91. Heft 2002

SPOERER, Mark: Zwangsarbeit unter dem Hakenkreuz; Stuttgart/München 2001

SS IM EINSATZ. Eine Dokumentation über die Verbrechen der SS. Hg.: Kom. d. Antifa. Widerstandskämpfer in d. DDR; Berlin 1957

STRUVE, Walter: Aufstieg und Herrschaft des Nationalsozialismus in einer industriellen Kleinstadt. Osterode am Harz 1933 – 1945, Augsburg 1992

SÜSS, Dietmar; SÜSS, Winfried: Das Dritte Reich. Eine Einführung; Sonderausgabe der SLZpB, München 2008

THEVS, Hildegard: Stolpersteine in Hamburg-Hamm. Biografische Spurensuche, Hamburg o.J.

THIELE, Manfred: Im Schatten des gelben Sterns. Zur Erinnerung an die jüdischen Bürger Mühlhausens; Mühlhausen 1990

UFER, Heinz: Brockhaus Stadtführer Freiberg, Leipzig 1979

ULLRICH, Stefanie: Bau- und Nutzungsgeschichte der ehemaligen Zentralwäsche der Himmelfahrt Fundgrube (Himmelfahrtsgasse 8), Studienarbeit am Institut für Wissenschafts- und Technikgeschichte der TU Bergakademie Freiberg, Freiberg 2010

UND LEHRT SIE: GEDÄCHTNIS! Eine Ausst. d. Ministeriums für Kultur u.d. Staatssekretärs für Kirchenfragen in Zusammenarb. mit dem Verband d. Jüd. Gemeinden in der DDR zum Gedenken an den fasch. Novemberpogrom vor 50 Jahren; Berlin 1988

UNGER, Manfred: Die „Endlösung" in Leipzig. Dokumente zur Geschichte der Judenverfolgung 1933–1945; in: Zeitschrift f. Geschichtswissenschaft, H. 5/1963

VOLLNHALS, Clemens (Hrsg.): Sachsen in der NS-Zeit. Leipzig 2002

VOSSLER, Kristin: Die bauliche Entwicklung Freibergs zwischen 1933 und 1945; in: HOFFMANN, Yves, RICHTER, Uwe: (Hg.): DENKMALTOPOGRAPHIE Bundesrepublik Deutschland. Denkmale in Sachsen. Stadt Freiberg, Band I, Freiberg 2002

WAGNER, Andreas: „Machtergreifung" in Sachsen. NSDAP und staatliche Verwaltung 1930–1935; Sonderausgabe der SLZpB, Köln 2004

WASZKIS, Helmut: Dr. Moritz (Don Mauricio) Hochschild 1881–1965. The Man and His Companies. A German Jewish Mining Entrepreneur in South America; Frankfurt a. Main 2001

WEGENER, Franz: Der Alchemist Franz Tausend. Alchemie und Nationalsozialismus; Gladbeck 2006

WEHLER, Hans-Ulrich: Das Deutsche Kaiserreich 1871–1918, Göttingen 1973

WEIGELT, Andreas: Umschulungslager existieren nicht: Zur Geschichte des sowjetischen Speziallagers Jamlitz 1945–1947. Brandenburgische Landeszentrale für politische Bildung, Potsdam 2001

WEISSOVÁ, Helga: Zeichne, was Du siehst. Zeichnungen eines Kindes aus Theresienstadt/Terezín; Göttingen 1998

WELZER, Harald u.a.: Opa war kein Nazi: Nationalsozialismus und Holocaust im Familiengedächtnis; Frankfurt 2002

WENZEL, Mario: Die NSDAP, ihre Gliederungen und angeschlossenen Verbände; in: Benz, Wolfgang (Hg.): Wie wurde man Parteigenosse? Die NSDAP und ihre Mitglieder; Frankfurt a. M. 2009

WIECHERT, Ernst: Der Totenwald. Ein Bericht. Tagebuchnotizen und Briefe, München 1957

WILDT, Michael: Geschichte des Nationalsozialismus; Sonderausgabe der SLZpB, Göttingen 2008

WISSENSCHAFT VOR ORT. Bilder zu Geschichte und Gegenwart der TU Bergakademie Freiberg, Freiberg 2007

WITTIG, Cornelia: Irrungen und Wirrungen – Die Geschichte der Rettung von Maria Wiesel, unveröffentlichtes Manuskript

WITTMER, Siegfried. Regensburger Juden. Jüdisches Leben von 1519 bis 1990. Regensburg 1996

WROBLEWSKY, Vincent von: Eine unheimliche Liebe. Juden in der DDR; Berlin und Wien 2001

Internet:

www.alte-salzstrasse.de/index.php?id=juden

www.bundesarchiv.de/gedenkbuch/

www.documentarchiv.de/da/fs-antijuedische-verordnungen.html

www.internet-hier.de/firmen/dok_base.dok_file?did=8386)

www.isgv.de/saebi/

www.jewishgen.org

www.juden-in-mittelsachsen.de;

www.lernen-aus-der-geschichte.de

www.medaon.de

www.monde-diplomatique.de/pm/2005/01/14/a0031.text.name,askFCWwrV.n,1

www.ns-archiv.de/einsatzgruppe/gaswagen/97000.php

www.quatember.de/J1971/q71077.htm

www.robert-matthees.de/pdfs/3B-Loge.pdf

www.stolpersteine.com

www.yadvashem.org

http://jg-regensburg.de

http://wapedia.mobi/de/Verordnung_ueber_den_Einsatz_des_juedischen_Vermoegens

http://de.wikipedia.org/wiki/Kriegstote_des_Zweiten_Weltkrieges

http://de.wikipedia.org/wiki/Organisation_Todt

http://www.usc.edu/vhi

Zeitschriften

Amtsblatt der Stadt Freiberg

Blick

FP   Freie Presse

FrAnz   Freiberger Anzeiger

FrAnzT Freiberger Anzeiger und Tageblatt

FWZ   Freiberger Wochenzeitung für Stadt und Land

Im Deutschen Reich

Zeitschrift des Central-Vereins deutscher Staatsbürger jüdischen Glaubens

MFA   Mitteilungen des Freiberger Altertumsvereins

Osteroder Echo (Harzkurier)

RGBl.   Reichsgesetzblatt

SäH   Sächsische Heimatblätter. Zeitschrift für sächsische Geschichte, Denkmalpflege,
        Natur und Umwelt

ThStD Theresienstädter Studien und Dokumente

Wochenmagazin DIE ZEIT

Zeitschrift für Freunde und Förderer der TU Bergakademie Freiberg

Archive / Sammlungen

Archiv DÜSING

ARCHBUWA   Archiv der Gedenkstätte KZ Buchenwald

ARCHGYM   Archiv des Gymnasiums „Geschwister Scholl", Freiberg

ARCHITS   Archiv des Internationalen Suchdienstes ITS, Bad Arolsen

ARCHFG   Archiv der Stadtgarten- und Friedhofsverwaltung Freiberg

Archiv Pfarramt St. Petri Freiberg

BuArch   Bundesarchiv Berlin

BStU/Ast. DD   Die Bundesbeauftragte für die Unterlagen des Staatssicherheitsdienstes
                  der ehem. DDR, Ast. Dresden

CDShoaVN   The Central Database of Shoah Victims' Names

KAFG   Kreisarchiv Freiberg

KiAL   Kirchenarchiv der Kirchgemeinde Langhennersdorf

NARA   National Archives and Records Administration Washington

SäHStA Dresden   Sächsisches Hauptstaatsarchiv Dresden

SCS   Sammlung Christine Schmidt, Freiberg

SDIAM   Sammlung Adolf Diamant, Frankfurt am Main, ehemals Chemnitz

StAHainichen   Stadtarchiv Hainichen

StaAHH   Staatsarchiv Hamburg

StadtA FG   Stadtarchiv Freiberg

ThHStA WE   Thüringisches Hauptstaatsarchiv Weimar

UniA FG   Universitätsarchiv TU BAF

Personenverzeichnis

HUNDT, Kurt, Pfr.; 211

JAKOBARTL, Gertrud (geb. Krause); 187

JAKOBARTL, Martin; 187

JAKOBARTL, Siegfried, Dr.; 187, 188, 242

JACOBSOHN, Eva (geb. SPIRO); 172, 173

JACOBSOHN, Gertrud; 172, 173, 241

JACOBSOHN, Kurt; 172

JACOBSOHN, Siegfried; 97, 172, 173

JONAS, Alberto, Dr.; 70

JONAS, Esther (siehe auch unter: BAUER, Esther); 66–77, 220

JONAS, Marie Anna, Dr. med. (geb. LEWINSOHN); 66

JOSEPH, Detlef, Prof. Dr.; 231, 249

KATHMANN, Otto; 84, 237

KALTOFEN, Toni (geb. DOBKOWSKY); 137, 218

KARBE, Herbert, Fa.; 176

KAUL, Walter; 126

KEGEL, Karl, Prof. Dr.; 188, 190, 191, 198, 242, 244

KESSLER, Ilse; 109

KESSLER, Lea (geb. LACHMANN); 109, 114

KESSLER, Robert; 109, 114

KESSLER, Rosa (siehe auch unter BEIER, Rosa); 109, 114, 218

KIRCHBACH, Arndt von; 180, 210, 211, 241, 249

KIRCHNER, Renate; 231, 249

KISCH, Alfons; 111

KISCH, Erna (geb. SPIRO); 53, 111, 112, 215

KLEIN, Chawa; 230

KLEMPERER, Victor, Prof. Dr.; 133, 239, 249

KLOSS, Herrmann; 81

KLOSS, Marie; 81

KÖGLER, Franz, Prof. Dr.; 192, 218, 247

KOLBECK, Friedrich, Prof. Dr. ; 198

KOTTLARZIG, Eduard; 151

KOTTLARZIG, Lothar; 149, 151

KRAUSE, Gertrud; 187

KREUSCHNER, Clara (geb. BRETTNER); 100

KREUSCHNER, Gerhard Otto; 100

KREUSCHNER, Otto; 100

KROCH, Ella (geb. BARUCH); 127